高等教育城市与房地产管理系列教材

生 态 地 产

主　编　李南芳
副主编　包红霏　孟　乐

U0330621

中国建筑工业出版社

图书在版编目（CIP）数据

生态地产/李南芳主编. —北京：中国建筑工业出版社，2016.11
高等教育城市与房地产管理系列教材
ISBN 978-7-112-19654-8

Ⅰ.①生… Ⅱ.①李… Ⅲ.①生态经济学-房地产经济学-高等学校-教材 Ⅳ.①F293.30

中国版本图书馆 CIP 数据核字（2016）第 185010 号

本书共分为 10 章。分别为：生态地产概述、土地利用与生态地产、宜居生活环境与可持续室外环境、生态地产的设计过程、节地与水资源的高效利用、生态地产的节能与能源有效利用、建筑节材与材料的循环利用、室内环境质量与控制、生态地产开发与运营管理。本书注重实用性、新知识的渗透、科学性，强调新理论、新技术、新理念与实际的联系。

本书可供高等学校工程管理、房地产经营管理、城市管理、工商管理、人力资源管理和环境艺术等专业的本科生、研究生及相关专业人员使用。

责任编辑：胡明安　姚荣华
责任设计：李志立
责任校对：李欣慰　张　颖

高等教育城市与房地产管理系列教材
生　态　地　产
主　编　李南芳
副主编　包红霏　孟　乐

*

中国建筑工业出版社出版、发行（北京西郊百万庄）
各地新华书店、建筑书店经销
霸州市顺浩图文科技发展有限公司制版
北京圣夫亚美印刷有限公司印刷

*

开本：787×1092 毫米　1/16　印张：18　字数：449 千字
2016 年 9 月第一版　2016 年 9 月第一次印刷
定价：**45.00** 元
ISBN 978-7-112-19654-8
（29124）

高等教育城市与房地产管理系列教材

编写委员会

  主任委员：刘亚臣

  委 员（按姓氏笔画为序）：

    于 瑾 王 军 王 静 包红霏 毕天平

    刘亚臣 汤铭潭 李丽红 战 松 薛 立

编审委员会

  主任委员：王 军

  副主任委员：韩 毅（辽宁大学）

        汤铭潭

        李忠富（大连理工大学）

  委 员（按姓氏笔画为序）：

    于 瑾 马延玉 王 军 王立国（东北财经大学）

    刘亚臣 刘志虹 汤铭潭 李忠富（大连理工大学）

    陈起俊（山东建筑大学） 周静海 韩 毅

系列教材序

沈阳建筑大学是我国最早独立设置房地产开发与管理（房地产经营与管理、房地产经营管理）本科专业的高等院校之一。早在 1993 年沈阳建筑大学管理学院就与大连理工大学出版社共同策划出版了《房地产开发与管理系列教材》。

随着我国房地产业发展，以及学校相关教学理论研究与实践的不断深入，至 2013 年这套精品教材已经 6 版，已成为我国高校中颇具影响力的房地产经营管理系列经典教材，并于 2013 年整体列入辽宁省"十二五"首批规划教材。

教材与时俱进和不断创新是学校学科发展的重要基础。这次沈阳建筑大学又与中国建筑工业出版社共同策划了本套《高等教育城市与房地产管理系列教材》，使这一领域教材进一步创新与完善。

教材，是高等教育的重要资源，在高等专业教育、人才培养等各个方面都有着举足轻重的地位和作用。目前，在教材建设中同质化、空洞化和陈旧化现象非常严重，对于有些直接面向社会生产实际的应用人才培养的高等学校和专业来说更缺乏合适的教材，为不同层次的专业和不同类型的高校提供适合优质的教材一直是我们多年追求的目标，正是基于以上的思考和认识，本着面向应用、把握核心、力求优质、适度创新的思想原则，本套教材力求体现以下特点：

1. 突出基础性。系列教材以城镇化为大背景，以城市管理和城市房地产开发与管理专业基础知识为基础，精选专业基础课和专业课，既着眼于关键知识点、基本方法和基本技能，又照顾知识结构体系的系统。

2. 突出实用性。系列教材的每本书除介绍大量案例外，并在每章的课后都安排了现实性很强的思考题和实训题，旨在让读者学习理论知识的同时，启发读者对房地产以及城市管理的若干热点问题和未来发展方向加以分析，提高学生认识现实问题、解决实际问题的能力。

3. 突出普适性。系列教材很多知识点及其阐述方式都源于实践或实际需要。并以基础性和核心性为出发点，尽力增加教材在应用上的普遍性和广泛适用性。教材编者在多年从事房地产和城市管理类专业教学和专业实践指导的基础上，力求内容深入浅出、图文并茂，适合作为普通高等院校管理类本科生教材及其他专业选修教材；还可作为基层房地产开发及管理人员研修学习用书。

本套系列教材一共有 13 本，它们是《住宅与房地产概论》、《房地产配套设施工程》、《城市管理概论》、《工程项目咨询》、《城市信息化管理》、《高层住区物业管理与服务》、《社区发展与管理》、《市政工程统筹规划与管理》、《生态地产》、《城市公共管理概论》、《城市公共经济管理》、《城市给水排水基础与实务》、《地籍管理与地籍测量简介》。

本套系列教材在编写过程中参考了大量的文献资料，借鉴和吸收了国内外众多学者的研究成果，对他们的辛勤工作深表谢意。由于编写时间仓促，编者水平有限，错漏之处在所难免，恳请广大读者批评指正。

前　　言

　　我国的建设事业经过 30 多年的发展，已经步入到一个前所未有的新发展阶段。在我国建设事业高速发展的过程中所消耗的建筑能耗是发达国家的 2～3 倍，造成了土地资源利用率低、能源浪费严重、水污染与环境污染严重、建筑耗材高等问题的发生。在这样的背景下，节能、节水、节材、低碳、生态、环保、可再生能源等新概念不断产生，并推动了整个社会注重自然、社会与人的和谐发展的生态地产的发展理念与模式。

　　目前学术界对于生态地产的定义还没有统一的认识，没有严格的定义，经常以低碳、绿色、高效、节能、可持续等关键词描述。生态地产需要社会有一个成熟体系。目前，发达国家做生态地产发展比较好，主要是因为国家有各种鼓励政策（例如建筑安装了太阳能发电系统，剩余电量可以入网卖掉），而且市场环境也比较成熟，技术比较先进。生态地产的开发，不是简单的多花点钱，提高点技术就可以做好的，需要请专业的团队，进行整合与把控，建筑单体和居住区两大块都要和周边环境融合，赋予建筑生命。生态地产从过去人为供暖、发电、通风，转变为"被动式"，比如雨水收集、自然通风等，有的建筑还能做到自然发电，在一定舒适度和产品质量前提下，最大限度地减少对环境和资源的消耗。生态地产的开发一是建筑物本身，包括建筑施工过程和后续的使用、维护不能破坏自然生态；二是建筑要和周围环境融为一体，反过来要促进当地生态的发展；第三是从一些技术手段上，包括建筑设计的绿色环保、采用节能节水节电设备等做到低碳，减少外部环境的负担。

　　我们认为，生态地产是根据被规划区域自然生态环境的特点，在土地利用规划政策的指导下，以削减能源消耗及有效利用能源为目的，在运用生态学、建筑技术科学的原理，采用现代科技手段，合理地安排并组织建筑与其他领域相关因素之间的关系，使其与环境之间成为一个有机组合体的地产。有关生态地产概念及其生态地产的界定标准，目前尚没有权威定义。许多时候，生态地产的提法是地产项目开发企业的一个自我定位，是买房者对地产项目的感性认识。生态地产有倾向于地产研究自然的通风、天然的材料，用尽量小的现代科技干预来减小建筑的碳排放量，类似延安窑洞；倾向于使用大量高新科技，在促成建筑本身舒适性的同时，又有效控制其碳排放量的特点。

　　本书在编写过程中考虑了以下几方面的特点：一是教学对象主要是针对我国高等学校工程管理、房地产经营管理、城市管理、工商管理和环境艺术等专业的师生，也兼顾相关专业人员的参考，因此编写时尽量做到深入浅出、图表结合，有助于阅读和理解；二是在编写内容上，注重实用性、新知识的渗透、科学性，强调新理论、新技术、新理念与实际的联系。三是充分借鉴发达国家先进经验，体现适合我国国情的新理念；四是各章节内容上既相互独立，又相互联系，注重以节能、节地、节水、节材为重点，体现我国生态地产的特色。

　　本书内容共分为 10 章。第 1 章生态地产概述，阐述了建筑与生态环境、生态地产的含义与本质、国内外生态地产发展；第2章土地利用与生态地产，阐述了土地利用规划概述、土地利用总体规划节、土地利用规划的环境影响评价、"十二五"绿色建筑和绿色生态城区发展规划；第3章宜居生活环境与可持续室外环境，阐述了生态价值观、宜居生态生活环境、可持续室外环境设计；第4章生态地产的设计过程，阐述了生态地产的设计依据、生态地产的设计原则、生态地产的设计内容与程序、生态地产的设计要素；第5章节地与水资源的高效利用，阐述了建筑节地与可持续场地设计、建筑节水途径与器具、建筑节水技术、建筑用水的循环利用；第6章生态地产的节能与能源有效利用，阐述了建筑节能的含义及意义、建筑节能的影响因素、建筑节水技术、我国建筑节能的发展、日本德国建筑节能主要技术及实施案例；第7章建筑节材与材料的循环利用，阐述了建筑耗费的材料、影响建筑材料的浪费因素、绿色构造与建筑节材的途径；第8章室内环境质量与控制，阐述了室内声环境、室内光环境、室内热湿环境、室内空气质量；第9章设备及能源与物业管理，阐述了生态地产的设施设计选型、生态地产的能源管理、生态化物业管理；第10章生态地产开发与运营管理，阐述了生态化投资决策、生态化全程策划、绿色化可持续发展、生态地产的运营管理、数字化与智能化管理。

本书前言由沈阳建筑大学商学院院长刘亚臣教授编写，第1章由沈阳建筑大学李南芳副教授、钱施光讲师编写，第2章由沈阳建筑大学李海英副教授编写，第3、4、5章由沈阳建筑大学李南芳副教授编写，第6章由沈阳建筑大学李南芳副教授、姜颖助理研究员编写，第7章由沈阳建筑大学包红霏副教授编写，第8、9章由沈阳建筑大学孟乐实验师编写，第10章由沈阳建筑大学董洁副教授编写。全书由李南芳副教授担任主编，包红霏副教授、孟乐实验师担任副主编。全书由沈阳建筑大学李南芳副教授、孟乐实验师统稿，由沈阳建筑大学包红霏副教授进行补充，最后由沈阳建筑大学商学院院长刘亚臣教授终审。在此衷心感谢刘亚臣教授在百忙之中给予的大力支持。

目　　录

1 生态地产概述

1.1 建筑与生态环境

1.1.1 建筑的本质及发展

无论是原始的简陋巢穴，还是如今的高楼大厦，建筑的实质都是人类为了满足社会生活需要，利用所掌握的物质技术手段，并运用一定的科学规律、风水理念和美学法则创造的人工环境。

从生态学的角度看，建筑的本质是人类为了自身的生存和发展所做出的对外界环境的一种适应或改造。建筑物是人的一种自产生态位，每一栋建筑都是平衡了基地、气候、社会文化、经济技术等因素而建造起来的。因此，建筑物既对环境有一定影响，又对环境有一定的适应性。建筑同生物体一样，它们有各自不同的生态位，现实中不可能存在万能的建筑，每一栋建筑都只能在几个特定的方面满足人们的需要。生态位（ecological niche）是指一个种群在生态系统中，在时间空间上所占据的位置及其与相关种群之间的功能关系与作用。1910年，美国学者 R. H. 约翰逊第一次在生态学论述中使用生态位一词。1917年，J. 格林内尔的《加州鸫的生态位关系》一文使该名词流传开来，但他当时所注意的是物种区系，所以侧重从生物分布的角度解释生态位概念，后人称之为空间生态位。1927年，C. S 埃尔顿著《动物生态学》一书，首次把生态位概念的重点转到生物群落上来。他认为："一个动物的生态位是指它在生物环境中的地位，指它与食物和天敌的关系。"所以，埃尔顿强调的是功能生态位。1957年，G. E. 哈钦森建议用数学语言、用抽象空间来描绘生态位。

建筑的集群现象是由人这一社会性动物的聚居性所决定的。人类属于社会性动物，集群有利于获得资源、共同防御、改善小环境、共同学习进步，还有利于婚配、分工协作、提高劳动效率等。建筑的社会性反映出人的社会性，人类的分工协作是产生具有不同使用功能建筑的原因。建筑的集群效应同样具有改善小环境、便于有效利用资源、共同预防危害的作用。但是，建筑的密度并非越高越好，否则会产生"拥挤效应"。拥挤效应（Crowding effect）是指种群增长过程中随着密度增加而使种群增长速度降低的现象。如果环境条件是无限的，种群应以指数形式增长，而实际上在有限环境中都呈逻辑斯蒂形式增长，这两者的差距（参见逻辑斯蒂增长）从环境的角度找原因时被称为环境阻力（environmental resistance）；从种群自身找原因时被称为拥挤效应。自然界中，动物的生活方式是长期进化与适应的结果，只要其生活方式有利于生物的生存和繁衍，就会被继续使用。建筑是人类生活方式的重要体现，其形式、功能以及布置方式等，也在适应气候、生活方式等环境因素中不断变化发展，并在不断地得到进化，传统建筑就是变化、发展、进化的结果。建筑的演变与生物的发展相同，也是从简单到复杂，从功能低到功能齐全，从简单结构到复杂结构，从被动适应向主动适应的方向发展变化的。

1.1.2　建筑活动对生态环境的影响

建筑是人类从事各种活动的主要场所，建筑活动与人口增加、资源匮乏、环境污染和生态破坏密切相关。从能源消耗的角度看，目前的统计资料显示，一个国家的建筑物在使用过程中所消耗的能量占能量消耗总量的比例都很大，约为 25%～40%。我国到 2006 年已接近 30%，而且还在不断上升。如果计入建筑材料的生产和运输以及建造和拆除过程所消耗的能源，则该比例会升到 50%左右。

建筑活动对全球气候变暖和臭氧破坏负有相当大的责任。二氧化碳和氟氯化合物是使气候变暖和破坏臭氧的主要气体，建筑活动排放的二氧化碳占总量的 30%左右，排放的温室气体占温室气体总量的 42%左右。据英国的统计资料显示，建筑用水占水资源消耗的50%左右；在建筑施工阶段，用水一般在 5%～10%左右；在一般的住宅建筑用水中，2%是用来饮用的，而洗澡和冲洗卫生间等用水基本上占了总用水量的 70%。另外，建筑活动使用了原材料的 40%左右、占用耕地 80%左右，同时还产生了 50%左右的空气污染物、50%的水污染物、48%的固体废弃物。显然，建筑产业是造成当前地球环境危机的主角之一。

地球生态环境是人类赖以生存和发展的根本，人类一诞生就开始了适应和改造自然环境的活动，而且这种改造活动不断加强，目前已严重破坏了地球的生态环境。地产开发活动包含了建筑活动，地产开发对生态环境的影响超越了建筑活动本身对生态环境的恶劣影响。开发过程中的土地的乱开发加剧了对生态的破坏。当前，人口膨胀与资源匮乏、全球变暖与臭氧破坏、环境污染与生态破坏仍在恶化地球生态系统的结构和功能，威胁着人类的生存和发展。截至到 2013 年 1 月 4 日，全世界有 70.57 亿人。支撑人类工业文明的不可再生能源-石油、煤炭、天然气正逐渐枯竭。据估计，石油、天然气、煤炭的最长使用年限分别不超过 100 年、200 年和 400 年。工业活动排放的二氧化碳等温室气体导致全球气候变暖，氯氟烃与哈龙使大气中臭氧不断减少，从而引起多种灾变。各种污染已使动植物和人类本身的健康受到了严重影响。土地资源在不断减少和退化，森林资源不断萎缩和消失，淡水资源出现严重不足，生物物种在迅速减少。据世界资源研究所拟定，世界上物种的总量估计约 1400 万种。由于人类的影响，从 1975 年到 2015 年期间，每 10 年间就有1%～11%的物种灭绝，而一个物种灭绝又会引起至少 20 种昆虫因食物链遭破坏而消亡。

1.2　生态地产的含义与本质

1.2.1　基本概念

1.2.1.1　绿色建筑

"绿色"是自然生态系统中生产者植物的颜色，它是地球生命之色，象征着生机盎然的生命运动。"绿色建筑"表示建筑应像自然界中的绿色植物一样，具有和谐的生命运动和支撑生态系统演进的特性。

目前，国内外还未对绿色建筑的准确定义达成一致。有学者认为"规划、设计时充分考虑并利用了环境因素，施工过程中对环境的影响最少，运行阶段能为人们提供健康、舒适、低耗、无害空间，拆除后又对环境危害降到最小的建筑"；也有学者认为"绿色建筑"是指"在建筑寿命周期内，通过降低资源和能源的消耗，减少各种废物的产生，实现与自然共生的建筑"；也有学者认为"绿色建筑"是指"在建筑设计、建造、使用中充分考虑环境的要求，把建筑物与种植业、养殖业、能源环保、美学、高新技术等紧密地结合起来，在有效满足各种使用功能的同时，能够有益于使用者的身心健康，并创造符合环境保护要求的工作和生活的空间结构"；也有学者将"绿色建筑"理解为一种建筑体系。美国国家环境保护局给出的绿色建筑的定义，在国际上有较高的认可度。在整个建筑物的生命周期（建筑施工和使用过程）中，从选址、设计、建造、运行、维修和翻新等方面都要最大限度地节约资源和对环境负责。国外具有代表性的定义是：减少对地球资源与环境的负荷和影响，创造健康和舒适的生活环境，与周围自然环境相融合，为人类提供一个健康、舒适的活动空间，同时最高效率地利用资源，最低限度地影响环境的建筑物及建筑物群体。

我国绿色建筑官方定义出现较晚，中华人民共和国住房和城乡建设部（原建设部）在《绿色建筑评价标准》中对绿色建筑的定义是："在建筑的全寿命周期内，最大限度地节约资源（节能、节地、节水、节材）、保护环境和减少污染，为人们提供健康、适用和高效的使用空间，与自然和谐共生的建筑"。绿色建筑包含四方面内涵（1）全寿命周期。主要强调建筑对资源和环境的影响在时间上的意义，关注的是建筑从最初的规划设计到后来的施工建设、运营管理及最终的拆除。（2）最大限度地节约资源、保护环境和减少污染。资源的节约和材料的循环使用是关键，力争减少二氧化碳的排放，做到"少费多用"，减少各种资源的浪费。（3）满足建筑根本的功能需求。满足人们使用上的要求，为人们提供"健康"、"适用"和"高效"的使用空间。（4）与自然和谐共生。发展绿色建筑的最终目的是要实现人、建筑与自然的协调统一。

1.2.1.2 生态建筑

"生态"在汉语中是指生物的生存和发展状态或指生物的生理特征、生活习性等。这里的"生物"包括人和所有其他动物、植物和微生物。"生态建筑"是指"生态地修建或营造"，"生态的建筑物"，"具有生态性的所有建筑物的总称"。目前，国内关于"生态建筑"的定义有很多。有学者认为，"生态建筑"应理解为"符合生态学原理的城市规划和建筑学"；也有学者认为，"生态建筑"应被理解为"注重或关注生态的建筑"或"具有生态意识的建筑"。"生态建筑"被定义为"将建筑看成一个生态系统，通过组织（设计）建筑内外空间的各种物态因素，使物质、能源在建筑生态系统内部有秩序的循环转换，获得一种高效、低耗、无废、无污、生态平衡的建筑环境"。

"生态建筑"即运用生态学原理和方法设计建造，本身像一个健康的生命有机体，既有自身的良性循环系统又与周围的自然生态系统保持平衡，能与自然环境共生的建筑。将生态建筑解析为一种体系，即"用生态学的原理和方法，以人、建筑、自然和社会协调发展为目标，有节制地利用和改造自然，寻求最适合人类生存和发展的建筑环境，将建筑环境作为一个有机的、具有结构和功能的整体系统来看待"。

它是基于生态良性循环原则，以生态经济为基础，生态社会为内涵，生态技术为支撑，生态环境为目标和方向的一种新型建筑体系。事实上，"生态建筑"一词发展到今天，其意义与刚翻译过来时已有所不同，一般人是从其字面意义来理解的，认为是"满足生物生存和发展需要、符合生物生理特征和生活习性的建筑"。《现代汉语词典》里收集的定义为："根据当地自然生态环境，运用生态学、建筑学和其他科学技术建造的建筑；它与周围环境成为有机的整体，实现自然、建筑与人的和谐统一，符合可持续发展的要求。"真正的生态建筑，不仅考虑自然环境，也要考虑人文社会环境，不仅仅是建造过程要生态，在建造之前的设计过程和建造之后的使用过程和拆除过程都要生态。因此，"生态建筑"应理解为根据当地自然、社会和人文环境，借鉴生态学的原理和方法，同时结合建筑学及其相关学科的理论、技术和手段，规划、设计、建造、使用和管理的建筑；它与周围环境成为有机的整体，能够实现自然、建筑、人和社会的和谐统一，符合人类与自然环境共同持续发展的要求。

1.2.1.3　可持续建筑

"可持续建筑"又称为"可持续发展建筑"，是可持续发展观在建筑领域中的体现，我国台湾称为"永续建筑"。目前，关于"可持续建筑"的准确定义，尚未形成统一的认识。一般情况下，我们可简单地将其理解为"在可持续发展理论和原则指导下设计、建造、使用的建筑"，它体现了人们对资源、环境、生态因素的全面关注。2000 年在荷兰马斯垂克召开的国际可持续建筑会议上对可持续建筑的定义是："可持续发展建筑需要思考的操作事项是建材、建筑物、城市区域的尺度大小，并考虑其中的机能性、经济性、社会文化和生态因素……为达到可持续发展，建筑环境必须反映出不同区域性的状态和重点以及建构不同的模型去执行。"

1.2.1.4　生态地产

目前学术界对于生态地产的定义还没有统一的认识，没有严格的定义。经常以低碳、绿色、高效、节能、可持续等关键词描述，在技术方面包括建筑材料设计、建筑制备、建筑设计和建造方法的创新以及建筑使用和维护的创新等方面，大致分为强调绿色环境和生态节能两个方面。节能一般通过第三方做客观的标准认证，例如美国 LEED 认证体系。开发企业运用技术，加强对室内舒适度和健康环保水平的提高，减少建筑活动对环境的影响也是生态地产的重要部分。生态住宅有"低技派"和"高技派"两大对立的流派。"低技派"讲究自然的通风、天然的材料，用尽量小的现代科技干预来减小建筑的碳排放量，类似延安窑洞；"高技派"倾向于使用大量高新科技，在促成建筑本身舒适性的同时，又有效控制其碳排放量。

生态的概念比较大，把绿色、节能都包括在里面，归结为"天地合一"。从理念上树立建筑和自然的融合，从一些技术手段进行处理。真正的生态地产必须从项目的选址开始，规划、建筑设计、选材施工、投资等每一个环节都全盘考虑，最终使建筑和人群能与周边环境协调发展。

生态地产需要社会有一个成熟体系。目前，发达国家做生态地产比较好，是因为国家有鼓励政策，例如建筑增加了太阳能发电系统，剩余电量可以入网卖掉。市场环境也比较成熟，技术先进。生态地产的开发，不是简单的多花点钱，提高点技术就可以做好的，需要请专业的团队，进行整合与把控。建筑单体和居住区两大块都要和周边环境融合，赋予建筑生命，从过去全部是人为供暖发电通风，转变为"被动式"，比如雨水收集、自然通风等，有的建筑还能做到自然发电。在一定舒适度和产品质量前提下，最大程度地减少对环境和资源的消耗。一是建筑物本身，包括建筑施工过程和后续的使用、维护不能破坏自然生态；二是建筑要和周围环境融为一体，反过来要促进当地生态的发展；第三则是从一些技术手段上，包括建筑设计的绿色环保、采用节能节水节电设备等做到低碳，减少外部环境的负担。

我们认为，生态地产是根据被规划区域自然生态环境的特点，在土地利用规划政策的指导下，以削减能源消耗及有效利用能源为目的，在运用生态学、建筑技术科学的原理，采用现代科学手段，合理地安排并组织建筑与其他领域相关因素之间的关系，使其与环境之间成为一个有机组合体的地产。

1.2.2 生态地产的基本内涵

尽管"生态地产"的概念多种多样，但它们都从某一个侧面说明了生态地产的某些特征，揭示了本质内涵，可概括为以下几点。

1.2.2.1 生态地产仍然属于建筑地产开发的范畴

生态地产仍然属于建筑地产开发的范畴，但纳入了环境生态因素。生态地产活动所涉及的基本内容与常规地产开发活动相同，但它相对于常规地产而言，还要关注地产开发活动对资源、环境、生态以及人类健康生存的影响。常规建筑活动的基本内容包括建筑选址规划、场地设计、建筑布局以及室外环境和景观设计等基本内容，这些内容也是生态建筑活动涉及的基本内容，但是生态地产在考虑这些内容时，是基于更高的认识水平、更广的范围和更适宜的技术手段。

生态地产要求人们在构建和使用建筑物的全过程中，最大限度地节约资源（节能、节地、节水、节材）、保护环境、呵护生态和减少污染，将因人类对建筑物的构建和使用活动所造成的对地球资源与环境的负荷和影响降到最低限度，使之置于生态恢复和再造的能力范围之内。

1.2.2.2 生态地产的目标是营造出生态环保的生活方式

生态地产的"以人为本"是高于常规建筑的"以人为本"的。常规建筑活动往往是针对某些团体或个人而言的，不考虑其他人和周围其他生物的生态需要。这种观念关注的只有人的本身，而忽略了更高层次上的整体性。生态地产活动不仅要满足人的生态需要，还要顾及其他自然生物的生态需要，也就是要在更高层次上考虑人的需要，以实现人类社会的持续发展。

生态地产在开发和使用过程中，资源和能源消耗应比较少，讲究自然通风，使用天然的材料，利用现代科技干预来控制建筑的碳排放量，采用生态技术解决地产开发遇到的困难，使自然资源的损耗和环境污染降到最低，不仅要考虑建筑物对环境的负荷，更要充分考虑与区域环境的和谐发展，形成一个健康、舒适、无害的空间，其最终目标是营造出具有健康舒适的居住环境，实现生态环保的生活方式，实现地产业的可持续发展。

1.2.2.3 生态地产目的是人与环境的和谐发展

生态地产的开发追求高效、低耗、无废弃物、无污染、生态平衡，因此，需要选择天然或无污染或污染较小的建筑原材料；使用天然、可再生的建筑能源；采用低耗节能、智能集成控制系统和污染防护措施的建筑设计；选择在自然生态、远离污染源的环境中开发地产。生态地产以人与环境的和谐为价值核心的建筑模式，创造健康和舒适的生活与工作环境是人们构建和使用建筑物的基本要求之一。就是要为人们提供一个健康、适用和高效的活动空间。自然和谐就是要求人们在构建和使用建筑物的全过程中，亲近、关爱与呵护人与建筑物所处的自然生态环境，将认识世界、适应世界、关爱世界和改造世界，既要满足人对地产的舒适度，又要益于人的身心健康，还需实现对地产安全性、私密性的满意度，更要注重和谐的邻里交往、人与自然交往等要求。自然和谐与相安无事地统一起来，做到人、建筑与自然和谐共生。

生态地产致力于实现建筑整体生态功能的完善和优化，以实现建筑、人、自然和社会这个大系统的整体和谐与共同发展。常规建筑活动基本上只局限于人工系统，而生态地产活动必须同时整合自然生态系统和人工生态系统，使两者和谐共生。生态地产的环境因素分为自然因素和人文因素：自然因素指当地的非生物因素和生物因素，其中，非生物因素包括地质、地势、地形、土壤特性等与土地有关的因素，以及阳光、雨水、风、温湿度等气候因素；生物因素除了包括人的生物属性这一层次外，还包括各种植物、动物、微生物等因素。人文因素是指由人的社会属性所形成的因素，包括观念、文化、宗教、生活习俗等。

1.2.2.4 生态地产在观念上必须尊重自然

要实现生态建筑，在思想观念上，必须尊重自然，必须关注地产所在地域与时代的环境特征，必须将建筑与其周围环境作为一个整体的、有机的、具有结构和功能的生态系统看待，并从可持续发展的角度认真考虑建筑与周围环境各因素间的关系，以及整体生态系统的机能。在方法措施上，必须借鉴生态学的原理和方法，同时结合建筑学以及其他相关学科的适宜技术和手段，才能实现建筑、人、社会和自然的和谐统一和协调发展。在生态评判上，必须从建筑活动的全生命周期出发，分析评价其对生态环境的影响以及自身对环境的适应性。也就是说，生态地产不仅仅是指在选址规划阶段注重生态，在设计、建造和使用阶段以致最后的拆除阶段都要注重生态。

1.2.3 生态地产的要素

1.2.3.1 健康舒适、自然和谐

随着人类社会的进步和人们对生活品质的不断追求，人们逐渐开始重视健康、舒适的生存环境，这是生态地产的基本特征之一，其核心是体现"以人为本"。在有限的空间里尽可能地提供有健康舒适保障的活动环境，全方位地提高人居环境的品质，满足人们生理、心理、健康和卫生等各方面的需求，这是一个综合的整体的系统概念。如空气、风、水、声、光、温度、湿度、地域、生态、定位、间距、形状、结构、围护和朝向等要素均要符合一定的健康舒适性要求。

自然和谐是生态地产的又一本质特征。我国传统的"天人合一"的唯物辩证法思想和美学特征体现在建筑和地产领域里的反映。自然和谐，天人一致，宇宙自然是大天地，人则是一个小天地，人和自然在本质上是相通和对应的。人类为了永续自身的可持续发展，就必须使其各种活动，和谐共生。自然和谐同时也是美学的基本特性。只有自然和谐，才有美可言。生态地产就是要求人类的建筑活动顺应自然规律，做到人及其建筑与自然和谐

共生。

1.2.3.2 节约环保、低耗高效

节约环保包括用地、用能、用水、用材等的节约与环保，是一个全方位全过程的节约环保概念，也是人、建筑与环境生态共存和两型社会建设的基本要求。除了物质资源方面的有形节约外，还有时空资源等方面所体现的无形节约。例如，生态地产要求建筑物的场地交通要做到组织合理，选址和建筑物出入口的设置方便人们充分利用公共交通网络，到达公共交通站点的步行距离不超过 500m 等。这不仅是一种人性化的设计问题，也是一个时空资源节约的设计问题。这就要求人们在构造生态地产的时候要全方位全过程地进行通盘的综合整体考虑。再比如英国伦敦市政大楼，由于较好地运用了许多新型适用的技术，使其节能率达到 70％以上，节水率约为 40％，并且有良好的室内空气环境条件。在生态建筑里工作的人们，可以减少 10％～15％的得病率，精神状况和工作心情得到改善，工作效率大幅提高。这也是另一种节约的意义。

低耗高效是生态地产要求建筑物在设计理念、技术采用和运行管理等环节上对低耗高效予以充分的体现和反映，因地制宜和实事求是地使建筑物在供暖、空调、通风、采光、照明、用水等方面在降低需求的同时高效地利用所需资源。

1.2.3.3 安全可靠、生态文明

安全可靠是人们对栖息地的最基本、最重要的要求。因此有人认为，人类建造建筑物的目的就在于寻求生存与发展过程中的"庇护"，这也反映了人们对建筑物建造者的人性与爱心、责任感与使命感的内心诉求。所谓安全可靠是指生态地产在正常设计、施工和运用与维护条件下能够经受各种可能出现的作用和环境条件，并对有可能发生的偶然作用和环境异变仍能保持必需的整体稳定性和工作性能，不致发生连续性的倒塌和整体失效，不会对人的生命形成威胁。对安全可靠的要求要贯穿于建筑生命的全过程中，不仅在设计中要考虑到建筑物安全可靠的方方面面，还要将其有关注意事项向与其相关的所有人员予以事先说明和告知，使建筑在其生命预期内具有良好的安全可靠性及其保障措施和条件。

生态地产的安全可靠性不仅是对建筑结构本体的要求，而且也是对生态地产作为一个多元绿色化物性载体的综合、整体和系统性的要求，同时还包括对建筑设施设备及其环境等的安全可靠性要求，如消防、安防、人防、私密性、水电和卫生等方面的安全可靠。

建设生态文明，基本形成节约能源资源和保护生态环境的产业结构、增长方式、消费模式已经作为我国实现全面建设小康社会奋斗目标的一项国家战略。倡导生态文明建设，不仅对我国自身发展有深远影响，而且也是中华民族面对全球日益严峻的生态环境危机向全世界所做出的庄严承诺。

人类社会认识和掌握了自然生态固有的自在自为、新陈代谢、发展消亡和恢复再造的发展规律。把自然生态纳入到人类可以适应和改造的范围之内，这就形成了人类文明。文明是人类文化发展的成果，是人类认识、适应、关爱和改造世界的物质和精神成果的总和，是人类社会进步的标志。生态文明，就是人类遵循人、社会与自然和谐发展这一客观规律而取得的物质与精神成果的总和；是指以人与自然、人与人、人与社会和谐共生、良性循环、全面发展、持续繁荣为基本宗旨的文化伦理形态。

1.2.3.4 耐久适用、科技先导

耐久性是指在正常运行维护和不需要进行大修的条件下，生态地产的使用寿命满足一

定的设计使用年限要求，如不发生严重的风化、老化、衰减、失真、腐蚀和锈蚀等。适用性是指在正常使用条件下，绿色建筑物的功能和工作性能满足于建造时的设计年限的使用要求，如不发生影响正常使用的过大变形、振幅、裂缝、衰变、腐蚀和锈蚀等；同时，也适合于一定条件下的改造使用要求。

科技先导是一个全面、全程和全方位的概念。生态地产是建筑节能、建筑环保、建筑智能化和建材生态化等一系列实用高新技术因地制宜、实事求是和经济合理的综合整体化集成，强调的是要将人类的科技实用成果恰到好处地应用于生态建筑，也就是追求各种科学技术成果在最大限度地发挥自身优势的同时使生态建筑系统作为一个综合有机整体的运行效率和效果最优化。

1.3 生态地产发展

人们对居住环境的要求、建筑的功能及性能的要求是伴随着社会进步和发展而不断变化的，从遮风挡雨到冬暖夏凉，从土坯茅屋到土木砖瓦，从砌体砖混到钢筋混凝土、钢结构，从对地段景观的需求到对健康、舒适、生态环保。如今人们已经深刻地认识到生态地产、生态文明、生态建筑才是人类生存环境可持续发展唯一道路。世界生态地产的发展大致可分为三个阶段：

1.3.1 生态意识的产生

1960 年代是人类生态意识被唤醒的时代，也是生态建筑概念的孕育期。1969 年美国海洋生物学家蕾切尔·卡逊（Rachel Carson）以寓言形式撰写的《沉寂的春天》，作者以生动而严肃的笔触，反映因过度使用化学药品和肥料而导致环境污染、生态破坏，最终给人类带来的灭顶之灾。春天不再有鸟儿的歌声，池塘不再见鱼儿的欢跃，村民们遭受着不知名怪病的袭击，本应生机盎然的春天，却笼罩在死一般的沉寂之中…。作者用生态学的原理分析了化学杀虫剂对人类赖以生存的生态环境系统所带来的危害与破坏，警示人类用自己制造的有毒农药来提高农业产量的方式实际上是饮鸩止渴，无异于自杀。人类必须另择他路。这本书改变了美国、改变世界、保护环境与生态和拯救人类自己的无声呐喊。它唤醒了人类的生态环保意识，开创了生态学新纪元，掀开了绿色建筑革命的序幕。美国从此改变了对农药政策的取向，于 1970 年成立了环境保护局。

1919 年，美籍意大利建筑师鲍罗·索勒里首次将生态与建筑两个独立概念综合在一起，提出了"生态建筑"的理念，使人们对建筑的本质又有了新的认识，建筑领域的生态意识从此被唤醒。

1.3.2 生态地产概念的形成和发展

1.3.2.1 "生态建筑"概念的萌芽期

1920～1990 年代，绿色建筑概念逐步形成，其内涵和外延不断丰富，绿色建筑理论和实践逐步深入和发展，这是绿色建筑概念的形成和绿色建筑的发展期。1920 年之前，全球经济空前繁荣，现代主义建筑最为盛行，建筑设计朝向全面机械化、设备化的模式发展（例如全天候的中央空调、24 小时供应的热水系统、夜不熄灯的人工照明等设计）。

1960 年代，"生态建筑"萌芽于的生态学，受到生物链、生态共生思想的影响，对过分人工化、设备化环境提出彻底的质疑。"生态建筑"强调使用当地自然建材，尽量不使用近代能源及电化设备，芝加哥生态建筑，一些采用覆土、温室、蓄热墙、草皮屋顶、风车、太阳能热水器等外形的节能建筑纷纷出现，甚至种植水耕植物、以厨余和动物粪便制造堆肥与沼气、以回收雨水充当家庭用水、以人工湿地处理污水并养鱼等生态技术，均成为"生态建筑"的设计重点。这波"生态建筑"的脉动，正是日后"绿色建筑"的先锋。

1.3.2.2 "可持续发展"概念的产生

1972 年 6 月 5～16 日在瑞典首都斯德哥尔摩召开的有各国政府代表团及政府首脑、联合国机构和国际组织代表参加的讨论当代环境问题的第一次国际会议。会上首次提出"可持续发展"概念。在这次"人类环境大会"的影响下，我国首部环保法规性文件《关于保护和改善环境的若干规定（试行草案）》于 1973 年由国务院颁布执行。

1.3.2.3 "节能设计"的兴起

1973 年发生了全球石油危机，更加促使人们考虑人类社会、建筑和房地产业的可持续发展问题。当时的建筑界因而开始注意节能的重要性，产生了一些令人耳目一新的节能住宅，在美国甚至兴起了"诱导式太阳能设计"的风潮。各国政府也开始制定建筑节能设计法令、加强建筑外壳隔热规定，尤其在寒带先进国家，在短短十几年期间，因节能法令而大幅提升了建筑物的保温性及气密性，使建筑质量得到明显改善。

1974 年，美国明尼苏达州建造了一座标榜"生态建筑"的住宅，以欧伯罗斯命名，希望能达到完全与环境共生而自给自足的住家设计。欧伯罗斯（Ouroboros）是古西洋神话中的怪兽，可以吞食自己不停生长的尾巴而长生不死。古埃及与古希腊常以一对互吞尾巴的蛇纹形图腾来表现欧伯罗斯，它象征不断改变形式但永不消失的一切物质与精神的统合，也隐喻着毁灭与再生的无尽循环。人类如果能像欧伯罗斯一样，不消耗外界食物资源而自我生生不息的话，世界上就能减少绝大部分的资源掠夺与社会争端，也就不会导致今天的地球环境危机了。它设有太阳能热水系统、风力发电、废弃物及废水再利用系统等生态设计，也采用草皮覆盖土屋顶、温室、浮力通风等自然诱导式设计。

1.3.2.4 健康安全的生态环境设计

1980 年代，随着节能建筑体系逐步完善，建筑室内环境与公共卫生健康问题凸显出来，以健康为中心的建筑环境研究成为发达国家建筑领域研究的新热点。在非典 SARS 肆虐和甲型 H1N1 流感全球流行蔓延过的情况下，健康问题更是人们关注的焦点之一。1980 年，世界自然保护组织（IUCN）首次提出"可持续发展"的口号，呼吁全球重视地球环保危机。1981 年第十四次国际建筑师大会，以"建筑、人口、环境"为主题，提出经济发展失衡、人口增长、环境、自然资源及能源危机等问题。1987 年世界环保与发展会议（WCED）以"我们共同的未来"报告，提出人类可持续发展策略，获得全球的共鸣。

1.3.2.5 绿色建筑评价标准体系的形成

1990 年代以来，世界各国相继成立绿色建筑协会，并先后推出有关绿色建筑评价标准体系。1990 年，英国"建筑研究所"率先制订了世界上第一个绿色建筑评估体系"建筑研究所环境评估法"BREEAM。

1992 年，在巴西的里约热内卢召开的"联合国环境与发展大会"上国际社会广泛地接受了"可持续发展"的概念，也就是"既满足当代人的需要，又不对后代人满足其需要的能力构成危害的发展"，并首次提出绿色建筑概念。1992 年 6 月于巴西里约热内卢召开划时代性的"地球高峰会议"，会中签署了"气候变化公约"、"生物多样性公约"，同时发表了"森林原则"、"里约宣言"、"21 世纪议程"等重要宣示。这些都显示地球环境破坏已不容忽视，同时也显示环保的问题已成超国境、超政体的国际要务。1993 年，联合国成立了可持续发展委员会，1993 年，第十八次国际建筑师大会，发表了《芝加哥宣言》，以"处于十字路口的建筑—建设可持续的未来"为主题，号召全世界的建筑师以环境的可持续发展为职责，掀起了绿色建筑的旗帜。1995 年，世界可持续发展工商理事会成立，1996 年，联合国在加拿大温哥华召开第一次世界"人居环境会议"，讨论了住宅、基础设施建设、服务的可持续供给等问题。1996 年 6 月，联合国在伊斯坦布尔召开的"第二次世界人居大会"中，签署了"人居问题议程"，呼吁全世界针对当今的都市危机研究对策。在地球环境危机的威胁下，追求建筑都市可持续发展之呼吁四起，使得绿色建筑的浪潮以排山倒海之势蜂拥而来。1998 年的"京都环境会议"，更正式制定了各先进国二氧化碳排放减量的目标，在显示了地球环保的问题已成为超国境、超政体的国际要务，同时也显示"可持续发展"已成为人类最重要的课题。

如今的地球环境问题，不仅仅是自给自足的隐居生活所能解决的，70 亿人口居住的地球，已无法供应世外桃源般的田园生活模式，况且如今的环境破坏已经扩大至整个地球规模，气候温暖化、异常气候、臭氧层破坏等问题，并不是简单地改变我们的生活方式，设置堆肥沼气、太阳能热水、水耕植物、雨水再利用就能解决的。在这里"绿色建筑"，是将永续建筑的尺度扩大至地球规模，希望整个建筑产业能像欧伯罗斯一样，自我循环、生生不息、永续生存。"生态地产"是将这种"绿色建筑"、"生态建筑"的内涵孕育到整个地产开发活动当中。

1.3.3 "绿色建筑"评估工具的产生

1.3.3.1 建筑产业破坏山林

根据联合国环境规划署 UNEP 的估计（2006），全球的建筑环境消耗了地球能源的 $30\%\sim40\%$、水资源的 20%、原材料的 30%，同时产生了 38% 的固体废弃物。目前，各国建筑产业的二氧化碳排放比例：美国约为 38%（2004）；加拿大约为 30%（2004）；日本约为 36%（1990）；中国台湾地区则为 28.8%（2003），我国大陆约为 30%。由此可见，建筑产业显然在地球环保政策中占有举足轻重的一环。建筑环保尤其在经济发展的亚洲国家有特别的意义。

建筑的砖窑产业在我国造成了严重的农田损失，2000 年我国仍有 95% 的建筑在采用实心黏土砖墙体构造，造成每年由农田取土 14.3 亿 m^3、烧砖 6000 亿块，每年因生产黏土砖毁田 50 万亩，同时消耗 7000 多万吨标准煤，这使得我国人均耕地快速减少。我国政府积极鼓励城市建筑采用钢筋混凝土构造建筑物（以下简称 RC 建筑物）以替代泥砖构造，在 2005 年已有 170 个城市基本实现禁止使用实心黏土砖，2010 年国务院办公厅《关于进一步推进墙体材料革新和推广节能建筑的通知》规定：2010 年底，我国境内的所有城市都要禁止使用实心黏土砖。

然而，我国政府在推广 RC 建筑之际，却可能埋下另一种更严重的国土破坏的隐患，因为 RC 建筑市场对于砂石的大量需求，造成一片滥采砂石之风。例如长江常出现千船竞争开采江砂之景，对长江大堤的安全构成了严重威胁，在 1998 年曾经造成江西九江大堤发生崩岸。广东珠江口因采砂而造成河床下降后，东江、西江、北江的咸水不断上溯，使部分水厂受到感染，咸水的浸入还改变了鱼类和植物的生存环境，造成鱼类的产卵场遭到破坏，渔业资源衰退，有些品种甚至已消失，给渔业和农业生产造成不良的影响。

1.3.3.2 建筑业是高污染产业

建筑产业是高污染、高耗能的产业，其砖、瓦、钢筋、玻璃都是环境破坏之源。例如许多建筑业竞相采用的天然石材，造成了严重的山林破坏、土石流失。然而，石材的污染比起水泥的污染还是小巫见大巫，因为当今的水泥用量远超出石材的千万倍，其污染范围更是无远弗届。水泥从石灰石开采，经窑烧制成熟料，再加入石膏研磨成水泥，生产过程耗用大量煤与电能，并排放大量 CO_2。在我国大陆每生产 1t 水泥，要排放 $1.0tCO_2$、$0.74kgSO_2$、130kg 粉尘；每生产 1t 石灰要排放 $1.18tCO_2$，两项产品合计每年排放 CO_2达 6 亿 t；钢、水泥、平板玻璃、建筑陶瓷、砖、砂石等建材，每年生产耗能达 1.6 亿 t 标准煤，占我国能源总生产量 13%。这些都是构成建筑产业高耗能、高污染、高二氧化碳排放的原因。

目前亚洲工业化国家，建筑产业最大的环保问题，在于大量暴增的 RC 建筑市场。RC 建筑物不只在水泥、炼钢、烧窑之建材生产阶段产生高污染，在营建过程及日后的拆除废弃物之污染也非常严重。在中国台湾的 RC 建筑物每平方米楼板面积，在施工阶段约产生 1.8kg 的粉尘、$0.2m^3$ 的剩余土方与 $0.31m^3$ 的固体废弃物，在日后拆除阶段则产生 $1.20m^3$ 的固体废弃物，不但危害人体，也造成大量废弃物处理的负担，许多厂商甚至随意倾倒营建废弃物，造成河川公地受到严重污染。

1.3.3.3 世界绿色建筑评估的蓬勃兴起

进入 21 世纪后，绿色建筑的内涵和外延更加丰富，绿色建筑理论和实践进一步深入和发展，受到各国的日益重视，在世界范围内形成了蓬勃兴起和迅速发展的态势，这是绿色建筑的蓬勃兴起期。

为了使绿色建筑的概念具有切实的可操作性，西方发达国家相继建立了适应各个国家的绿色建筑评价体系与评估系统，主旨在于通过具体评估体系，客观定量地确定绿色建筑中节能率、节水率，减少温室气体排放材料的使用，制定明确的生态环境性功能以及建筑经济性能等指标，以指导建筑设计，为决策者和规划者提供参考标准和依据。

由于构成绿色建筑评估因素涉及面广，不同评价因素在不同地域的评价重要程度（权重值）也有较大的差别；相同因素在不同的地域资源、人文要求下差别很大；不同建筑的"绿色"做法也可能千差万别。因此，因地制宜地制定绿色建筑评估标准，对完善绿色建筑的概念、内容和做法至关重要，同时可用同一把标尺衡量绿色建筑的程度。统一的绿色建筑衡量标准和评价方法始终成为世界各国研究和追逐的目标。各国的评估标准因人文、资源和经济发展的原因各有侧重，以至于在绿色建筑总的原则一致的基础上，前提不变的条件下，各有千秋，体现了各国的特色。

"绿色建筑"在日本称为"环境共生建筑"，有些欧美国家则称之为"生态建筑"、"可持续建筑"，在美洲、澳大利亚、东亚、北美国家则多称为"绿色建筑"。1992 年的"地球高峰会议"，揭示的公约激起了建筑环保的热潮，绿色建筑评估系统在世界各地纷纷出现。目前，全球绿色建筑评价体系主要包括《绿色建筑评价标准》GB/T 50378、美国绿色建筑评估体系（LEED）、英国绿色建筑评估体系（BREE-AM）、日本建筑物综合环境性能评价体系（CASBEE）。此外，还有德国生态建筑导则 LNB、澳大利亚的建筑环境评价体 NABERS、加拿大 GBTools 评估体系、法国 ESCALE 评估体系。2000 年以后，可说是全球绿色建筑评估体系发展的巅峰，像德国的 LNB、澳大利亚的 NABERS、挪威的 ECO profile、法国的 ESCALE、韩国的 KGBC、我国香港的 HK-BREEAM，都相继成立，中国台湾地区的绿色建筑评估系统 EEWH 是全球第四个上路的系统，正式在 1999 年成为其行政部门推动的政策。此后，日本的"建筑物综合环境性能评估系统 CASBEE"，以周全的环境效率为指标，正式启动于 2000 年。2006 年，中国建设部则以节地、节能、节水、节材为目标，公布了《绿色建筑评价标准》，成为新兴工业国家建筑环保的示范。至 2009 年，全球的绿色建筑评估体系已达 20 个。

1.3.3.4 我国绿色建筑评估工具的产生

2001 年 7 月 13 日，我国以"绿色奥运、科技奥运、人文奥运"为主题，成功申办奥运会。2001 年，我国推出《绿色生态住宅小区建设要点与技术导则》、《中国生态住宅技术评估手册》等。2002 年，我国举办了以可持续发展为题的世界论坛。发达国家绿色建筑评估体系的发展为我国绿色建筑的发展提供了经验积淀，《绿色奥运建筑评估体系》就参考了日本的 CASBEE 评估体系。我国于 2003 年 8 月由清华大学、中国建筑科学研究院等九家科研院所联合推出《绿色奥运建筑评估体系》，它是我国首个真正意义上的绿色建筑评估体系，也是我国第一个为北京奥运场馆建设量身打造的"绿标"。2005 年我国推出《绿色建筑技术导则》，2006 年 3 月 7 日我国发布并于 2006 年 6 月 1 日起实施国家标准《绿色建筑评价标准》，2008 年 4 月 14 日我国绿色建筑评价标识管理办公室成立。进入新世纪以来，在世界绿色建筑革命的浪潮中，尤以我国青藏铁路的建设为世界瞩目的宏大绿色建筑工程建设项目。2001 年 6 月 20 日至 2006 年 7 月 1 日，我国建成通车了世界上海拔最高的铁路—青藏铁路，这项宏大的建筑工程成功地解决了生态脆弱、高寒缺氧、多年冻土和狂风侵扰等世界性的建筑难题，使青藏铁路成为一条名副其实的高新科技之路，生态文明之路，绿色环保之路，是新世纪人类历史上最伟大的绿色建筑工程实践的典范。

1.3.3.5 绿色建筑评估工具的隐忧

绿色建筑评估工具并非拯救地球环境问题的灵丹妙药。目前有些绿色建筑认证制度已结合商业利益而被大量炒作，反而演变成另一种环境伤害。尤其有些欧美先进国家的"绿色建筑认证"制度，已结合商业政治力量，过度强调高科技与智能控制，而鼓励一些昂贵的绿色科技，购买一些没必要的绿色产品，评估工具所背离的绿色建筑，仿佛已沦为"花钱买赎罪券上天堂"的工具，这对于大部分新兴工业国家，甚至是广大的发展中国家并无好处。

绿色建筑掀起全球风潮的当今，绿色建筑理论有严重的水土不服现象。例如，有些欧美的绿色建筑技术喜欢强调绿色采购、再生能源、自动机械控、全年中央空调、智能设备等昂贵的高科技，但许多亚洲国家的人均耗电量不及欧美国家的数十分之一、住宅耗电密度不及欧美的四分之一、用不起中央空调设备、居住质量尚属低落的状况。一栋原本享有自然通风采光、年耗电密度才 30kWh/m² 的亚洲住宅，根本不必引进一栋年耗电密度 20kWh/ m²，但受到 LEED 认证的空调型美国住宅。应改变科技主义的迷思，回归传统适当技术、本土技术、简约生活的最基本原则，才是真正可持续环境设计之途。

1.3.4 我国绿色建筑起步与生态地产的发展

1.3.4.1 绿色建筑与生态地产发展阶段

我国现有建筑的总面积约 400 亿 m^2，未来我国城乡每年新建建筑面积 20 亿 m^2。在我国既有建筑面积中 95% 以上是高耗能建筑。建筑能耗约占整个社会能耗的 30%，楼宇年电力消耗总量占全国总消耗 10%，能源费用超过 800 亿元，大部分楼宇全年用电量在 100 万 kW 时以上。建筑需用大量的土地，在建造和使用过程中，直接消耗的能源占全国总能耗接近 30%，加上建材的生产能耗 16.7%，约占全国总能耗的 46.7%，这一比例还在不断提高。在可以饮用的水资源中，建筑用水占 80% 左右，使用钢材占全国用钢量的 30%，水泥占 25%。在环境总体污染中，与建筑有关的空气污染、光污染、电磁污染等就占了 34%，建筑垃圾占垃圾总量的 40%。在城镇化快速发展时期，我国建筑业面临着巨大的资源与环境压力。

我国明确提出了可持续发展战略和科学发展观，"十一五"规划特别强调建设资源节约型环境友好型社会，国务院批准的《节能中长期专项规划》中提出了"十一五"期间建筑节能 1.1 亿 t 标准煤的目标。综合考虑我国目前的经济发展状况和国家发展战略对建筑业提出的要求，必须把绿色建筑研究与实施放在首要位置上。如果建筑领域不能够首先解决可持续发展问题，我国也就谈不上走可持续发展道路。

（1）探索起步

以我国 1986 年颁布实行的《民用建筑节能设计标准（采暖居住建筑部分）》为标志，我国正式启动了建筑节能工作，标志着我国开始了绿色建筑的探索起步阶段。我国的绿色建筑在探索中起步，在起步中探索。以建筑节能作为绿色建筑的核心内容和突破口，通过科技项目和示范工程来带动绿色建筑的起步和推进，对促进我国绿色建筑的起步发挥了重要作用。

从 1986～1995 年的 10 年间，我国先后颁布实行了许多与绿色建筑要求有关的法律、标准、规范和政策等法律法规政策性文件。如：《民用建筑设计通则》GB 50352—2005、《中华人民共和国城乡规划法》、《城市居住区规划设计规范》GB 50180 和《民用建筑节能设计标准（采暖居住建筑部分）》JGJ26 等。同时，我国实施和实践了许多举世瞩目的绿色建筑项目和工程。

（2）研究发展

随着 1990 年代国际社会对可持续发展思想的广泛认同和世界绿色建筑的发展，以及我国绿色建筑实践的不断深入，绿色建筑的理念在我国开始变得逐渐清晰起来，受到了来自众多方面的更大关注。1996 年，国家自然科学基金会正式将"绿色建筑体系研究"列为我国"九五"计划重点资助研究课题，这标志着我国的绿色建筑事业由探索起步阶段进入了研究发展阶段。

从 1996 年至 2005 年的 10 年间，我国绿色建筑在研究中发展，以研究促发展，以发展带动研究。进一步完善和颁布实行《中华人民共和国建筑法》、《中华人民共和国节约能源法》、《住宅建筑规范》和《住宅性能评定技术标准》等许多与绿色建筑要求有关的法律、标准、规范和政策等法律法规政策性文件。国家各有关政府部门、科研院所、大专院校等均加大了投入，进行了更为广泛的绿色建筑、生态建筑和健康住宅方面的理论和技术研究，形成了我国绿色建筑核心技术的研究开发基地和自主创新体系，在更大的范围内进行了许多宝贵的工程实践，取得了举世公认的伟大成就，以"绿色奥运、科技奥运、人文奥运"为主题的 31 个奥运场馆和中国国家大剧院等一大批国家重点工程项目的建设极大地推动和促进了我国绿色建筑事业的发展，为在我国全面推广绿色建筑奠定了坚实的基础。同时设立了"全国绿色建筑创新奖"拉开了在我国全面推广绿色建筑的序幕。

我国绿色建筑战略的推进是在国家战略发展的背景下逐步进行的。2001 年我国第一个关于绿色建筑的科研课题完成，该课题最先提出了绿色建筑的内容和技术要点，随后业界开始对"绿色建筑"进行更深入的研究，陆续从研究的角度编制了我国绿色生态小区建设要点，开发了绿色奥运建筑评估软件等，绿色建筑研究得到了进一步的提升。2003 年中共十六届三中全会全面提出"以人为本，树立全面协调可持续发展观，促进经济社会全面发展"的科学发展观战略。随后的五中全会深化了"建设资源节约型、环境友好型社会"的目标和建设生态文明的新要求。为绿色建筑发展提供了成长的动力和社会基础。2004 年召开了第一届中国《国际智能和绿色建筑技术研讨会》，会议规模宏大，影响深远，表达了我国政府对开展绿色建筑的决心和行动能力。

（3）全面推广

2006 年，我国发布了《国家中长期科学和技术发展规划纲要》，绿色建筑及其相关技术被列为重点领域及其优先主题作为国家发展目标纳入国家中长期科学和技术发展的总体部署。住房和城乡建设部陆续颁布实行了第一部《绿色建筑评价标准》，这标志着我国的绿色建筑事业由研究发展阶段步入了全面推广阶段。2006 年开始陆续颁布了《绿色建筑评价技术细则（试行）》、《绿色建筑规划设计技术细则补充说明》和《绿色建筑评价标识管理办法（试行）》等，对绿色建筑推行和管理做了有效的准备。

基于绿色建筑理论的研究成果，已有一批按此标准进行设计建造的绿色建筑项目。如，我国第一高楼"上海中心"、上海市建筑科学研究院绿色建筑工程研究中心办公楼和深圳万科城四期等。北京、上海、广州、深圳、杭州等经济发达地区结合自身特点，积极开展了绿色建筑技术体系的集成研究与应用实践；一些绿色建筑（小区）标志陆续在申报；一些示范建筑、节能示范小区、生态城项目在各地陆续建立，尽管为数不多，但是已初步形成我国绿色建筑发展的态势，预示着房地产业建筑业的未来发展走势和发展前景。

在地方上绿色建筑主要在经济发达地区先行出现，大多为政府示范项目，设计上参考发达国家和地区的项目设计，并且逐步向民用项目普及。与此同时地方建筑还在其他方面进行了有益的绿色可持续探索：一是挖掘传统建筑绿色设计的精华，如对窑洞建筑的利用和改造等，对南方传统建筑被动制冷方法的技术革新等；二是利用地方材料，此类做法一般和挖掘传统建筑精华同时进行，在减少对场地环境不良影响的同时，还延续了地方传统的建筑文化；三是对传统旧建筑的改造和再利用，例如上海苏州河畔旧仓库改建等，虽然此类项目真正实施的数目极为有限，但毕竟是个好的开始。到 2010 年共召开了六次会议，达到了扩大影响、教育群众、交流绿色技术的作用。会议对绿色建筑的定义做出了明确的规定，使全国绿色建筑走上了规范的发展道路。同年 9 月住房和城乡建设部推出"全国绿色建筑创新奖"，这标志着我国绿色建筑进入了实际运营阶段。

2008 年 3 月中国城市科学研究会绿色建筑与建筑节能专业委员会成立，次月，我国绿色建筑评价标识管理办公室成立。2009 年我国又一次成功地举办了"第五届国际智能、绿色建筑与建筑节能大会暨新技术与产品博览会",大会的主题是"贯彻落实科学发展观,加快推进建筑节能"。前四届大会的主题分别是:第一届"智能建筑、绿色住宅、领先技术、持续发展";第二届"绿色、智能——通向节能省地型建筑的捷径";第三届"推广绿色建筑从建材、结构到评估标准的整体创新";第四届"推广绿色建筑,促进节能减排"。

目前,旅游区里的生态地产把地产与生态环境的关系处理得比较好。还有一些处在生态环境优越的区域的楼盘,一般主打绿色生态作为宣传点;大多数项目根据项目条件,从改善项目的居住舒适度、美观度出发把生态地产的技术结合起来;一些项目采用了新型的水、电或通风等具有节能效果的系统,或者具有某种独特的自然资源。近几年开发商都在往绿色、节能、生态的方向努力,大多数会结合项目的条件来做,生态地产投资高、回收慢,开发商更愿意开发住宅而不是投入大量资金搞生态建筑。在国家大力提倡绿色、生态、环保的建筑理念下,一些开发商开始了生态地产的探索。作为一个新生事物,生态地产面临着概念大于实质、标准不清、回报模式不明等困惑,但随着理念和技术的逐渐成熟,住宅开发必然会由粗放型转向精细化,形成尊重环境、减少能耗、甚至反馈自然的主流模式。

(4)未来发展

回顾我国绿色建筑的发展历程,在政府的大力倡导、积极支持和全力推动下,我国的绿色建筑取得了辉煌的成就。作为全球发展最快的和最大的发展中国家,未来摆在我们面前的任务将更加艰巨,责任将更加重大,使命将更加光荣,未来我们还将继续做出应有的贡献。伴随着人们对于生态意识的关注和提升,生态地产越来越被接受。各个开发者在尊重自然、处理建筑与自然的关系中,寻求合理的平衡点。目前购房人对于生态环保的意识在逐步加强,接受度逐步增加。生态地产的价值,也会越来越被接受。提倡绿色生态、环保低碳的建筑理念,除了与自然和谐外,还要考虑到人们居住的舒适度、后期的维护成本等。

今后一个时期,我国发展和全面推广绿色建筑主要应从更加广泛地推广和树立绿色建筑知识和意识,进一步探索发展绿色建筑的激励政策、法制约束和推广机制,进一步建立、健全和完善各种各类绿色建筑的规范标准,有计划、有步骤地推进建筑能源结构的调整,逐步加大清洁可再生能源在建筑能耗中的比例,加强相关的政府管理部门对建筑房地产业必要的绿色建筑行政监管等几个方面做好工作。全面推广绿色建筑是我国建筑业和房地产业的重大战略转折,需要全社会的共同参与、智慧、经验和努力,我们要抓住机遇,共同努力,为在我国全面推广绿色建筑,早日实现资源节约型和环境友好型的绿色化新城镇建设的宏伟目标而奋斗。

1.3.4.2 部门规章与标准规范大量出台

从绿色建筑法规的纵向体系看,近年出台了大量的部门规章和技术规范。从横向体系的建设来说,建筑业的核心法律《中华人民共和国建筑法》是 1997 年通过的,其中仅第 41 条对绿色施工有所要求,与绿色建筑相关的内容还比较少;相关法包括《中华人民共和国城乡规划法》、《中华人民共和国能源法》、《中华人民共和国节约能源法》、《中华人民共和国可再生能源法》、《中华人民共和国环境保护法》、《环境影响评价法》、《中华人民共和国城市房地产管理法》、《中华人民共和国固体废弃物污染环境防治法》、《中华人民共和国水法》、《中华人民共和国防震减灾法》等，均涉及绿色建筑相关内容。除了制定强制性规定外，激励性政策也在出台。《中华人民共和国节约能源法》修订稿于 2008 年实施，其中增加了建筑节能的内容，如：国家鼓励在新建建筑和既有建筑节能改造中使用新型墙体材料等节能建筑材料和节能设备，安装和使用太阳能等可再生能源利用系统。财政部、国家发展改革委发布了《节能技术改造财政奖励资金管理暂行办法》，明确了建筑节能的资金激励办法。依据《中华人民共和国可再生能源法》，2007 年可再生能源利用补贴超过 9亿元。

在政绩考核办法方面，国务院同意并转发了《单位 GDP 能耗统计指标体系实施方案》、《单位 GDP 能耗监测体系实施方案》、《单位 GDP 能耗考核体系实施方案》和《主要污染物总量减排统计办法》、《主要污染物总量减排监测办法》、《主要污染物总量减排考核办法》，将节能减排的目标任务的实施、检测与考核落到实处，通过《省级人民政府节能目标责任评价考核计分表》和《千家重点耗能企业节能目标责任评价考核计分表》明确了对地方政府和企业的责任和考核方法，发挥了节能政策指挥棒作用。

1.3.4.3 适宜性关键技术体系基本确立

在绿色建筑设计与技术研究方面已进行了大量投入，开展了一批国家级科技重大攻关项目，涉及科研资金超过数十亿元。这些科研项目包括：（1）"十五"国家科技重大攻关项目："绿色建筑关键技术研究"；"十一五"国家中长期科学与技术发展规划启动项目；（2）2006 年国家科技支撑计划重大（重点）项目："现代建筑设计与施工关键技术研究"；（3）项目"建筑施工设备研究与产业化开发"；（4）项目"建筑节能关键技术研究与示范"；（5）项目"环境友好型建筑材料与产品研究开发"；（6）项目"既有建筑综合改造关键技术研究与示范"。

评估体系方面的主要成果有：《绿色建筑评价标准》、《绿色奥运建筑评估体系》、《中国生态住宅技术评估手册》。技术导则方面有：（1）2005 年我国第一部《绿色建筑技术导则》发表；（2）2007 年建设部印发了《绿色施工导则》，《导则》确定了绿色施工的原则、总体框架、要点、新技术设备材料工艺和应用示范工程，适用于建筑施工过程及相关企业。通过这些研究成果初步确立了"四节一环保"的绿色建筑适宜性关键技术体系。

1.3.4.4 试点工程与全面改善同步推进

十多年来，我国建筑节能工作得到长足发展，在技术规范指导下的建筑节能水平普遍提高。据住房城乡建设部通报的 2012 年全国住房城乡建设领域节能减排专项监督检查建筑节能检查情况通报指出，2012 年全国城镇新建建筑执行节能强制性标准基本达到100%，新增节能建筑面积 10.8 亿 m²，可形成 1000 万 t 标准煤的节能能力。全国城镇累计建成节能建筑面积 69 亿 m²，共形成 6500 万 t 标准煤节能能力。在既有居住建筑节能改造方面，截至 2012 年年底，北方 15 省（区、市）及新疆生产建设兵团共计完成既有居住建筑供热计量及节能改造面积 2.2 亿 m²。夏热冬冷地区既有居住建筑节能改造工作已经启动，共安排改造计划 1200 万 m²。

1.3.5 中国香港和中国台湾地区生态建筑

我国香港较早开始了生态环保意识的宣传和生态环境保护实践活动。1968 年成立了非政府民间性环保组织香港长春社，积极倡导可持续发展理念，致力于保育自然、保护环境和文化遗产，提升当代和未来的社会生活品质，确保中国香港履行其对地区乃至世界的生态环境责任，主张合适的生态环境政策，监察政府的生态环境工作，推动生态环境教育，带头实践并促使公众参与生态环境保护，为中国香港地区绿色建筑的发展拉开了序幕。中国香港地区现代意义上的生态建筑发展大致始于 1990 年代，基本上经历了两个阶段：1990～1995 年为生态建筑的研究探索阶段；1996 年至今为生态建筑的规范发展阶段。

1.3.5.1 中国香港生态建筑基本情况

（1）研究探索

香港大学于 1990 年成立了城市规划及环境管理研究中心，提供城市规划及相关范畴的研究课程，并广泛进行中国香港和珠三角地区的可持续发展问题研究。这标志着我国香港地区的生态建筑开始了研究探索阶段。1983 年，中国香港慈善团体地球之友成立，旨在提高公民的环保意识、监察环保工程及推动中国香港的可持续发展，通过教育、研究和各种活动，达到保护和改善中国香港地区环境的目的。

1989 年，中国香港非营利性私营机构关注环境委员会成立，其整体目标是在中国香港商界推动和改善可持续发展进程，促进中国香港社会各界人士保护环境，推动中国香港地区的可持续发展。随后，设立了中国香港环境技术中心，由有经验的各大企业，向中国香港其他企业机构提供改善环境的咨询和信息，并于 1992 年举办了首届年度香港工业奖（2005 年与香港服务业奖合并改为香港工商业奖），亦称环保成就奖，以表彰环保成就卓著的香港地区生产商，同时开始对各行各业组织机构在遵守环保法规、实施环境管理体系、采取污染防御措施、改善能源效益和善用资源等方面的行为进行评审。1995 年起，开展了香港环保标章生命周期分析，并着手进行适于香港地区的"香港建筑环境评估法"体系研究。

（2）规范发展

1996 年由香港环境技术中心和香港理工大学等单位参加，在英国"建筑研究所环境评估法"的基础上，制定了适合于中国香港地区的"香港建筑环境评估法"体系，作为中国香港地区生态建筑标识评价的依据，并指导建筑的生态化设计与改善。这标志着我国香港地区的生态建筑进入了规范发展阶段。十几年来，中国香港地区已有约 150 个各种建设项目（建筑总面积约 700 万 m^2）进行了 HK-BEAM 体系的绿色建筑标识评价论证。HK-BEAM 体系后来经过 1999 年修订、升级和更新，2003 年又作了调整试行，2004 年定稿为现行版本。HK-BEAM 体系是目前世界上使用最广泛的绿色建筑评价标准之一。

这一时期，中国香港开设了建筑物能源效益奖、环保产品奖、环保企业奖和"环保建筑大奖（GBA）"，推出了《建筑物能源效益守则》，设立了中国香港可持续发展论坛，每年举办 4 次大型国际环保会议，成立了商界环保协会、独立的公共政策智囊组织-思汇政策研究所、特区政府持续发展组、环保建筑协会、环保建筑专业议会、"可持续发展建筑资源中心"、特区政府可持续发展委员会、可持续发展公民议会、中国香港可持续传讯协会和室内空气质量服务中心并计划成立"香港绿色建筑协会"。

2008 年起，由特区政府环境局和发展局负责，对未来所有的政府建筑工程和基建项目，都必须进行绿色建筑标识评价认证，取得香港建筑物环境评估金级以上的认证证书。经过多年的生态建筑发展实践，中国香港积累了丰富的绿色建筑经验，首先是要有各级领导的重视和支持，二是要有各方的明确分工和职责，三是要有切实可行的客观指标，四是要有对可持续发展战略信念的执着坚守，五是要有各个阶段的大众协作和积极参与。如今，以人为本、实而不华、安宁和谐、节能减排、建筑热环境、微气候、自然通风采光和可持续发展等生态建筑理念日益深入人心，所有相关人士都积极参与，共同推动建筑物绿色化程度的改善。

由中国香港环保建筑专业会议提出的中国香港首个将军澳堆填区零碳小区建设方案正在进行广泛的讨论和研究论证。中国香港的绿色建筑正在由绿色建筑单体向绿色建筑小区和绿色建筑城市的方向发展。

1.3.5.2 中国台湾地区生态建筑基本情况

生态建筑在我国台湾地区简称为绿色建筑。中国台湾地区的绿色建筑发展大致经历了三个阶段：1970～1990年代，为研究起步阶段；1990～2003年为政策引导阶段；2007年至今为法制化发展阶段。

（1）研究起步

1970～1980年代，中国台湾地区的绿色建筑主要处于研究起步阶段。随着1970年代两次世界能源危机的发生和中国台湾地区能源形势的日益严峻，在中国台湾地区政府和学者的共同努力下，中国台湾地区推出了《建筑设计省能对策》，并研究制订了《建筑技术规则建筑节约能源规范草案》，1975年后台湾大学等相继成立了建筑与城乡研究所，开启了生态建筑的研究起步阶段。进入1980年代后，中国台湾地区先后成立了能源委员会和能源与矿业研究所，对建筑节能进行统一管理和研究。

（2）政策引导

从1990年起，中国台湾地区开始了"建筑节约能源优良作品的评选及奖励活动"，由此进入了生态建筑的政策引导阶段。至2003年的十余年间，中国台湾地区先后研究制订了科学定量化的建筑节能规定和适合于热湿气候地区典型的"绿建筑评估系统"，成立了"永续发展委员会"和"绿建筑委员会"，组建了绿色建筑研究机构，推行了绿色建筑标章制度，"绿建筑评估系统"以及《绿建筑解说与评估手册》和"绿建筑推动方案"，开展了大规模的"绿色建筑改造运动"和"优良绿建筑中国香港首个将军澳堆填区零碳小区设计作品评选"活动，对中国台湾地区的绿色建筑发展产生了深远的影响，受到国际业界的广泛关注。

（3）法制化发展

从2004年起，绿色建筑被正式纳入中国台湾地区建筑设计规则之中，绿色建筑的发展进入了法制化发展阶段，驶入了快车道。此后，中国台湾地区每年定期举办绿色建筑博览会，推出了"绿建材标章制度"，成立了"台湾地区绿建筑发展协会"，形成了以绿色建筑评估体系、绿色建筑标章制度、绿色建材标章制度和绿色建筑设计奖励金制度等为基本构架的绿色建筑机制，2007年，美国绿色建筑协会年会以"台湾走向绿色"为主题，对中国台湾地区的绿色建筑发展成果进行了全面的宣传报道，表明中国台湾地区生态建筑在全球范围内已处于领先的水平。2008年中国台湾地区核定实施了"生态城市绿建筑推动实施方案"。截至2008年底，共有1953项建筑获得了绿色建筑标章或证书，涌现了大批优秀的绿色建筑项目，取得了巨大的经济效益、社会效益和环境效益。

1.4　国外生态地产的发展

第二次世界大战之后，随着欧、美、日经济的飞速发展，同时受 20 世纪 70 年代的石油危机的影响，促使各国意识到自然能源消耗最多的建筑也应是可持续的，建筑能耗问题开始备受关注，节能要求极大地促进了建筑节能理念的产生和发展。几十年来，绿色建筑从理念到实践在发达国家已逐步趋向成熟。1969 年，美籍意大利建筑师保罗·索勒里首次提出"生态建筑"理念。1972 年联合国人类环境会议通过了《斯德哥尔摩宣言》，提出了人与人工环境、自然环境保持协调的原则。20 世纪 80 年代，节能建筑体系逐渐完善，建筑室内外环境问题凸显，以健康为中心的建筑环境研究成为发达国家建筑研究的新热点。1992 年巴西召开的首脑会议形成了《21 世纪议程》等全球性行动纲领，并在会中提出了"绿色建筑"的概念，绿色建筑由此成为一个兼顾关注环境与舒适健康的研究休系，并且得到越来越多的国家实践推广，成为当今世界建筑发展的重要方向。20 世纪 60～70 年代起，国外兴起了原生态建筑或称生土建筑（例如窑洞）、生物建筑、自维持住宅（零能耗项目）、新陈代谢建筑（日本案例）等，这些都是建筑师在对现代建筑的目标及原则深刻反思后的探索。绿色建筑从绿色技术到单体的绿色建筑物以至绿色建筑体系逐渐发展起来，研究涉及范围从建筑本体因素扩展到了社会文化环境效应等更深层次的因素。

1.4.1　美国的生态地产基本情况

美国的生态建筑发展始于 1960 年代。1960 年代，随着世界环保运动的兴起，从对环境的关注开始，美国的生态建筑运动开始萌动。以 1962 年美国人蕾切尔·卡逊出版的《沉寂的春天》为发端的环保运动给人类的生态环境意识和可持续发展意识产生了持续不断的影响。此后，美国成立了"美国环保协会"，颁布了《国家环境政策法》（NEPA）。1969 年，美国提出了"生态建筑"的概念，绿色建筑的初期理念开始形成。

进入 1970 年代后，美国制定了许多至今仍在起作用的环境法规，开始引领世界环境保护运动。同时进行了绿色建筑理念和知识体系的探索，成立了美国环保局，促成了 1972 年 6 月 5～16 日在瑞典首都斯德哥尔摩召开的有各国政府代表团及政府首脑、联合国机构和国际组织代表参加的讨论当代环境问题的第一次国际会议。

随后，美国相继颁布了大气清洁法，水清洁法，安全饮用水法，对全球环保运动的兴起起到了积极的促进作用，导致 1986 年 21 国签署了《关于保护臭氧层的维也纳公约》，1987 年 20 国签署了《关于消耗臭氧层物质的蒙特利尔议定书》，到 2002 年 11 月议定书第十四次缔约方大会已有 142 个缔约方的代表及一些国际组织和非政府组织观察员与会，包括们多个国家派出的部长级代表和由我国国家环保总局、外交部、农业部、财政部组成的我国代表团。全球对环境和气候的重视程度可见一斑。在 2002 年联合国"可持续发展问题世界首脑会议（WSSD）上，进一步明确了实施《蒙特利尔议定书》的时间表。

1990 年代，美国的绿色建筑进入形成阶段，绿色建筑的组织、理论和实践都得到了一定的发展，形成了良好的绿色建筑发展的社会氛围。这一时期，成立美国绿色建筑协会（USGBC），发布了《绿色建筑评价标准体系》（Leadership in Energy & Environmental Design Building Rating System），国际上简称 LEEDTM，是目前在世界各国的各类建筑环保评估、绿色建筑评估以及建筑可持续性评估标准中被认为是最完善、最有影响力的评估标准。至 1999 年，其会员发展到近 300 个，2000 年前夕，在美国成立了世界绿色建筑协会。

进入 2000 年代后，美国的绿色建筑步入了一个迅速发展阶段。绿色建筑的组织、理论、实践和社会参与程度都呈现了空前的局面，取得了骄人的业绩。到 2009 年 6 月，美国绿色建筑协会会员已经突破了 20000 个。2002 年起，美国每年举行一次绿色建筑国际博览会，目前已经成为全球规模最大的绿色建筑国际博览会之一。

2009 年，LEED3.0 版推出。全美 50 个州和全球 90 多个国家或地区已有 35000 多个项目，超过 4.5 亿 m^2 建筑面积，通过了 LEED 论证，2009 年 1 月 25 日，美国新政府在白宫最新发布的《经济振兴计划进度报告》中强调，近年内要对 200 万所美国住宅和 75％的联邦建筑物进行翻新，提高其节能水平。这说明在深受金融危机之苦，亟待经济恢复重建之际，正值美国面临千头万绪时，美国新政府毅然将绿色建筑之产业变革作为美国经济振兴的重心之一，表明美国政府对走绿色建筑之路再造美国辉煌的决心和信心。同年 4 月，建于 1931 年的美国纽约地标性建筑帝国大厦斥资 5 亿美元进行翻新和绿色化改造。经过节能改造后，帝国大厦的能耗将降低 38％，每年将减少 440 万美元的能源开支。帝国大厦的率先垂范无疑会为全社会的绿色化改造提供可资借鉴的样本。目前，美国的绿色建筑、生态建筑当之无愧地处于世界的领先地位。其市场化运作和全社会参与机制等成功经验值得我们分析和借鉴。

1.4.2　英国生态建筑基本情况

绿色建筑的萌动始于生态、环境和能源问题。英国作为工业革命的发源地，率先进入蒸汽时代，社会生产力得到了空前的发展，一举成为世界工厂。到 1875 年前后，经过大约 100 年的发展，英国成为世界上第一个工业化国家。然而，自由放任式的工业化过程如同一把双刃剑，它在给英国带来经济繁荣与社会发展的同时，也带来了生态恶化和环境污染的沉重问题，人们的居住环境日渐恶劣，河流的污染日益严重，大气的污染趋于严峻，以至于英国伦敦有"雾都"和"死亡之都"的别称。因此，英国也成为世界上环保立法最早的国家之一。

至 1947 年，以《都市改善法》为标志，英国的国家环保法开始形成。到 1974 年的《污染控制法》，标志着英国环境保护的基本法律体系架构已经建立。又经 1990 年的修改，英国的环境保护法律由以污染治理为主转为以污染预防为主，其环保状况得到进一步的改善。在这样的时代背景下，为了提倡和推动绿色建筑的实践和发展，英国"建筑研究所"于 1990 年率先制订了世界上第一个绿色建筑评估体系"建筑研究所环境评估法"评估体系，后几经完善，不仅对英国乃至对世界的绿色建筑实践和发展都产生了十分积极的影响，被荷兰等国或地区直接或参考引用，2007 年英国成立了"英国绿色建筑委员会"。2009 年，英国联手美国和澳大利亚，以图联合创立一个国际性的绿色建筑评估体系标准，用一个声音说话，使绿色建筑在塑造未来低碳发展方向方面发挥更加重要的作用。目前，英国正在积极引导 2500 万英国家庭成为更加环保节能的"绿色家庭"，以确保到 2050 年实现减少英国全国 80％碳排放的目标，并规定所有自 2016 年开始建造的房屋都必须达到"零碳排放"的标准。

1.4.3 日本生态建筑基本情况

日本是世界上最早提倡环保意识的国家之一，但其绿色建筑的规模化发展大致始于1990 年代中后期，至今不过二十余年的历史。由于日本社会各界的高度重视，绿色建筑在日本得到了快速的发展，受到世界各国的极大关注和很高的评价。日本的绿色建筑经历了一个从自发到成熟的演变过程。

1.4.3.1 政府积极介入

首先是国家立法机关和政府通过法律和法规等形式积极介入、推进住宅的节能环保设计和应用。政策制定和推进的主体包括国土交通省、环境省以及经济产业省等机关和各都道府县等地方自治体。日本政府早在 1979 年就颁布了《关于能源合理化使用的法律》，后经两次修订和完善。

1.4.3.2 非政府团体推进

另外，日本的其他社会组织积极推进绿色建筑发展，如"财团法人建筑环境"、"环境共生住宅推进协议会"、"产业环境管理协会"等组织，认定、评价、普及和表彰建筑节能和绿色建筑环保事业。此外，还有各种民间非政府团体（NGO）、非营利团体（NPO）等，制定各种认定、认证制度，不断淘汰污染和高能耗产品，提高和促进企业产品的节能和环保性能。譬如：知名度较高的"优良住宅部品制度"等。

1.4.3.3 设计与技术研发

日本在建筑节能方面已经取得了很显著的效果，在保持同样生活水平情况下，以每户为计算单位的生活能耗量，日本仅为英、法、瑞典的 50% 和美国的 20% 左右，成为世界上能源利用效率最高的国家之一。日本提出了"建筑的节能与环境共存设计"和"环境共生住宅"的概念，就是建筑设计时必须把长寿命、与自然共存、节能、节省资源与能源的再循环等因素考虑进去，以保护人类赖以生存的地球环境，构建大众参与"环境行动"的社会氛围；同时，将这些要素和要求以法律法规的形式予以明确，并注重节能技术的研究和开发，如在新建的房屋中广泛采用隔热材料、反射玻璃、双层窗户等。围护结构的传热系数也控制得非常严格。对于全玻璃幕墙建筑，多利用设计技巧达到节能标准等。

1.4.3.4 规范评价体系

日本的绿色建筑评价体系主要是 CASEBEE 建筑物综合环境性能评价方法。该方法是在限定的环境性能的条件下，从"环境效率"定义出发进行评价，以各种用途、规模的建筑物作为评价对象，评估通过措施降低建筑物环境负荷的效果。

1.4.4 荷兰的绿色可持续建筑

1974 年荷兰开始将节约能源作为社会经济的一个重要发展目标，1987 年，提出可持续建筑包括：（1）材料最大程度地循环利用；（2）能源高效利用；（3）提升品质。1995年荷兰提出了第一个建筑全生命周期分析，实施在建筑行业提高 20% 的木材使用率，建筑中采用节水器具等各种绿色建筑的新概念。同年，推出第一个可持续建筑的发展计划和"分级跨越"概念：将绿色建筑由一种概念变为建筑项目中的必须流程。该计划的目标就是要使绿色建筑作为标准在建筑的各个步骤都必须得以体现。

1997 年实施了第二个可持续建筑的发展计划。2004 年，荷兰的可持续建筑进入了一个新的发展时期，可持续发展和绿色建筑的要求在建筑领域强制实施。政府对知识转化、市政规划、消费者宣传和能源利用等方面均加大了力度。坐落在阿姆斯特丹的绿色建筑物——前荷兰银行总部办公楼，它装有自动百叶窗、热回收系统和数据型气候湿热调节器。楼内照明设备能够自动调节，有效提高使用率。

1.4.5 澳大利亚的绿色建筑发展概况

作为英联邦国家，澳大利亚的绿色建筑理论与实践紧随英国之后。澳大利亚的绿色建筑的发展有两个方面的倾向：一个是继续使用常规适宜的手段在城市的外围对绿色建筑进行实践，其主要思路包括利用建筑的自然通风来调节室内空气质量，利用自然遮阳手段来减少对于主动性能源的摄入。另一个是针对城市内部的一些大型现代建筑，不排斥使用某些新的高技术含量的适宜技术。

1999 年，澳大利亚发布了国内第一个较为全面的绿色建筑评估体系，主要对建筑能耗及温室气体排放进行评估，通过对参评建筑进行打分来评定建筑物对环境影响的等级。进入 2000 年代后，澳大利亚推出了一套更加全面、更加完善的国家级绿色建筑评估体系，即 NABERS。

思考题

1. 建筑的本质与发展，建筑活动对环境的影响有哪些？
2. 生态地产基本内涵以及要素有哪些？生态地产的发展分哪几个阶段？
3. 论述绿色建筑的评估工具的产生。
4. 论述我国生态地产的发展情况。
5. 论述国外生态地产的发展情况。

2 土地利用与生态地产

随着社会经济的持续快速发展和工业化、城区化进程的加快，土地利用变化问题显得更加尖锐而突出，如土地的退化，水土流失的加剧，土地利用结构不尽合理，土地污染严重，土地利用率降低等，严重影响社会经济与生态环境的协调发展。土地利用变化与生态建筑环境密切相关，土地利用是人地关系的核心，人地矛盾代表了人与环境之间最大的利害冲突。可持续发展概念的提出，使人们重新审视人地矛盾，重新审视土地利用关系，重新审视调节土地利用与生态环境建设的关系。从土地可持续利用的角度来制定、审查生态建筑环境已成为如今土地管理领域研究的重点问题。

2.1 土地利用规划概述

随着人口的增加、社会经济的发展，土地的需求日益增加，由于土地资源的有限性和土地需求的不断增长之间的矛盾，使土地利用中的问题越来越多，成为威胁人类生存发展的重要因素。世界各国对土地资源采取了较严格的管制，土地利用规划是政府实施土地管理的重要手段。为了使土地利用达到经济、生态、社会的三效益总体最优，必须做好土地利用规划，使土地在一定历史时期内得到充分、科学、合理、有效的利用，保持土地生态经济系统的良性循环，获得系统的最佳结构和功能。

2.1.1 土地利用规划的概念

人类社会发展伴随着土地利用的演变，人类社会发展史就是一部人类适应土地、改造土地和利用土地的历史。土地利用是人们依据土地资源的特殊功能和一定的经济目的，对土地的开发、利用、保护和整治。土地利用规划是为了合理地开发、利用、保护土地所采取的经济、技术、工程的系统综合措施，是对一定区域内土地的长期土地利用的组织、布局与配置。

2.1.2 土地利用规划的特征

2.1.2.1 政策性

政府作为公共利益的代表，有必要借助规划对土地利用进行干预，政府通过土地制度和土地政策的制定为政府干预土地利用提供法律和政策依据。土地利用规划是一项政府行为，是为一定的制度和政策服务的。土地利用规划不是一项纯技术性、价值中立的工作，规划的编制和实施更多的是政府手中的权力的体现。从一定意义上讲，土地利用规划具有法律性、严肃性和原则性。

2.1.2.2 整体性

土地数量有限性与土地需求增长性，要求规划时必须从国民经济的整体考虑，在全部

23

土地资源的层面选择规划方案，合理配置土地资源。土地利用规划是（土地）这块蛋糕的分配者，各个用地部门只能是蛋糕的消费者。当然，在分配蛋糕前应当了解不同的消费者对蛋糕的需求差异。

2.1.2.3 兼容性

土地利用规划目标是多维的，有社会的、经济的、生态环境的目标，也有公益的、私人的、国家的、地区的目标等。规划的重点和难点在于多维目标之间协调，若将其目标概括为吃饭与建设，生存与发展，规划的包容性和兼得性就体现为规划方案必定为吃饭与建设，生存与发展，"鱼和熊掌兼得"方案。除此以外，规划兼容性还体现在规划编制和实施过程中采用多种技术和手段。

2.1.2.4 折衷性

由于土地面积的有限性，致使土地资源分配方案具有折中性，是社会目标和经济目标，个人目的和公共目的调和折中的结果。所以，土地利用规划方案实质上是各部门各业用地的满意方案，只能使用地分配达到满意而无法实现满足，即所谓不求最优，只求满意。

2.1.2.5 动态性

由规划本身的不确定性、灰色性，要求规划实施中的主客观情况一成不变是不切实际的，规划要在实施的反馈中定时修正。在认识到规划的严肃性的同时，也应该认识到规划是在反复修正中逐步完善的。规划的动态性是指其微分决策的积分，往往称富有弹性和生命力的规划为绿色规划。与此同时，为了克服修改规划的随意性，必须遵守法定规划修改程序，一般，修改规划行为主体应与编制规划行为主体一致。在一定意义上，规划随着社会经济发展而永无止境地，永远没有终点地发展。

2.1.3 土地利用规划任务

土地利用规划实质上是人类对未来土地利用及其发展趋势所作的预先估算的过程。土地利用规划的目的在于维持人类生存，优化组织土地利用，保护整个人类利益。土地利用规划的职责就是土地供需预测，协调供需矛盾，追求满意效益，引导持续利用，创造宜居、节能、舒适的生态地产。

土地利用规划的主要任务是根据社会经济发展计划、国土规划和区域规划的要求，结合区域内的自然生态和社会经济具体条件，寻求符合区域特点的和土地资源利用效益最大化要求的土地利用优化体系。具体任务如下：

2.1.3.1 土地供需综合平衡

协调土地的供需矛盾，是首要任务。人口的不断增长和社会经济发展，对土地的需求呈逐步扩大的趋势，而土地供给却有一定的限度。因此，土地的供给与需求之间，常常产生矛盾。土地供需不协调，往往会导致国民经济结构失衡，也会导致土地资源的破坏和浪费。正因为如此，协调土地的供需矛盾是土地利用规划的首要任务。在协调土地的供给与需求使之达到综合平衡时，必须遵从经济规律、自然规律和社会发展规律，使土地利用达到经济、生态、社会三效益的总体最优（或满意）。

2.1.3.2 土地利用结构优化

土地利用结构是土地利用系统的核心内容，结构决定功能。土地利用结构调整应根据国民经济发展的需要和区域的社会、经济与生态条件，在区域发展战略指导下，因地制宜地加以合理组织并作为土地利用空间布局的基础和依据。土地利用结构的实质是国民经济各部门用地面积的数量比例关系。土地利用结构调整和优化，是在不增加土地投入的条件下，实现土地产出增长以获得结构效应的有效途径。土地利用规划的核心内容就是资源约束条件下寻求最优的土地利用结构。

2.1.3.3 土地利用宏观布局

土地利用的存在总是立足于一定的空间。土地利用规划属于空间规划。不同空间的内涵特定要素之间存在明显的差异性，为了解决上述两者之间的不一致性，要求对土地利用进行宏观布局。土地利用的宏观布局和合理配置，就是要最终确定在何时、何地和何种部门使用土地的数量及其分布状态，并结合土地质量和环境条件加以区位选择，最终将各业用地落实于土地之上。

2.1.3.4 十地利用微观设计

各类用地的数量和位置一经确定之后，紧接着要解决土地利用的微观设计。宏观布局主要解决用地的数量和位置，微观设计则要在此基础上合理组织利用，以最大限度地提高其产出率和利用率，降低其占地率。土地利用的微观设计是内涵和外延扩大土地利用以及改善生态环境的重要途径和有效措施，是土地持续利用的巨大潜力源。

2.1.4 土地利用规划内容

由于规划的对象、范围和任务的不同，土地利用规划的内容有所差异，土地利用规划依其对象的不同，可分为城市土地利用规划和乡村土地利用规划；依其范围可分为区域性土地利用规划和用地单位土地利用规划；依其任务，可分为土地利用总体规划、土地利用详细规划和土地利用专项规划。

土地利用规划是国土规划、区域规划的重要组成部分，上述各项规划项目均要借助土地利用规划在土地上加以落实其土地规模、形状、界线和区位。一般来讲，土地利用规划应包含下列内容：（1）土地利用现状分析与评价；（2）土地利用潜力分析；（3）土地供给与需求预测；（4）土地供需平衡和土地利用结构化；（5）土地利用规划分区和重点用地项目布局；（6）城乡居民点用地规划；（7）交通运输用地规划；（8）水利工程用地规划；（9）农业用地规划；（10）生态环境建设用地规划；（11）土地利用专项规划；（12）土地利用费用效益分析和规划实施。各地区尚可根据其自然和社会经济条件，适当增减上述规划内容。

2.1.5 土地利用规划程序

土地利用规划是一个复杂的大系统，由许多子系统组成，其边界模糊，关系复杂，要解决好如此复杂的系统问题，应当运用系统工程方法。要把系统内外的各种联系和关系整理好，使其发挥整体效益，必须遵循一定的规划工作程序。任何一个地区土地利用就是一个系统。土地利用系统规划是土地利用系统发展过程中一个不可或缺的阶段。按照系统工程的方法，土地利用系统规划的程序大致如下。

2.1.5.1 明确任务

明确规划任务和规划范围，以指导后继规划项目的数量、内容和规划深度，以及规划的组织工作。

2.1.5.2 组织班子

规划班子应由多层次、多学科、多方面的人才组成，应包括主管部门的领导和决策人员，还要吸收综合经济部门和主要生产部门有关人员参加，主要由调研、咨询和统计三个工作班子构成。由其具体负责基础资料收集、整理、分析和规划的编制工作。

2.1.5.3 收集资料

土地利用规划所需资料包括：（1）社会经济资料（土地、人口、生产、经济、区位、交通等）；（2）自然条件资料（土壤、地形、水文、水文地质、植被、气象、森林土壤改良等）；（3）有关规划资料（农业区划、土壤普查、区域规划、国土规划、部门发展规划等有关规划报告和图件、地形图件）；（4）野外实地调查（土地利用现状变更调查、图件修测补测、座谈访问和专家咨询等）。

2.1.5.4 明确问题

明确规划范围与边界、规划性质、规划期限、规划目标和要求等。明确问题是搞好系统规划的前提，应与有关决策部门多次"对话"确定。明确规划区域社会经济发展计划、国土规划、区域规划，以及上一层次土地利用规划与待编制土地利用规划之间的关系和协调。

2.1.5.5 总体构想

在明确问题和分析所收集资料的基础上，结合近期和远期的发展前景，提出区域土地利用模式（如生态型、城郊型、农村型、资源型、旅游型、加工型等）和拟定规划目标评价指标体系（社会目标、经济目标、生态环境目标），以保证规划目标的先进性、实施规划的可能性、规划数据的可靠性、规划方案的科学性、应变能力和规划政策的合理性。

2.1.5.6 系统分析

根据土地利用系统的组成与边界范围，研究分析组成系统的各要素（或子系统）之间的互相关系，以及系统与周围环境之间的联系。系统分析在时序上可分为历史分析、现状分析和未来趋势预测；在内容上包含社会、经济和生态环境的三个层次。在各种时序分析中要注意与本地、省内、国内甚至国外同类系统状况之间的比较，找出差距，揭示优势，为制订规划方案指明方向和途径。

2.1.5.7 系统综合

系统综合就是要在构造各种单项用地规划方案的基础上，揭示其间的内在关联性和差异性，在土地利用大系统与子系统、子系统与子系统之间进行多次反馈组合，以求得各层次系统与系统、系统与环境之间的总体协调，以产生数个符合规划目标的供选方案。系统综合时要参照规划目标评价指标体系，使规划尽可能满足各项预期要求。

2.1.5.8 系统优化

在各层次用地系统和系统之间的多次反馈、协调和组合，在此基础上选用适当的数学方法对土地利用规划方案加以优选，寻求更贴近规划目标的方案。常用的方法有线性规划、非线性规划、动态规划、模糊规划、灰色数学规划等。

2.1.5.9 系统评价

采用技术经济方法综合论证与分析各项供选方案，以确定其系统的合理性和实施的可能性，为决策者提供科学依据。一般来讲，应用费用效益分析法论证规划方案的可行性。

2.1.5.10 系统运行

规划方案旨在实施，借助土地利用运行机制，把"纸上谈兵"变成"实际成效"，把计算机算出的"规划方案"变成"现实的生产力"。通过对土地利用系统运行的监控，不断协调规划方案与实际情况之间的差异，使规划方案逐步得以实施。

2.1.5.11 系统更新

借助监测反馈系统，不断提供系统运行中的动态变化情况，以便决策者根据反馈信息进行追踪决策，采取政策的、经济的和法律的措施，调节控制系统的运行，依据变化了的规划参数重新运算，以达到系统更新的目的。

2.1.6 土地利用规划理论

2.1.6.1 地租和地价理论

地租和地价理论是土地利用规划的重要理论。地租是一个历史范畴，随着有组织的土地利用和土地所有权的出现就产生了地租。任何社会只要存在着土地所有者和不占有土地的直接生产者，生产者在土地利用中的剩余生产物为土地占有者所占有，就存在产生地租的经济基础。

为了获得土地利用的最大经济效益，合理的配置土地资源，必须应用经济杠杆对其加以调节和控制。地租和地价理论对于土地资源的综合评价和合理开发利用，以及制定土地利用政策具有重要的指导作用。通过合理地组织土地利用，不断地提高土地肥力和改善土地质量状况，修筑交通运输网络，改变土地的经济地理位置和交通运输条件，追加活劳动和物化劳动的投入，实行土地集约化经营，必将导致土地级差地租形成条件的变化。这就是常说的"规划即地价"，规划是影响地价的重要因素，应根据地价的空间分布规律合理规划（配置）各业用地。

2.1.6.2 土地区位理论

土地利用规划实践必须全面系统地应用区位理论作为指导，合理地确定土地利用方向和结构，根据区域发展的需要，将一定数量的土地资源科学地分配给农业、工业、交通运输业、建筑业、商业和金融业以及文化教育卫生部门，以谋求在一定量投入的情况下获得尽可能高的产出。在具体组织土地利用时不仅要依据地段的地形、气候、土壤、水利和交通等条件状况，确定宜作农业、工业、交通、建筑和水利等用地，而且要从分析土地利用的纯经济关系入手，探讨土地利用最佳的空间结构。

由于位置级差地租的客观存在，影响社会经济各方面、各部门以至个人对土地的需求，进而导致土地价格的空间差异，即处于市场附近的土地地租高，因为这里支付较低甚至无需支付产品运费，其结果是吸引各种经济及管理单位向中心区集聚，对土地需求量就大增，地价就会相应地上升。因此，位置级差地租可用来作为控制城市区域土地利用的重要手段，以及用来决定各种生产要素的投入量。位置级差地租既然反映了土地纯收益的差异，也就在很大程度上支配着城市各项用地的空间安排。人们可以制定合理的级差地价政策，在中心区及附近郊区收取较高的地价和使用费，以控制中心区的继续膨胀，保护近郊的绿地和高产菜地；在远郊则收取较低的地价和使用费，以鼓励工业向远郊区发展，建立新的工业区和卫星城镇。

2.1.6.3 可持续利用理论

土地是人类生存和社会经济持续发展的物质载体，当今世界人类面临的人口、粮食、能源、资源和环境五大问题均或多或少地、直接或间接地与土地资源及其利用有关。从一定意义上讲，研究土地资源持续利用问题是资源与环境持续性和社会经济持续发展的重要课题，也是解决人类所面临的五大问题的主要途径和内容。

土地数量有限性和土地需求增长性，构成土地资源持续利用的特殊矛盾。土地资源持续利用的目的在于具有持续性特点的利用。通过对土地资源持续利用，人类可能从中获取土地产品和劳务的满足，土地数量的有限性为土地资源持续利用提供了宏观必要性，土地可更新性和利用永续性使土地资源持续利用成为可能。协调土地供给和土地需求是土地资源持续利用的永恒主题，也是土地利用规划的重要内容。

在土地利用规划中遵循持续利用理论，首先应当建立立体的土地观和土地利用观。土地利用应当包涵土地平面利用和土地立体利用，涵盖土地的地面、地上和地下空间资源的利用。据有关专家预计，一个国家人均国民生产总值达到 800～1000 美元，就有力量开发利用地下空间。海洋资源利用和地上、地下空间资源利用将成为我国国民经济的重要组成部分和新的增长点，为缓解人口和环境压力提供了持续利用的资源。要解决好土地利用的系统性和外部性问题，既要重视单项效益，更要重视社会、生态、经济的三效益综合形成的整体效益；开展土地利用项目费用/效益分析，使土地利用所获得的综合效益大于所耗费和所损失的效益（费用），实现土地资源持续利用；要实行土地资源资产化管理，真正按资产属性去经营土地，盘活存量资产，节约交易成本，有利于土地资源优化配置。

2.1.6.4 生态经济理论

由于人类活动的影响日益加剧，全球性的人口、资源、环境等一系列问题日益突出，迫切需要从全球整体角度对其加以研究，使得人们重新重视发展生态地产。土地资源是无法替代的重要的自然环境资源，它既是环境的组成部分，又是其他自然环境资源和社会经济资源的载体。土地本身就是自然、社会、经济、技术等要素组成的一个多重结构的生态经济系统。土地利用不仅是自然技术问题和社会经济问题，而且也是一个资源合理利用和环境保护的生态经济问题，同时承受着客观上存在的自然、经济和生态规律的制约。

土地生态经济系统是由土地生态系统与土地经济系统在特定的地域空间里耦合而成的生态经济复合系统。土地生态经济系统及其组成部分以及与周围生态环境共同组成一个有机整体，其中任何一种因素的变化都会引起其他因素的相应变化，影响系统的整体功能。毁掉了山上的森林，必然要引起径流的变化，造成水土流失，肥沃的土地将沦为瘠薄的砾石坡，源源不断的溪流将成为一道道干涸的河床，严重时甚至导致气候恶化。因此，人类利用土地资源时，必须要有一个整体观念、全局观念和系统观念，考虑到土地生态经济系统的内部和外部的各种相互关系，不能只考虑对土地的利用，而忽视土地的开发、整治和利用对系统内其他要素和周围生态环境的不利影响。不能只考虑局部地区的土地资源的充分利用，而忽视了整个地区和更大范围内对其的合理利用。

2.1.6.5 人地协调理论

人地关系即人类与其赖以生存和发展的地球环境之间的关系，是在人类出现以后地球上就已客观存在的主体与客体之间的关系。人地关系及其观念是随着人类生产进步和人类社会发展而不断变化的。

人类在漫长的进化过程中，通过自身的新陈代谢，同周围环境进行物质和能量的交换，久而久之，人体组成与人类生存环境之间的物质和能量形成了某种动态平衡关系。人类要想维持人体组成与其生存环境之间的"奇妙相关"，防止由于人类活动造成环境突变而给自身带来巨大灾害，就必须协调人与环境的关系。

生态系统所以能保持动态平衡，主要是由于其内部具有自动调节的能力，如环境对污染物具有的自净能力；生物的生产潜力与自然环境的阻力之间相互制约的能力等。这种动态平衡既微妙又脆弱，一旦平衡被打破，常可招致灾难性后果，甚至能将整个生态系统摧毁，因此，人类的一切活动必须维持生态系统的脆弱平衡。

在人地系统中，自然环境本身是一个有机统一的整体。自然界是一个自组织系统，在不断提高其内部有序性的过程中获得整体性的发展。作为人地系统中的人，具有自然和社会两重属性；既是生产者，又是消费者；既是建设者，又是破坏者。从某种意义上讲，人类是环境的塑造者，在人地系统中居主导地位。尽管人类不可能从根本上改变自然系统，但他们的确具有干预地球上动力作用的巨大能力。反过来，这一切又影响人类自身。要引导环境向有利于人类方向发展，趋利避害，就是符合自然界的客观规律；反之，不按自然规律办事，破坏了地球维持生命的能力，终将受到自然界的惩罚。

2.1.6.6 系统工程理论

系统工程一般可分为开发、研制和运用三大阶段，每个阶段又可分为规划和实施两个期间，它们分别具有自己的特点、主要活动、最终成果和管理标准。系统工程处理问题的基本方法，就是根据系统的概念、构成和性质，把对象作为系统进行充分的了解和分析，将分析结果加以综合，使之最有效地实现系统的目标。

系统分析是指为研制系统收集必要而足够的信息，对拟出的能满足系统要求的几种方案，用多种手段分析对象系统的要求、结构及功能等，弄清该系统的特性，取得系统内外的有关信息，并考虑到环境、资源、状态等约束条件，根据评价准则对分析结果进行评价，以得到若干较为满意的解。系统综合是充分研究分析的结果，根据特定解和评价结果，把系统的组成和行为方式作为系统加以组合，拟定系统的规范。此时应尽可能多地拟定几个方案进行综合评价，做出择优选定，如果不满意，则需重新进行综合。土地是一个系统，土地利用实际上对系统的优化，土地利用规划是一个系统工程。

2.1.7 土地利用规划原则

2.1.7.1 维护社会主义土地公有制原则

我国 1982 年《宪法》第 9 条、第 10 条对土地所有制和土地所有权、使用权都作了明确规定："矿藏、水流、森林、山岭、草原、荒地、滩涂等自然资源，都属于国家所有，即全民所有；由法律规定属于集体所有的森林和山岭、草原、荒地、滩涂除外。""城市的土地属于国家所有，农村和城市郊区的土地，除由法律规定属于国家所有的以外，属于集体所有；宅基地和自留地、自留山，也属于集体所有。"这项规定是土地利用规划的根本指导原则，是合理组织土地利用的根本依据。

我国是社会主义国家，社会主义土地公有制为土地的合理利用和保护创造了良好的条件和基础。我国人多地少，土地后备资源不足，必须节约和合理利用土地，保护土地资源。1999 年 1 月 1 日施行的《中华人民共和国土地管理法》第三条规定："十分珍惜、合理利用土地和切实保护耕地是我国的基本国策。各级人民政府应当采取措施，全面规划，严格管理、保护、开发土地资源，制止非法占用土地的行为。"

我国政府非常重视土地利用规划，将其视为合理组织土地利用，调整土地关系，巩固社会主义土地公有制的重要手段和措施。土地利用规划工作的实践证明，合理组织土地利用不能离开维护和巩固社会主义土地公有制这项重要原则，不能离开生产力和生产关系的任何一方。

2.1.7.2 因地制宜原则

土地利用必须遵循因地制宜的原则，才能把土地利用的潜在可能性变为现实生产力。因地制宜是编制土地利用规划应遵循的重要原则之一。因地制宜原则具体体现为土地特性和用地要求的协调上。编制土地利用规划时遵循因地制宜原则，具体地讲就是揭示了土地适宜性，把客观上业已存在的土地质量及其利用适宜性借助土地评价方法加以评定。

土地利用规划没有固定的模式和标准设计，必须坚持因地制宜原则，才能寻求紧密结合当地的自然和社会经济条件与特点的规划方案。土地利用规划具有鲜明的地域性，不同地区有着不同的规划方针、任务、内容和方法，如城市土地利用规划不同于农村土地利用规划，平原地区不同于山区，灌溉农业地区不同于旱作物农业地区。同一项规划由于地区的特点，其规划方法也不尽一样。不同地区土地利用规划的主攻方向、规划重点也不尽相同，如经济技术开发区规划的重点是建筑物和线形工程项目的规划；丘陵山区的重点是合理安排农、林、牧、副、渔业用地，坡地改梯田，防止水土流失，植树造林、绿化荒山等。总之，土地利用规划过程中，要深入实地调查研究，反对"一刀切"的做法，协调主观愿望与客观可能两者之间的关系，只有这样，才能充分发挥土地利用规划促进整个国民经济发展的积极作用。

2.1.7.3 综合效益原则

人类合理地组织土地利用的目的在于获取最大效益和最佳服务。由于现代科学技术发展具有明显的整体化特征，土地利用所追求的效益绝对不是单项效益而是融社会、经济和生态的三效益为一体的综合效益。

在社会主义国家里，尤其在拥有13亿人口的中国，土地利用的合理目标既要满足人民生活和工业生产对农产品的不断需求，又要为国民经济各部门提供适合其利用的土地，促进其顺利发展，这是土地利用的社会目标。社会经济的稳步、协调和长足发展，必须要有足够的土地资源尤其是耕地作为保证，但是，耕地是珍贵的稀缺资源，与社会经济发展和人口增长对其需求之间形成日益加剧的供需矛盾，这就要求通过土地利用规划合理地进行部门间的土地分配，为社会经济发展提供可靠的土地保障。

为了获得土地利用的最大经济效益，必须学会应用经济杠杆对其加以调节和控制。地租和地价理论对于土地资源的综合评价和合理开发利用、制定土地政策具有重要的指导作用。通过合理地组织土地利用，不断提高土地肥力和质量，改善土地的地理位置和交通条件，实行土地集约化经营，必将导致土地级差地租形成条件的变化。人类利用土地就有必要在土地上投放劳动、物资，以单位土地面积上所投入劳资数量来评估土地集约度。在我国人多地少的条件下，增加单位面积土地的变量资源投入以提高土地利用的集约度已成为必然的趋势。为了获得土地利用的最大经济效益，选用合适的土地集约度显得尤为重要。

土地利用中还要考虑生态效益和生态经济效益。整个地球表层是一个巨大生态圈，由于其各部分的环境条件存在很大的差异，因而形成不同生态系统，如海洋、湖泊、陆地、森林、草原、城市等生态系统，同时又是更大系统中的自然环境要素。土地生态系统在其利用过程中与土地经济系统之间进行物质和能量的交换，土地生态系统向土地经济系统输入土地产品，通过生产、分配、交换、消费等各个环节转换为经济物质和能量，再输入土地生态系统，在物质能量循环过程中又转变为经济产品回输给土地经济系统。土地生态系统与土地经济系统这种互为反馈关系，使两个系统在结构上相互交织，在功能上相互促进和相互制约，在效益上统一又相互矛盾，从而使两者耦合成为一个统一的整体即土地生态经济系统。土地利用中必须追求土地生态经济系统的最大净生产力（实物形态、价值形态和能量形态）。

综上所述，土地利用综合效益原则要求人们在组织土地利用过程中追求的最终目标是使土地利用寓于社会经济发展和维持生态系统平衡之中，最终谋求社会、经济、生态的三效益统一。

土地利用综合效益原则要求处理好近期与远景土地利用两者之间的关系。不合理的利用土地所带来的危害，有时需要经过一段时间方能显现出来，因此，必须对未来效益和周围生态环境影响加以科学预测。此外，应当指出，在上述各个效益中，除经济效益以外，社会效益和生态效益均属难以度量和非货币化的，是隐蔽的，因此，经济效益往往掩盖土地利用对社会和生态环境所造成的损失，导致偏离三效益协调的轨道，对此应予以足够的重视。

2.1.7.4 逐级控制原则

土地利用规划往往同地域概念相联系，一般来讲，土地利用规划都是在一定地域范围内进行的。地域是地区和区域的总称，依照不同的标志，将我国土地资源划分成不同的地区和区域。土地资源的行政管理的层次性决定土地利用规划的类型、范围、任务和内容的多样性，从上到下构成结构有序的等级分明的土地利用规划系统。

遵循逐级控制原则，编制土地利用规划的实质，是将规划区域内土地利用类型和活动落实于特定的空间。土地利用规划方案都应加以层次分解和区域分解，使其落实到土地，同时，借助这种方法对于下一层次区域的土地利用起着重要的控制作用。

区域系统由社会经济系统和自然生态系统两个子系统组成。土地利用系统作为资源利用子系统是在社会经济系统和自然生态系统共同作用下形成的。土地利用系统与一定的社会生产关系和生产水平相适应。土地利用系统运行受制于土地利用中人与人之间的关系和社会生产力利用资源的水平。土地利用应与其他资源利用相结合，为促进区域经济发展发挥重要的作用。遵循各级控制原则，土地利用规划应在社会经济发展计划和其他资源（水、气候、生物等）利用规划的控制之下进行编制。

由于土地利用规划涉及的内容相当繁杂，按照各级控制原则的要求，应当首先进行关系到全局的具有控制作用项目的规划，如各种用地结构，优化与布局，主要水利、道路工程项目和居民点用地规划等，然后再进行土地利用细部规划。

2.1.7.5 动态平衡原则

土地本身是自然产物，经投入到社会生产活动之后，就成为社会物质生产必备的物质条件，为了保证国民经济各部门的协调发展，客观上要求提供适合用途的土地，但土地总面积相对地讲是一个常数，土地利用规划时要满足各部门的用地要求，使规划区域内土地总面积达到平衡，合理地进行部门间的土地分配和再分配，实现耕地总量动态平衡。

土地综合平衡是国民经济范围内土地利用的宏观动态平衡，它要求社会对土地的总需求和社会所能提供利用的土地总供给持平。土地综合平衡受制于社会经济综合平衡，是其在土地利用方面的具体体现，也就是说，土地综合平衡是随着社会经济不断发展而实现的一种平衡，与社会经济综合平衡同步进行。

动态平衡原则要求在规划时在分析过去摸清现状的基础上，估算计划期内可能新增加的土地资源数量和土地需求量，从供需双方进行反复平衡，一方面应根据计划安排的投资和消费需求来估算所需土地数量，另一方面从土地开发和节约以及调整土地利用结构，提高其生产力来估算土地资源的可能供给的数量，直至两方面平衡为止。制定规划需要反复平衡，实施规划仍然需要不断进行反复平衡，从这个意义上讲，综合平衡是动态的平衡，平衡是相对的，不平衡是绝对的，如此循环，以至无穷。

控制社会对土地的总需求是搞好土地综合平衡的关键。本着一要吃饭、二要建设的原则，在既定生产力水平下应保证所需农业用地规模，重点在于控制建设占用的土地。妥善地处理好各种比例关系，如经济结构与土地利用结构、农业用地与建设用地、农业用地内部各种用地、建设用地内部各种用地之间的关系。

土地资源平衡是国民经济存在和发展的条件。只有土地供需保持平衡，国民经济才能顺利发展，否则发展就要受到阻碍。如前所述，一切平衡都只是相对的和暂时的，随着国民经济的发展和科学技术的进步，土地供需也会出现不平衡，需要进行调节，使其在新的条件下达到新的平衡，以保证国民经济在新的土地资源平衡中顺利地向前发展。

要搞好土地综合平衡，一要加强土地利用计划的综合平衡，根据需要与可能，安排国民经济各部门的平衡比例关系，二要对计划执行过程进行控制和调节，为此，必须掌握及时、全面、准确的统计资料，加强土地综合平衡的统计工作。

2.2 土地利用总体规划

土地利用总体规划是土地利用规划体系中的重要组成部分，它是土地利用管理的"龙头"，在我国土地管理事业中具有极其重要的作用。因此，编制土地利用总体规划是各级人民政府的一项紧迫的任务。编制土地利用总体规划对有效地开发、利用、整治和保护土地资源，以适应我国社会主义市场经济的发展，具有十分重要的现实意义。

2.2.1 土地利用总体规划的概念

土地利用总体规划是指在一定的规划区域内，根据地区的自然、经济、社会、条件、土地自身的适宜性以及国民经济发展需要和市场需求，协调国民经济各部门之间和农业生产各业之间的用地矛盾，寻求最佳土地利用结构和布局，对土地资源的开发、利用、治理保护进行统筹安排的战略性部署和措施。

土地利用总体规划的实质是对有限的土地资源在国民经济部门间的合理配置即土地资源的部门间的时空分配（数量、质量、区位），具体借助于土地利用结构加以实现。因此，土地利用结构和布局是土地利用总体规划的核心内容。

2.2.2　土地利用总体规划的特点

土地利用总体规划具有整体性、长期性、战略性和控制性。

2.2.2.1　整体性

土地利用总体规划的对象是规划区域内的全部土地资源，在总体规划中要全面考虑土地资源的合理配置，要把时间结构、空间结构和产业结构与土地的开发、利用、整治和保护进行统筹安排和合理布局。主要表现在规划对象、任务、内容、效果等方面都具有整体（总体）的特性。

2.2.2.2　长期性

土地利用总体规划一般以十年或更长的时间为时段，要与土地利用有关的重要经济和社会活动（如城镇化、农业现代化，国内外贸易的发展和人口增长等）紧密结合，并对土地利用做出远景预测，制定长远的土地利用方针、政策和措施，并将其作为中、短期土地利用计划的基础。规划的影响具有长期性，规划的实施具有长期性。

2.2.2.3　战略性

土地利用总体规划的战略性表现在它所研究的问题具有战略意义，如经济、社会各部门的用地总供给与总需求的平衡问题，土地利用结构与用地布局的调整问题，土地利用方式的重大变化等。

2.2.2.4　控制性

土地利用总体规划的控制性主要表现在两个方面：纵向讲上级规划对下级规划的指导和控制；横向讲是总体规划对区域内国民经济各部门用地的宏观控制作用。

2.2.3　土地利用总体规划的目标

土地利用总体规划的目标在保护生态环境的前提下，保持耕地总量动态平衡，土地利用方式由粗放经营向集约经营转变，土地利用结构与布局明显改善，土地产出率和综合利用效益有比较明显的提高，为国民经济持续、快速、健康发展提供土地保障。

2.2.4　土地利用总体规划的任务

编制土地利用总体规划是我国现阶段土地管理的重要任务之一。土地利用总体规划作为国家措施，其任务可概括为以下三个方面：

2.2.4.1　土地利用的宏观调控

土地利用总体规划则是土地利用宏观管理体系的重要基础，是土地利用宏观控制的主要依据。国家通过土地利用总体规划协调国民经济各部门的土地利用活动，从而建立适应经济、社会和市场发展需要的合理的土地利用结构，合理配置土地资源，有效地利用土地资源和杜绝土地资源的浪费。

2.2.4.2　土地利用的合理组织

国家通过土地利用总体规划在时空上对各类用地进行合理布局，并对后备土地资源潜力进行综合分析研究，制定相应的配套政策，实施有利用于保护之中的策略，引导土地资源的开发、利用、整治和保护，以保证充分、合理、科学、有效地利用有限的土地资源，防止对土地资源的盲目开发。

2.2.4.3　土地利用的规范监督

土地利用总体规划具有法律效力，任何机构和个人不得随意变更规划方案，各项用地必须依据规划，土地利用总体规划是监督各部门土地利用的重要依据。规划方案的修改也必须按编制规划的法定程序进行。

2.2.5　土地利用总体规划的内容

土地利用总体规划涉及范围广，内容丰富，不同级别不同区域的土地利用总体规划由于区域差异和级别不同，而侧重点和内容深度不同。如国家和省级土地利用总体规划重点在于协调全局性的重大用地关系，提出不同类型地区土地利用方向、目标和改变，因地制宜地分解耕地保有量等有关控制指标；市（地）级土地利用总体规划依据省级规划的控制和指导，重点确定中心城市建设用地规模和范围，将耕地保有量等控制指标分解到县级政府，县级土地利用总体规划重点确定耕地、土地开发整理和城镇建设用地控制指标和布局，划定各类土地用途区，为利用土地和审批各类土地利用项目提供依据。乡级土地利用总体规划重点安排好耕、生态环境用地及其他基础产业、基础设施用地，确定村镇建设用地和土地整理、复垦、开发和规模和范围。乡级规划重在定位落实，要以规划图为主，提高规划的可操作性。但一般来讲，土地利用总体规划主要包括以下几个方面的内容是以下几点：

2.2.5.1　土地利用现状分析

土地利用现状分析是在土地利用现状调查的基础上进行的，通过土地资源系统的数量与质量、结构与分布、利用现状与开发潜力等方面的分析，明确规划区域的土地资源的整体优势与劣势、优势土地资源在全局中的战略地位、制约优势土地资源开发利用的主要因素，揭示各种土地资源在地域组合上、结构上和空间配置上合理性，明确土地资源开发利用的方向与重点，为制定人地协调发展与强化地域系统功能的土地利用规划提供科学依据。土地利用现状分析的内容包括土地利用数量分析、土地利用结构分析、土地利用影响因素分析和土地利用效益分析。

2.2.5.2　土地供给量预测

科学地评价土地质量是编制好土地利用总体规划的基础，在编制规划时应当充分运用土地质量评价资料。在土地质量评价基础上，对区域建设用地（城镇、水利、交通、特殊用地等）利用潜力和农业用地（耕地、园地、林地、牧草地、水面）利用潜力进行测算。同时对未利用地的分布、类型、面积进行分析，评价未利用土地适宜开发利用的方向和数量。

2.2.5.3　土地需求量预测

依据区域国民经济发展指标，土地资源数量、质量、自然和社会经济条件，由各用地部门提交规划期间用地变化预测报告和用地分布图，并对预测进行必要的分析和校核，对区域建设用地需求量和农业用地需求量进行具体预测。

2.2.5.4　确定规划目标和任务

在土地利用现状分析和土地供需预测的基础上，拟定规划的主要任务、目标和基本方针。

2.2.5.5 土地利用结构与布局调整

根据规划目标和用地方针，对各类用地的供给量和需求量进行综合平衡，依据土地利用调整次序和土地利用结构与布局调整的步骤与方法，合理安排各类用地，调整用地结构和布局。统筹协调土地开发、利用、保护、整治措施，拟定重点建设项目用地布局方案，土地整理、土地复垦和土地开发方案，以及区域土地结构调整方案。根据区域土地利用调整指标和规划分区，结合区域土地利用现状、土地资源潜力和经济发展目标，在与部门规划相衔接的基础上，分解下达下一级规划各类用地的控制性指标，为编制下一级规划提供依据。

2.2.5.6 土地利用分区

通过土地利用分区与土地利用控制指标相结合的方法，把规划目标、内容、土地利用结构和布局的调整及实施的各项措施，落实到土地利用分区，有利于规划的实施。省级以上规划的土地利用分区，提出各区土地利用的特点、结构和今后利用的方向及提高土地利用率的主要措施；县级以下的土地利用分区，提出土地利用的具体用途，制定各分区土地利用管制规则；市（地）级规划分区可结合具体情况，参照省级或县级规划要求进行。

2.2.5.7 制定实施规划的措施

土地利用总体规划是一项具有战略意义的而又十分艰巨复杂的规划，要实施这一规划，必须有相应的政策措施作保障，土地利用总体规划中要根据实现土地利用目标和优化土地利用结构的要求，提出相应的实施政策和措施，包括法规、行政、经济和技术措施等。土地利用总体规划在获得批准后，即具有法律效力，有关部门必须认真遵守，同时应该把年度土地利用计划纳入到地区国民经济计划中，这样才能保证规划的顺利实现和落实。

2.2.6 土地利用总体规划的作用

土地利用总体规划是落实土地宏观调控和土地用途管制、规划城乡建设的重要依据，为政府加强区域经济调控和土地用途管制提供了重要手段，是政府依法、按规划审批土地、使用土地和土地执法监督的基本依据。土地利用总体规划应当在调控区域土地利用中起到以下功能：分配功能：实现有限的土地资源在各区域、各行业间的合理配置；调控功能：通过土地用途管制和空间管制，落实土地作为经济宏观调控的重要手段；引导功能：提升土地集约节约利用水平，引导区域土地利用方式和经济增长方式的根本性转变。

2.2.7 土地利用总体规划的程序

土地利用总体规划和其他各项土地利用规划一样，在不同层次的规划之间，有着先后的次序。就全国范围来讲，在正常的工作秩序下，应该是全国土地利用总体规划先于省级土地利用总体规划，省级土地利用总体规划先于地（市）级土地利用总体规划，地（市）级土地利用总体规划先于县（市）级土地利用总体规划。

土地利用总体规划的编制主要经过准备、编制和审批三个阶段。

2.2.7.1 准备工作阶段

（1）组织准备：包括成立规划领导小组和规划工作组。

（2）制定工作计划：包括规划指导思想、工作内容、步骤与方法、工作人员组成与分工、工作经费等。

（3）制定技术方案：包括规划依据、规划内容与方法、技术路线、成果要求等。

（4）收集资料：资料收集是开展规划的最主要的技术准备。一般需要收集）社会经济资料、土地资源与土地利用资料和有关土地利用的规划资料。

2.2.7.2　方案编制阶段

（1）土地利用现状评价与土地供需预测

规划的前期研究主要有两个方面内容：一是对规划区域的土地资源、土地利用状况进行评价；二是对土地供需量进行预测，它们都是编制规划必不可少的依据。

土地资源评价是确定合理的土地利用结构的客观依据，其主要内容为土地适宜性评价和后备资源评估。进行城镇土地利用规划时还要进行土地经济评价，在进行土地适宜性评价时，不仅要评价土地资源适宜的利用方式，还要评价其对不同利用方式的适宜程度。同时，要对与土地利用有关的其他自然资源作评价，以全面确定土地利用的限制因素。规划前已开展土地评价的地区规划时可直接应用已有成果。

土地后备资源的评估是对那些尚未开发利用的土地，如工矿、道路、废弃地、空隙地等的开发利用潜力、利用方向、开发改良措施等进行研究。开发后备资源是土地利用的"开源节流"原则中"开源"的主要内容，是提高土地利用率的主要手段。

土地利用现状分析评价，是通过对土地利用结构和布局，土地利用率，土地生产率，土地利用的生态效益、社会效益等的分析评价，总结土地利用的经验教训、土地利用变化规律，发现土地利用中存在的问题，是进行土地利用结构和布局调整的依据。

土地利用潜力分析就是要预测规划地区规划期内的土地利用，主要是建设用地和农用地的利用潜力，测算各类土地供给量和未利用土地的开发潜力。这是确定农用地和建设用地的数量及调整用地布局的依据之一。土地需求量预测是通过对人口预测、未来农业用地需求量、建设用地需求量的预测来发现未来土地利用的要求和趋势。

本阶段工作结束以后，要提交土地评价成果、土地利用现状述评和土地供给量预测、土地需求量预测等专题研究成果。

（2）土地供需平衡分析

土地供需状况是确定土地利用目标的主要依据。土地供需平衡分析，就是在土地利用现状及潜力分析、土地适宜性评价、土地需求量预测的基础上，计算各类用地预期的供给量和需求量，通过供给量和需求量之间的比较，从总体上分析各类用地的供需状况。可见，土地供需平衡分析的关键，是计算各类用地预期的供给量和需求量。

我国土地资源的绝对数量大，但相对数量小，各类用地供不应求的状况将长期存在。由上述计算过程还可看出，各类用地的供给量和需求量是相互关联、彼此制约的，一类用地需求面积的增加势必导致另一类用地供给面积的减少。规划中必须搞好各用地部门的协调工作，强调各类生产和建设要尽可能节约用地，保证重要用地的供给。

（3）确定土地利用目标与基本方针

明确了规划需要解决的土地利用问题，掌握了土地供需的总体状况，即可以着手拟定土地利用目标，但在拟定目标的过程中还要注意做好"两个估计"和"两个协调"。"两个估计"，一是对规划期内土地利用问题所能解决程度的估计；二是对实施规划所能取得的社会、经济、生态效益的估计。这两个估计必须建立在对主客观条件进行充分分析、论证的基础上。"两个协调"，一是与上级规划目标、指标的协调；二是与本地区社会经济发展计划的协调，做好这两个协调是实现土地利用目标的保证。

（4）编制供选方案

土地利用目标和战略确定后，即可根据目标和战略要求，选择规划项目，确定优化土地利用系统的基本原则，进行关键规划项目的重点研究，最后设计供选方案。

土地利用总体规划主要是完成土地利用控制目标的确定、土地利用分区、重点工程项目布局及用地概算、拟定土地利用的基本原则和规划实施政策等规划项目。其中土地利用目标的确定是规划的关键项目，尤其是农业用地指标和建设用地指标、耕地指标等，规划中应作重点研究，反复协调。

供选方案至少应有三个。方案设计有两种方法：一是综合平衡法，二是数学方法。综合平衡法是以各用地部门的具体要求为基础，结合土地利用规划方案的有关要求，进行土地利用结构的综合平衡，并在此基础上，确定土地利用总体规划方案。数学方法是用数学模型来模拟土地利用活动和其他社会活动的关系，借助计算机技术，得到多种可供选择的解式，揭示土地利用系统对各种政策、措施的反映，从而得出各种规划方案。

（5）方案择优

各种供选方案由于考虑问题的角度不同，其效益和特点也就不同。择优时要对各种供选方案全面评价，对比优选，选择效益较好、最有可能实施的方案作为规划方案。规划方案确定之后，要组织有关部门进行论证和协调。

（6）编制规划成果

资料规划方案选定之后，即可编制规划成果，可先编制草稿，在经过有关部门、地方政府和专家的评审、审议并修改后，形成规划送审稿等文件和图件资料。

2.2.7.3 规划审批阶段

（1）土地利用总体规划成果评审

为了保证规划成果质量，应规定相应的成果质量评定标准和建立成果验收制度，并由上级土地管理部门组织规划成果评审小组对规划成果进行评审。规划成果评审小组对被评审的规划成果应作出结论，符合条件的应评为合格，对规划成果不合格的或部分不合格的，评审小组应提出纠正、修改或补充的具体意见。

（2）土地利用总体规划的审批

土地利用总体规划审批是对土地利用总体规划成果的确认阶段，由同级人民政府组织技术鉴定后，提请规划领导小组审批，然后由同级人民政府审议，审议修正后由同级人民政府行文上报有权审批的上级人民政府审批，并报上一级土地行政管理部门备案。

2.3 土地利用规划的环境影响评价

土地利用规划环境影响评价是指在对土地利用规划区域生态环境现状认真研究的基础上，识别、分析、预测和评价规划实施后可能造成的环境影响，提出预防或者减轻土地利用规划实施对各种环境要素及其所构成的生态系统产生不良环境影响的对策和措施。土地利用规划环境影响评价是进行跟踪监测的一种方法和制度，是实施预防为主方针的得力工具和手段。其着眼点在于通过对区域的环境、社会、资源综合能力的分析，从源头上减少对生态环境的不利影响，为科学决策提供依据。土地利用规划环境影响评价的目的是，贯彻国家保护环境的基本国策和《环境影响评价法》，实施土地可持续利用战略，预防有重大缺陷的土地利用规划的出台和实施对环境造成不良影响。

2.3.1 土地利用规划对环境的影响

土地是人类赖以生存与发展的主要资源，人类自身对土地资源的开发利用对周围环境产生各种各样的影响，按其影响的性质、方式、程度和方向可分为多种类型，而土地利用分区和利用类型的不同，又表现出各自的影响特征。根据土地利用本身的特点其对环境的影响可概括如下几个主要环境影响特征。

2.3.1.1 城乡居民点用地对环境的影响

城乡居民点用地的增加，占用大量农用土地资源，改变了土壤的物理性状，降低了土壤透水排水和吸热散热功能，降低了土壤系统的价值功能；城乡居民点建设占用的耕地一般都是城镇周围的优质农田和菜地，而新开发、整理、复垦的补充耕地不仅分布偏远，而且质量较差；城乡居民点规模的扩大，大量人口向城镇聚集，导致生产生活用水需求量增大，地下水资源的过度开发利用，加速了水资源的枯竭，同时，随之形成的生活污水排放量的增大，导致水质急剧恶化，又严重影响城乡居民的生活环境，更进一步加剧水资源危机；城乡居民点对生态环境的影响主要是由于人口密度的增加，垃圾、污水的排放易使生态环境失衡，物种减少、生态系统功能减退；城乡居民点用地对大气环境的影响则主要是通过生活烟尘、油烟的排放造成的，由于居民生活燃气化率不高，餐饮业的油烟污染排放控制不严格都是影响大气质量的重要原因。

2.3.1.2 工业用地对环境的影响

工业生产过程中产生的工业废气排放来源于作为生产动力燃烧的矿石燃料，以及生产过程本身产生的烟气，工业生产中废气的不达标排放，矿山在开采过程中产生大量的粉尘，尾矿、矸石山自然排放的大量二氧化硫和硫化氢等有害气体引起大气污染；直接采用经过处理或未经处理的工业废水灌溉农田，或工业废水排入河流湖泊后，引用被污染的河流湖泊作为农业灌溉水源，使土壤受到污染，而且污水灌溉引入的重金属对田间的作物也有毒害作用，毒害作用与污水中的重金属含量、种类、灌溉量及灌溉年限有关；工业生产中的固体废弃物指在加工生产的过程中抛弃的副产物或不能使用的渣屑，例如钢铁厂的钢渣、炼钢厂的瓦斯泥、有色金属冶炼厂的废渣等，固体废弃物在掩埋或堆放处可能通过种种途径引起污染物质的迁移，危害周边环境。

2.3.1.3 交通用地对环境影响

交通用地设施包括陆地上的公路、桥梁、山区的隧道、城市的高架道路、江河航道的开辟、港口、码头、机场等。其中，对周边环境产生直接影响的是陆地上的水泥公路。公路基本上都要征用农用土地，在山区建设公路，有时还需要砍伐部分的林木。交通用地在使用过程中，机动车辆往复行驶，排放废气，公路成为线性的污染源，对公路两侧的环境产生影响。机动车辆多以汽油作为动力燃料，汽油在燃烧过程中产生氮氧化合物、硫化物等，为大气酸沉降准备物质基础，酸沉降将导致土壤的酸化。矿区的公路对公路两侧的土地造成矿尘污染，由于运输车辆的运行，矿石的散落，矿尘随风迁移，矿尘在公路两侧的农田中沉积，矿尘中含有重金属，污染公路两侧的环境。

2.3.1.4 水利设施用地对环境的影响

水利设施在产生巨大正面效益的同时，也带来了各种明显的或潜在的环境问题。水利设施周边及其下游区域的环境就将受到水利设施直接的或间接的不利影响。改变了生物生存环境和气候环境，导致生物多样性的变化和物种的迁移，进而导致生物群落的变化和生物循环系统的改变；水利设施可能诱发地质环境灾害，如造成滑坡、山体崩塌、剥离的土石方在径流冲刷下可能形成泥石流等，可能对水坝的安全和附近群众正常的生产和生活构成威胁；虽然建设水库可以增大农田灌溉面积，但是用漫灌方式灌溉耕地时，大部分水分通过蒸腾、蒸发作用散失，而盐分则滞留在土壤中，危害农作物的生长；水库蓄水后，河流上游的泥沙在水库库区发生沉积，河流下泄速度降低，河流向下游的输沙量减少，河流侵蚀河岸与淤泥沿河岸沉积之间的平衡被打破，下游土壤得不到原有水平肥沃淤泥的补充，土壤质量开始下降。

2.3.1.5 农业用地对环境的影响

大量陡坡地和低坡地开发成为耕地，造成河流源头保水能力下降，遇到雨量丰富的年月，很容易形成水土流失，导致土地资源的破坏，同时，大量泥沙被水流冲刷迁移，引起水质浑浊，河床抬高，河道堵塞等；农业排灌措施的建设，改变了农业生产的灌溉条件的同时，排水使得大量有机质和微量元素流失，导致土壤质量下降，直接影响土壤的生产能力。农药和化肥的大量使用，畜禽水产养殖过程中所产生的大量粪便、养殖水域富营养化程度的加深，是造成水体污染的重要的原因；农业生产中喷洒的农药、除草剂、植物生长调节剂等物质散布于大气中，对大气产生不良影响。农业用地的增加对环境也有着积极的影响，生态农业用地的建设可以起到涵养水源、改善土壤的通透性及增加土壤肥力和土壤水分的作用；农用地还具有吸收 CO_2、释放 O_2 以及吸尘、滞尘等净化作用，可以提高地下水补给能力，降低水土流失，山体滑坡等地质灾害发生的风险，对于维护地形地貌原状发挥着较大的作用；坑塘水面的增加还可以扩大水域面积，提高土壤水分含量，形成人工水生态系统，增加空气湿度。

2.3.1.6 生态用地对环境的影响

生态用地对生态环境的影响基本上是正面影响，蓄洪、分洪、排洪用地可净化水质、增加水域面积，增加土壤养分和水分，增加地下水的补给量，调节气候，夏天降温，冬天保温，还可以降低旱涝灾害风险；草地、林地、湿地等生态用地可以增加物种，增加生物多样性，保护自然生态平衡，保护本地的动植物种类和资源，改善地方生态环境质量，还具有调节气候、蓄洪、蓄渍、供水、调节气候、减少噪声、降低地表水中各种污染物的浓度、净化水质、防止盐水入侵、补注地下水、缓冲和减除洪患等功能。

2.3.2 土地利用规划环境影响评价的意义

土地利用规划环境影响评价是通过把环境的考虑纳入到规划的制定过程中去，建立一种环境、经济和社会综合的决策机制。由于土地利用规划的目标及规划成果集中反映在规划方案里面，所以土地利用规划的环境影响评价对象主要是几个拟定的规划方案。评价的最终目的为筛选出不符合环境目标的方案，确认符合环境目标和规划的推荐方案及替代方案。对土地利用规划进行环境影响评价，具有以下重要意义：

2.3.2.1 土地利用规划进行环境影响评价可以进一步完善规划方案

规划的环境影响评价可以在规划方案的形成阶段就参与其中，以便及早从生态环境保护与建设的角度出发，分析规划方案可能引起的积极与消极的影响，从而进一步改善规划方案。土地利用规划环境影响评价的着眼点不在于规划实施后减缓不利环境影响，而是从源头上尽量减少产生不利影响的可能性，全面考虑土地利用和环境的关系以及规划可能涉及的环境问题，提高土地利用规划的科学性和合理性。

2.3.2.2 土地利用规划是配置和合理利用土地资源的重要手段

土地利用规划环境影响评价可以从规划区环境保护和生态建设的整体角度出发，同时结合国民经济发展计划，考虑诸多建设项目的协同效应和累计效应，统筹规划土地利用与生态环境建设，促进经济、社会和生态的可持续发展。

2.3.2.3 土地利用规划环境影响评价可以全面考虑替代方案

规划环境影响评价可以在对规划区域生态环境现状、环境目标分析和评价的基础上，针对规划方案的潜在影响，评价影响的范围和程度，拟定替代方案，并提出消除、减缓不利环境影响的措施。根据可能出现的问题，以改善、协调、预防和减缓生态环境问题为目标，提出一系列考虑充分、全面的规划方案建议，从源头上减少环境问题的产生。

土地利用规划环境影响评价是在规划区环境质量现状调查的基础上，依据有关环境保护的法律、法规和标准，通过对规划方案的环境影响分析，识别影响环境的主要因子，提出规划方案中可能出现的主要环境问题，完善土地利用规划，保证规划方案的实施和环境的有效保护，并促进区域的协调发展。时至今日，我国开展的环境影响评价多是围绕建设项目、区域开发活动进行的，针对土地利用规划的环境影响评价研究在国内程度很低，那么如何对土地利用规划进行环境影响评价就成了一个必须解决的问题，对于从源头上尽量减少土地利用规划产生的不利影响，提高规划的科学性具有重要的作用。鉴于以上分析，开展土地利用规划环境影响评价很有必要，它不仅仅是提出措施使规划实施后所产生的环境影响最小化，而且更是使规划所可能产生的环境影响最小化，使得土地利用规划成为"绿色规划"和"可持续规划"。

2.4 "十二五"绿色建筑和绿色生态城区发展规划

绿色建筑也称生态建筑、生态化建筑，或可持续建筑。其内容不仅包括建筑本体，也包括建筑内部，特别是包括建筑外部环境生态功能系统及建构社区安全、健康的稳定生态服务与维护功能系统。

绿色建筑作为现代社会生态城市、节约型城市、循环经济城市建设的重要影响存在要件，影响着城市生态系统安全与功能稳定的组织结构，参与城市生态服务能力的效率变化，对提高生态人居系统健康质量起着重要作用。

为探索可持续发展的城镇化道路，在党中央、国务院的直接指导下，我国先后在天津、上海、深圳、青岛、无锡等地开展了生态城区规划建设，并启动了一批绿色建筑示范工程。建设绿色生态城区、加快发展绿色建筑，不仅是转变我国建筑业发展方式和城乡建设模式的重大问题，也直接关系群众的切身利益和国家的长远利益。为深入贯彻落实科学发展观，推动绿色生态城区和绿色建筑发展，建设资源节约型和环境友好型城镇，实现美丽中国、永续发展的目标，根据《国民经济和社会发展第十二个五年规划纲要》、《节能减排"十二五"规划》、《"十二五"节能减排综合性工作方案》、《绿色建筑行动方案》等，制定本规划。

2.4.1 规划概述

到"十二五"期末，绿色发展的理念为社会普遍接受，推动绿色建筑和绿色生态城区发展的经济激励机制基本形成，技术标准体系逐步完善，创新研发能力不断提高，产业规模初步形成，示范带动作用明显，基本实现城乡建设模式的科学转型。新建绿色建筑10亿 m^2，建设一批绿色生态城区、绿色农房，引导农村建筑按绿色建筑的原则进行设计和建造。"十二五"时期具体目标如下：

2.4.1.1 实施100个绿色生态城区示范建设

选择100个城市新建区域（规划新区、经济技术开发区、高新技术产业开发区、生态工业示范园区等）按照绿色生态城区标准规划、建设和运行。

2.4.1.2 大型公共建筑执行绿色建筑标准

政府投资的党政机关、学校、医院、博物馆、科技馆、体育馆等建筑，直辖市、计划单列市及省会城市建设的保障性住房，以及单体建筑面积超过2万 m^2 的机场、车站、宾馆、饭店、商场、写字楼等大型公共建筑，2014年起率先执行绿色建筑标准。

2.4.1.3 引导商业房地产开发项目执行绿色建筑标准

鼓励房地产开发企业建设绿色住宅小区，2015年起，直辖市及东部沿海省市城镇的新建房地产项目力争50％以上达到绿色建筑标准。

2.4.1.4 开展既有建筑节能改造

"十二五"期间，完成北方供暖地区既有居住建筑供热计量和节能改造4亿 m^2 以上，夏热冬冷和夏热冬暖地区既有居住建筑节能改造5000万 m^2，公共建筑节能改造6000万 m^2；结合农村危房改造实施农村节能示范住宅40万套。

（1）指导思想

以邓小平理论、"三个代表"重要思想和科学发展观为指导，落实加强生态文明建设的要求，紧紧抓住城镇化、工业化、信息化和农业现代化的战略机遇期，牢固树立尊重自然、顺应自然、保护自然的生态文明理念，以绿色建筑发展与绿色生态城区建设为抓手，引导我国城乡建设模式和建筑业发展方式的转变，促进城镇化进程的低碳、生态、绿色转型；以绿色建筑发展与公益性和大型公共建筑、保障性住房建设、城镇旧城更新等惠及民生的实事工程相结合，促进城镇人居环境品质的全面提升；以绿色建筑产业发展引领传统建筑业的改造提升，占领材料、新能源等新兴产业的制高点，促进低碳经济的形成与发展。

（2）发展战略

在理念导向上，倡导人与自然生态的和谐共生理念，以人为本，以维护城乡生态安全、降低碳排放为立足点，倡导因地制宜的理念，优先利用当地的可再生能源和资源，充分利用通风、采光等自然条件，因地制宜发展绿色建筑，倡导全生命周期理念，全面考虑建筑材料生产、运输、施工、运行及报废等全生命周期内的综合性能。在目标选取上，发展绿色建筑与发展绿色生态城区同步，促进技术进步与推动产业发展同步，政策标准形成与推进过程同步。在推进策略上，坚持先管住增量后改善存量，先政府带头后市场推进，先保障低收入人群后考虑其他群体，先规划城区后设计建筑的思路。

发展路径规模化推进根据各地区气候、资源、经济和社会发展的不同特点，因地制宜地进行绿色生态城区规划和建设，逐步推动先行地区和新建园区（学校、医院、文化等园区）的新建建筑全面执行绿色建筑标准，推进绿色建筑规模化发展。新旧结合推进将新建区域和旧城更新作为规模化推进绿色建筑的重要手段。新建区域的建设注重将绿色建筑的单项技术发展延伸至能源、交通、环境、建筑、景观等多项技术的集成化创新，实现区域资源效率的整体提升。旧城更新应在合理规划的基础上，保护历史文化遗产。统筹规划进行老旧小区环境整治；老旧基础设施更新改造；老旧建筑的抗震及节能改造。

（3）梯度化推进

充分发挥东部沿海地区资金充足、产业成熟的有利条件，优先试点强制推广绿色建筑，发挥先锋模范带头作用。中部地区结合自身条件，划分重点区域发展绿色建筑。西部地区扩大单体建筑示范规模，逐步向规模化推进绿色建筑过渡。

（4）市场化、产业化推进

培育创新能力，突破关键技术，加快科技成果推广应用，开发应用节能环保型建筑材料、装备、技术与产品，限制和淘汰高能耗、高污染产品，大力推广可再生能源技术的综合应用，培育绿色服务产业，形成高效合理的绿色建筑产业链，推进绿色建筑产业化发展。在推动力方面，由政府引导逐步过渡到市场推动，充分发挥市场配置资源的基础性作用，提升企业的发展活力，加大市场主体的融资力度，推进绿色建筑市场化发展。

（5）系统化推进

统筹规划城乡布局，结合城市和农村实际情况，在城乡规划、建设和更新改造中，因地制宜纳入低碳、绿色和生态指标体系，严格保护耕地、水资源、生态与环境，改善城乡用地、用能、用水、用材结构，促进城乡建设模式转型。

2.4.2 重点任务

2.4.2.1 推进绿色生态城区建设

在自愿申请的基础上，确定100个左右不小于1.5km²的城市新区按照绿色生态城区的标准因地制宜进行规划建设。并及时评估和总结，加快推广。推进绿色生态城区的建设要切实从规划、标准、政策、技术、能力等方面，加大力度，创新机制，全面推进。一是结合城镇体系规划和城市总体规划，制定绿色生态城区和绿色建筑发展规划，因地制宜确定发展目标、路径及相关措施。二是建立并完善适应绿色生态城区规划、建设、运行、监管的体制机制和政策制度以及参考评价体系。三是建立并完善绿色生态城区标准体系。四是加大激励力度，形成财政补贴、税收优惠和贷款贴息等多样化的激励模式。进行绿色生态城区建设专项监督检查，纳入建筑节能和绿色建筑专项检查制度，对各地绿色生态城区的实施效果进行督促检查。五是加大对绿色环保产业扶持力度，制定促进相关产业发展的优惠政策。

建设绿色生态城区的城市应制定生态战略，开发指标体系，实行绿色规划，推动绿色建造，加强监管评价。一是制定涵盖城乡统筹、产业发展、资源节约、生态宜居等内容的绿色生态城区发展战略。二是建立法规和政策激励体系，形成有利于绿色生态城区发展的环境。三是建立包括空间利用率、绿化率、可再生能源利用率、绿色交通比例、材料和废弃物回用比例、非传统水资源利用率等指标的绿色生态城区控制指标体系，进而制定新建区域控制性详细规划，指导绿色生态城区全面建设。四是在绿色生态城区的立项、规划、土地出让阶段，将绿色技术相关要求作为项目批复的前置条件。五是完善绿色生态城区监管机制，严格按照标准对规划、设计、施工、验收等阶段进行全过程监管。六是建立绿色生态城区评估机制，完善评估指标体系，对各项措施和指标的完成情况及效果进行评价，确保建设效果，指导后续建设。

推动绿色建筑规模化发展。一是建立绿色建筑全寿命周期的管理模式，注重完善规划、土地、设计、施工、运行和拆除等阶段的政策措施，提高标准执行率，确保工程质量和综合效益。二是建立建筑用能、用水、用地、用材的计量和统计体系，加强监管，同时完善绿色建筑相关标准和绿色建筑评价标识等制度。三是抓好绿色建筑规划建设环节，确保将绿色建筑指标和标准纳入总体规划、控制性规划、土地出让等环节中。四是注重运行管理，确保绿色建筑综合效益。五是明确部门责任。住房城乡建设部门统筹负责绿色建筑的发展，并会同发改、教育、卫生、商务和旅游等部门制定绿色社区、绿色校园、绿色医院、绿色宾馆的发展目标、政策、标准、考核评价体系等，推进重点领域绿色建筑发展。

大力发展绿色农房。一是住房城乡建设部要制定村镇绿色生态发展指导意见和政策措施，完善村镇规划制度体系，出台绿色生态村镇规划编制技术标准，制定并逐步实施村镇建设规划许可证制度，对小城镇、农村地区发展绿色建筑提出要求。继续实施绿色重点小城镇示范项目。编制村镇绿色建筑技术指南，指导地方完善绿色建筑标准体系。二是省级住房城乡建设主管部门会同有关部门各地开展农村地区土地利用、建设布局、污水垃圾处理、能源结构等基本情况的调查，在此基础上确定地方村镇绿色生态发展重点区域。出台地方鼓励村镇绿色发展的法规和政策。组织编制地方农房绿色建设和改造推广图集。研究具有地方特色、符合绿色建筑标准的建筑材料、结构体系和实施方案。三是市（县）级住房城乡建设主管部门会同有关部门编制符合本地绿色生态发展要求的新农村规划。鼓励农民在新建和改建农房过程中按照地方绿色建筑标准进行农房建设和改造。结合建材下乡，组织农民在新建、改建农房过程中使用适用材料和技术。

2.4.2.2 加快发展绿色建筑产业

提高自主创新和研发能力，推动绿色技术产业化，加快产业基地建设，培育相关设备和产品产业，建立配套服务体系，促进住宅产业化发展。一是加强绿色建筑技术的研发、试验、集成、应用，提高自主创新能力和技术集成能力，建设一批重点实验室、工程技术创新中心，重点支持绿色建筑新材料、新技术的发展。二是推动绿色建筑产业化，以产业基地为载体，推广技术含量高、规模效益好的绿色建材，并培育绿色建筑相关的工程机械、电子装备等产业。三是加强咨询、规划、设计、施工、评估、测评等企业和机构人员教育和培训。四是大力推进住宅产业化，积极推广适合工业化生产的新型建筑体系，加快形成预制装配式混凝土、钢结构等工业化建筑体系，尽快完成住宅建筑与部品模数协调标准的编制，促进工业化和标准化体系的形成，实现住宅部品通用化，加快建设集设计、生产、施工于一体的工业化基地建设。大力推广住宅全装修，推行新建住宅一次装修到位或菜单式装修，促进个性化装修和产业化装修相统一，对绿色建筑的住宅项目，进行住宅性能评定。五是促进可再生能源建筑的一体化应用，鼓励有条件的地区对适合本地区资源条件及建筑利用条件的可再生能源技术进行强制推广，提高可再生能源建筑应用示范城市的绿色建筑的建设比例，积极发展太阳能供暖等综合利用方式，大力推进工业余热应用于居民供暖，推动可再生能源在建筑领域的高水平应用。六是促进建筑垃圾综合利用，积极推进地级以上城市全面开展建筑垃圾资源化利用，各级住房城乡建设部门要系统推行建筑垃圾收集、运输、处理、再利用等各项工作，加快建筑垃圾资源化利用技术、装备研发推广，实行建筑垃圾集中处理和分级利用，建立专门的建筑垃圾集中处理基地。

2.4.2.3 着力进行既有建筑节能改造，推动老旧城区的生态化更新改造

一是住房城乡建设部会同有关部门制定推进既有建筑节能改造的实施意见，加强指导和监督，建立既有建筑节能改造长效工作机制。二是制定既有居住、公共建筑节能改造标准及相关规范。三是设立专项补贴资金，各地方财政应安排必要的引导资金予以支持，并充分利用市场机制，鼓励采用合同能源管理等建筑节能服务模式，创新资金投入方式，落实改造费用。四是各地住房城乡建设主管部门负责组织实施既有建筑节能改造，编制地方既有建筑节能改造的工作方案。五是推动城市旧城更新实现"三改三提升"，改造老旧小区环境和安全措施，提升环境质量和安全性，改造供热、供气、供水、供电管网管线，提升运行效率和服务水平，改造老旧建筑的节能和抗震性能，提升建筑的健康性、安全性和舒适性。六是各地住房城乡建设主管部门将节能改造实施过程纳入基本建设程序管理，对施工过程进行全过程全方面监管，确保节能改造工程的质量。七是各地住房城乡建设主管部门在节能改造中应大力推广应用适合本地区的新型节能技术、材料和产品。

2.4.3 绿色建筑的保障措施

2.4.3.1 强化目标责任

落实《绿色建筑行动方案》的要求，住房城乡建设部要将规划目标任务科学分解到地方，将目标完成情况和措施落实情况纳入地方住房城乡建设系统节能目标责任评价考核体系。考核结果作为节能减排综合考核评价的重要内容，对做出突出贡献的单位和个人予以表彰奖励，对未完成目标任务的进行责任追究。

完善法规和部门规章一是健全、完善绿色建筑推广法律法规体系。二是引导和鼓励各地编制促进绿色建筑地方性法规，建立并完善地方绿色建筑法规体系。三是开展《中华人民共和国城乡规划法》和《中华人民共和国建筑法》的修订工作，明确从规划阶段抓绿色建筑，从设计、施工、运行和报废等阶段对绿色建筑进行全寿命期监管。四是加强对绿色建筑相关产业发展的规范管理，依法推进绿色建筑。

2.4.3.2 完善技术标准体系

一是加快制定《城市总体规划编制和审查办法》，研究编制全国绿色生态城区指标体系、技术导则和标准体系。二是引导省级住房城乡建设主管部门制定适合本地区的绿色建筑标准体系，适合不同气候区的绿色建筑应用技术指南、设备产品适用性评价指南、绿色建材推荐目录。三是加快制定适合不同气候区、不同建筑类型的绿色建筑评价标准。培育和提高地方开展评价标识的能力建设，大力推进地方绿色建筑评价标识。四是制定配套的产品（设备）标准，编制绿色建筑工程需要的定额项目。五是鼓励地方出台农房绿色建筑标准（图集）。

2.4.3.3 加强制度监管

实行以下十项制度：一是绿色建筑审查制度，在城市规划审查中增加对绿色生态指标的审查内容，对不符合要求的规划不予以批准，在新建区域、建筑的立项审查中增加绿色生态指标的审查内容。二是建立绿色土地转让制度，将可再生能源利用强度、再生水利用率、建筑材料回用率等涉及绿色建筑发展指标列为土地转让的重要条件。三是绿色建筑设计专项审查制度，地方各级住房城乡建设主管部门在施工图设计审查中增加绿色建筑专项审查，达不到要求的不予通过。四是施工的绿色许可制度，对于不满足绿色建造要求的建筑不予颁发开工许可证。五是实行民用建筑绿色信息公示制度，建设单位在房屋施工、销售现场，根据审核通过的施工图设计文件，把民用建筑的绿色性能以张贴、载明等方式予以明示。六是建立节水器具和太阳能建筑一体化强制推广制度，不使用符合要求产品的项目，建设单位不得组织竣工验收，住房城乡建设主管部门不得进行竣工验收备案；对太阳能资源适宜地区及具备条件的建筑强制推行太阳能光热建筑一体化系统。七是建立建筑的精装修制度，对国家强制推行绿色建筑的项目实行精装修制度，对未按要求实行精装修的绿色建筑不予颁发销售许可证。八是完善绿色建筑评价标识制度，建立自愿性标识与强制性标识相结合的推进机制，对按绿色建筑标准设计建造的一般住宅和公共建筑，实行自愿性评价标识，对按绿色建筑标准设计建造的政府投资的保障性住房、学校、医院等公益性建筑及大型公共建筑，率先实行评价标识，并逐步过渡到对所有新建绿色建筑均进行评价标识。九是建立建筑报废审批制度，不符合条件的建筑不予拆除报废；需拆除报废的建筑，所有权人、产权单位应提交拆除后的建筑垃圾回用方案，促进建筑垃圾再生回用。十是建立绿色建筑职业资格认证制度，全面培训绿色生态城区规划和绿色建筑设计、施工、安装、评估、物业管理、能源服务等方面的人才，实行考证并持证上岗制度。

2.4.3.4 创新体制机制

规划期内要着重建立和完善如下体制与机制：一是建立和完善能效交易机制。研究制定推进能效交易的实施意见，研究制定能效交易的管理办法和技术规程，指导和规范建筑领域能效交易。建立覆盖主要地区的建筑能效交易平台。积极与国外机构交流合作，推进我国建筑能效交易机制的建立和完善。二是积极推进住房城乡建设领域的合同能源管理。规范住房城乡建设领域能源服务行为，利用国家资金重点支持专业化节能服务公司为用户提供节能诊断、设计、融资、改造、运行管理一条龙服务，为国家机关办公楼、大型公共建筑、公共设施和学校实施节能改造。三是推进供热体制改革，全面落实供热计量收费。建立健全供热计量工程监管机制，实行闭合管理，严格落实责任制。严把计量和温控装置质量，要由供热企业在当地财政或者供热等部门监督下按照规定统一公开采购。全面落实两部制热价制度，取消按面积收费。四是积极推动以设计为龙头的总承包制。要研究制定促进设计单位进行工程总承包的推进意见，会同有关部门研究相关激励政策，逐步建立鼓励设计单位进行工程总承包的长效机制。进行工程总承包的设计单位要严格按照设计单位进行工程总承包资格管理的有关规定实施工程总承包。五是加快培育和形成绿色建筑的测评标识体系。修订《民用建筑能效测评标识管理暂行办法》、《民用建筑能效测评机构管理暂行办法》。严格贯彻《民用建筑节能条例》规定，对新建国家机关办公建筑和大型公共建筑进行能效测评标识。指导和督促地方将能效测评作为验证建筑节能效果的基本手段以及获得示范资格、资金奖励的必要条件。加大民用建筑能效测评机构能力建设力度，完成国家及省两级能效测评机构体系建设。

2.4.3.5 强化技术产业支撑

一是国家设立绿色建筑领域的重大研究专项,组织实施绿色建筑国家科技重点项目和国家科技支撑计划项目。二是加大绿色建筑领域科技平台建设,同时建立华南、华东、华北和西南地区的国家级绿色建筑重点实验室和国家工程技术研究中心,鼓励开展绿色建筑重点和难点技术的重大科技攻关。三是加快绿色建筑技术支撑服务平台建设,积极鼓励相关行业协会和中介服务机构开展绿色建筑技术研发、设计、咨询、检测、评估与展示等方面的专业服务,开发绿色建筑设计、检测软件,协助政府主管部门制定技术标准、从事技术研究和推广、实施国际合作、组织培训等技术研究和推广工作。四是建立以企业为主,产、学、研结合的创新体制,国家采取财政补贴、贷款贴息等政策支持以绿色建筑相关企业为主体,研究单位和高校积极参与的技术创新体系,推动技术进步,占领技术与产业的制高点。五是加快绿色建筑核心技术体系研究,推动规模化技术集成与示范,包括突破建筑节能核心技术,推动可再生能源建筑规模化应用;开展住区环境质量控制和关键技术,改善提升室内外环境品质;发展节水关键技术,提升绿色建筑节水与水资源综合利用品质;建立节能改造性能与施工协同技术,推动建筑可持续改造;加强适用绿色技术集成研究,推动低成本绿色建筑技术示范;加快绿色施工、预制装配技术研发,推动绿色建造发展。六是加大高强钢筋、高性能混凝土、防火与保温性能优良的建筑保温材料等绿色建材的推广力度。建设绿色建筑材料、产品、设备等产业化基地,带动绿色建材、节能环保和可再生能源等行业的发展。七是定期发布技术、产品推广、限制和禁止使用目录,促进绿色建筑技术和产品的优化和升级。八是金融机构要加大对绿色环保产业的资金支持,对于生产绿色环保产品的企业实施贷款贴息等政策。

2.4.3.6 完善经济激励政策

一是支持绿色生态城区建设,资金补助基准为5000万元,具体根据绿色生态城区规划建设水平、绿色建筑建设规模、评价等级、能力建设情况等因素综合核定。对规划建设水平高、建设规模大、能力建设突出的绿色生态城区,将相应调增补助额度。支持地方因地制宜开展绿色建筑法规、标准编制和支撑技术、能力、产业体系形成及示范工程。鼓励地方因地制宜创新资金运用方式,放大资金使用效益。二是对二星级及以上的绿色建筑给予奖励。二星级绿色建筑45元/m²(建筑面积,下同),三星级绿色建筑80元/m²。奖励标准将根据技术进步、成本变化等情况进行调整。三是住房城乡建设主管部门制定绿色建筑定额,据此作为政府投资的绿色建筑项目的增量投资预算额度,对满足绿色建筑要求的项目给予快速立项的优惠。四是绿色建筑奖励及补助资金、可再生能源建筑应用资金向保障性住房及公益性行业倾斜,达到高星级奖励标准的优先奖励,保障性住房发展星级绿色建筑达到一定规模的也将优先给予定额补助。五是改进和完善对绿色建筑的金融服务,金融机构可对购买绿色住宅的消费者在购房贷款利率上给予适当优惠。六是研究制定对经标识后的绿色建筑给予开发商容积率返还的优惠政策。

2.4.3.7 加强能力建设

一是大力扶持绿色建筑咨询、规划、设计、施工、评价、运行维护企业发展,提供绿色建筑全过程咨询服务。二是完善绿色建筑创新奖评奖机制,奖励绿色建筑领域的新建筑、新创意、新技术的因地制宜应用,大力发展乡土绿色建筑。三是加强绿色建筑全过程包括规划、设计、建造、运营、拆除从业主体的资质准入,保证绿色建筑的质量和市场有序竞争。四是建立绿色建筑从业人员(咨询、规划、设计、施工、评价、运行管理等从业人员)定期培训机制,对绿色建筑现行政策、标准、新技术进行宣传。五是加强高等学校绿色建筑相关学科建设,培养绿色建筑专业人才。

2.4.3.8 开展宣传培训

一是利用电视、报纸、网络等渠道普及绿色建筑知识,提高群众对绿色建筑的认识,树立绿色节能意识,形成良好的社会氛围。二是加大绿色建筑的相关政策措施和实施效果的宣传力度,使绿色建筑深入人心。三是加强国际交流与合作,促进绿色建筑理念的发展与提升。

总之,城市生态系统的高效存在与服务功能的稳定性是发展绿色建筑的核心基础,也是绿色建筑设计与建造技术应用的前提条件。绿色建筑的发展需要生态规划作为指导各类规划设计的核心依据,需要科学的将城市发展与自然系统建立起稳定和谐的协调共生机制,更需要政府加强科学的宏观调控与依法行政的技术保障支持。

思考题

1. 土地利用规划的概念与特征有哪些?土地利用规划的任务和内容有哪些?土地利用规划的程序与原则有哪些?

2. 土地利用规划理论有哪些?土地总体规划的概念及特点有哪些?

3. 土地总体规划的目标与任务有哪些?

4. 土地总体规划的内容与程序有哪些?

5. 论述土地总体规划的环境影响因素的评价与意义。

3 宜居生活环境与可持续室外环境

3.1 生态价值观

生态的概念是"可持续发展"理念形象的表示，包含了节约资源、保护环境、健康舒适等方面。人类不断的进步和发展的目的是不断提高人们的生活水平，使人们在物质和精神两个方面都能享受健康、舒适和愉快的生活。在人们无止境地追求物质生活时，并没有认识到环境问题的重要性，没有意识到人们所争取的奢华生活所带来的对地球环境的危害。当人们发现地球资源的有限以及生态平衡的脆弱以后，才清醒地认识到，人类的生活必须有所节制，否则人类将逐渐丧失最基本的生活品质，甚至会迅速走向自我毁灭的结局，更不要说奢华的生活了。因此，健康、舒适和愉悦的生活与奢侈的生活绝不应画等号。当我们的发展耗费了过多的资源，并使我们的生活环境恶化的时候，就必须寻找更合理的发展方式，走向可持续发展的道路，以保障人类始终能够享受健康舒适的生活。1987年，世界环境与发展委员会在东京召开的环境特别会议上提交了《我们共同的未来》的报告，揭示了在现代社会中人类面临的经济、社会和环境问题，将可持续发展定义为："既能满足当代人的需要，又不对后代人满足其需要的能力构成危害的发展。"1992年6月，联合国在里约热内卢召开的"环境与发展大会"，通过了以可持续发展为核心的《里约环境与发展宣言》、《21世纪议程》等文件。随后，中国政府编制了《中国21世纪人口、资源、环境与发展白皮书》，首次把可持续发展战略纳入到我国经济和社会发展的长远规划。1997年的中共十五大把可持续发展战略确定为我国"现代化建设中必须实施"的战略。可持续发展主要包括社会可持续发展，生态可持续发展，经济可持续发展。

绿色生态生活倡导的正是可持续发展的理念，强调社会提供的服务以及产品在满足人类的基本需求，但不断提高生活质量的基础上，对自然资源的消耗最少，对环境的污染最小，不危及后代的生存和需求。绿色生态的生活既不是保守的极端节约和保护，又不是无限度地追求舒适，而是在节约资源、保护环境、健康舒适之间建立平衡，是一种理性而积极的价值观。因此，适度消费成为绿色生态生活的一个基本态度，消费的指标是生活的质量而不是物质数量的简单叠加，适度消费提倡俭朴适宜的物质生活和环境友好的消费方式，并注重精神文化的丰富与和谐。这种生活态度使我们的后代仍然能够持续拥有充足的资源和友好的环境，持续享受健康、舒适和愉快的生活。绿色生态生活体现着一个人的素养，也标志着一个民族的文明。

3.2 宜居生态生活环境

3.2.1 生态人居生活环境

住宅是人们休养生息的场所，人们的日常行为大多发生在这里。住宅的品质影响了居住者的生活态度和行为习惯，而居住者的态度和习惯也直接决定了他们对住宅的选择。

3.2.1.1　新鲜的空气

清洁而新鲜的空气为人们的健康生活提供先决保障。

（1）居住位置的选择

居住区应建在远离有工业污染的厂房、排放工业废气的烟囱、异味不断的垃圾处理站。选择合适的居住位置是开发商和设计者需要特别关注的事情，选择远离污染源的地段居住，不但能提高生活环境的空气质量，也是人们获得健康清新的空气的基本保证。城市机动车排放的废气也是空气污染的一大源头。在一些大中型城市，机动车等流动污染源排放的污染物已占大气污染物总量的90%，汽车尾气已经成为大气污染的"元凶"。汽车尾气中含有一氧化碳、氮氧化物以及其他一些固体颗粒，对人体有很大危害，而对长期居住在道路两侧的人来说尤为严重。选择远离或仅有小部分窗户朝向机动车道路的住宅，同样可以让窗外的空气保持清新。

（2）新鲜空气与绿色植物

在建筑密集的城市里，对人们来说窗外的绿树植物是人们最能够贴近自然的地方。在阳光下的绿色植物的光合作用，吸收了周边空气中的二氧化碳，补充了清新健康的氧气。在一些沙尘暴肆虐的地区，绿色植被还可以起到防风固沙的作用，成为阻挡沙尘的屏障，降低空气中的灰尘指数。建筑室内的新鲜空气一方面来源于通过围护结构，如开窗通风或空气渗透，而进入室内的室外自然空气，另一方面则由建筑的新风装置所提供。选择合理的新风量，并采取可以调节换气量的措施，能够既满足室内空气品质的要求，又达到降低能耗的目的。夏季、冬季，对有空调、供暖措施的住宅而言，敞着窗户通风换气，显然是浪费能源之举，而长期关着窗户又会使户内的空气变得污浊，由空调系统向房间供应新风成为改善空气质量的有效措施。空调房间的新风主要用来冲淡室内二氧化碳浓度和室内浮尘浓度，使其达到允许的标准值。但是，新风量的标准对空调系统的造价和能耗影响很大，在室内外温差较大的冬季或夏季，新风能耗接近空调供暖总能耗的30%。充分合理地利用自然通风，始终是节约能源和改善室内空气品质的重要措施。在供暖空调房间采用带有可以自由调节开度的小扇外窗、既可平开又可内倒的外窗及在窗户上部或下部设专门的可调式通风窗或其他可行的换气措施，同样可以既满足室内新风量要求，又显著减少过量通风换气导致的能耗。

（3）室内自然通风的设置

让室内始终保持充足的新鲜空气，还必须有良好的自然通风。打开窗户，在室内形成自然通风，不仅可以获得自然清新的空气，还可以将室内产生的污浊空气通过空气流通到室外，使室内的有害气体含量降低，从而间接达到净化空气的目的。但是，并非打开外窗就能够实现室内的自然通风。如果窗户的位置和开启面积有助于形成室内"穿堂风"或"转角风"，从而提高风速、控制气流，将会对住宅内的通风换气更为有利。如果我们居住的房子，是根据居住地的主导风向而组织穿堂风的，室内外空气能够直接流通，空气畅通，房子中的我们也会感到更加舒适。

3.2.1.2　充足的阳光

阳光在我们的生活中是不能缺少的重要元素。阳光是形成一个健康的人居环境的重要条件，尤其对于白天留在家中的老人和孩子，充足的阳光更是保证他们健康的必要条件。

我国的居住建筑按照所在气候分区有相应的日照要求，设计者在进行居住小区的规划设计时，需要根据日照标准确定的日照间距系数，控制建筑之间的距离，由此确保住宅内住户，特别是底层住户的最基本日照要求得到满足。具体到住宅套型，其日照条件应达到每套住宅至少有一间居室（四居室以上住宅每套至少有两间居室）有效日照时间大寒日不低于 3 小时。

在住宅建筑基本日照要求得到满足之余，还有以下相关因素能帮助人们在房间中切实获得足够的阳光。

（1）住宅朝向的选择

朝向直接决定了房间内光线质量的好坏。面朝南的窗户在偏东偏西 15°范围内都可以视为理想的采光朝向。在这样的房间里，白天的大部分时间可以通过明亮的窗户直接获取阳光，从而使人们足不出户就可以享受到阳光。

（2）窗户面积的大小

在过去的老建筑中，由于建造技术的限制，窗户的面积往往不够大，房间内的光线很暗。现在，由于房间比以前大，所以窗户的位置就必须合适，否则会造成室内光线不均匀。

（3）房间进深的适度

开发商为了节省用地，有时也会加大建筑的进深，以争取更多的户数。在不同的层高下，建筑的进深也会有所不同。一般的住宅层高在 2.8~3.0m，在这种情况下，房间的进深最好不超过 9m。除了户内的采光外，户外采光也是一个非常重要的方面。因为很多人会想当然地认为户外到处都是阳光。而实际上由于建筑越来越密，越来越高，住区里的很多户外空间长时间处在这些高大建筑的阴影下。

（4）遮阳设施的选用

在冬季，太阳的照射使我们感到温暖，但在夏季，强烈的日照却会给我们带来令人烦躁难耐的炎热。阳光过强时，将百叶片调整到关闭状态，可阻挡阳光的直接辐射；阳光减弱时，将百叶收起，使更多的阳光进入室内。通过调整百叶的角度，还可以控制进入室内的光线强弱。但是，这种窗帘安装在室内，而阳光已经通过玻璃进入到室内一侧，由此产生的热量仍然进入了户内。因此，在夏天，即使拉下了窗帘，室内的温度也因此提高，百叶窗帘有效地遮挡了光线，但却不能有效地遮挡热量。要想从根本上解决好遮阳问题，应该在室外一侧安装遮阳设施，这样就可以将阳光在到达玻璃窗之前就遮挡掉。南向的窗户是遮阳的重点，遮阳构件的设置需结合太阳的运行规律。太阳在冬季和夏季的高度角（太阳光线与地平面的夹角）不同，在夏季太阳的高度角大，因此水平的遮阳板可以将大部分光线遮挡掉；在冬季太阳的高度角变小，因此可以让更多的光线进入室内。其实，阳台就是一个非常好的遮阳构件。在某些地区，西晒是一个非常突出的问题，而这个问题用水平遮阳就不能有效解决，因为太阳在西面时几乎呈水平角度射入室内。因此，能够完全遮盖整个窗户的室外遮阳帘才是一个最有效的办法。

除了在建筑本身设置遮阳构件外，还可以利用自然环境提供遮阳。例如，可以利用树木来遮阳，可以在向阳面的房间外种植高大的落叶树，在树冠高度以下的范围内，茂密的树叶可以遮挡夏天炎热的阳光，而在冬天，树叶已经落下，温暖的阳光又通过树木枝杈的间隙照进室内。

3.2.1.3 贴近自然安静的居住环境

目前大多数地产越来越远离大自然，因此，人们非常渴望拥有一个可以散步、锻炼、交流的场所，也就是绿色生态的公共空间。公共空间可以是公园、运动场地或者绿地，它具有相对的归属性与较好的安全性，便于老人与孩子休息、锻炼、游玩和居民邻里间的交流，使生活在小区里的人们既能享受到现代住宅与住区带来的生活便利，又能感受到私密性与公共性、静与动、外部空间与内部空间的和谐性。当周边的绿地生长茂盛，并能相互毗连时，也就形成了良好的生物通道，从而为大自然中不可或缺的动物提供了更适于其生存的栖息环境。

居住区的噪声问题一直是业主和设计者共同关注的问题。在我国住宅设计国家标准中，对住宅的卧室、起居室的允许噪声级有明确的规定，噪声（A 声级）昼间应小于或等于 50dB（分贝），夜间应小于或等于 40dB（分贝）。在进行住宅套型设计时，国家标准中还提出住宅的卧室、起居室宜布置在背向噪声源的一侧，电梯不应与卧室、起居室近邻布置，受条件限制需近邻布置时，必须采取隔声、减振的措施。但是近年来，来自交通噪声、建筑工地、家庭装修和家用电器等方面的噪声，干扰着人们的正常生活。噪声是一种物理污染，它严重危害着人们的身心健康，不仅会干扰我们的休息和睡眠，还会使学习和工作效率降低，对儿童的发育成长也有很不利的影响。

一个绿色生态的社区，必须远离噪声，可以通过以下几个方面实现这一目标：

（1）住区应该尽量选择远离厂房、铁路、城市道路地段，不仅可以避开污浊的空气，也可以远离噪声源，从根本上降低噪声对人们生活的干扰。

（2）鼓励在住区里人车分离，并在地下室停车，这样不仅不会妨碍居住者的出行和安全，而且还会消除汽车带来的更多的噪声。

（3）对声源采取隔离措施，减少城市住宅中不得不靠近道路两边的房屋的噪声。可以在临近住宅的道路旁安装隔噪板，也可以利用树木对噪声形成一道天然的声屏障。枝叶茂密的树冠，表面粗糙的树干，对噪声都有很强的吸收和消减作用。交通要道的绿化带，对降低汽车噪声具有明显的效果。而住宅楼周围的绿树可以帮助降低小区周围的噪声，为居住者提供一个安静、安全的生存空间。

（4）加强门窗的隔噪性能。有时公共的隔噪设施以及树木仍然不能奏效，具有高效隔声性能的门窗就成了最后一道屏障了。窗户是最薄弱的环节，因此，窗户的构造很重要，双层或多层玻璃、密实的缝隙是提高隔声性能的最有效措施。

3.2.1.4 生态适度的装修

中国室内装饰协会室内环境监测工作委员会曾披露，中国的家庭装饰装修的浪费十分惊人，每年由于装修浪费的费用三百多亿元。不少家庭的装修，把豪华宾馆当作样板，高级石材，名贵木材，应有尽有。但是过度装修给我们的生活带来了许多弊端，大量的装修材料，给室内带来了许多有害物质，例如氡、甲醛、苯等等，不利于人类的健康；装修时产生的垃圾，在浪费资源的同时更造成了对环境的污染，浪费资源和金钱；高档的材料往往需要精心的养护，过多的造型不但造成视觉疲劳，还增加了清洁负担，给生活带来了不便；私自改造建筑结构的装修，更是破坏了结构的稳定，带来安全隐患。

伴随装修污染问题的不断出现，人们在选择装修材料的时候也越来越谨慎。但是人们也发现，使用达标合格的产品装修出来的房子，依然存在污染的问题，究其原因，一方面目前市场上的所谓达标产品只是一个市场准入标准，它是参考了国际标准和国内现状而制定的，因而并非是一个完全理想的确保健康的标准；另一方面，室内空气中有害物质的含量是由全部装修材料中的有害物质总量决定的，其总值是判断室内空气污染与否的依据。家庭装修应以舒适实用为目的，简单朴实的装修材料，可以避免将更多污染物带进家里；简洁明快的风格往往比繁琐复杂的装饰更能衬托亲切祥和的家庭气氛；摈弃多余的装饰，更能方便平时的生活；减少材料的消耗和金钱的浪费，利己利民。

3.2.1.5 节能环保的供暖方式

（1）散热器供暖

供暖方式不仅关系到严寒、寒冷地区每个家庭的室温环境，还关系到整个居住区乃至整个国家的能源消耗问题。目前住宅中较多采用的是散热器供暖和地板辐射供暖。散热器供暖也就是最常见的暖气片供暖，它的原理是将热水中的热量通过暖气片表面传导到附近的空气中，然后利用空气的对流原理，使整个房间的空气温度升高，也就是通过室内空气循环，实现冷热空气自然对流散热的一种取暖方式。暖气片供暖方式具有价格低廉、安装技术相对成熟等优势，但沿墙布置的暖气片始终存在着热对流不合理、室温不均匀的问题；热对流会使房间内的人感到口干舌燥，而安装暖气片还会占用一定的室内空间，给房间的布置和家具的摆设带来影响。

（2）地板辐射供暖

地板辐射供暖是指利用各种低温热源对地板表面进行加热，使其表面温度上升，以低温辐射的方式加热室内空气，达到取暖的目的。地板供暖是一种由下而上的散热方式，恰好与"头要凉，脚要热"的人体生理特征一致，以辐射传热为主，对流散热相对较小，相对避免了室内口干舌燥的问题。由于地面散热的方式带给人脚暖头凉的舒适感受，散热均匀，热稳定性好。因此，在保持同样舒适感的前提下，地板辐射供暖的室内设计温度，可以比散热器对流供暖低，23℃房间的热负荷相应减少，可节省供热能耗20%左右。由于地板辐射供暖的管道完全埋设于楼地面以下，因而存在维修不便的问题，所以对装修的要求比较高，也不能随意破坏楼地面，如在地板上打钉子将受到一定的限制。

（3）新的供暖方式

近年来，除了暖气片散热供暖和地板辐射供暖外，出现了空调供暖和电暖气供暖等新的供暖方式。空调供暖升温快，但运行时有噪声，耗电量较大，比较适用于单独房间的温控供暖。电暖气同样比较适用于单独房间的供暖，但也存在室温不均匀，耗电量大以及占用室内面积的问题。有些住宅采用的是分户式燃气采暖炉，这种分散式的供暖设备，不能像集中供暖系统那样有效地利用热能，即热效率较低。另外，有些产品在安全性方面没有达标，可能会引发安全事故。因此，除了在比较偏远的地区不便建设集中供暖系统的情况下，使用这种供暖方式，一般情况下不推荐采用这种方式。

（4）"热表"

无论是冬季供暖还是夏季空调，其室内温度的调节都与能耗有着直接的关系。夏季，若将室内温度降低1℃，将会增加5%～10%的空调能耗；冬季，室内温度每调高1℃，供暖能耗变化约5%。因此，国务院对公共建筑空调温度提出了严格的控制标准，要求夏季室内空调温度设置不得低于26℃，冬季室内空调温度设置不得高于20℃。对于居住建筑而言，室内温度变化同样与能耗息息相关，选择适宜的室内温度，代表了一种节能的生活方式。"热表"将室内温度与热量消耗的关系直观地表现出来，它多是以分户热计量的形式出现的。这样的计量方式下，人们自然就会主动调节供暖温度。当白天大家都外出上班时，我们就会把温度调低，下班回家后，再把温度调高。而分时温度调节，可以按照事先的设定，自动完成温度调节工作，避免了忘记的可能性。

（5）自然风与日照

当绿色生态建筑的理念开始受到关注时，人们又发现，一些传统的做法仍然可以在绿色建筑中继续发挥它们的价值。除了暖气和空调，建筑本身也可以为房间的舒适提供不少帮助。夏季，"穿堂风"或"转角风"等室内对流风可以在一定程度上调节房间的温度和湿度，窗外树木提供的阴影也可以使空气凉爽舒适，起到天然空调器的作用；冬季，南向的窗户为室内引进日照，阳光透过窗户将热量带入房间，进而提高室内的温度，让房间里的人感到温暖。

把建筑的外围护结构，即外墙、屋顶和门窗解决好也是十分重要，这些部位如同人的"外衣"，需要时刻抵御自然界反复无常的气候。对于外墙和屋顶，很多人都已经有较多的了解和体会，如果保温层和隔热层足够厚，而且四周交圈严密，就能够大大提高室内温度的稳定性。窗户是房间采光、通风以及对外观景的重要媒介，它在住宅中的位置、形式对房间的舒适度有着很大的影响，高大明亮的窗户为室内带来充足的日照和广阔的视野。因此，近来越来越多的人偏爱设置有高大落地窗的起居室，但是这消耗了更多的能源、提高了造价、牺牲了舒适。冬天，供暖装置提高了室内温度，热量总是不断地从房间由内向外流失，玻璃窗比实体墙传热系数高，散热快，玻璃窗散失了绝大部分的热量，直接导致室内温度的降低。夏天，窗户为室内引入日照采光的同时，也将太阳的热量带入了室内，通过热辐射提高了室内的温度，由此导致的是空调负荷及其费用的增加，人们站在窗边会感到酷热难当。

双层玻璃窗或中空玻璃就是途径之一，它可以减少通过玻璃造成的热量流失，安装遮阳百叶窗帘也可以改善炎热的季节太阳热辐射作用。还有一些窗户采用了三层玻璃，并增加镀膜层，以进一步提高玻璃的保温隔热效果。外围护结构的性能提高以后，房屋的热损失就可以大大减少。

现在有一些住宅，在楼板里埋设了管道，里面流着低温水，在夏季，起到冷却室温的作用；在冬季，起到加热室温的作用。由于在住户内看不到散热器和空调机，开发商由此宣称"告别暖气空调时代"。这种住宅的确很节能，其前提条件就是外围护结构的保温隔热性能要远好于普通住宅，维持一定室温所需的能量非常少。它的窗户在酷暑和严寒季节是不能打开的，否则楼板内的低温水需要好几天的时间才能将室温重新调整到舒适程度。所以，这种住宅必须采用机械通风系统提供新鲜空气，为了节能，还需要回收排出室外的空气中的能量。这种住宅虽然并不是真正地告别了暖气和空调，只是我们看不见暖气和空调设施，但是在节能方面采用的技术的确是很先进的。由于在现阶段其高昂的价格只能面向高收入人群，因此暂时还不能在我国大量推广。

3.2.1.6　节水节电与垃圾处理

（1）节水

生态地产以可持续发展思想为指导，提倡水的循环利用与中水处理，使给水排水系统的综合效率达到最优，从而降低能耗，做到无废无污染。这就要求建筑在开发过程中有自已的技术体系。在这些技术中，建筑节水及水资源利用方面的设计思路与节能、资源循环利用等理念息息相关。生态地产要实现节水及水资源的合理利用，给水排水设计与建筑设计只有同步发展才可能达到建筑整体节能的理想效果。一些西方国家的住宅就有三种简易的水处理系统：一是雨水回收系统，把雨水收存起来；二是中水储存系统，将洗澡的水、洗碗和洗衣机的水，经简单处理后成为中水，回用作为冲洗坐便器的水；三是冲洗坐便器的水再经过污水处理系统深度处理后循环使用。这样，水在一个建筑物和小区里面的回用率可达到60%以上。在住宅楼楼顶安装雨水收集设备，可以用来使整栋大楼降温和灌溉屋顶花园，有条件的家庭同样可以通过收集的雨水来浇灌植物。此外，洗菜用过的水也可用来浇花，洗衣服用过的水可以适当地用来清洗地板、冲洗马桶等。

（2）节电

耗电量的多少不仅与家庭所选用的电器类型和数量直接相关，还与人们的用电方式和生活习惯紧密相关。伴随人们节电意识的提高，在小区的地下车库或住宅的公共走廊，照明自动控制装置已经日渐普及，这种装置利用声控或运动感应来控制灯具的开启或关闭，可以减少电资源的浪费。在家中，人们应该养成离开房间前随手关灯的习惯，合理布置照明灯具位置，灯具可选用节能灯，依据每个房间的各自使用时间和功能要求，设置不同的照明装置，通过自动调节亮度和开关分控装置即可以达到节约用电的目的。购买冰箱、电视等电器时，挑选同类产品中最低能量等级的款型；选择洗衣机、洗碗机等耗水电器时，对比它们的用水量，因为往往节水型电器同样可以节省用电。

（3）垃圾处理

人们的生活水平提高，带来大量的消费，随之而来的就是大量的垃圾废弃物，生活中时刻发生的生产、消费、使用的过程也就成为人们不断把有限的地球资源变成垃圾，进而填埋、焚烧，对资源加以浪费的过程。据统计，人们一般的生活垃圾中，可以回收的部分达到30%。如果能将垃圾分类回收，重新利用，不但能够减少资源的浪费，从而创造巨大的社会价值，同时还可以减轻环境负担。

目前，在垃圾处理的问题上，全球都在呼吁三R行动，三"R"政策。就是Reduce（减少垃圾总量，即减少浪费），Reuse（再利用，一些被称为垃圾的东西，即物尽其用），Recycle（再循环利用，即回收利用）。由此来减少生活垃圾总量，减轻城市垃圾处理负担。而在日常生活中，能做到的就是将可利用的废物重新使用，将需要扔掉的垃圾分类投放。将烧菜做饭时产生的垃圾，即厨余垃圾单独投放，可以用来制造很好的有机肥料；将可回收利用的垃圾挑拣出来，有助于它们再次为社会所用，把剩下的不可回收或有害垃圾"隔离"出来，将这些真正的垃圾填埋处理，避免它们进一步危害能源、破坏环境。图3-1为日本国籍博览会的分类垃圾箱。

3.2.2 生态环保办公环境

3.2.2.1 高层办公楼的利弊

城市是人类经济高度发展的产物，城市高度集约化的特点带来了土地价值的不断攀升与建筑的高度密集。这种情况就迫使人们去寻找更加有效的建筑形式，尽最大可能来有效地利用土地、并有效提高人们工作的效率。在大城市的CBD（中央商务区）这种城市经济中心地带，高层办公楼是维系高效商务活动的有效手段。不仅如此，高层建筑由于它在视

图 3-1　2005 年日本国籍博览会（爱地球博）的分类垃圾箱

（来源：www.plet.aichi.jp/kanko/expo/）

觉上的震撼力，使得更多的著名公司和机构愿意进驻，借此显示自己的形象和实力。

高层建筑是 19 世纪在西方诞生的，最初集中在美国芝加哥、纽约等城市，随后在发达国家的大城市都有一定的发展。但是在 20 世纪后半叶，随着亚洲经济的起飞，高层建筑在中国香港、新加坡等亚洲城市也得到了快速的发展。改革开放后，高层建筑在中国也得到了迅猛的发展。我国目前只有 13 亿多 hm^2（公顷）耕地，占世界耕地人均值的 47%，也就是我国拥有地球上 25% 的人口，却只拥有世界 7% 的耕地。客观地说，高层建筑在我国的确有适度发展的必要。但是，雨后春笋般出现的高层办公楼，在带来了繁荣的同时，也让人们逐渐尝到了苦果。

（1）造价比较高

与一般多层建筑不同，高层建筑要花更多的钱用来解决克服地心引力、风力和地震力的问题。建筑越高，就越需要高强度的材料和更有效的结构形式来支撑其结构，也需要更深的基础来支撑大厦的荷载，抵抗风力和地震力。这些措施都无疑增加了土建工程的造价。

（2）对生态环境有负面影响

高层建筑往往以群体方式出现。密集的高层建筑也就意味着人的高度集中，这些密集的人是需要消耗暖气、空调、照明、电梯、电脑及各种仪器等资源。人的集中带来了交通的更加集中，这一切都造成城市的中心区温度升高，产生了热岛效应。这不仅降低了城市的环境质量，还会因此而增加建筑空调的负荷，从而消耗更多的能源，进而影响生态环境的平衡。

（3）对城市景观造成不协调影响

高层建筑本身为城市创造了新的景观，尤其对于一个新兴的城市来说，它是塑造城市形象的重要元素。但是，在历史比较悠久的城市，大多数建筑都不太高，建筑材料也都是用石材、木材、砖瓦等天然材料或比较接近天然的材料建造的，建筑形象与自然的关系比较密切，建筑尺度也比较亲切。而现代的高层建筑大都采用抛光石材、光亮玻璃和金属等建筑材料来建造其表皮，建筑形象抽象、色彩、浓烈、尺度和体量庞大。这些都给城市的视觉环境带来了巨大的冲击。高层建筑对传统建筑较多的古老城市的景观会带来非常不协调的因素。

（4）安全隐患较大

高层建筑相对多层建筑，其防火问题非常突出，原因是高层建筑一旦失火，其扑救和逃生都很困难。所以一旦失火没有得到及时控制，其火灾带来的危险和损失是非常惨重的。为了增加防火的性能，高层建筑在消防设施上必须提高要求，增加投入，这也是高层建筑造价高的另一个原因。

（5）不利于人们的健康

高层建筑使人们远离地面，大大减少了人们与自然接触的机会。每天忙碌的人们来到办公室以后，周围的一切都是人工制造的环境，长时间处在这种环境中，无论是生理状况还是心理状况都会受到极坏的影响。

3.2.2.2 高层建筑外围护结构

（1）玻璃幕墙

随着建筑技术的进步，玻璃和窗洞的尺寸变得越来越大，逐渐演变出通长的带型窗，最后，干脆用玻璃作为外墙，于是出现了玻璃幕墙。玻璃幕墙是指由支承结构体系与玻璃组成的、可相对主体结构有一定位移能力、不分担主体结构所受作用的建筑外围护结构或装饰结构，墙体有单层和双层玻璃两种。玻璃幕墙是一种美观新颖的建筑墙体装饰方法，是现代主义高层建筑时代的显著特征。玻璃幕墙能够在建筑中最大限度地利用自然光线，也为建筑提供了更为开阔的视野，使人们在室内最充分地感受室外的环境。此外，自然光线的利用也节省了人工照明带来的能耗。

在高层建筑中，玻璃作为外墙材料具有其他材料所不具备的优点。随着楼座高度的增加，风力和地震力会越来越突出，墙体材料的可靠程度越来越重要，玻璃具有非常丰富的外观效果，可以加工成透明、不透明或半透明；可以有各种各样的色彩，还可以加工成特殊的形状，从而给建筑提供了更多的表现形式，也极大地丰富了城市的活力，给城市带来了全新的面貌。另外，在所有外墙体系中，玻璃幕墙是最容易清洁的，其耐久性能也很出色。

光亮的幕墙表面除了给建筑和城市带来了活力，也带来了光污染的问题。这表现在过多的高亮度反射给人带来视觉疲劳，还会干扰汽车司机的视线，造成安全隐患。另外，与实体墙比较，玻璃的传热系数较高，也就是说它传热的速度快，因而在冬季会将大量的热散失掉，而在夏季又将室外大量的热能传导到室内。为了维持室内的温度，必须加大暖气或空调的供应量，从而耗费更多的能源。显然，玻璃的面积越大，热损失也越大。另外，玻璃幕墙对生态有负面影响，2013年据鸟类保护志愿者组织 FLAP 统计，仅在多伦多一地，每年就有一百万到九百万的候鸟死于这些玻璃幕墙。

一种新型的玻璃，"低辐射玻璃"出现了。这种玻璃的特点是采用了一种新型的镀膜，它阻挡红外线的能力也比以前的热反射玻璃大大增强，不仅可以更有效地阻止室内热量向室外散失，也可以更有效地在夏季用来阻挡室外热量的进入。而它还有一个特点就是基本不阻挡可见光，从而大大减少了玻璃的反射率。因此在减少光污染方面使玻璃幕墙得到了改善。

呼吸式玻璃幕墙，或者叫双层玻璃幕墙，这种幕墙是两道玻璃墙体组成的。这种幕墙有很多种形式，但其基本原理是利用两层玻璃之间的空腔来组织气流的流动，从而形成更有效的隔热间层。在夏季，玻璃夹层中的空气被晒热，逐渐上升，最后被排入室外，从而保证室内的空气不会过热。在冬季，玻璃夹层一方面可以形成室内外的一个缓冲层，另一方面可以把逐渐升温的空气送入循环系统，以再次利用热量，从而达到进一步节能的效果。在空气间层里还可以安装遮阳百叶等设施，从而在阳光过强时更有效地阻挡直射光。在呼吸式玻璃幕墙的室内，其舒适度有了大幅度的提高。

（2）石材

相对玻璃幕墙，石材幕墙具有许多优点，与玻璃幕墙相比，石材有较好的保温隔热性能；石材是天然材料，其外观质感和色彩比较柔和、自然，也很丰富，它往往带给人们一种亲切、厚重、沉稳的感觉，也非常富有表现力。但是，石材越来越显现出它作为外墙材料的缺点，这主要表现在以下几个方面：

1）石材的自重大。玻璃和石材的密度虽然差别不大，石材比玻璃略大一些，但是由于石材是天然材料，质地不能保证均匀，而且不易加工成玻璃板那样薄，因此，石材幕墙的自重要比玻璃幕墙大得多。这样不仅要消耗更多的龙骨等支撑悬挂材料，也给整个楼体带来更大的荷载，不利于抗震。这一缺点，随着楼的高度增加会更加明显。

2）石材不像玻璃那样可以便利地回收利用。石材在使用数十年或更长时期后就会开始有不同程度的风化，当建筑的寿命到期时，其石材饰面的表面往往也已经开始出现斑驳的蚀痕，强度也有所下降，差不多也该"寿终正寝"了，若想再利用这些石材，将会遇到强度不够或尺寸不易与新用途相匹配等问题，由于石材比玻璃重，新裁割或回炉要困难得多。因此，石材这种不可再生资源的使用是需要控制的，大量的使用会加速地球资源的枯竭，也会加速生态环境的破坏。

3）石材在保温隔热方面的优势，随着新型保温隔热材料的应用，已经越来越不明显了。因为要达到高效的外围护结构，必须使用聚苯乙烯等高效保温隔热材料。而一旦使用了这些材料，其外饰面是玻璃还是石材已经不是决定性因素了。

（3）其他新材料

实际上，除了玻璃和石材，目前在外墙体系中还有许多其他新材料，其中很大的一个家族是金属材料，包括铝板、锌板、铜板、不锈钢、钛合金等等。这些金属材料大多数具有自重轻、强度大、耐久性强、便于再利用等优点，因此，在工程中得到越来越多的使用。此外还有陶土板、陶瓷板、合成材料板等。从发展的趋势来看，建筑外墙会越来越重视绿色的方向，除了减小自重、增加强度和耐久性等方面，还会更加注意减小生产过程中的能耗，增加循环使用的可能性等可持续性要求。

3.2.2.3 开敞式办公与高度适当的空间

传统的封闭式办公有益于工作人员专心研究，但是具有工作上联系不便、监督管理不便、增加建材消耗、降低空间使用效率、减少共享资源的机会等缺点。采用敞开式办公，有利于相互接触、有利于监督管理、有利于提高工作效率，更重要的是敞开式办公使办公空间变大、采光和通风的条件有所改善、空气的流动性加强。当然，敞开式办公，由于空间没有分隔，员工来回走动和讨论会影响其他人专心工作，觉得不够放松，由于敞开式办公在很多情况下比较适合现代企业的管理模式，因此很多办公楼还是希望采用这种方式。所以能否通过一定的技术手段和相应的设计解决其缺点是这些公司和建筑设计工作者关心的问题。

在高度适当的空间里，人们会感到很舒适，当房间高度增加后，外墙的窗户也可以增大,这样就可以引入更多的自然光。高大的空间里,每个人占有的空气体积增大,自然就能获得更多的新鲜空气。因此,房间也不可能过高。适当地控制房间高度,可以节省墙体的材料,更重要的是可以节省供暖和空调的能耗。因为每多加热或制冷 1m³ 的空气,就要多消耗能量。空调在很大程度上是靠空气循环来达到节能目的的,但是空气经过不断循环,其中的氧气含量会逐渐下降,二氧化碳含量会不断增加。因此必须不断补充一些新鲜空气,才能达到人们对健康的需求。在健康舒适与节能之间必须找到一个平衡点,两者不能偏废,房间应该保持一个适当的高度。根据目前的技术水平以及对健康标准的基本要求,办公楼的室内净高控制在 2.6m～2.8m 是比较适宜的。对于平面尺寸较小的房间来说,可以向低的方向靠近;对于平面尺寸较大的房间,比如开敞式的办公室来说,就需要向高的方向靠近。

3.2.2.4　自然通风与自然采光

增大玻璃面积,是为了充分利用自然光采光和提高室内温度;在玻璃上镀膜,是为了减小热损失并减小直射光对眼睛的刺激;增加遮阳构件和遮阳百叶,是为了减少夏季进入室内的热量和进一步减小直射光对眼睛的刺激;而中空玻璃和呼吸式幕墙则是为了更好地改善玻璃的保温隔热性能。特别是呼吸式幕墙,已经和供暖、通风和空调系统联系在一起。这些是为了创造出一个更加舒适、健康而且是绿色的室内环境。其实,通风和空调节能最大的瓶颈就是加热或冷却新风的能耗。因为,要想提高舒适度,就必须换气,为室内提供充分的新鲜空气。我们在讨论房间高度时已经谈到,加热或冷却的空气量越大,能耗就越高,如果能将换气时排风的冷热能量回收利用,就会降低能耗,同时保证空气的健康标准。热回收设备由于初期投资成本较大,至今使用还不多。但是,如果对空气标准的保障成为我们工作的目标后,加上对节能的要求进一步提高,热回收技术将得到广泛的使用,成本也会降低,节能与健康的矛盾也就缓解了。

当能源问题、环境生态问题以及健康问题开始困扰人们的时候,人们发现,这种困扰源于过分依靠人工照明。人工照明消耗了大量本没必要花费的用煤、石油等能源,减少了人们对自然光线的接触,造成对人身心健康的损害。人是离不开太阳光的,太阳光是最健康、质量最好的光源,长期在人工光环境里工作,是违背人的天然属性的。人工照明的显色性也始终不可能达到阳光的标准。尽管人们在人工光源的研究上取得了很大的进步,但是它始终不能完全与天然光线相媲美。需要高显色性的工作,是不能依靠人工光来完成的。目前,在绿色的办公楼里,又开始提倡使用天然光。

3.2.2.5　吊顶与地板

现在,似乎所有的办公室都装上了吊顶。其中最主要的原因,是因为办公室的上空有了空调和更多的设备以及它们的管线,出于卫生和视觉的要求,于是用吊顶来遮掩。如果一座办公楼所有的房间都装上吊顶,那么它的面积几乎与大楼的面积相当。为了制作这些吊顶,显然要花费很多材料。如果取消了吊顶,这些材料则全可以省去了。吊顶板以及悬挂吊顶的龙骨本身要占据一定的空间。更主要的是,吊顶的高度取决于吊顶内最低的设备,这样,为了遮掩最低的设备或管线,吊顶也往往会很低。由于所有的设备和管线都暴露在外面,当发生故障的时候,不仅便于查找原因,还非常便于检修。当然,这种暴露式的顶棚在设计上难度比较大,再加上施工要求也比较高,所以在所有的建筑中推广是不太可能的,而且有些建筑在设计上有特定的功能要求,也不能取消吊顶。

办公室选择地砖、木地板或地毯，各有利弊。地砖比较容易清洁，价格也比较适中，但是舒适感较差，生产过程需要高温烧制，属于高耗能产品，材料的循环使用也不具备优势。木地板舒适感强，观感也很亲切、自然，但其清洁和保养比较麻烦，耐久性也不够好，特别不适于使用在转椅的办公室。而且，木地板使用过多会对森林资源造成破坏，从而影响生态环境。在欧美等国家的写字楼里，比较偏爱铺地毯，地毯的优点有几个方面。首先，它非常有助于提供安静的办公环境，这一点对于办公室非常重要，因为噪声对人的工作效率有很大的影响；第二是其脚感非常舒适，在目前所有铺地材料里，地毯算得上是最舒适的材料；第三是色彩丰富而柔和。地毯发挥了它是纺织品的特点，可以织出各种纹理、图案和色彩。而且，由于织物的特殊质感，给人视觉上很多不同感受；第四是可结合架空地板实现地板灵活接驳电气末端。用在办公楼的地毯，除了整张式的大块地毯外，还有像地砖一样的拼块地毯。但是，地毯也有不少缺点：清洁和保养很麻烦，容易积淀灰尘、滋生细菌，加上价格也比较昂贵，因此在我国的应用还不够广泛。现在，还有许多用合成材料制成的地板，例如PVC、石地板以及亚麻地板等。其中比较环保的当属亚麻地板，因为它取自天然材料，再经特殊工艺制成，它的原料、制作过程以及使用后都不会对环境造成危害，是一种值得发展的地板材料。

3.2.2.6 "空中花园"和"屋顶花园"

所谓"空中花园"，就是在办公楼内留出一定的空间，占若干层（一般常见的4层以上）的高度，并紧邻外墙，墙体大多数做成大面积的落地玻璃，在这个空间里种植一些植物，放置一些座椅，形成一个具有自然气息的空间。"空中花园"还具有一定的节能作用，是一个过渡空间，它的存在使得办公室与室外有了一个缓冲空间。在这个缓冲空间里，空调的温度不用达到办公室的舒适级，而且空调的调节部位主要集中在人的高度，因而节省了空调负荷。另外，由于引入了绿色植物，在改善空气质量方面也会起到一定的作用。

还有一个在城市办公楼里增加自然环境的办法就是屋顶花园。它与空中花园的主要区别在于它不仅设在屋顶，而且是露天的。实际上，它从形态上更加接近自然。屋顶花园不仅为办公楼本身增添了绿化，也为城市景观和降低热岛效应做出贡献。另外，由于屋顶要种植植物，屋顶的覆土起到了很好的保温隔热作用，是节能的一项好措施。屋顶绿化对雨水也具有一定的拦洪和净化作用，是雨水利用常见的有效方式之一。

3.3 可持续室外环境设计

3.3.1 生态绿网设计

3.3.1.1 生态绿网

生态绿网是指由公园、绿地、溪流、池沼、树林、庭园、绿篱等绿地区域，所串联组成的生态绿地系统。生态绿地网络可减少人为干扰与天敌伤害，使多样化生物得以安全地移动和迁徙，并能充分觅食、筑巢、求偶、繁殖，进而促成生物遗传基因的充分交流，实现物种更新强化的目的。

生态绿网就像绿地生态的项链一样，可以提升整体绿地系统的生态价值。"生态绿网"最重要的基础是确保充足的绿地总面积，如果绿地面积不足，则很难形成良好的生态绿网。很多生态学家经研究发现，都市环境在绿覆率20%以上时，野生鸟类的数量才有明显增加的趋势，同时当都市保有1/3~1/4左右的绿地时，才能保有良好的雨水涵养与气温调节的功能。除了确保充足的绿地总面积之外，生态绿网必须兼顾绿地的连贯性，尤其应维持生物在绿地之间迁移与觅食的安全，以形成动物交流的无障碍通道。

进行生态绿网设计之前，最好能针对周围的生物栖息地进行生态调查，以正确掌握动植物实态，进而规划出畅通的生态绿网系统。对于在生态敏感区的大基地开发案，其生态调查通常必须考虑季节性因素，尤其为了掌握动物生育期、高活动期的实况，每年需有2~4次的调查。然而，生态调查并非故弄玄虚去进行毫无实用目的的生物基础研究，它只是在周围生态条件良好的情况下才值得进行，如果周围尽是人工开发的土地，则只要注意到周围公园绿地的连贯功能即可。

3.3.1.2 建构生态绿网

生态绿网的建构，尤其要注意周边生态绿带的连贯性，像校园、工业区、游乐区、大社区的基地边界，是确保生态条件很有潜力的地方。其原因在于基地边界常需要一点绿篱，以作为隔离污染、噪声、入侵之用，假如能好好改善边界绿带的生态质量，可以作为良好生态绿网系统的一环。生态绿篱最好是使用全面植栽化的围篱，假如要采用部分阻绝性的人工构造围篱，也要尽量采用铁网、钢架、木桩、竹条等透空性良好的围篱。如果采用坚实密闭的水泥围墙，可能造成陆行小哺乳类、两栖类或爬虫类的穿越障碍，因而减弱了生物多样化的基础。透空性良好的植物绿篱，不但对小动物的栖息、移动、觅食、交流有所帮助，对景观美化也有很大的贡献。除了基地边界绿带之外，大基地内部的绿网建构也是重要的，其方法就是利用区内足以绿化的元素来串连绿网，亦即利用小区边界隔离绿带、区内公共绿地、车道树林带、人行道绿带，以及各住宅地内庭园来形成生态绿网。即使在比邻而居的小区住宅地之间，也可规划成一连串的小绿网系统。

3.3.1.3 社区生态绿网设计实例

日本港北新市镇开发案例。整个社区以较大的绿块及绿带串连成绿网主轴，再利用社区内，如微血管状分布的小型邻里公园及行道树小绿带，形成均匀分布的生态绿网。又如以1万人为规划目标的日本京都桂坂社区（图3-2），以环形一周的林荫大道与格子状绿道来形成绿网系统规划。由于山坡上鸟兽昆虫的移动路径，大多垂直于山坡等高线方向，因此本社区主要的林荫绿道乃规划成垂直方向，以利生物的交流。小区主轴绿带更串连了社区上方的野鸟公园、区内的古坟公园与社区公园，形成一个大型绿色生物移动主轴。此外，它以六条垂直方向的人行与自行车绿道，连结了均匀分布于区内的儿童公园绿块。绿道上采用乔木灌木混种的立体植生设计，使动物的移动获得良好的隐蔽，对生物交流提供了良好的生态基盘。

3.3.2 小生物栖地设计

假如生态绿网是绿地生态的项链，那么小生物栖地则是这项链上的宝石，也是生态密度较高的节点。绿色建筑的小生物栖地是泛指生态金字塔最基层的小生物生活基盘。

图 3-2 日本京都府桂坂社区绿道（竹林与灌木混种为小动物提供了生态生存环境）
（来源：京都府桂坂景观街道协议会《2013 年桂坂景观街道规划》）

3.3.2.1 水域生物栖地

水域生物栖地是最值得珍惜的生物栖地，因为水域环境是万物汇集交流最丰富的地方，鱼虾类、两栖类、爬虫类、甲虫类、昆虫类动物聚居在此，水生植物与灌木乔木丛生于此，鸟类来此猎捕鱼虾，陆行动物到此饮水。近代的水域环境建设常无生态考虑，常以水泥将水体团团包围，以水泥将水域底部打平，以水泥将水岸砌成高差。为了营造水域的多孔隙空间，可在水底丢一些陶管、乱石或水泥孔块。水岸边缘应该尽量保有乔木、灌木林带以创造多样化气候，并在夏日降低水域温度，以提供两栖类爬虫类动物的繁殖地。岸边水域可多种水生植物，以利两栖类动物栖息，同时可吸收水中的营养盐，以防优氧化现象破坏水质。假如要做亲水设施，也尽量能局限于水岸一隅，以减少生态破坏。在基地内设置湿地水域，最有助于生物多样化环境，其中开辟生态水池是最有效的方法。生态水池最好利用基地内低洼潮湿之地，其水岸尽量做成自然护岸，水面最好要有活水进出，假如没有活水，以马达抽水让其循环也可以。池底一部分可做成水深 20～30cm 的大面积湿性草地，其他部分可作成较大的开放水面，水深 40～80cm 不等，池中混种浮叶水生植物及挺水植物，水岸边主要种植落叶乔木，局部配以常绿乔木。较小型的生态水池设计，其池底常先以压实的砂层打底，上铺防水层以防漏水，有时以良好的黏土层 20～30cm 打底，再铺上一般田地肥土即可。假如担心防水层受破坏，可在防水层上打上一层 PC 保护层后再打上黏土层。

3.3.2.2 绿块生物栖地

绿块生物栖地是指在一块被隔离的绿地内，创造适于鸟类、昆虫栖息的高生态质量生物栖地。它通常是利用较少人为干扰的绿地（如边坡、谷地、围墙角隅区）来设置，有时还可用人造围篱将绿地隔离成较彻底的生物栖地。以绿地生态特性而言，这种绿块生物栖地可分为"混合密林"与"杂生灌木草原"两种形式来设计。"混合密林"可提供鸟类及动物筑巢、睡眠、繁殖的隐蔽屏障，对野生鸟类生态环境有莫大帮助。混合密林应仿照天然林的复层绿化来设立，并混种荆棘植物于密林区的四周，让人畜少接近而减少干扰，同时可任由落叶树枝飘落满地，进而腐化为沃土。混合密林很适合作为基地外围绿带的设计，既可当自然围篱，亦可保护区内之宁静。

"杂草灌木草原"就是当地原生杂草、野花、小灌木丛生的自然绿地。这种绿地每年只要剪草一两次并拔除高灌木即可，任其自生演替，不必施肥与灌溉，是自然且不浪费人工的自然绿地。它是草原性昆虫及陆行小鸟兽的栖地，甜子草、象草、狗尾草、蒲公英、含羞草、马樱丹等杂草灌木在此沓杂而生，蜈蚣、蚱蜢、螳螂、臭虫、金龟子、蜜蜂、蟋蟀等草原性昆虫大量栖息于此，草原空中常有蜻蜓盘旋点缀，鸟雀喜欢来采收丰富的草籽并找寻虫虫，猫与狗也喜欢在草中兴奋地追逐田鼠、竹鸡。

3.3.2.3 多孔隙生物栖地

多孔隙生物栖地是提供小生物藏身、觅食、筑巢、繁殖的小生物世界，像一些充满多孔隙空间的生态边坡、围墙或透空绿篱，或是以枯木、薪材、乱石、瓦砾、空心砖堆置而成的生态小丘。尤其对于边坡、护壁、挡土墙、围墙等边界环境生态化设计，足以创造多孔隙的小生物栖地。这些边界环境，例如围墙、挡土边坡，可采用多孔隙的乱石、空心砖、砖瓦、木块来干砌，或以混凝土预铸单元透空交叉叠砌，好让花草、昆虫、苔藓、爬藤多些攀附生存的空间。此外，可以在绿地内以多孔隙材料塑造多样化气候环境，以形成多样化、高密度的生物栖息环境，创造所谓的"浓缩自然"。最简单创造"浓缩自然"的方法，是在绿地环境中堆置枯木、薪材、竹筒、乱石、瓦砾、空心砖的小丘，以容纳多样化的小生物栖息。这种多样化微气候条件下的多孔隙空间，最适合苔藓、地衣、菇菌、爬藤植物附着，也适于蜈蚣、蜥蜴、蟾蜍、蜘蛛、甲虫等小生物栖息。许多鸟类尤其偏爱在枯木内筑巢，许多藤类及兰花也喜欢寄生在阴湿多孔的枯树上成长。这些看似杂乱的废弃场，却是千变万化小生物共生的集合住宅。

当然还有很多创造"浓缩自然"的方法，例如我们可以建造草寮、编竹泥墙、堆放竹节，以引来野蜂筑巢，也可以用泥巴塑造多孔洞的泥土丘，以作为蝙蝠洞，也可在树丛上吊挂人工鸟巢，或在草坡上以空心砖、乱石营造洞穴，以作为蟾蜍蜥蜴藏身处。我们应该善用地理、水文、植生等条件，在不干扰人类生活与生命安全的条件下进行生物栖地设计，尤其要善用低地、坡地、畸零地、边坡围墙作为多孔隙生物栖地之规划，就能创造出充满生命活力的"浓缩自然"。

3.3.2.4 植物多样性设计

植物多样性的重点在于营造物种、生态系的多样性环境，以创造绿地的生命活力。过去我们的绿地设计常不知生物多样性的优点，常以人类的偏颇美学与喜恶禁忌，来挑选一些易于整理、成长迅速、不长刺、不结果、树形整齐的时髦树种，或喜欢种植一些黑板树、南洋杉、龙柏、小叶榄仁等少数外来明星树种，或喜欢种植大面积的观赏用草花花园与韩国草坪，因而扼杀了生物多样性环境。"少物种大量栽培"的景观环境，一旦发生病虫害或异常气候时，植物就会变得毫无抵抗能力，甚至导致全体死亡。"植物多样性设计"的目的如下：

（1）歧异度设计

关于"植物歧异度设计"，中国台湾的绿色建筑评估系统的重点在于鼓励多样而均匀分布的植栽设计。以两公顷以上的基地而言，通常最低的乔木种类应在 20 种以上、最低的灌木种类应在 15 种以上，较符合植物多样化的最低理想。因气候丰富度之差异，这种"植物歧异度"通常在热带、亚热带应有较高的要求，而在寒带的要求水准则较低。最近，中国台湾房地产业已有一些对于歧异度设计有所用心的案例，例如高雄"花园"住宅大楼，即仿效热带丘陵地生态来设计中庭景观，其中采用了多孔隙的乱石砌花台、多样化的原生草花、蔓藤、灌乔木，以及迂回曲折的溪涧湿地，令人有沐浴于山林的感觉。由于该中庭采用自然杂生混种设计，草木可任其自然竞争而平衡生长，落叶可任其腐烂作为土壤肥料，因此，不必花费大量人力来修剪维护，可说是既自然又省钱省事的生态设计。

（2）原生或诱鸟诱蝶植物绿化

从生态的观点来看，原生植物是非常珍贵的，因为它拥有最珍贵的遗传基因宝库。原生植物千百年来随着土地一起演化，不仅适合于当地自然条件，而且与当地生物，大至走兽、小至土壤中有机微生物，形成繁复的生物链共生关系。另一方面，在公园绿地设计中，由于本土植物太便宜、无利可图、少人栽培，而被排除于设计外，使植栽几乎被更换成昂贵的外来树种，进而危及原生生物的生存。

"诱鸟诱蝶植物"也是"植物多样性设计"之一。生物多样性设计应该能提供生物充足的觅食环境，进而才能引诱更多样的生物栖息。许多机关的绿地设计中，常因为清洁管理之便，排斥果树及蜜源植物，而以少数的观叶植物来充塞绿地，尤其是昆虫食物源的野花野草，多被割草机清理一空，或被草坪所霸占，使得鸟类无果实可食、昆虫无节丛产卵、蝶类无花蜜可采、幼虫无草叶果腹，进而造成生态环境弱化。因此，我们应在绿地系统内，减少人工草坪，广植食草植物、蜜源植物等诱鸟诱蝶植物，才能增加多样化生物环境的基盘。

（3）复层绿化

"复层绿化"的目的在于建立稳定的植群社会，塑造自我调适的生态系，使绿地具有更高的涵养水源、净化空气、调节气候及提供生物栖地等功能。其具体的做法就是采用不同树种、不同高低乔木、灌木、草花、蔓藤混种的园艺，任由树木枝条形态自由杂生成长，只作最少的修剪管理。复层绿化必须同时兼顾"物种多样性绿化"的特性，不但要力求乔木的多样化，其他如灌木、蔓藤、花草、地被植物的多样化也是很重要的。复层绿化是模仿天然林的生态，亦即以多层次、多物种的林相构成，在常绿林中混有落叶林，在落叶林中混有常绿林，由高乔木、亚乔木、灌木、草丛、地衣植物、落叶层等构成多样化环境，让某些生物可生活于树冠，有些可筑巢于枝干部，有些则游走于灌木间。

成熟的复层绿地，只要实施疏伐、修枝、剪定即可，是最节省维护费用的绿地形式。这种园艺有时看来荒芜而杂乱无章，但却是生物最喜欢的栖息环境。目前最先进的都市生态景观设计，大至公园、路边行道绿带，小至私人庭院，均不采用这种生态绿化的园艺。今后为了落实生物多样化原则，我们一定要改变过去不生态的景观美学，学习去欣赏杂乱无章的生态绿地才行。

3.3.2.5 土壤生态设计

（1）表土保护

表土保护是保护土壤内微小生物的分解功能，以提供万物生长的养分。表土是由枯树、落叶、动物尸体经微生物分解后形成的土壤。形成1cm的表土约需100～400年的岁月，一股30～50cm厚的自然表土，至少经历了三千至两万年。没有生命的无机土壤与被污染的土壤，是无助于植物成长的，唯有表土才含有孕育植物之充足水分与养分，才是构成生态系最重要的基盘。哺乳类、鸟类、爬虫类、两栖类或是昆虫，均需依靠绿色植物所创造的营养而生存，而所有绿色植物必需依附于表土，因此表土几乎可说是生物之母。

表土保护的方法，首先要有表土的利用设计，必先规划有表土堆积场以及表土回填土方平衡计算。在工程施工之前，所有表土必须先移至堆积场集中保护，待完工前再移入公园绿地区域作为植栽地面的覆盖表土。同时为了让被保护的表土免于干燥风化而伤害土壤微生物的生存，堆置表土必须要有养护规范。由于都市计划区内大部分基地的表土已丧失殆尽，因此，表土保护仅适用于生态条件良好的山坡地、农地、林地、保育地之基地新开发案。

（2）有机园艺

有机园艺是要全面禁用农药、化肥、杀虫剂、除草剂等化学药剂，以免破坏土壤中生物的存活空间。土壤中的细菌、真菌、微生物、小蜘蛛、马陆、蜈蚣、拟蝎子、跳虫、小甲虫等，每一种生物都扮演草食者、掠食者或是清道夫的角色，将动植物的废屑不断转换成土壤的养分。例如蚯蚓的排泄物可提供比一般土壤多上1000倍催化腐烂的细菌、5倍多的氮含量、7倍多的磷以及11倍多的钾，远比人类制造的化学肥料更具养分。人类使用农药、化肥、除草剂来整理园艺，简直就是对于土壤基础生物之大屠杀，因此"有机园艺"必须全面禁用农药、化肥、杀虫剂、除草剂等毒药，甚至鼓励使用辛香酸辣植物混种，以避虫害；使用醋酸柑橘类溶剂作为除虫剂；使用堆肥、有机肥料来作为绿地栽培之养分。

（3）厨余堆肥

厨余堆肥处理，通常在有学校餐厅或有营养午餐的学校中进行，也有在集合住宅小区中有成功的案例。然而，"厨余堆肥"必须严格注意公共卫生的事宜，过去有些采用简易厨余干燥处理机的方式，常产生有碍公共卫生与环境污染之后遗症。"厨余堆肥"必须要求高温杀菌、完全发酵处理方式，才可能确保安全无虞的有机肥料。

（4）落叶堆肥

落叶堆肥处理，是取自基地内植物落叶，经堆放、绞碎、覆土、通气、添撒发酵剂（石灰或氮）、定期翻堆浇水等处理后而成为堆肥方法，对"土壤生态"有很大帮助。由于堆肥腐熟所需时间从三个月到六个月不等，同时必须反复翻堆浇水工作，因此常需要专业知识与长期人力来维护，方能顺利进行。

3.3.3 生物共生建筑设计

生物多样性环境设计并不是在积极面上提供生物栖地设计，而只是消极地减少生物生存的障碍，即对于生物的移动、栖息、交流提供一些相对无障碍、友善的环境设计。

3.3.3.1 防止生物光害

"生物光害防治"，是指预防夜间户外照明对生物的伤害，例如昆虫被猎食、鸟类安眠被干扰、动物被引入车祸、向趋光性动物被错误引导等。几乎所有带光亮的人造物，包括照亮的通信塔、建筑物、玻璃窗等，都可能造成鸟儿的死伤。像照亮的华盛顿纪念碑、埃菲尔铁塔、灯塔、风车、塔式烟囱、电信塔，很可能在一个晚上杀死上千上万只鸟；海鸟有时也会拼命地冲撞灯塔、海上钻油照明以及诱鱼的渔船强光灯。地球上有许多夜行动物，例如蝙蝠、有袋动物，以及大部分的小型肉食动物、啮齿动物等，其生存权利已受到夜间光害的严重创伤。来自人类的人造光害，不但扰乱了夜间迁徙动物的星相导航系统，也引诱大量趋光性生物迈入死亡陷阱。

夜间照明光害不但伤了动植物，也严重伤害人类自身的健康。有科学报道指出，夜间照明会影响女性雌激素的水准,增加乳腺癌发生的概率,同时人造光会抑制一些具有减少肿瘤功能的褪黑激素成长,因而造成儿童白血病罹患率的增加。此外,夜间照明光害也造成严重的能源浪费,增加大气污染。国际暗空协会 IDA,推测美国照明的 1/3 都是浪费掉的,相当于每年浪费 300 万加仑的石油与 190 万加仑的煤炭,即每年浪费 10 亿美元,而且这种浪费在大多数国家都存在。

户外光害的防治方法,一是减少不必要的照明光源;二是对飞行安全照明,要尽量选择对鸟类生物友善的红光;三是户外慎选遮光良好的照明灯具,将照明光限制于受照目标面,尤其是路灯则尽量选择。

3.3.3.2 远离危险

城市与建筑选址的一个重要条件就是要远离危险,包括自然灾害与生物物种的侵袭、周围环境的影响以及外来军事的威胁。生态地产的外部环境,如地震、洪水、泥石流、山体滑坡等自然灾害会对建筑物及建筑场地造成毁灭性破坏。近年来科学家研究发现,氡、电磁波等对人类的健康也会产生危害。存在于土壤和石材中的氡是无色无味致癌物质,会对人体产生极大伤害。另外,电磁辐射的电磁波的热效应,会导致神经衰弱、白细胞减少等病变。电磁波的非热效应,会使人出现如心率、血压等生理改变和失眠、健忘等生理反应,对孕妇及胎儿的影响较大,后果严重者可以导致胎儿畸形或者流产。电磁辐射无色无味无形,可以穿透包括人体在内的多种物质,人体如果长期暴露在超过安全允许的辐射剂量下,细胞就会被大面积杀伤或杀死,并产生多种病变。

能制造电磁辐射污染的污染源很多,如广播发射塔、雷达站、通信发射台、变电站、高压电线等。此外,如油库、燃气站、有毒质车间等均有发生火灾、爆炸和毒气泄漏的可能。为此,生态建筑的选址必须符合国家相关的安全规定。建设项目场地周围不应存在污染物排放超标的污染源,包括油烟未达标排放的厨房、车库、超标排放的燃煤锅炉房、垃圾站、垃圾处理场及其他工业项目等,否则会污染场地范围内的大气环境,影响人们的室内外工作生活,与生态建筑理念相违背。在规划设计时应采取有效措施避免超标,同时还应该根据建设项目性质合理布局或利用绿化等进行隔离。

3.3.3.3 亲近自然

人类与自然界有着紧密的关系,自然界的一草一木都伴随着人类历史的发展,可以说从远古时代的适应自然,逐渐认识自然、利用自然,到如今改造自然、保护自然。人类与自然有着千丝万缕的联系,人们普遍对自然拥有深厚的感情,喜欢了解自然界的神奇,探索自然界的奥秘。

如果从生态学角度出发,人类本身就是自然界的一分子,是生态平衡系统中生物链的一个组成部分。人类最初就是生活在大自然中,逐渐适应了自然的变化。慢慢地人们开始远离纯粹的自然,建造聚居地直至城市,但这还是改变不了人们对自然的眷恋和亲近自然的愿望,于是人们开始将自然搬进自己的家中,如各种盆栽的花草植物,住宅旁边的果园、菜园等,后来又将自然引入城市,利用造园的手法建造的城市绿地和公园。

在国外,人们对自然景观更是重视,澳大利亚西北部沿海的大堡礁、新西兰的百年古树红树林等都被政府立法进行保护,这些自然景观现在不仅仅是自然界的一部分,而且成为人们休闲旅游、亲近自然的目的地,甚至成为人们营造园林时的模仿对象。

(1) 美国亲近自然的地产设计——自然、自由、亲切美国人把自然延伸到商业化的城市中。自然的元素，加上超乎想象的技术和能力，在景观中享受生活的阳光，充分和自然相沟通。在美国许多的大型商场和购物街中，自然完全融入其中，高大的喷泉，参差的树木，花草布满，阳光从玻璃天棚中泻下，透过斑驳的树叶落在木椅子上，水中还有水鸟游戏，变化万千的场景，如同其他商品一样，组成了人们的日常生活，是生活场景的一部分。

在纽约市林立茂密的高楼丛林对面，沿河的一片公园设计得自然而朴实，对原港区的改造后保留了一组组的金属框架，在河边设计成自由散落的一片花岗岩，错落起伏，虽然是矩形的，但毛糙的石块穿插在一些树林和草丛中，自由地布置了一些清水色的椅子和木地板。这些石块，有迭落的河驳岸，有组合的桌椅，更有随意的散落，无特定的功能，如山石的自然状态，这野趣和自然是城市生活的互补，它的朴实自然与对岸的摩天楼玻璃房一起构成了美国的城市景观。

（2）日本亲近自然的地产设计——静穆、单纯、提炼

日本的地理特征形成了它独特的自然景观与地产的结合，形成了较为单纯和凝练的风格。日本透过重重表象，挖掘和提炼了自然精髓。对自然深刻感悟，加上文化的情节，与日本神宗的空灵、清远结合，造就不同的静穆、深邃、幽怨的人工的境界，是提炼的自然。在日本经常以一方庭院山水，经过梳理精心种在石缝中和山石边的草，修剪的如同西方艺术的雕塑般的树，一小片薄薄的水面上滴水的声响，形态质感石材等组合提炼成的神化的山水。不是自然，恰似自然的景地，是日本人对名山大川的向往，是对自然的向往。而太多的人工的痕迹，也反衬出了浓缩的自然体验。纯净化的景象留下了大片思想的空白，如阴晴雨雪，花香树影等日常现象，皆可成道道风景，对自然的提炼，也使对自然景观的精心设计产生了深远的意味。

崎玉市中心榉树广场的城市森林，在架空 $7m^2$ 高的二层近方形场地内，人工移植 220 棵榉树。在城市中心造一片自然，这在世界上也是绝无仅有的。矩阵行列式布置的榉树。如同枯山水的山石与白砂，被赋予了人工唯美的物质。瀑布和雾气蒸腾的喷水的纯净，也让人体会了升华自然的特征。与美国的朴实自然、自由奔放比，这里更多的是静穆与单纯。瀑布的流水下是凹凸不平的黑色大理石，精细的不同形状尺寸的各种板材，营造出纤细平静的又泛着银光的溪流瀑布，如同枯山水理念是一脉相承的。这一切是明显人工化痕迹的，是对自然的提炼升华，以自然的形与象及似是而非，激起人的思考联想，透露出日本文化含蓄的光芒。

（3）德国亲近自然的地产设计——逻辑、简洁、理性

德国到处都是森林河流，墨绿色延绵无际。在保护和合理利用自然资源的同时，他们更尊重生态环境，地产景观设计从宏观的角度去把握规划，是景观确实体现真正的"冥想的空间"或"静思之场所"。生态主义的思想得到重视，形式被搁置一边，追求大片的绿地和高科技天人合一的生态环境，综合其他的交叉学科，结合哲学、地理学、植物学、艺术学、建筑学、规划与生态学，以一种更理性全面的思考来对待景观，而不只是过去仅以美学为出发点的评判标准。

德国的景观是综合理性化的，按各种需求、功能理性分析，按逻辑秩序进行设计。景观简约，反映出清晰的观念和思考。见解的几何线、形、体块的对比，按照既定的原则推导演绎，表现出严格的逻辑，清晰的观念：深沉、内向、静穆。自然的元素被看成几何的

片段组合，这种理性同时也透出质朴的天性，反映出来自黑森林民族对自然的热爱。德国景观中的静默和沉思，是以清晰的数理关系来表达，用抽象的几何形体来完成线条的交织转折、图案的重叠转换、矩阵的相对。穿入草坪中的巨大石墙对应……。它很少有完美的古典对称构图，如法国式的水池、花坛、喷泉、放射状的路等。它遵循的历年和关系、直接而明晰，不用太多的修饰和衬托。所以，我们看到的是不对称的简洁几何关系，一种解读自然宇宙和空间的理念，它给人更多的是静思后思考的愉悦和理性的磨炼。

3.3.4　建筑声、光、热环境

3.3.4.1　建筑声环境

（1）噪声的传播的方式

人类生活的环境里有各种声波，声音（包括噪声）由产生振动的物体即声源和能够传播声波的媒介，以及声的接收器，如人耳、传声器等三个要素形成。其中有的是人们日常生活需要的，是用来传递信息和进行社会活动的；有的是人们不需要的，是影响人们的正常工作和休息，甚至危害人体的健康的噪声。随着人类社会的发展，噪声的发生范围也越来越广，发生频率也越来越高，越来越多的地区暴露于严重的噪声污染之中。噪声正日益成为环境污染的一大公害，危害着人们的环境和人体健康。

噪声在居住空间内传播有四种方式：1）建筑外部噪声，如航空噪声、交通噪声等；2）建筑内通过空气传播的噪声，如交谈、电视、音响等产生的噪声；3）建筑内通过结构传播的噪声，如脚步声、物体坠落等产生的撞击声；4）建筑内部设备噪声，如电梯、空调设备、给水排水设备等产生的噪声。

宜人的建筑声环境包括适宜的建筑物外声环境和适宜的建筑物内声环境。建筑物外声环境受航空、交通、施工、工业和生活等噪声的影响，当建筑外部环境过于嘈杂时，就会对人正常的生活产生危害。为了使建筑外部声环境达到适宜的要求，应尽量使声音在户外传播时逐渐衰减，除了增加传播距离来衰减以外，还要依靠大气条件和一些障碍物的遮挡作用。如设置声屏障、绿化减噪等。建筑物内声环境除了受到上述建筑外噪声影响外，还受到建筑内噪声的干扰。要保证建筑物内部区域适宜的声环境，除了降低噪声源的噪声外，也可以通过提高围护结构（诸如墙、窗、门）的隔声性能（包括撞击声隔声性能和空气声隔声性能）来达到目的。

（2）声场

声源的振动以声波的形式在介质中传播，传播所涉及的区域称为声场。波动能量的传递，需要某种物质基本粒子的准弹性碰撞来实现。这种物质的成分、形状、密度、运动状态，决定了波动能量的传递方向和速度，这种对波的传播起决定作用的物质，称为这种波的介质。当声波在空气中传播时，声场中某一点的空气分子在其平衡位置沿着声波前进的方向发生前后振动，使平衡位置处空气的密度时疏时密，引起平衡位置处空气的压力相对于没有声音传播时的静压发生变化。将该点空气压强相对于静压强的差值定义为该点的声压。在连续介质中，声场中任一点的运动状态和压强变化均可用声压表示。声压是用来度量声音强弱的物理量。声音通过空气传入人耳，引起耳内鼓膜振动，刺激听觉神经，产生声音的感觉，声压越大，耳朵鼓膜受到的压力越大，感觉到的声音越强。人耳刚能听到的声压定义为听阈声压，其值为 $2 \times 10^{-5} \mathrm{Pa}$，也称基准声压；使人耳感觉疼痛的声压定义为痛阈声压，其值为20Pa，两者之间相差100万倍，一般声音介于两者之间。由于常用的声音大小相差悬殊，为了度量与记录，采用级的概念，即用声压的倍比关系的对数量来表示，单位为分贝，对于声压为P的声波，其相应的声压级。由于用分贝表示的声压级并不是一个线性标度，而是一个对数标度，所以两个声压级叠加不能简单地认为是两个声级的代数和。

（3）生态社区的声环境

1）住区应该尽量选择远离厂房、铁路、城市道路地段，这不仅是为了避开污浊的空气，也是为了远离噪声源，从根本上降低噪声对我们生活的干扰。

2）鼓励在住区里人车分离，并在地下室停车。把车停在自家的门口，这当然很方便，但是，在高密度的住区，这样不仅不利于保障行人的安全，而且会产生更多的噪声。

3）对声源采取隔噪措施。在很多情况下，城市的住宅总有一部分不得不靠近道路两边。这时就需要依靠隔噪措施来减小噪声，例如在临近住宅的道路旁安装隔噪板等。树木在隔噪方面也有很好的效果，是一道天然的声屏障。枝叶茂密的树冠，表面粗糙的树干，对噪声都有很强的吸收和消减作用。声波遇到坚硬而平整的建筑物表面，会产生强烈的反射，而再次向其他方向传递；一旦遇到森林树木，就像皮球落在松软的沙滩上，不会再弹起来。交通要道的绿化带，对降低汽车噪声具有明显的效果。而住宅楼周围的绿树可以帮助降低小区周围的噪声，为居住者提供一个安静、安全的生存空间。不过，这种办法更适用于树木常绿的南方地区。

图3-3是日本公路汽车噪声的削减装置。在公路与住宅之间设立隔声板，在隔声音板上方安装改良的圆形吸声材料，使噪声通过吸声材料时随着圆形逐步减弱。

图 3-3　日本公路汽车噪声的削减装置

（来源：http：//www.shutoko.co.jp/，日本首都高速公路株式会社）

4）加强门窗的隔噪性能。公共的隔噪设施以及树木仍然不能奏效，噪声还是无情地来到您的窗前。这时，具有高效隔声性能的门窗就成了最后一道屏障了。窗户是最薄弱的环节，因此，窗户的构造很重要，双层或多层玻璃、密实的缝隙是提高隔声性能的最有效措施。

5）减少身边的噪声源。装修要尽量让工人避开人们的休息时间，日常生活的电视、音乐的音量不要开得过大。

3.3.4.2 建筑光环境

建筑光环境是指光在人们生活空间内按照一定规律形成的空间分布。好的光环境无论在光色和亮度分布上都使人感到舒适，能够提高工作效率，节约能源；不好的光环境，可能空间亮度反差很大，不是太亮就是太暗，光色也很差，看到的物体颜色不正，生活也就不会舒适。由于建立任何一种光环境都需要消耗能源，人们在设计生态地产时，自然会特别关注光环境的节能问题。

（1）人、建筑与光

建筑需要人们用光（色）来表现。没有光这个工具，谁也不知道建筑成何形状。建筑好比一个特定的平台，光的表现要受到平台的影响，建筑窗的大小直接影响房间内自然光的多少和分布，房间的形状也直接影响灯光的分布。人们根据活动需要设计各类建筑，于是就会出现各种相应的光环境，使人在建筑中与光和谐相处。人对光环境的要求主要分数量和质量两方面，光到达接受面的光量，如工作面上是否有适宜的亮度；光的分布状况和光的组成，如光分布是否均匀，看到的被照物体色彩是否自然真实等。建立光环境的主要目的是要满足人的基本生理和心理要求。由于人的情趣爱好和生理心理特殊要求不同而提出各种各样的光环境，虽然反映了光环境的多样性和人性化，但我们更关心光环境中出现的人们共同要求的问题。

（2）天然光和人工光

到目前为止，还没有探测到除太阳以外其他星球或星系发出的光到达地球，所以天然光指的就是太阳光。只不过太阳光可以不同的形式进入人们的建筑空间。

天然光包括太阳光、太阳发射光、天空光。太阳直射光一种是太阳光通过建筑窗或其他建筑洞孔直接进入的光；太阳反射光是另一种是太阳光照到地面或其他物体反射后进入的光；天空光是太阳光经大气层或云层扩散后进入的光，正如在纬度较高的北向窗内看到天空中的光。太阳光和无线电波一样都属于电磁波，只是波长有所不同。

人工光就是人们用化学的，物理的，或其他天然能（太阳能和风能等）转换的办法制造的（灯）光。人工光的最大优点是根据建筑设计要求，在修建的或既有的建筑中可以随时调控光的数量和颜色。不像太阳光，人和建筑必须迎合他的运行规律，调整建筑设计来获得适宜的天然光。但有时白天遇到阴雨天、沙尘天或其他暗到人无法活动的天气，只能依靠人工光进行补充。目前，人工光需要消耗大量煤或石油，人工照明用电量已接近全国总发电量的15％，而发电的同时释放大量的二氧化碳和二氧化硫等有害气体，严重污染人们的生活空间。在利用清洁的天然能源发电还不能取代煤、石油的情况下，控制人工光，节约能源，保护环境显得十分重要。

（3）节能、环保和安全的光环境

在设计适宜的光环境时，人们要求节能，这很容易理解，因为过多地用光或使用效率低的照明器材需要消耗更多的电，也就是要烧掉更多的煤或其他不清洁的燃料，结果产生大量威胁地球生态的有害气体，使人们生活的空间污染加重。

另外，在人工光形成的光环境中如果大量使用质量差的电子镇流器或灯用电磁振荡器，在这样的光环境下不仅会引起视频干扰，影响视听效果，譬如干扰电视图像和广播，还会产生大量的高次谐波污染电网，光照射在生活空间物质上引起物理或化学反应而可能释放的各种有害气体。尽管人们可以通过各种标准或指标，使用各种办法建立适宜的光环境，但要求节能、环保和安全是所有人的愿望。这就使设计光环境时不仅要考虑节能，还要有环保和安全意识。

3.3.4.3 建筑热环境

热环境是指影响人体冷热感觉的环境因素，主要包括空气温度和湿度。在日常工作中，人们随着四季的变换，身体对冷和热是非常敏感的，当人们长时间处在过冷或过热的环境中时，很容易产生疾病。热环境在建筑中分为室内热环境和室外热环境，在建筑组团的规划中，除了要满足基本功能之外，良好的建筑室外热环境的创造也必须予以考虑。通常人们会利用绿化的营造来改善建筑室外热环境，但近年来，在规划设计中，设计师们越来越注意到空气流通所产生的效果更好，他们发现可以利用建筑的巧妙布局创造出一条"风道"，让室外的自然的风向和风速的调节有目的性，使规划区内的空气流通与建筑功能的要求相协调，同时也为建筑室内热环境的基本条件——自然通风创造条件。难怪人们戏称这是"流动的看不见的风景"。所以说，建筑室外热环境是建造绿色建筑的非常重要的条件。

3.4 中外生态地产案例

3.4.1 青岛中德生态园

3.4.1.1 大打"被动房"牌

"被动房"的特点和优势主要原理，是通过节能设计及优越的保温性能及气密性，综合利用建筑物可获取的所有自然得热方式（包括太阳、照明、人体、电器散热等）。在德国，最早的"被动房"建筑成本仅比普通房屋高 7%，但运行成本非常低，全年一户的供暖、供水、供电仅为 114 欧元，节省了大笔市政建设成本和能源消耗成本。

这一起源于德国的建筑概念，事实上已经有 30 多年的历史。到今天，仅在德国范围内，就有 6 万多座被动房，并以每年新增 3000 栋的速度增长。而到 2020 年，欧盟所有新建建筑都将采用被动屋技术体系建造。但在中国，这一技术落地的项目并不太多。

2014 年 8 月 7 日，中德生态园与全球两家知名被动式节能建筑研究机构——荣恩建筑事务所与德国被动房研究所建立联合办公室，启动园区被动房示范项目"被动房技术体验中心"的建设，同时进行中国（青岛）气候带研究。

这一示范项目成功建设运营后，还将在园区建设 8.4 万 m² 的被动式培训学院与能力中心、6 万 m² 的被动房示范小区；还将继续在园区的 0.5km² 范围以及国际健康产业园的 3.7 km² 范围内，进行被动房建筑的推广和应用。

在他们的工作计划表中，项目何时开工、投资主体是谁、目前项目进展如何等，有详细计划，这一总投资超过 270 亿元、建筑面积接近 300 万 m² 的系列项目，有条不紊地推进着。

中德生态园还考虑到举办"被动房产业博览会"、成立"被动房产业联盟"、参与制定被动房的"中国标准"，并开展比被动房更先进的"零能耗房"、"主动房"研究……

中德生态园将争取建设成为全国被动房推广、建设的示范基地，同时打造被动房中国气象带研究、设计、施工、培训、检测、认证的中心，形成被动房、关键部件、建材等相关产业联盟，为应对国内日益严重的雾霾等气候问题，改变中国建筑能源供应方式、减少碳排放，改善生态环境提供经验和标准。同时，园区还将携手"金砖五国"中的其他四国，共同促进被动房低碳理念、先进技术与材料在发展中国家的推广，推动占世界人口43％的五国为应对全球气候变化做出应有的贡献。

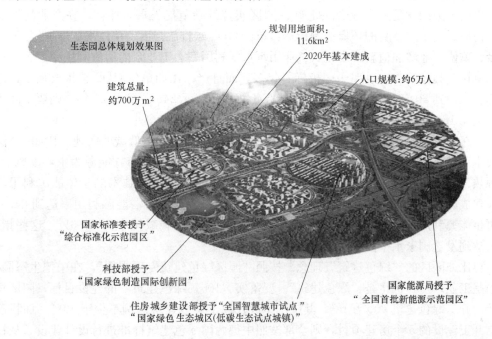

生态园总体规划效果图

建筑总量：
约700万m²

规划用地面积：
11.6km²
2020年基本建成

人口规模：约6万人

国家标准委授予
"综合标准化示范园区"

科技部授予
"国家绿色制造国际创新园"

住房城乡建设部授予"全国智慧城市试点"
"国家绿色生态城区(低碳生态试点城镇)"

国家能源局授予
"全国首批新能源示范园区"

图 3-4　被动房技术体验中心
（来源：文献［27］）

3.4.1.2　专注"绿色低碳"

虽然建设时间并不长，但是中德生态园从创办之日起，定位和特色就一直非常明确。顾名思义，它的主题只有一个：绿色低碳。

这片位于青岛西海岸经济新区北部、青岛国际经济合作区内的土地，规划用地面积11.6km²，其中道路及生态绿地的比例从规划起就占据了30％的比例。它诞生于中德两个大国的携手合作的2010年7月，受两国政府委托，中国商务部与德国经济和技术部签署了《关于共同支持建立中德生态园的谅解备忘录》，确定合作建设中德生态园。

这份《谅解备忘录》，事实上也决定了中德生态园的发展路径："中德两国将在园区内开展节能环保技术标准的研究和拟定，能源、环境新技术的开发、生产和应用，节能、生态示范建筑研究和建设等五个方面的合作，打造欧亚合作、产业为主、宜业宜居，具有可持续发展示范意义的综合性生态城区。"因此，从2011年3月份正式启动起，"生态、绿色、低碳、可持续"9个字，就一直成为中德生态园的建设者秉持的发展理念。

要绿色低碳，很重要的一个方面是产业的选择。对此，中德生态园通过全面调研和分析德国优势产业、中国市场状况和青岛整体产业布局，确立了"高端、高质、高效"的目标，将"节能环保与新能源、高端装备制造和生物医药"作为园区的三大主导产业。同时，他们着力引进高端产业链和产业链高端企业，发展低能耗、低污染、低排放产业，力争形成既有生产制造又有技术研发和配套服务的全产业链体系。

"不符合城市和产业规划的项目不要，达不到环保、低碳标准的项目不要，没有核心竞争力的项目不要。"在中德生态园，工作人员都知道这样一条招商标准。这样严格项目筛选机制，为的就是从产业源头上确保园区实现低碳节能发展。比如，在产业的发展方面，他们提出了一整套的环保控制指标：单位GDP碳排放强度、单位工业增加值COD排放量、单位工业增加值新鲜水耗、工业用水重复利用率、工业余能回收利用率、企业清洁生产审核实施及验收通过率……指标不仅多，而且严。比如单位GDP碳排放强度，他们明确提出，到2015年，这一指标值不能高于每百万美元240t；到2020年，则要下降到每百万美元180t。这两个数字，比现在的国家平均要求要高得多。

而在园区建设方面，中德生态园采用的技术也保证了绿色低碳的实现。比如，"泛能网技术"就是生态园在能源方式方面的创新。这种以天然气分布式能源为主，以风、光、地源热、水源热等可再生能源为辅，融合智能化控制和云计算技术的整体能源利用新模式，建成后，园区万元GDP能耗将达到0.23t标煤/万元，清洁能源利用率达到84.6%，可再生能源利用率达到20.6%，综合节能率为50.7%，碳减排率为64.6%。这些指标，都将达到发达国家水平。

再比如园区的"绿色建筑"理念。按照"园区绿色建筑专项规划"，在中德生态园内，哪怕是工业厂房，也将是"绿色建筑"。要落实"100%绿色建筑"的建设目标，园区将在两年内开工绿色建筑200万m²，其中二星级及以上绿色建筑比例不少于30%；而目前园区已开工建设的5个房建项目，则全部按照中德两国绿色建筑标准进行设计建设。从社区到小学，从厂房到研究机构，都将实现"绿色全覆盖"。

而在市政建设方面，这种"绿色低碳"的理念就更表现得一览无余：在水资源利用方面，园区将通过地表水改造、中水回用、海水淡化、雨水和再生水利用等途径，建立清洁水资源供应体系，减轻水能耗压力；园区内的上千个环境监控点，重点监控噪声和空气的指标；道路改造工程，则将减少尾气污染。2012年，园区的"排水降噪沥青路面成套建设技术"，更是在交通部重点科技成果推广项目评审中总分第一。

图3-5 新能源示范城市
（来源：文献［27］）

国家能源局2014年公布的首批"新能源示范城市（产业园区）"名单中，青岛中德生态园能成为山东省内唯一获得首批示范园区建设资格的产业园了。而"国家绿色制造国际创新园"、"全国智慧城市试点"、"国家绿色生态城区（低碳生态试点城镇）"等称号，也是对他们持续追求和践行绿色低碳的一种肯定。图3-5为新能源示范城。

3.4.2 日本 base valley 建筑

如果你的孩子降生在 base valley，相信从他出生的那一刻起，他就会爱上这个美好的大自然，爱上这个独特的生态建筑。在 base valley 中，你呼吸到的新鲜空气不是以消耗能源为代价的。这个建筑没有风帽，不需要电力就可以实现室内外空气的交换。建筑的地下一层同样也不需要额外的通风系统，仅靠设计师巧妙的设计就可以使室内的人随时呼吸到新鲜空气。

进入 21 世纪，世界经济飞速发展，全球化进程进一步加快，而正是在这个时代，大量的建筑不断被人们所复制，建筑正如现代主义推崇者的信条一样逐渐成为居住的机器。人们对建筑失去了情感，建筑和人之间没有了共鸣和感动。不仅如此，生态环境的破坏对人们的威胁越来越严重，气候的变暖、酸雨的降下、湿地的消失、生活垃圾的大量堆积、对历史文化遗存的破坏以及当地自然风景的消失，使人们的居住环境日益恶化。此时我们身边开始出现了有生命的建筑，能够体现当地地理环境和人文气息的建筑，即出现了按照生态理念设计的建筑，这样的建筑也就具有了生态美的因素。

3.4.2.1 "西塔里埃森"的生态美因素

1938 年世界建筑大师赖特在亚利桑那州的斯科茨代尔建造了"西塔里埃森"。这幢建筑坐落在荒漠当中，赖特运用了当地的石块和水泥筑成了厚重的矮墙和墩子，上面用木料和帆布遮盖。帆布屋顶与折板可向沙漠四周或远处的群山敞开，既可实现建筑通风，又可让四周景观一览无余。对自然材料的准确把握和应用，使得建筑本身好像沙漠里的植物，像是从沙漠里长出来的一样；而建筑本身又具有独特的造型，因此，建筑与周围的自然环境巧妙地融合在了一起。虽然赖特是有机主义者的代表，著名的美国草原住宅的创始人，但是从上面的案例看，他还应是一个生态主义者。因为"西塔里埃森"就具备了生态美的因素，其建筑材料取之于自然，而建筑本身又融合于自然。

图 3-6　base valley

（来源：文献〔27〕）

3.4.2.2 日本的 "base valley" 设计

日本建筑师利用自然气候条件，建造了一个五口之家的住宅，这个住宅可以作为低碳住宅的典范。设计师充分利用了设计本身这个有效工具,从低碳角度出发进行设计,不仅减少了能源消耗,也使这个五口之家拥有了宜人的居住环境。

在日本山口县的山谷中,放眼远望,你会看到一个斜坡状的玻璃顶棚。也许你对它的外形有点好奇,但是真正令你惊奇的不是它的外观;当你对它有所了解之后,你会发现这是一座外形设计巧妙的建筑,同时又被这座建筑的生态设计、人性化设计深深吸引。这就是"base valley",由日本著名设计师 HiroshiSambuichi(三分之一博志)设计完成。base valley 地处山口县面向濑户内海的平原和山地交界处的山谷中,山谷中有一条小溪流过。

图 3-7　base valley
(来源:文献 [27])

设计师在设计之初,对当地的气候条件做了大量的分析,当地的风,是由海水和陆地的热量差引起的,随着日照的变化,风在山和海之间流动变换。设计师围绕着如何将这股风引入室内展开设计,他根据地形、风的特性,建立风道,风道沿着高低错落的地形,穿过现存的石垛墙,再将山谷和小河连在一起。在地形相对平稳的位置,布置主卧室和儿童房,儿童房和主卧室都各有一面面向风道。对儿童房的设计最为重视,儿童房顶部是草皮绿化地面,冬暖夏凉,且左右石壁之间都设有面向儿童房的空气口,这样,生活在其中的孩子们好像是住在大自然当中。地上一层布置为起居室和开放式厨房。建筑顶棚是用木质框架结合密封玻璃做成的。玻璃和天井之间是集热层,用以加热空气,作为风从风道沿直角方向导入的动力源。整个建筑没有风帽，不需要电力就可以实现室内外空气的循环。建筑地下一层不需要额外的通风系统，仅靠设计师巧妙的设计就可以使室内的人随时呼吸到新鲜空气，这样就减少了建筑对电力的需求。设计师发挥了他的才智，利用了地形与气候，顺应了当地的自然环境，使这个住宅四季如春，使人们在享受舒适生活的同时，也享受低碳生活。减少能耗，也就减少了二氧化碳排放，不仅可以保护自然环境，而且可以维持生态平衡，使建筑拥有生态美。

太阳给予了地球光和热，地球生态在能量交换中保持着平衡。我们不能改变客观的自然规律，生态平衡一旦受到破坏，人类将是最终的受害者。但是在自然面前我们并不是无能为力的。设计师可以在顺应自然规律的前提下，利用客观的自然条件，来设计既保护自然又造福人类的建筑。正如 base valley 一样它让你领略大地的纹理，让你感受风的气息，让你记得天空、土壤、水、树、花，赋予建筑的另一种美，让建筑成为生态的、绿色的建筑，建筑中的生态美让建筑拥有了与众不同的身份。生态美是以生态主义为基础的，所以并不仅仅局限于形态美，生态美视人与自然的审美关系为最基本、最原初的审美关系，它包含着丰富的内容。

建筑大师赖特的"西塔里埃森"使用当地的资源而不是其他地方的资源，使得建筑像是土地里生长出来的，与荒漠中的自然环境相融合，让建筑蕴含了当地的生态美。而 base valley 又包含了生态美的另一面，它把自然界的气候条件当作现有的资源加以利用，做到了低碳减排。随着生态环境的恶化、自然资源的枯竭，人们开始也必须理性地分析能源的消耗和使用，在满足自身需求的同时尽量地减少不必要的能耗，所以低碳理念走进了人们的视野。低碳是为了保护人类的生存环境，是为了阻止自然环境的继续恶化，归根到底，低碳就是为了生态。base valley 的出现给建筑设计指出了一条光明之路，即不需要先进的技术和材料，只需要依靠设计师赋予建筑符合生态理念的设计，建筑就可以做到生态环保，建筑就可以给人以美的感受。当你身处在 base valley 当中，感受徐徐凉风，看见山谷中的绿色，你会感觉它是美的，而且它美得纯洁；当你知道你在室内呼吸到的新鲜空气不是以消耗能源为代价时，你会觉得它的美是一种生态美。

3.4.2.3 生态美学的产生与"和平桥上书屋"

生态设计的出现，使得建筑在选址和建造的时候不再大规模地改造地形地貌，不再大量地砍伐建筑原址上的绿色植物，不再一味地拆迁旧有的建筑。生态美学产生于 20 世纪 80 年代后期，它是当代生态学与美学的结合。生态学旨在批判和反思现代工业社会在对待人与自然关系的问题上出现的失误及其原因，把生态危机归结为现代社会的生存危机和文化危机。生态问题也应该从人类生活的价值取向和社会结构是否合理的角度进行探讨。建筑就是从社会性问题出发，去解决一些有待解决的生态问题，这样的建筑是具有生态美的建筑。

2009 年，获得世界"阿卡汉建筑奖"第一名的建筑"和平桥上书屋"非常具有创意。它作为淳朴的客家村民交流空间，其功能已经超越了学校的教室。该方案是清华大学建筑研究所所长李晓东的一件公益性作品。建筑位于两座古老的土楼之间的小溪之上，成为两座土楼之间的唯一通道。据说两个土楼分别所属的家族有仇恨，为此，便划渠为界，互不往来。桥上书屋结构很简洁，中间为图书馆，两边为教室，教室两端分别设计为转门和推拉门。下课时间两个教室就成为村民交流的平台；上课用的黑板和讲台成了村民学习的平台。村里还经常在这里举行一些公共活动。村上书屋针对两个客家土楼封闭的住宅体系与他们对现代生活的渴望的矛盾，采取了针对性很强的解决方案。它解决了一直存在于当地的社会问题，加强了当地人的交流，同时解决了交通问题。在这里生态概念不再仅仅局限于建筑本身而是整个村落，建筑的生态美出正是通过它社会性表现出来的。

"设计是一种生活态度"，你想要过什么样的生活就会有什么样的设计伴随而来。进入21世纪，生态美学的产生也就说明了人们想要的美是生态的、绿色的。让建筑拥有生态美是社会发展的趋势。每一个建筑的建造都是有日期的，因而它们是有生命的，我们知道终有一天建筑会死去，就如同人一样。因此，建筑不希望被克隆，也不应该被预先制作，我们不应扼杀它的差异性。建筑建造在哪里就应该拥有它生长在哪里的痕迹。建筑的生态设计就是，设计结合当地历史、自然、人文等各种要素，使建筑拥有自己的特色，拥有当地的痕迹，拥有自己的情感身份，这样设计的建筑便拥有了生态美。

思考题

1. 如何确立生态价值观。
2. 宜居生态身居环境有哪些？
3. 怎样的室外环境有利于可持续发展？需要注意哪些细节？
4. 了解国内外基于生态美学的生态地产的设计案例。

4 生态地产的设计过程

4.1 生态地产的设计依据

4.1.1 生态基址的选择

4.1.1.1 生态基址的评价内容

建筑基址的选择对于地产开发和项目建设的各个方面都有决定性影响。建筑选址不仅要符合经济标准，而且要尊重国家和地方各种法律规范，还要考虑经济、生态和社会等诸多的影响因素。选址既要考虑土地使用、建设密度、社会安定和环境保护等，又要深入到每一个与可持续发展相关的细节，要从整体的角度综合考虑。与传统意义上的选址相比，生态选址将生态理念、低碳环保、可持续发展作为选址时的重要因素加以考虑。

基址的选择及其分析，是地产活动和实现可持续发展社区最重要的步骤，会影响项目各个步骤的所有决策和选择。在生态选址和分析的过程中，不能只看到基址本身的问题，而要将它置于更大的综合地区环境中加以考虑。在基址选择中，最主要的考虑因素就是，项目位置是否适合建设，以及建成后是否符合可持续的发展。因此，基址选择、分析和评价的各种优缺点就成了生态选址的关键。要优先考虑与基础设施和公共交通网络的连接；要对资源和能源潜力加以评估，尤其是水资源和以太阳能、风能为基础的能源系统的潜力；要识别社区的发展对该基址及其周围生态环境的影响。

对具体生态基址的优缺点进行分析评价的内容有自然环境和社会环境。自然环境主要由地质、地貌、水文、气候、动植物、土壤六项基本要素组成，这六项基本要素以不同程度、不同范围、不同方式不仅对建设，包括开发利用、空间形态、市政设施等产生影响，还影响到建设的投资效益、工程技术措施的采用以及工程建设的速度。社会环境主要由人为因素造成的环境构成，按范围不同分基址的区域环境（如在区域中的位置、同类设施与相关设施分布、区域交通设施与交通流向、区域基础设施条件与环境状况等）、基址的周围环境（如周围土地使用状况、邻近建筑空间、道路分布、公共服务设施、管线系统与容量、环境保护等）、基址的内部环境（如现存建筑物与构筑物状况及可利用价值、绿化分布、场地平整情况、景观特征等）三个层次。

城市的不断扩张越来越严重地威胁到可耕的土地。从生态的角度考虑，那些已废耕的、以前被开发过的、曾经受到干扰的地域应该成为建筑首选的位置。另外，为了避免高昂的场地前期准备费用、保存重要的视觉和生态特征，选址还应该考虑占据已开发场地的空隙或是那些处于重要资源之间的位置，同时避开河道、泄洪平原、湿地、陡峭的易侵蚀斜坡和成熟的植被。人工物质环境的建设是一个连续不断的发展过程，特别是以城市的更新改造和建设发展最为典型。因此，基址通常都有一定的相对稳定性，又处于动态变化之中，必须以历史和发展的观点加以分析。不同的基址常因建设项目的性质与基址自身特点的差异而有不同的内容组成与深度要求。例如，居住建筑选址注重周围公共服务设施的分布以及基址内现存绿化、道路、环境状况等；商业建筑的选址更侧重于基址及其周边交通状况、环境空间特征等；处在城市范围内的基址，更多的考虑是周围建筑空间的特征与相关设施分布；建成区以外的基址，则更注重配套设施的自我完善等方面。

4.1.1.2 "千层饼"生态选址方法

20世纪70年代，麦克哈格提出"千层饼"生态选址方法。这一种生态主义规划方法，全面体现了自然环境、社会环境以及景观各种因素对生态规划即选址的影响（图4-1所示）。麦克哈格在"千层饼"模型图中，将生态因子分为人、生物和非生物三个大类，然后再往下细分。"千层饼"模型的基本假设是：基于大自然是一个包罗万象的大网，其内部的各种成分相互作用，而且有规律地相互制约，组成了一个价值体系，其中每一种生态因子具有供人类利用的可能性，但人类对大自然的利用应将这一价值体系的伤害降低到最低的一种生态事实和原理。基于这一假设，麦克哈格给每一种生态因子加以评价和分级，然后对不同价值的区域以深浅不同的颜色表示，就可得到相应生态因子的价值平面图。将所考虑的每一种生态因子的价值平面图加以叠加，最后就会得出价值损失最小而利益最大的方案。

到目前为止，对于考虑多因素影响的方案，还没有哪种方法比这一方法更成功，尤其是对那些不能定量评价的生态因子参与的影响。这是一种显而易见的选择方法，任何人只要收集到的资料数据相同，就会得出相同的结论。它的相对价值体系能帮助人们考虑许多不能折价的利益、节约和损失，不仅如此，还能度量景观这一潜在的价值。

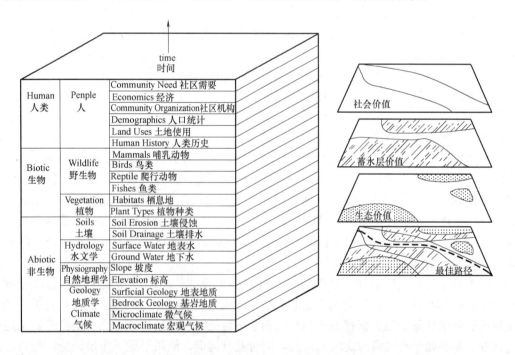

图4-1 麦克哈格千层饼和图层叠加技术

（来源：文献 [14]）

"千层饼"生态选址方法对同一生态因子的价值进行分级评判是可行的；不同生态因子之间的价值是不能比较的、不可分级的；用不同颜色表示不同价值的方法可以改用网格评分数值表示，这样同一网格中不同层的数值加在一起的总数就可体现其总价值高低。

4.1.1.3 "风水"选址方法

"风水"理论是基于中国古代"天人合一"的整体性朴素生态观而产生的，"阴阳"和"五行"学说是"风水"理论建立的基础。"风水"理论是中国古代建筑选址、规划、营建所遵循的理论法则。"风水"，它实际上是现在称为地理学、气象学、景观学、生态学、城市建筑学等学科的综合体现，是一种从整体上把握建筑选址、规划、营建的学说（图4-2）。

将风水理论运用到建筑选址，就是要审慎考察自然环境，顺应自然，有效地利用自然，选择良好健康的适于人居的环境。而这种适于人居的环境往往是在三面或四周山峦环护、地势北高南低、背阴向阳的内敛型盆地或台地，它与针灸中人体上的穴位相似，故喻为"穴"。按照中国传统的"风水"理论选择的"穴"作为人居环境，不难想象具有良好的生态特性。

基址选择应遵循"冬季向阳，夏季庇荫"、"冬季避寒风，夏季迎凉风"的原则。风也是基址潜在能源的一种形式，需要仔细分析。另外，有害气体对空气的污染与风向及其频率有关，基址选择应避开大气污染源的下风侧。空气温度和湿度对于人们的冷热感觉有重要影响，长期影响着人们的行为方式，并形成不同生活习惯，会对基址的功能组织、建筑的布置与组合方式、空间形态和保温防热产生影响。

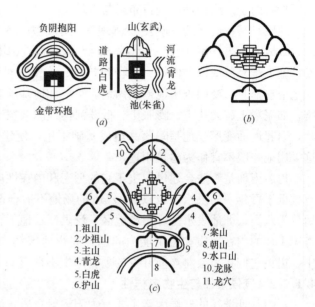

图 4-2　中国传统的"风水"理论选址

（来源：文献［14］）

（a）最佳宅址；（b）最佳村址；（c）最佳城址

4.1.2 自然地理条件对选址的影响

4.1.2.1 地形地貌与地质

对生态建筑设计产生重大影响的还包括基地的地形、地质条件以及所在地区的设计地震烈度。基地地形的平整程度、地质情况、土地特性和地耐力的大小，对建筑物的结构选择、平面布局和建筑形体都有明显的影响。最大限度的结合地形条件设计，减少对自然地形地貌的破坏是生态地产倡导的设计方式。

我国有较多区域处于地震带影响范围内，生态地产设计需要重点考虑我国建筑抗震设计的相关要求。目前我国使用的震级标准是国际通用的震级标准——"里氏震级"。地震烈度表示某一地区发生地震灾害后，地表及房屋建筑受到破坏的程度。且距离震中越近，地震烈度越大,破坏性越大。

从大范围看,地形大体可分为山地、丘陵与平原三类。不同的地形条件,对建筑和城市的功能布局、平面布置、空间形态设计、道路走向、管线布置、场地平整、土方计算、施工建设等都有一定的影响。一般而言,平坦而简单的地形更适于作为建设基址,但有时多种地形的组合也可。地形图是反映基址地形、地貌最重要的基础资料,它在道路与管线纵坡设计、土石方计算及场地平整中有广泛的应用。用地形图还可确定基址的用地范围,因为各种建筑物与设施都要求建造在不大于某一特定坡度的相对平缓的用地上。地形还与小气候有关,如山脉或河谷会改变主导风向、向阳坡地有利于日照和通风等,不利的地形也会引起静风、逆温现象等不良小气候。因此,分析不同地形以及与其相伴的小气候特点,将有助于以后合理地进行布局与设计。

地质对基址选择的影响主要体现在其承载力、稳定性和有关工程建设的经济性等方面。基地的地表一般由土、砂、石等组成,将直接影响到建筑物的稳定程度、层数或高度、施工难易及造价高低等。各种建筑物、构筑物对地基承载力具有不同的要求。因此,在基址选择时,要调查用地范围内地表组成和地基承载力的分布状况。一些不良地基的土壤,如泥炭土、大孔土、膨胀土、低洼河沟地的杂填土等,常在一定条件下改变其物理性状,引起地面变形或地基陷落并造成基础不稳,使建筑物产生裂缝、变形、倒塌等破坏。这类用地一般不宜作为建筑用地。

地表土地是否适合建设取决于它的形态和内在性质。一般情况下,头等农业用地以及海拔低于百年一遇洪水水位以上 1.5m 的场地不适合选为建筑用地。通常按自然形态将土地分为八类,即地表水区、沼泽地区、泛洪区、地下含水层区、地下水要从长远角度认真考虑土地的内在性质和再生能力问题。周边地区的未来发展也要纳入前期计划的考虑之中,以免它们将来会对当前开发的项目产生不良影响。

4.1.2.2 气候条件与生物多样性

影响基址选择的气候因素主要有太阳辐射、风、温度、湿度与降水。太阳辐射不仅具有重要的卫生价值,也是取之不竭的潜在能源。日照强度与日照率在不同纬度地区存在着差别。太阳的运行规律和辐射强度是确定建筑的日照标准、间距、朝向以及遮阳设施、热工设计的重要依据。日照和主导风向是确定房屋朝向和间距的主导因素,对建筑物布局将产生较大影响。合理的建筑布局将成为降低建筑物使用过程中能耗的重要前提条件。

地域气候条件对建筑物的设计有最为直接的影响。它的作用往往通过与其他自然环境条件的配合,而变得缓和或是加强,尤其在创造适宜的工作和生活环境、防治环境污染等方面更有直接的影响。

任何一个自然基址内的地表形态、土壤状况以及河流、植物群落、野生动物的栖息地的分布都是自然长期演化的结果,是具有生态平衡和相对稳定的生态系统。因此,对一个与动植物群落有关的基址进行选择,必须考虑这一地区生态多样性,即生态系统的结构功能和物种的多样性,以及物种内的属类多样性。在许多情况下,生态系统中的动植物是长期适应进化的结果,他们之间相互制约、相互影响,形成了内部自我调节的机制,在现状下生态系统运行得最好。因此基址选择应该尽可能减少对周边动植物生活环境的打扰,要维护这些大面积动植物生活区,尽最大可能避免破坏这些区域。可能的话,尽量为该地区动植物的生态系统进化提供条件,恢复原有的生态平衡。任何一个新开发项目的基址都需要认真地把它放在更大的生态系统中，尤其是把它放在邻近的生态系统中进行细致的评估。

4.1.2.3 水文条件与水文地质

江、河、湖、海与水库等地表水体的状况的水文条件与较大区域的气候特点、流域的水系分布、区域的地质、地形条件等有密切关系。自然水体在供水水源、水运交通、改善气候、排除雨水及美化环境等方面发挥积极作用的同时，某些水文条件也可能带来不利影响，特别是洪水隐患。在进行基址选择时，须调查附近江、河、湖泊的洪水位、洪水频率及洪水淹没范围等。

水文地质条件一般指地下水的存在形式、含水层厚度、矿化度、硬度、水温及动态等条件。地下水除作为城市生产和生活用水的重要水源外，对建筑物的稳定性影响很大，主要反映在基础埋藏深度和水量、水质等方面。当地下水位过高时，将严重影响到建筑物基础的稳定性，特别是当地表为湿陷性黄土、膨胀土等不良地基土时，危害更大，用地选择时应尽量避开，最好选择地下水位低于地下室或地下构筑物深度的用地。在某些必要情况下，也可采取降低地下水位的措施。地下水质对于基址选择也有影响，除作为饮用水对地下水有一定的卫生标准要求外，地下水中氯离子和硫酸离子含量较多或过高，将对硅酸盐水泥产生长期的侵蚀作用，甚至会影响到建筑基础的耐久性和稳固性。地表的渗透性和排水能力也应该认真地加以分析考虑。

4.1.3 社会环境条件对选址的影响

4.1.3.1 现有建筑及设施

基址内外的建筑和设施是体现其现状利用与布局结构的决定因素，各功能部分的组合与构成是通过建筑和设施相互联系而实现的。基址内外原有的整体运营效率与和谐性以及结构形态，决定着该结构体系的延续发展或重新构建的可能性；原有交通组织结构及其与外部条件的衔接，同样制约着基址的再开发建设。其形成原因，无论是历史的或环境的因素都具有相当的恒定性，将继续持久地影响场地今后的利用与发展。

基址外的建筑与空间是基址使用的重要"背景"，与基址的功能组织有着直接的联系，明确基址周围用地的使用性质及其对基址建设布局的可能影响，对于选址有重要意义。

（1）相邻用地对基址的空间界定可能有多种形式的影响，如开敞的或封闭的、紧凑的或松散的、积极的或消极的。相邻建筑的尺度与分布，对基址内日照、通风、防寒等条件有影响。

（2）场地周围的景观条件对视野范围和视线、场地空间布局和景观朝向、主立面方向等都有影响，如城市中的公园、广场、街道、标志性的高大建筑物与构筑物等，邻近建筑的形式、尺度、色彩等形态特征，都对以后建筑的形态造型有影响。

（3）基址内现有建筑物再利用的可用性与经济性，其朝向、形态、组合方式等特征及其与内外环境的关系，对以后建设在继承和发展方面有重要影响。

（4）基址内现有建筑及设施的拆除与搬迁条件，包括相应的赔偿、重新安置等费用，这虽然不是基址选择阶段直接涉及的问题，却会在以后构成直接或间接的影响。

与基址有关的设施包括公共服务设施和市政设施。公共服务设施包括商饮服务、文教、邮电等，市政设施是指道路、广场、桥涵和给水、排水、供暖、供电、电信、燃气等管线工程，特别是有关的泵站（房）、变电所、调压站、换热站等设施。公共服务设施常因人们的活动规律形成一定结构的社区中心，其分布、配套、质量状况不仅影响到场地使用的生活舒适度与出行活动规律，也是决定土地使用价值和利用方式的重要衡量条件。市政设施建设周期长、费用大，对以后的建设有很大影响。基址在城市中的位置以及与周围的空间关系和经济社会联系，会影响基址特色与发展潜力。区域交通运输条件是制约基址发展的重要因素，包括区域的交通网络结构、分布和容量，铁路、港口、公路、航空港等对外交通运输设施条件，以及场地与区域交通运输的联系与衔接等。这些条件都直接影响基址的利用。外部市政设施，例如道路及交通量、公共开放空间、社区中心等，对基址的人流、车流、货流的出入方向，确定基址出入口的位置及内外交通衔接等有影响。基址内现存设施的数量、质量、容量等以及改造利用的潜力同样影响用地再开发的可用性与经济性。

为了最大限度地降低流动性的要求，并减少基础设施的投资成本，同时最大限度地提高使用效率，基址与周围已经存在的和正在规划中的交通状况，是基址选择的重要因素之一。公共交通和基础设施的能源、供水系统、污水处理系统要适合建筑或城市的需要，有利于邻近地区的发展，还要对环境产生最小的不利影响。除此之外，居住建筑或居住区还要求与城市的一些设施，比如学校、运动场所、休闲场所和卫生设施，以及商业区之间有便利的交通通道。

4.1.3.2 现有社会及经济条件

基址内人口分布密度、产业结构等，将在一定程度上影响着基址以后的功能组合及其与居民需求的适应性。人口分布的疏密反映出土地利用的强度与效益，城市人口高密度地区的基址开发常常伴随着安置大量动迁居民、高额地价等问题，高投入、高风险与高回报并存。

由于建设开发和使用具有连续性和重复性的特点，以前的经验教训所形成的历史沿革，对现今的设计工作具有极大影响，其中凝结的生活习俗与文化内涵更是基址选择要注意的。基址内及其周围的文物古迹是重要的文化遗产，须特别重视，不仅要保护文物本身，更要保持其周围的空间环境与历史风貌，新建建筑或设施必须与之协调一致。

工业废地既要对它们本身的利益进行分析，同时也要作为宏观地域的一部分来分析，它可能会因为成为被选择的发展对象而破坏其历史价值。选择基址时还应该将它看作一个更大单位的组成部分，而这个更大单位本身也是城市的一部分。因此，基址的目标要符合包括城市均衡在内的整体战略目标。从这个角度来说，我们需要更多地关注城市级的城镇规划，尤其是对居住区的未来发展规划。

4.1.3.3 现有绿化与环境保护

舒适的环境总是离不开适宜的绿化配合，因此，基址中现存的植被应被视为一种有利的资源，尽可能地加以利用。所有植物都始终处于生长演化之中，当场地中人流活动量增大时，土壤的湿度、养分、酸碱度等都会有所改变，废弃污染物会增加，甚至小气候的变化，都影响树木的生长。并非所有的树种都具有良好的景观，如笔直、高耸的杨树既难有良好的遮阴效果又显得呆板，可通过适当的修剪加以改善。树木的选择与功能组织有关。例如，幼儿园中儿童室外活动所及范围内不应有松、柏等针叶植物和黄刺玫等带刺植物；人群活动密集处不应有飘絮的杨、柳等树种。此外，还应注意植物本身的生长规律，如生长速度的快慢、老幼树株的更替、不同季节的景观变化等。环境保护包括环境生态保护和公害防治两方面。前者主要指绿地面积是否充足，以及由此引起的大气、土壤、水等方面的生态平衡问题；问题严重时，可能会改变生态建筑。

基址的自然条件而对基址形成直接的不利影响。环境公害一般包括"三废"和噪声等问题。"三废"指废水、废气、废渣，由此还会引发降尘、不良气味和大气有毒物等危害；基址附近设有这种污染源，将在气候（风、降雨、温湿度）、水文（地表水流）等因素作用下，对场地形成不同程度的污染，必须采取相应的防护措施。城市内的噪声主要来自于工业生产、交通、人群活动等，可以通过场地内合理的建筑布局、设置绿化防护带、利用地形高差及人工障壁（如防噪墙）等手段，减少其对场地的干扰。场地所在区域的环境状况对场地的利用影响很大，设计者虽无法解决场地以外的问题，但可以采取灵活的措施完善场地自身的条件，甚至可能通过场地内的处理，诱导周围环境的改善，受污染的基址或者基址位置接近污染源都会影响用地开发和建设。在市区内，尤其是那些靠近繁华而且交通量很大的街道的基址，原则上是不适宜作为住宅项目用地，除非能够保护此地区的居民免受噪声污染。基址如果靠近当地的垃圾处理网络，比如垃圾的收集、存储、处理和再利用等，毫无疑问是一个值得考虑的优势。如果基址附近缺少这样的垃圾处理网络，垃圾的处理将需要很大的额外费用。

4.2 生态地产的设计原则

4.2.1 科学发展观的原则

科学发展观对建筑和地产业的可持续发展具有根本的指导意义。科学发展观绝不只是单纯经济发展模式的转变，科学发展观追求的是包括思想与制度在内的政治、经济、社会、文化各个领域可持续发展的整体变革和发展。生态文明是科学发展观的重要文化内涵。没有生态文明，一切文明的活力与意义便失去了赖以存在的根基。

建设生态文明，我们必须把建设资源节约型、环境友好型社会放在工业化、现代化发展战略的突出位置，应大力发展节能省地型住宅，全面推广节能技术，制定并强制执行节能、节材、节水标准，按照减量化、再利用、资源化的原则，搞好资源综合利用，实现经济社会的可持续发展。建设生态文明和发展生态地产不仅是现实经济问题，而且是重要的战略问题。生态地产是生态文明建设的重要内容，发展生态地产的过程本质上是一个生态文明建设和学习实践科学发展观的过程。

4.2.2 功能与性能完备的原则

生态地产作为一个有生命周期的社会产品，和其他的社会产品一样，对其功能和性能的要求是最基本的。因此，生态地产的设计要在生态理念的指导下，围绕功能和性能展开其活动，使其项目符合现代人们的居住、工作方面的使用要求。

生态地产要尽可能地采用新型实用的科技成果，以科技为先导，以创新的理念和思维方式来进行绿色建筑设计，包括对建筑在运行期内有可能进行的更新改造和采用未来的新技术的可能性的考量，为人们的生产生活提供安全舒适的环境，以及为此提供一定的可能的方便、余地和空间等。传统建筑和现代绿色建筑既是相互对立、相互排斥的，又是相互包含、相互转化的。例如设计住宅，要保证房间的日照和通风，合理安排卧室、起居室、厨房和卫生间的布局，同时还要考虑住宅周边的交通、绿化、活动场地、环境卫生等。

4.2.3　节约的原则

生态地产在其全寿命周期内进行设计的时候，要始终坚持节约的原则，包括节约利用土地，节约利用能源，节约利用水资源，节约利用材料资源和节约运行费用等。以土地为例，面对我国耕地保护的严峻形势，我们要大力推行，尤其是在沿海地区要强力推行紧凑型的城镇、小区和建筑规划设计模式，保护、开发土地资源，节约与合理利用土地，切实保护耕地，促进社会经济的可持续发展。十分珍惜、节约与合理利用土地和切实保护耕地是我国的基本国策。各级人民政府应当采取措施，全面规划，严格管理，保护、开发土地资源，制止非法占用土地的行为。

4.2.4　与环境统一的原则

生态地产设计要使建筑及其风格与规模和周围环境保持协调和统一，保持历史文化与景观风貌的连续性。环境可以塑造和表现建筑风格，建筑风格有赖于环境的依托和支撑，建筑和环境是相辅相成的。传统的建筑风水学的核心思想是天人合一，人与自然的和谐，是以人为本地观察和探索天地间的自然现象及其规律，是一门内涵极其丰富，所涉及范围极其宽广的庞大的综合类学科，是我们的先祖留给我们值得倍加珍惜的宝贵财富。生态地产设计要正确处理、利用和保护统一的关系。要充分利用建筑场地周边的自然条件，尽量保留和合理利用现有适宜的地形、地貌、植被和自然水系与生态等。要加强资源节约与综合利用，减轻环境负荷。要尽可能减少对自然环境的负面影响，如减少有害气体和废弃物的排放，减少对生态环境的破坏等。要最大限度地提高资源的利用效率，积极促进资源的综合循环利用。尽可能使用可再生的、清洁的资源和能源。利用和保护是对立的辩证统一。不能不加保护地随意利用，离开了合理的利用也难以做到有效的保护。

4.2.5　阶段和全程统一的原则

生态地产从最初的规划设计阶段到随后的施工建设阶段、运营管理阶段及最终的拆除阶段，形成了一个全寿命周期过程。关注生态地产的全寿命周期过程，意味着不仅在规划设计阶段充分考虑、利用和处理环境因素和绿色化问题，而且要确保施工过程中对环境的影响最低，运营管理阶段能为人们提供健康舒适、安全可靠、低耗高效和无害空间的工作、生活环境，拆除后还要求对环境的危害降到最低限度，开始拆除材料尽可能再循环利用。生态地产是阶段和全程矛盾的对立统一体。没有各个阶段的绿色化，也就没有全寿命周期的绿色化，生态地产也就成了一句空话。处理好阶段和全程统一的关系还要求增强建筑的耐久性与适应性，延长建筑物的整体使用寿命和经济寿命。

4.2.6　技术和经济统一的原则

进行生态地产设计要处理好技术和经济统一关系，在符合国家的法律法规与相关的标准规范基础上，从建筑的全寿命周期综合核算效益和成本，综合考量技术先进可行和经济实用合理，注重技术经济性，正确引导市场的发展和需求，要适应地方经济状况，提倡自然、朴实和简约，反对做作、浮华和铺张。

技术方面要充分考虑正确选用建筑材料，根据建筑物平面布局和空间组合的特点，采用合适的技术措施，选取合理的结构和施工方案，使建筑物建造方便、坚固耐用。例如在设计建造大跨度公共建筑时采用的钢网架结构，在取得了较好的外观效果的同时，又获得了大型公共建筑所需的建筑空间尺度。建造房屋是一个经济和物质生产过程，需要投入大量的人力、物力和资金。在建筑设计和施工的过程中，应尽量做到因地制宜，宜选用本地材料和本地树种，做到节省劳动力、建筑材料和资金。

4.3 生态地产的设计内容与程序

4.3.1 生态地产设计内容

发展生态地产必须关注建筑全寿命周期的绿色化，从规划设计阶段入手，注重设计内容、基本原则与传统的建筑设计内容及其设计原则的不同。生态地产设计是基于整体的绿色化和人性化设计理念所进行的综合整体创新的系统设计，按照生态文明和科学发展观的要求，在生态化和人性化、可持续发展设计理念的指导下进行设计。生态化要求反映生态建筑的基本要素，人性化则要求以人为本来体现绿色建筑的基本要素。

4.3.1.1 生态化设计

生态地产设计是一种全面、全程、全方位、联系、变化、发展、动态和多元绿色化的设计过程，是一个就总体设计目标而言，按轻重缓急和时空上的次序先后，不断地发现问题、提出问题、分析问题、分解成具体问题、找出与具体问题。

（1）综合设计

综合设计是指技术经济绿色一体化综合设计，就是以绿色化设计理念为中心，在满足国家现行法律法规和相关标准的前提下，在进行技术的先进可行和经济的实用合理的综合分析的基础之上，结合国家现行有关绿色建筑标准，按照绿色建筑要求对建筑所进行的包括空间形态与生态环境、功能与性能、构造与材料、设施与设备、施工与建设、运行与维护等方面内容在内的一体化综合设计。

（2）整体设计

整体设计是指全面全程动态人性化整体设计，就是在进行综合设计的同时，以人性化设计理念为核心把建筑当作一个全寿命周期的有机整体来看待，把人与建筑置于整个生态环境之中，对建筑进行的包括节地与室外环境、节能与能源利用、节水与水资源利用、节材与材料资源利用、室内环境质量和运营管理等方面内容在内的人性化整体设计。

（3）创新设计

创新设计是指具体求实灵活个性化创新设计，就是在进行综合设计和整体设计的同时，以创新型设计理念为指导，把每一个建筑项目都当作一个独一无二的生命有机体来对待，因地制宜、因时制宜、实事求是和灵活多样地对具体建筑进行具体分析，进行个性化创新设计。创新是设计的灵魂，没有创新就谈不上真正的设计。创新是建筑及其设计充满生机与活力永不枯竭的动力和源泉。显然，传统的建筑设计基本原则是适应不了绿色建筑设计要求的。进行绿色建筑设计必须遵循新的绿色建筑设计基本原则。

4.3.1.2　人性化设计

生态建筑不仅仅是针对环境而言的，在绿色建筑设计中，首先必须满足人体尺度和人体活动所需的基本尺寸及空间范围的要求，同时还要对人性化设计给予足够的重视。人性化设计理念强调的是将人的因素和诉求融入建筑的全寿命周期中，体现人、自然和建筑三者之间高度的和谐统一，尊重和反映人的生理、心理、精神、卫生、健康、舒适、文化、传统、习俗和信仰等方面的需求。

（1）人体工程学

人体工程学，也称人类工程学或工效学。是一门探讨人类劳动、工作效果、效能的规律性的学科。按照国际工效学会所下的定义，人体工程学是一门"研究人在某种工作环境中的解剖学、生理学和心理学等方面的各种因素；研究人和机器及环境的相互作用；研究在工作中、家庭生活中和休假时怎样统一考虑工作效率、人的健康、安全和舒适等问题的科学"。日本千叶大学小原教授认为："人体工程学是探知人体的工作能力及其极限，从而使人们所从事的工作趋向适应人体解剖学、生理学、心理学的各种特征。"

建筑设计中的人体工程学主要内涵是：以人为主体，通过运用人体、心理、生理计测等方法和途径，研究人体的结构功能、心理等方面与建筑环境之间的协调关系，使得建筑设计适应人的行为和心理活动需要，取得安全、健康、高效和舒适的建筑空间环境（图4-3）。

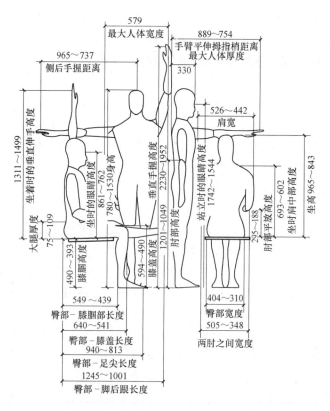

图 4-3　人体尺度表

（来源：文献 [9]）

（2）人性化设计

人性化设计是根据人的行为习惯、生理规律、心理活动和思维方式等，在原有的建筑设计基本功能和性能的基础之上，对建筑物和建筑环境进行优化，使其使用更为方便舒适。人性化的绿色建筑设计是对人的生理、心理需求和精神追求的尊重和最大限度的满足，是绿色建筑设计中人文关怀的重要体现，是对人性的尊重。人性化设计意在做到科学与艺术结合、技术符合人性要求，现代化的材料能源、施工技术将成为绿色建筑设计的良好基础，并赋予其高效而舒适的功能，同时，艺术和人性将使得绿色建筑设计更加富于美感，充满情趣和活力。

4.3.1.3 智能化设计

生态地产设计中不同于传统建筑的一大特征就是建筑的智能化设计，依靠现代智能化系统，能够较好地实现建筑节能与环境控制。生态地产的智能化系统是以建筑物为平台，兼备建筑设备、办公自动化及通信网络系统，是集结构、系统服务、管理等于一体的最优化组合，向人们提供安全、高效、舒适、便利的建筑环境。而建筑设备自动化系统（BAS）将建筑物、建筑群内的电力、照明、空调、给排水、防灾、保安、车库管理等设备或系统构成综合系统，以便集中监视、控制和管理。建筑智能化系统在绿色建筑的设计、施工及运营管理阶段均可起到较强的监控作用，便于在建筑物的全寿命周期内实现控制和管理，使其符合绿色建筑评价标准。

4.3.2 生态地产的设计程序

4.3.2.1 总体原则要求

2000年颁布的国务院第279号令《建设工程质量管理条例》和第293号令《建设工程勘察设计管理条例》是当前我国各类建筑和工程设计必须遵守的法律法规。为了保障相关法律条文进一步得到贯彻和实施，确保建筑工程设计质量和深度，住房和城乡建设部（建设部）于2003年组织编制了《建筑工程设计文件编制深度规定》（2003年版），并于2003年6月1日起施行。2008年修编。《建筑工程设计文件编制深度规定》规定依据建设部建质函69号文"关于印发《建筑工程设计文件编制深度规定》（2008年版）的通知"修编，旨在配合贯彻实施《建设工程质量管理条例》（国务院第279号令）和《建设工程勘察设计管理条例》（国务院第293号令）。2008版与2003年版规定相比主要变化如下：适用范围增加了援外工程设计，删减了投标方案设计；增加了建筑节能设计内容要求，包括各相关专业的设计文件和计算书深度要求；补充、细化抗震设计、结构安全等设计深度的要求，尤其是设计说明、设计详图方面的要求；根据近几年积累的钢结构设计经验，增加、细化了钢结构设计深度要求；根据工程建设项目在审批、施工等方面对设计文件深度要求的变化，对原规定中大部分条文作了修改，使之更加适用于目前的工程项目设计，尤其是民用建筑工程项目设计。

生态地产设计在我国还处于起步阶段，在设计过程中需要统一深度，符合国家相关规范的要求，以保证生态地产设计的质量和完整性，将"绿色化"、"生态化"深入到工程实践中。生态地产的设计过程可以分方案设计阶段、初步设计阶段和施工图设计阶段。按照要求，方案设计文件，应满足编制初步设计文件的需要；对于投标方案，设计文件深度应满足标书要求；初步设计文件，应满足编制施工图设计文件的需要；施工图设计文件，应满足设备材料采购、非标准设备制作和施工的需要。对于将项目分别发包给几个设计单位或实施设计分包的情况，设计文件相互关联处的深度应当满足各承包或分包单位设计的需要。此外，在生态地产设计过程中还应因地制宜地正确选用国家、行业和地方建筑标准设计，并在设计文件的图纸目录或施工图设计说明中注明被应用图集的名称。如果需要重复利用其他工程的图纸，应详细了解原图利用的条件和内容，并作必要的核算和修改，以满足新设计项目的需要。

生态建筑、生态地产的建设与开发的核心是绿色建筑，因此，在设计程序上基本沿用绿色建筑的设计流程和要求。

4.3.2.2 方案设计阶段

（1）方案设计阶段一般要求

1）绿色建筑方案设计文件应包括以下内容：设计说明书、总平面图以及建筑设计图纸、设计委托或设计合同中规定的透视图、鸟瞰图、模型等。

2）方案设计文件的编排顺序为：封面（写明项目名称、编制单位、编制年月）；扉页（写明编制单位法定代表人、技术总负责人、项目总负责人的姓名，并经上述人员签署或授权盖章）；设计文件目录；设计说明书；设计图纸。其中投标方案还应按照标书要求密封或隐盖编制单位和扉页。

（2）设计说明书要求

1）绿色建筑设计依据及设计要求包括：与工程设计有关的依据性文件的名称和文件号；设计所采用的主要法规和标准；设计基础资料；建设方和政府有关主管部门对项目设计的要求，当城市规划对建筑高度有限制时，应说明建筑、构筑物的控制高度；委托设计的内容和范围，包括功能项目和设备设施的配套情况；工程规模和设计标准等。

2）主要技术经济指标包括：总用地面积、总建筑面积及各分项建筑面积、建筑基底总面积、绿地总面积、容积率、建筑密度、绿地率、停车泊位数等。根据不同的建筑功能，还应表述能反映工程规模的主要技术经济指标。

3）总平面设计说明：概述场地现状特点和周边环境情况，详尽阐述总体方案的构思意图和布局特点，以及在竖向设计、交通组织、景观绿化、环境保护等方面所采取的具体措施；此外应提出关于一次规划、分期建设，以及原有建筑和古树名木保留、利用、改造等方面的总体设想。

4）建筑设计说明，主要阐述建筑方案的设计构思和特点：包括建筑的平面和竖向构成；建筑的功能布局和各种出入口、垂直交通运输设施的布置；建筑内部交通组织、防火设计和安全疏散设计；无障碍、节能和智能化设计等；在建筑声学、热工、建筑防护、电磁波屏蔽以及人防地下室等方面有特殊要求时，还应作相应说明。

5）设计说明书中的其他内容还包括：结构设计说明、建筑电气设计说明、给水排水设计说明、供暖通风与空气调节设计说明、热能动力设计说明以及投资估算编制说明及投资估算表等。

（3）设计图纸要求

1）绿色建筑总平面设计图纸包括：场地的区域位置；场地的范围；场地内及四邻环境的反映；场地内拟建道路、停车场、广场、绿地及建筑物的布置，并表示出主要建筑物与用地界线及相邻建筑物之间的距离；拟建主要建筑物的名称、出入口位置、层数与设计标高，以及地形复杂时主要道路、广场的控制标高；指北针或风玫瑰图、比例尺。根据需要还应绘制下列反映方案特性的分析图：功能分区、空间组合及景观分析、交通分析、地形分析、绿地布置、日照分析、分期建设等。

2）建筑设计图纸包括：平面图、立面图、剖面图及表现图。平面图：平面的总尺寸、开间，进深尺寸或柱网尺寸；各主要使用房间的名称；结构受力体系中的柱网、承重墙位置；各楼层地面标高、屋面标高；室内停车库的停车位和行车线路；底层平面图应标明剖切线位置和编号，并应标示指北针；必要时绘制主要用房的放大平面和室内布置；图纸名称及比例尺。立面图：体现建筑造型的特点，选择绘制1～2个有代表性的立面；各主要部位和最高点的标高或主体建筑的总高度；当与相邻建筑有直接关系时，应绘制相邻或原有建筑的局部立面图；图纸名称及比例尺。剖面图：剖面应剖在高度和层数不同、空间关系比较复杂的部位；各层标高及室外地面标高，室外地面至建筑檐口（女儿墙）的总高度；若遇有高度控制时，还应标明最高点的标高；剖面编号及比例尺。表现图（透视图或鸟瞰图）：方案设计应根据合同约定提供外立面表现图或建筑造型的透视图或鸟瞰图。

4.3.2.3 初步设计阶段

（1）初步设计阶段一般要求

1）绿色建筑初步设计文件主要包括：设计说明书，包括设计总说明，各专业设计说明，有关专业的设计图纸，工程概算书。

2）初步设计文件的编排顺序为：封面、扉页、设计文件目录、设计说明书、设计图纸及概算书。其中设计图纸和概算书根据需要可以单独成册。

（2）设计总说明要求

1）工程设计的主要依据包括：设计中贯彻国家政策、法规；政府有关主管部门批准的批文、可行性研究报告、立项书、方案文件等的文号或名称；工程所在地区的气象、地理条件、建设场地的工程地质条件；公用设施和交通运输条件；规划、用地、环保、卫生、绿化、消防、人防、抗震等要求和依据资料；建设单位提供的有关使用要求或生产工艺等。

2）绿色建筑工程建设的规模和设计范围包括：工程的设计规模及项目组成；分期建设情况；承担的设计范围与分工。

3）设计指导思想和设计特点应包含：采用新技术、新材料、新设备和新结构的情况；环境保护、防火安全、交通组织、用地分配、节能、安保、人防设置以及抗震设防等主要设计原则。根据使用功能要求，还应对总体布局和选用标准进行综合叙述。

4）总指标包括：总用地面积、总建筑面积以及其他相关技术经济指标。

（3）总平面要求

在初步设计阶段，绿色建筑总平面专业的设计文件应包括设计说明书、设计图纸、根据合同约定的鸟瞰图或模型等。

1）设计说明书应包括的内容

设计依据及基础资料：摘述方案设计依据资料及批示中与本专业有关的主要内容；有关主管部门对本工程批示的规划许可技术条件，以及对总平面布局、周围环境、空间处理、交通组织、环境保护、文物保护、分期建设等方面的特殊要求；本工程地形图所采用的坐标、高程系统。场地概述：应说明场地所在地的名称及在城市中的位置；概述场地地形地貌；描述场地内原有建筑物，构筑物，以及保留和拆除的情况；摘述与总平面设计有关的自然因素。总平面布置：说明如何因地制宜，根据地形、地质、日照、通风、防火、卫生、交通以及环境保护等要求布置建筑物、构筑物，使其满足使用功能、城市规划要求以及技术经济合理性；说明功能分区原则、远近期结合的意图、发展用地的考虑；说明室外空间的组织及其与四周环境的关系；说明环境景观设计和绿地布置等。

竖向设计：说明竖向设计的依据；说明竖向布置方式，地表雨水的排除方式等；根据需要还应注明初平土方工程量。交通组织：说明人流和车流的组织，出入口、停车场（库）的布置及停车数量的确定；消防车道及高层建筑消防扑救场地的布置；说明道路的主要设计技术条件。

2）设计图纸应包括的内容

根据需要应绘制区域位置分析图。总平面图：保留的地形和地物；测量坐标网，坐标值，场地范围的测量坐标，道路红线、建筑红线或用地界线；场地四邻原有及规划道路的位置和主要建筑物及构筑物的位置、名称、层数、建筑间距；建筑物、构筑物的位置，其中主要建筑物、构筑物应标注坐标、名称及层数；道路、广场的主要坐标，停车场及停车位、消防车道及高层建筑消防扑救场地的布置，必要时加绘交通流线示意；绿化、景观及休闲设施的布置示意；指北针或风玫瑰图；主要技术经济指标表；说明。竖向布置图：场地范围的测量坐标值；场地四邻的道路、地面、水面，及其关键性标高；保留的地形、地物；建筑物、构筑物的名称、主要建筑物和构筑物的室内外设计标高；主要道路、广场的起点，变坡点、转折点和终点的设计标高，以及场地的控制性标高；用箭头或等高线表示地面坡向，并表示出护坡、挡土墙、排水沟等；指北针；说明。

（4）相关具体要求

为保障绿色建筑设计方案的深度，除总体层面的各项要求之外，初步设计阶段的方案成果还应包含以下具体内容：建筑专业设计文件；结构专业设计文件；建筑电气专业设计文件；给水排水专业设计文件；供暖通风与空气调节专业设计文件；热能动力专业设计文件；设计概算。

对于大型和复杂的建筑工程项目，初步设计完成后，在进入下阶段的设计工作之前，需要进行技术设计工作（技术设计阶段）。对于大部分的建筑工程项目，初步设计还需再次呈报当地的城市规划国土局和消防局等有关部门进行审批确认（初步设计报批程序）。在中国标准的建筑设计程序中，阶段性的审查报批是不可缺少的重要环节，如审批未通过或在设计图中仍存在着技术问题，设计单位将无法进入下阶段的设计工作。

4.3.2.4　施工图设计阶段

（1）施工图设计阶段一般要求

1）施工图设计文件

合同要求所涉及的所有专业的设计图纸、图纸总封面以及合同要求的工程预算书。对于方案设计后直接进入施工图设计的项目，若合同未要求编制工程预算书，施工图设计文件应包括工程概算书。

2）总封面应标明的内容

项目名称；编制单位名称；项目的设计编号；设计阶段；编制单位法定代表人、技术总负责人和项目总负责人的姓名及其授权；编制时间。

（2）总平面要求

绿色建筑在施工图设计阶段，总平面专业设计文件应包括图纸目录、设计说明、设计图纸、计算书等内容。图纸目录应先列出新绘制的图纸，然后列出选用的标准图和重复利用图。一般工程的设计说明分别写在有关图纸上。总平面图纸内容包括：总平面图；竖向布置图；土方图；管道综合图；绿化及建筑小品布置图；道路横断面、路面结构、挡土墙、护坡、排水沟、池壁、广场、运动场地、活动场地、停车场地面等详图；供内部使用的计算书。

（3）相关具体要求

在绿色建筑设计方案中，施工图的内容、深度、质量直接关系到建筑的"绿色化"水平，同时也是能直接指导绿色建筑施工的各类图纸。除总体层面的各项要求之外，施工图设计阶段的方案成果还应包含以下具体内容：建筑专业设计文件；结构专业设计文件；建筑电气专业设计文件；给水排水专业设计文件；供暖通风与空气调节专业设计文件；热能动力专业设计文件；投资预算。

4.3.2.5 施工现场的服务和配台

在施工的准备过程中，建筑师和各专业设计师首先要向施工单位对施工设计图、施工要求和构造做法进行交底说明。然后根据施工的技术方法和特点，有时施工单位对设计会提出合理化的建议和意见，设计单位就要对施工图的设计内容进行局部的调整和修改，通常采用现场变更单的方式来解决图纸中设计不完善的问题。另外，建筑师和各专业设计师按照施工进度会不定期地去现场对施工单位进行指导和查验工作，从而也就达到了施工现场服务和配合的效果。

4.3.2.6 竣工验收和工程回访

依照国家建设法规的相关规定，建筑施工完成后，设计单位的设计人员要同有关管理部门和业主对建筑工程进行竣工验收和检查，获得验收合格后，建筑物方可正式投入使用。在使用阶段过程中设计单位要对项目工程进行多次回访，并在建筑物使用一年后再次总回访，目的是听取业主和使用者对设计和施工等技术方面的意见和建议，为设计业务积累宝贵经验，使建筑师和设计师们的设计水平在日后得以提高，这样也可完善建筑设计程序的整个过程。

4.4 生态地产的设计要素

走可持续发展之路，维护生态平衡，营造绿色生态住宅是当今人类的必然选择。在建筑建设和使用过程中，有效运用各种设计要素，使建筑物的资源消耗和对环境的污染降到最低限度，使人类的居住环境体现出空间环境、生态环境、文化环境、景观环境、社交环境、健身环境等多重环境的整合效应，从而使人居环境品质更加舒适、优美、洁净，使人类的明天更加美好。

4.4.1 室内外生态环境设计

室内外生态环境设计是建筑设计的深化。建筑室内外生态环境设计，在现代人类生活中日趋重要，人类已更多地需求是精神上的愉悦与满足，所以在室内外环境设计中，必须着重考虑一切人的需求，包括物质需求和精神需求。具体设计要素分为以下几个方面：

4.4.1.1 控制有害物质与室内热环境

室内环境污染主要物质的种类大致可分为物理性污染、化学性污染、生物性污染的三大类。物理性污染包括噪声、光辐射、电磁辐射、放射性污染等，主要来源于室外以及室内的电器设备；化学性污染包括建筑装饰材料及家具制品中释放的具有总挥发性的化合物，多达几十种，其中以甲醛、苯、氡、氨等四大室内有害气体的危害尤为严重；生物性污染主要包括螨虫、白蚁及其他细菌等，主要来自地毯、毛毯、木制品及结构主体等。其中甲醛、氨气、氡气、苯、放射性物质等是目前室内环境污染物的主要来源。

设计时应严格控制从选址上注意远离污染的外部环境及室内电气设备的选用，避免物理性污染；建筑装饰材料及家具制品应选用天然、少污染的材料，较少化学性污染；室内装修装潢时，选择不易发生生物性污染的材料。应设立室内污染监控系统，将所采集的有关信息传输至计算机或监控平台，实现对公共场所空气质量的采集、数据存储、实时报警、历史数据的分析、统计，处理和调节控制等功能，保障场所良好的空气质量。

室内空气温度、空气湿度、气流速度和环境热辐射形成了室内热环境。适宜的室内热环境是指室内空气温度、湿度、气流速度以及环境热辐射适当，使人体易于保持热平衡，从而感到舒适的室内环境条件。热舒适的室内环境有助于人的身心健康，进而提高学习、工作效率；而当人处于过冷、过热环境中，则会引起疾病，影响健康乃至危及生命。应设置专门的仪器进行室内热环境监控。

4.4.1.2 合理的室内采光与隔声设计

室内照明设计，应该考虑自然采光。自然采光的最大缺点就是不稳定和难以达到所要求的室内照度均匀度。在建筑的高窗位置采取反光板、折光棱镜玻璃等措施不仅可以将更多的自然光线引入室内，而且可以改善室内自然采光形成照度的均匀性和稳定性。

室内设计应向使用者提供一个安静的环境。临主要街道的建筑，交通噪声的影响比较严重，因此，需要设计者在住宅的建筑围护构造上采取有效的隔声、降噪措施，尽可能使卧室和起居室远离噪声源，沿街的窗户使用隔声性能好的窗户。室内背景噪声水平是影响室内环境质量的重要因素之一。尽管室内噪声通常与室内空气质量和热舒适度相比对人体的影响不那么显著，但其危害是多方面的，包括引起耳部不适、降低工作效率、损害心血管、引起神经系统紊乱，甚至影响视力等。

4.4.1.3 注重室外绿地设计

根据《城市居住区规划设计规范》的相关规定及住区规模，一般以居住小区居多的情况，新区建设绿地率不应低于30%；旧区改建绿地率不宜低于25%，居住区内公共绿地的总指标，应根据居住人口规模分别达到：组团不少于0.5m²/人，小区（含组团）不少于1m²/人，居住区（含小区与组团）不少于1.5m²/人，并应根据居住区规划布局形式统一安排、灵活使用。旧区改建可酌情降低，但不得低于相应指标的70%。"人均公共绿地指标"是构建适应不同居住对象游憩活动空间的前提条件，也是适应居民日常不同层次的游憩活动需要、优化住区空间环境、提升环境质量的基本条件。

4.4.2 健康舒适与安全性设计

随着我国建设小康社会的全面展开，必将促进住宅建设的快速发展。截至2011年，我国城镇人均住房建筑面积 32.7m²，农村人均住房面积 36.2m²。2002～2011 年，全国商品房累计竣工面积超过 46 亿 m²。城镇人均住房建筑面积从 2002 年的 24.5m² 提高到 2011 年的 32.7m²。新建住房质量明显提高，内外部配套设施更加完备，住房品质不断提高。2008～2012 年，中央累计安排农村危房补助资金 731.72 亿元，支持 1033.4 万户贫困农户改造危房。数千万的农村困难群众已经告别了破旧的泥草房、土坯房等危房，许多农村家庭都建起了新房。农村人均住房面积由 2002 年的 26.5m² 提高到 2011 年的 36.2m²。随着居住品质的不断提高，人们更加讲究住宅的舒适性、健康性。因此，如何从规划设计入手来提高住宅的居住品质，达到人们期望的舒适性、健康性要求。

4.4.2.1 完善生活配套设施体系

根据《城市居住区规划设计规范》GB 50180 相关规定，居住区公共服务设施（也称配套公建），应包括：教育、医疗卫生、文化体育、商业服务、金融邮电、社区服务、市政公用和行政管理及其他 8 类设施。居住区配套公建的配建水平，必须与居住人口规模相对应。并应与住宅同步规划、同步建设和同时投入使用。居住区配套公共服务设施，是满足居民基本的物质与精神生活所需的设施，也是保证居民居住生活品质的不可缺少的重要组成部分。

4.4.2.2 建筑功能的多样化

住宅设计应考虑需求人群的不同类型。经济收入、结构类型、生活模式、职业、文化层次、社会地位的家庭等的差异，要求设计者提供相应的住宅套型。而且，要注重人性化设计理念，对特殊人群、特殊家庭，诸如，老龄人和残疾人家庭还需提供特殊的套型，设计时应充分考虑无障碍设施等。当老龄人集居时，还应提供医务、文化活动、就餐以及急救等服务设施。

住宅功能分区设计的合理性也是生态设计的重要方面。住宅的使用功能一般有公共活动区：如客厅、餐厅、门厅等；私密休息区：如卧室、书室、保姆房等；辅助区：如厨房、卫生间、贮藏室、健身房、阳台等。公共活动区靠近入口，私密休息区设在住宅内部，公私、动静分区明确，使用顺当。

4.4.2.3 可改的室内空间

科学技术和生活水平在不断提高，住宅的方式、公共建筑的规模和结构不断变化，人们对时尚个性生活空间的追求也在不断升级。因此，生态建筑具有可改性是客观的需要，也是符合可持续发展的原则。可改性最重要的是应提供一个大的空间，这样就需要合理的结构体系来作保证。住宅中，厨房、卫生间是管线集中、设备众多的地方，可采用管束和设备管道墙，以满足灵活性和可改性的要求。对于公共空间可以采取灵活的隔断，使大空间具有可塑性。

随着社会不断进步与发展，人们对生活工作空间的要求也越来越丰富。凭借当今的科学技术条件，营造出使使用者满意、完全由人工控制的舒适的建筑空间已并非难事。但是，建筑物使用过程中产生的大量能源消耗，以及由此产生的对生态环境的不良影响、众多建筑空间的自我封闭和与自然环境缺乏沟通的缺陷却成了建筑设计中有待解决的问题。建筑作为人类的活动提供场所，旨在满足人的物质和精神需求。人类为了自身的可持续发展，就必须使包括建筑活动在内的一切活动及其结果和产物与自然和谐共生。由此，建筑与自然的关系实质上也是人与自然关系的体现。自然和谐性是建筑的一个重要的属性，它表示人、建筑、自然三者之间的共生、持续、平衡的关系。

4.4.2.4 确保选址安全

生态地产的建设基址的确定，是决定生态地产外部大环境是否安全可靠的重要前提。安全可靠是指生态地产在正常设计、施工和运用、维护条件下能够承受设计荷载，并对有可能发生的一定的偶然作用和环境变异仍能保持必需的整体基本稳定性和工作性能，不致发生连续性的倒塌和整体失效。建筑的设计首要条件是对生态地产的选址和危险源的避让提出要求，避开洪灾、泥石流等自然灾害。据有关资料显示，主要存在于土和石材中的氡是无色无味的致癌物质，会对人体产生极大伤害，在选址的过程中必须考察基地现状，细查历史上相当长一段时间的情况，有无地质灾害的发生；勘测地质条件适合多大高度的建筑。尽量远离能制造电磁辐射污染的污染源，如电视广播发射塔、雷达站、通信发射台、变电站、高压电线等。此外，如油库、煤气站、有毒物质车间等也均有发生火灾、爆炸和毒气泄漏的可能。

4.4.2.5 确保建筑安全

生态地产整个设计过程中的两个最重要的环节是建筑设计与结构设计，对整个建筑物的外观效果、结构稳定方面起着至关重要的作用。结构设计安全度的高低，是设计施工技术水平与材料质量水准、国家经济和资源状况、社会财富积累程度的综合反映。我国混凝土结构规范设定的安全度水平与国际上一些通用标准相比偏低，有的低很多。这体现在涉及结构安全度的各个环节中，如我国混凝土结构设计规范取用的荷载值比国外低，材料强度值比国外高等。

建筑设计中建筑消防设计是一个重要组成部分，关系到人民生命财产安全。《建筑设计防火规范》GB 50016 中对厂房的防火分区、耐火等级、封闭楼梯间都有详细的规定；商业建筑卖场的疏散距离、卖场每家店铺、安全疏散通道、疏散通道两侧的隔墙耐火极限等也都有详细的规定。

生态地产的结构设计与施工规范，重点应放在各种荷载作用下的结构强度要求，同时也对干渴、冻融等大气侵蚀以及工程周围水、土中有害化学介质侵蚀等环境因素作用下的耐久性要求进行了充分的考虑。对传统混凝土结构因钢筋锈蚀或混凝土腐蚀导致的结构安全事故也不容忽视，其危害性远大于因结构构件承载力安全水准设置偏低所带来后果。

建筑安全还应注重安全生产执行力。安全生产执行力是指以人为本，坚持"安全第一，预防为主，综合治理"的方针。结合具体建筑施工的特点，提高生态地产施工，通过完善安全管理制度，落实安全生产责任制，形成激励机制，强化安全问题的严肃性，安全如同不可靠近的热炉和不可触摸的高压线。坚持执行到底，并不断反馈、及时纠正的循环，最终提升安全生产执行力，塑造良好的安全生产执行力文化，不断提高安全管理水平，形成"生态绿色"施工的良好氛围。

4.4.3 生态环保与低耗高效性设计

4.4.3.1 节材与材料的可循环使用

根据我国幅员辽阔，人口众多，纯天然材料的资源有限，结构材料不能像一些发达国家那样过分强调纯天然制品。对传统的量大面广的建筑材料，应主要强调进行生态环境化的替代和改造。加强资源的二次综合利用，提高材料的再生循环利用率，禁止采用瓷砖对大型建筑物进行外表面装修等。未来发展应遵循具有健康、安全、生态环保的基本特征，具有耐用、高强、轻质、多功能的优良技术性能和美学功能，还必须符合节能、节地、利废的生态环保条件。

为片面追求美观而以巨大的资源消耗为代价，不符合生态环保、可持续发展的理念。在设计中应控制造型要素中没有功能作用的装饰构件的应用；在施工过程中，应最大限度利用建设用地内拆除的或其他渠道收集得到的旧建筑的材料，建筑施工和场地清理时产生的废弃物等，延长其使用期，达到节约原材料、减少废物、降低由于更新所需材料的生产及运输对环境的影响的目的。绿色建筑应延长还具有使用价值的建筑材料的使用周期，重复使用材料，降低材料生产的资源、能源消耗和材料运输对环境造成的影响。可再利用材料包括从旧建筑拆除的材料以及从其他场所回收的旧建筑材料，包括砌块、砖石、管道、板材、木地板、木制品（门窗）、钢材、钢筋、部分装饰材料等。开发商需提供工程决算材料清单，计算使用可再利用材料的重量以及工程建筑材料的总重量，两者比值即为可再利用材料的使用率。

4.4.3.2 节地与水资源的循环使用

在生态地产建设过程中，应尽最大可能维持原有场地的地形地貌，这样既可以减少用于场地平整所带来建设投资的增加，也避免了场地建设带来的对原有生态环境的破坏。如因开发项目的确需要改造场地内环境状况时，在工程结束后，施工方应采取相应的场地环境恢复措施，减少对原有场地环境的改变，避免因土地过度开发而造的对整体环境的破坏。

室内水资源利用、给水排水系统；室外雨、污水的排放、非传统水源利用；绿化、景观用水等都与城市宏观水环境直接相关。生态地产的水资源利用设计应结合区域的给水排水、水资源、气候特点等客观环境状况，对水环境进行系统规划，制定水系统规划方案，合理提高水资源循环利用率，减少市政供水量和污水排放量。但要根据当地具体情况，具体分析雨水、再生水等利用，多雨地区应加强雨水利用，沿海缺水地区加强海水利用，内陆缺水地区加强再生水利用，而淡水资源丰富地区不宜强制实施污水再生利用，但所有地区均应考虑采用节水器具。

4.4.3.3 节能与新能源的使用

生态建筑节能是指提高建筑使用过程中的能源效率，包括建筑物使用过程中用于供暖、通风、空调、照明、家用电器、输送、动力、烹饪、给水、排水和热水供应等的能耗。

（1）减少能源散失

减少建筑本身能量的散失，要有高效、经济的保温材料和先进的构造技术来有效地提高建筑围护结构的整体保温、密闭性能；要适当的通风又要设计配备能量回收系统。主要包括从外窗、遮阳系统、外围护墙及节能新风系统四个方面进行设计。

外窗是建筑围护结构中耗能最大的一个方面，如果处理不当的话，它将成为冬季热量损失和夏季冷量损失的大漏洞。因此，外窗要使用镀膜、中空玻璃，透光材料的改进提高外窗的保温、隔热性能等。遮阳系统中，外遮阳帘是建筑物的必备设施，它的构造简单，使用方便，不仅可以遮挡直射辐射，还可以遮挡漫射辐射，从而使室内温度尽量少受太阳辐射热能的影响，降低制冷负荷，提高舒适度和节省制冷开支。

节能住宅分外保温墙体、内保温墙体两种。外保温墙体具有施工方便、保温层不受室外气候侵蚀的优点，因此，目前较多采用外保温墙体。外保温墙体还可以避免产生热桥，保温效率高，外保温还有减少保温材料内部结露的可能性、增加室内的使用面积、房间的热惰性比较好、室内墙面二次装修和设备安装不受限制、墙体结构温度应力较小等优点。

（2）合理利用太阳能

在住宅建筑的建筑能耗中，照明能耗也占了相当大的比例，因此，要注意照明节能。考虑到住宅建筑的特殊性，套内空间的照明受居住者个人行为的控制，不宜干预，因此，不涉及套内空间的照明。住宅公共场所和部位的照明主要受设计和物业管理的控制，作为绿色建筑必须强调公共场所和部位的照明节能问题，因此本条明确提出采用高效光源和灯具并采取节能控制措施的要求，并充分利用太阳能，做好能源最优转换措施。

（3）新能源的使用

在节能建筑设计中，除了考虑减少建筑能源散失外，还要充分考虑到在建筑供暖、空调及热水供应中利用工业余热、采用太阳能、地热能、风能等绿色能源，满足一种理想的"绿色技术"，符合当前可持续发展的要求。设计室内新风和污浊空气的走向，成为舒适性中必然要考虑的一个问题。目前流行的下送上排式通风系统，将新鲜空气由地面的墙边送入，将污浊空气由屋顶排出。

4.4.3.4 节能的建筑设备与体型

住宅建筑的体形、朝向、楼距、窗墙面积比、窗户的遮阳措施不仅影响住宅的外在质量，同时也影响住宅的通风、采光和节能等方面的内在质量。作为生态建筑应该提倡建筑师充分利用场地的有利条件，尽量避免不利因素，在这些方面进行精心设计。

在体积相同的条件下，建筑物外表面面积越大，供暖制冷负荷越大。因此，要采取合理的建筑平面和体积系数，体积系数每增加0.01，能耗将增加2.5%。需要对所有用能系统和设备进行节能设计和选择。如对于集中供暖或空调系统的住宅，冷、热水（风）是靠水泵和风机输送到用户，如果水泵和风机的选型不当，其能耗在整个供暖空调系统中占有相当的比例。

4.4.3.5 可再生资源的利用

《中华人民共和国可再生能源法》第二条："本法所称可再生能源，是指风能、太阳能、水能、生物质能、地热能、海洋能等非化石能源"。第十七条："国家鼓励单位和个人安装太阳能热水系统、太阳能供热供暖和制冷系统、太阳能光伏发电系统等太阳能利用系统。"根据目前我国可再生能源在建筑中的应用情况，比较成熟的是太阳能热利用，即应用太阳能热水器供生活热水、供暖等，以及应用地热能直接供暖，或者应用地源热泵系统进行供暖和空调。

"尚可使用的旧建筑"是指建筑质量能保证使用安全的旧建筑，或通过少量改造加固后能保证使用安全的旧建筑。可根据规划要求改变旧建筑原有使用性质，并纳入规划建设项目。利用尚可使用的旧建筑，既是节地的重要措施之一，也是防止大拆乱建的控制条件。充分利用尚可使用的旧建筑要在对原有的历史文化遗留进行保护，原有的工业厂房被重新定义、设计和改造的前提下进行。

生态地产设计，应以一种顺应自然本身的生态发展趋势、与生态自然合作的友善态度和面向未来的可持续发展精神，合理地协调建筑与生态自然环境、建筑与人、建筑与社会的关系。确保建筑的使用功能不受建筑形式的局限，不废弃已丧失建筑原功能的建筑，运用新科技、新技术、新能源改造建筑，使之能不断地满足人们生活的新需求。

4.4.4 科技先导与整体创新设计

4.4.4.1 建筑科技先导性

科技先导是一个全面、全程和全方位的概念。生态地产不是所谓高新科技的简单堆砌和概念炒作，而是要以人类的科技实用成果为先导，将其应用得恰到好处，也就是追求各种科学技术成果在最大限度地发挥自身优势的同时使绿色建筑系统作为一个综合有机整体的运行效率和效果最优化。如国家体育场，其设计大纲要求国家体育场的设计应充分体现可持续发展的思想，采用世界先进可行的环保技术和建材，最大限度地利用自然通风和自然采光，在节省能源和资源、固体废弃物处理、电磁辐射及光污染的防护和消耗臭氧层物质（ODS）替代产品的应用等方面符合奥运工程环保指南的要求，部分要求达到国际先进水平，树立环保典范。

4.4.4.2 绿色能源的利用

近年来，国内在应用地源热泵方面发展较快。根据《地源热泵系统工程技术规范》GB 50366—2005，地源热泵系统定义为：以土或地下水、地表水为低温热源，由水源热泵机组、地能采集系统、室内系统和控制系统组成的供热空调系统。根据地能采集系统的不同，地源热泵系统分地埋管、地下水和地表水三种形式。

《绿色建筑评价标准》GB/T 50378 中节能部分关于可再生能源的利用规定分两项，一般项："根据当地气候和自然资源条件，充分利用太阳能、地热能等可再生能源。可再生能源的使用量占建筑总能耗的比例大于5％"；优选项："可再生能源的使用量占建筑总能耗的比例大于10％"。条文注释中有关指标解释中太阳能热水系统的描述为：5％可以用以下指标来判断——如果小区中有25％以上的住户采用太阳能热水器提供住户大部分生活热水，判定满足该条文要求；10％可以用以下指标来判断——如果小区中有50％以上的住户采用太阳能热水器提供住户大部分生活热水，判定满足该条文要求。

4.4.4.3 整体设计创新

建筑师通过类比的手法把主体建筑设计与环境景观设计关联起来，以产生一种嵌入性。将景观元素渗透到建筑形体和建筑空间当中，以动态的建筑空间和形式、模糊边界的手法形成功能交织，并使之有机相连，从而实现空间的持续变化和形态交集。将建筑的内部、外部直至城市空间看作是城市意象的不同，但又是连续的片段，通过独具匠心的切割与连接，使建筑物和城市景观融为一体。生态地产的综合整体创新设计在于将建筑科技创新、建筑概念创新、建筑材料创新与周边环境结合在一起设计。重点在于建筑科技的创新，利用科技的手法在可持续发展的前提下满足人类日益发展的使用需求，同时与环境和谐共处，利用一切手法和技术使建筑满足健康舒适、安全可靠、耐久适用、节约环保、自然和谐及低耗高效等特点。

科技进步使建筑和城市空间的功能性变得越来越模糊，无法预知，随时调整自身，不断变化的空间正在不自觉地逐步取代原有功能确定的传统空间，或者一个空间要承受比以前更多的功能要求。空间和功能的模糊性和复杂性使得建筑更强调建筑与城市公共空间的相互交融，自然转换，在这种意义上，绿色建筑，尤其是绿色公共建筑，真正成为城市的"文化客厅"。

4.4.4.4　基于文化的设计创新

混沌理论认为自然不仅是人类生存的物质空间环境，更是人类精神依托之所在。对自然地貌的理解，由于地域文化的不同而显示出极大的不同，从而造就了如此众多风格各异的建筑形态和空间，让人们在品味中联想到当地的文化传统与艺术特色。设计展示其独特文化底蕴的观演建筑，离不开地域文化原创性这一精神原点。引发人们在不同文化背景下的共鸣，引导他们参与其中，获得其独特的文化体验。

思考题

1. 生态地产的设计依据有哪些？
2. 生态地产的设计原则有哪些？
3. 生态地产的设计内容有哪些？
4. 生态地产的设计的程序有哪些？
5. 生态地产的设计需要考虑哪些要素？

5 节地与水资源的高效利用

5.1 建筑节地与可持续场地设计

5.1.1 建筑节地

随着全球城市化的发展速度的加速，人们越来越深刻地认识到土地的珍贵性，土地资源的不可再生性。在人口众多的我国，人均可利用的土地资源非常少，如果再不珍惜土地，将会严重影响我们自己和子孙后代的基本生存条件。生态城市、生态地产的开发建设中节约土地资源迫在眉睫，节约土地资源是各级政府在城市的规划与建设中的当务之急。

5.1.1.1 提高建筑密度

建筑密度是建筑物的占地面积与总的建设用地面积之比的百分数，即建筑物的首层建筑面积占总的建设用地面积的百分比。一般一个建设项目的总建设用地要合理划分为建筑占地、绿化占地、道路广场占地、其他占地。建筑密度的合理选定与节约土地关系十分密切。在合理的范围内，建筑密度越大越好，同等条件下设计方案的建筑密度较高者更节约土地。

建设地下停车场是目前建筑节地常用的方法，虽然建设成本略有增加，车辆的行驶距离也略有增加，但可以大幅度减少道路广场占地的面积，而且为目前积极倡导采用的人车分流设计手法提供了基础条件。还有一种方法是建筑的首层部分架空，在对首层建筑面积不是十分苛求的办公楼和住宅楼可以采用。这种办法可将节省下来的面积供道路设计使用，也可以作为绿化用地使用，使建筑的外部造型产生变化，绿化环境的空间渗透也会出现生态、环保的效果，达到节约用地。

5.1.1.2 利用地下空间

地下空间的利用有着悠久历史，在当今建筑技术日益发展的条件下，地下空间基本上可以实现地上建筑的功能要求，而且地下空间的开发和使用能够解决土地资源短缺的问题，有利于节约土地。随着我国城市化进程的加快，土地资源的减少成为必然。合理开发利用地下空间，是城市节约土地的有效手段之一。我们可以将部分城市交通，如地下铁路交通和跨江、跨海隧道，尽可能转入地下；还可以把其他公共设施，如停车库、设备机房、商场、休闲娱乐场所等，尽可能建在地下，实现土地资源的多重利用，提高土地的使用效率。

土地资源的多重利用还可以相对减少城市化发展占用的土地面积，有效控制城市的无限制扩展，有助于实现"紧凑型"的城市规划结构。这种城市减少了城市居民的出行距离和机动交通源，相对降低了人们对机动交通特别是私人轿车的依赖程度，同时可以增加市民步行和骑自行车出行的比例，这将使城市的交通能耗和交通污染大幅降低，实现城市节能和环保的要求。但在利用地下空间时，应结合建设场地的水文地质情况，处理好地下空间的出入口与地上建筑的关系，解决好地下空间的通风、防火和防地下水渗漏等问题，同时应采用适当的建筑技术实现节能的要求。

5.1.1.3 旧建筑的再利用

事物的发展总会经历从新到旧的转变，建筑作为大千世界中的个体事物，也逃脱不了从新到旧的这一过程。在任何一座拥有历史的城市中，都会存在着许多旧的建筑。旧建筑中的一小部分是在建筑的使用过程中，曾经发生过重大历史事件或有重要历史人物在此居住、生活过，这些建筑通常作为历史遗址被保护起来，供人们瞻仰、参观。而绝大部分是随着使用寿命的终结，自然倒塌或被人为拆毁。

随着我国房地产投资规模高速增长，在全国各地由于城市的可供开发的土地资源紧缺，便出现了大量拆除旧建筑的现象。一座设计使用年限为 50 年的建筑，如果仅使用 20～30 年就被人为拆除，无疑会造成巨大的资源浪费和严重的环境污染，也违背了绿色建筑、生态地产、生态城市建设的基本理念。

造成建筑不到使用年限就被拆除的原因主要有以下几方面的原因：

（1）由于城市的迅速发展使城市规划和土地的使用性质也会发生改变，如原来的工业区规划变更为商业区或住宅区，现存的工业建筑就会被大规模拆除。

（2）受房地产开发的利益驱动，地产商为扩大容积率，增加建筑面积，致使处于合理使用年限的建筑遭受提前拆除的厄运。

（3）由于原有建筑的功能或品质不能适应当今社会人们的要求，如 20 世纪 70～80 年代兴建的大批住宅的功能布局已不能满足现代生活的基本要求，因而遭到人们观念上的遗弃。

（4）由于建筑质量的问题，如按照国家和地方现行标准、规范衡量，旧建筑在抗震、防火、节能等方面达不到要求，或因为设计、施工和使用不当出现了质量问题。

面临拆除的旧建筑，首先应对旧建筑的处置进行充分的论证，研究改造后的功能可行性，建筑使用寿命还没到的应考虑通过综合改造而继续使用。如果旧建筑的性能不能满足新的要求，那么建筑的改造将会更具挑战性。建筑的长寿命和不断变化的功能需求是矛盾的，新建筑在建筑设计时就应考虑建筑全寿命周期内改造的可能性。在确定建筑平面布局、选择建筑结构体系、选用设备和材料等的时候，都要为将来可改造所建建筑物而留有余地，适用性能的增强在某种程度上可以延长建筑的寿命，而旧建筑要综合考虑技术和经济的可能性。充分利用尚可使用的旧建筑，是节约土地的重要措施之一，这里提到的旧建筑是指建筑质量能保证使用安全或通过少量改造后能保证使用安全的旧建筑。对旧建筑的利用，可以根据其现存条件保留或改变其原有的功能性质。

旧建筑的改造利用还可以保留和延续城市的历史文脉，如果一座城市随处见到的都是新的建筑，就会使外来的游客感觉到城市发展史的断层，也会使城市的环境缺少了文化的底蕴。

5.1.1.4 规划产生的废弃地的利用

我国的城市规划无论是城市总体规划还是具体的区域规划，事实上都缩短了规划的适用年限，这一点是和国际上关于城市规划的新理论相一致的。城市规划不是一成不变的，也不是完全按部就班的，在实施规划的过程中会有失误和意想不到的事情发生。城市发展过程中的废弃地的产生就是最好的例证，也是城市规划变化中不可避免的。以北京的城市规划为例，前次的城市规划的发展方向是向城市北部和东部发展，而新的城市规划修编后，以吴良镛院士提出的"两轴两带多中心"为基本构架，这使得北京城市的南部和西部得到了迅速的发展，同时也带来一些问题，如存在废弃地的问题。在发展前期，这些地区由于没有发展规划，且土地价格低廉，是作为主要发展区的建设服务区使用的，一些砖厂、沙石场等建筑材料生产企业和垃圾填埋厂的市政服务设施遍布于此，造成了土地资源的严重破坏。随着城市的发展，这些原来的建设服务区变成建设热点地区，废弃地如果不用，一是浪费土地资源；二是会对周围的城市环境产生影响。所以，从节约土地的角度出发，城市的废弃地一定要加以利用。废弃地的利用要解决一些技术难题，如砖厂、沙石场遗留下来的多是深深的大坑，土壤资源已缺失，加上雨水的浸泡，场地会失去原有的地基承载能力，遇到这种情况，只能采用回填土加桩基的方法，使原有废弃地的地基承载能力满足建筑设计的要求；对于垃圾填埋厂址，首先要利用科技手段将垃圾中对人们身体有害的物质清除掉，再利用上述方法提高地基的承载能力，如果有害物质不易清除，也可以用换土的办法课征废弃地的利用。

城市的发展有着各自的多样性和独特性，可以说没有一座城市是按照严格意义上的城市规划发展而成的。近现代，国外的城市规划师曾尝试建设"规划城市"，法国的现代主义建筑大师勒·柯布西耶（Le Corbusier）在印度的昌迪加尔作了一个小规模的城市中心区规划，其中部分建筑是完全按照建筑师的设想兴建的，后来柯布西耶去世了，没有人能真正理解大师的设计本意，这个规划只能放弃了，城市的发展规划就由其他人完成了。澳大利亚首都堪培拉，由于悉尼和墨尔本两大城市的首都之争，国会决议在两个城市的中间选址定都，这就是堪培拉的由来，澳大利亚政府邀请了美国建筑师格里芬担当规划任务，格里芬也不负众望，作出了城市结构清晰、功能布局合理的山水城市规划，许多年来，澳大利亚政府一直严格依据这一规划建设自己的首都，但近年来，随着城市常住人口的增加和旅游者的大批到来，政府的城市规划部门不得不重新修改原有的美丽蓝图。日本著名建筑师芦原义信在《隐藏的秩序》一书中形象地称日本东京为"变形虫"，说明城市的发展规划不要有太多的人为痕迹，根据城市自身的需要该怎样发展就怎样发展。

5.1.2 可持续场地设计

选择基址后，首先涉及如何对场地现有的条件和状况进行分析，然后实施整体布局计划，再后是对建筑进行具体设计和布局，并对外部空间包括交通道路和广场等进行总体设计。场地设计是具体建筑方案从无到有的过程，对于以后工程项目的建设以及可持续策略的选择有着重要影响。

5.1.2.1 可持续场地设计的概述

可持续场地设计，需要结合已选场地内外自然条件和社会条件，充分利用现有的各种资源，实现对环境的最大保护和对生态的最小破坏，合理布置场地内的各种建筑物、构筑物和交通道路等，使其本身成为一个有机的整体，并与周边环境协调一致，从而使项目取得最佳的经济效益、社会效益和环境效益，实现自身的可持续发展。

可持续场地设计具有很强大综合性、政策性、地域性、科学预见性。可持续场地设计既要充分考虑涉及场地的性质、规模、用途以及场地的地理特征和社会条件，并要考量与社会学、经济学、工程技术、环境学、景观及城市规划等学科密切相关性；既要充分估计到社会经济发展、技术进步可能对场地未来使用的影响，保持一定的前瞻性和灵活性，又要为场地的发展留有余地；既要有适应未来发展的弹性，又须保证布局骨架等基本方面的相对稳定和连续完整。可持续场地设计必须符合国家和地方的各种法律、法规、技术规范及现行方针政策的规定，要处理好近期与远期建设的关系。可持续场地设计的内容与传统的场地设计内容一样，涉及多方面，包括场地布局、交通组织、竖向设计、管线布置、技术经济分析等，但通常以场地布局、交通组织为核心，在每一个环节上都要体现保护环境、有效利用资源、满足生态需要的意识和措施。

（1）可持续场地设计的内容

可持续场地设计的内容因具体情况各有侧重。地形变化大的场地须重点处理好竖向设计；滨水场地要解决防洪问题；处在城市建成区以外的场地，应着重处理好与自然环境相协调、取得方便的对外交通联系、完善自身市政设施配套等问题；交通频繁且人流量大的场地，须妥善设置停车场、集散广场及交通流线等。可见，每个场地因客观条件的不同而存在不同的制约因素，妥善解决其主要矛盾是搞好可持续场地设计的关键。

（2）可持续场地分析

可持续场地分析是把需要保护的区域和系统分离出来，并认清需要调节的地方及外部区域的因素。场地评价是一个检查场地分析所收集和确认的数据，制定具体场地因素重要性的级别，并在可能的情况下认清它们之间相互关系的过程。例如，在一个分析中可以通过确认特定的土壤及其特性，植被类型及其分布，或不同的斜坡和斜坡朝向的情况来命名一些场地因素。场地评价可以比较不同场地对一个特定用途的适应性。可持续的场地设计应同时评估场地和建筑计划，以确定足以支持该项目的场地容量，而又不伤害关键系统。分析和评价的结果表达了场地、建筑、文化、景观之间在生态和物质上最恰当的配合。

（3）可持续场地布局

可持续场地布局主要包括总体布局、建筑组合和外环境布置三方面。

1）场地的总体布局

场地的总体布局，是指根据建设项目的性质、规模、组成和用地情况，对场地内各种使用活动进行功能分区与用地组织，对室外空间与城市整体、建筑艺术以及有关工程技术与设施做出合理安排，是场地内各种社会、经济、技术、环境等因素以及建筑空间组合要求的全面反映，是场地设计中一项重要的全局性工作。场地总体布局是场地设计的关键环节，必须综合考虑各方面的因素，并处理好建设项目各组成部分及其与周围的相互关系。

场地总体布局受建设项目的性质、规模、使用对象及场地条件的限制，要满足功能要求和使用者行为要求；满足人们室外休息、交通、活动等要求；满足有关工程设施及相应技术要求；满足场地卫生、安静的外部环境的设计要求；满足建筑物的有关日照、通风要求；满足防止噪声和"三废"（废水、废气、废渣）干扰的要求。

场地总体布局应结合场地的地形、地貌、地质等条件，力求土石方量最小，合理确定室外工程的建设标准和规模，经济适用与美观相结合，有利于施工的组织与经营，从而降低场地建设的造价。场地布局时必须考虑节约用地这一重要因素。场地布局应取得某种艺术效果，为使用者创造出优美的空间环境，满足人们的精神和审美要求。场地的总体布局关键在于对项目的各项要求和功能进行深入分析，从而得出合理的功能分区，进而结合场地现有条件和特点进行合理的布置。

场地总体布局还必须能够防范某些可能发生的灾害，如火灾、地震等情况，以防止灾害的发生、蔓延或减少其危害程度，例如，满足消防抗震的有关规定。

2）建筑组合

建筑物是场地中最重要的组织要素，其组合与安排直接影响到场地内其他设施的布置，在场地布局中起着较为关键的作用。建筑的组合与安排，主要涉及建筑朝向、建筑间距、布置方式、建筑形态与外部空间组合等因素，以及与其周围地形、道路、管线相配合协调等问题。

3）外环境布置

场地的外环境布置主要包括空间形态、道路与广场布局以及绿化配置等内容。交通运输系统的布置决定其用地布局、建筑物和构筑物位置、距离、形态等，直接与建设项目的经营管理质量、技术经济评价、基本建设投资等密切相关，具有技术性、经济性。合理布置场地内的道路和广场，是组织好场地内人、车流交通的基础前提。因此，必须结合场地自然环境和具体建设项目的可持续发展需求进行规划与设计。

可持续场地设计的主要目的，是要在建造与使用过程中尽量减少资源的消耗，在场地的前期处理以及生态恢复过程中减少投入费用，通过不断发展和完善景观管理来加以平衡。

5.1.2.2　可持续场地分析与评价

场地分析主要包括对场地现有自然条件、建设条件、政策限制性条件的分析。自然条件由地质、地貌、水文、气候、动植物、土壤等六项基本要素组成。建设条件指现存的人工物质环境，包括场地内外现存的有关设施及其构成的相互关系，例如，各种建筑物和构筑物、绿化与环境状况、功能布局与使用要求等。政策限制性条件主要体现在对场地建设的各种控制性指标方面。可持续的场地设计，主要在以下几方面进行系统细致的分析。

（1）分析气候特征与空气质量

气候分区（湿热、干热、温热和寒冷）有各自具体的特征，需要分别对其进行缓解、加强和利用。不同的气候区对于场地和建筑的设计要求是不同的，场地和建筑设计必须适应气候特征。

场地设计既要评价场地目前的空气质量，以确定有害化学物和悬浮颗粒的存在，又要预测开发项目对于目前空气质量的负面作用。在主要用于商业和工业用途的地区，空气质量的好坏是决定场地适应性和用途的主要因素，特别是对于学校、公园或高级住宅等设施。应该研究预测季节性的或每日的风的类型，以验证最不利的情况。

（2）检测土壤和地下水

进行土壤检测以鉴定来自以往的农业活动（砷、杀虫剂和铅）和工业活动（垃圾场、重金属、致癌物、化合物和矿物以及碳氢化合物）的化学残余物，以及在项目邻近地区任何可能的污染物。此外，在天然岩石和底层含有氡的地区，水污染的可能性需要特别关注。这些检测对于决定场地可行性，以及确定减轻或去除污染物所需采取的方法是十分重要的。

应该检测当地的土壤，检测土壤对于回填、斜坡结构和渗透的适宜性，以确定其承载力、可压缩性和渗透率，以及结构适宜性和机械压实的最佳方法。

（3）评价场地的生态特性

为湿地的存在和保护濒临灭绝的物种而评价场地的生态特性。制定表层植被清除、土地平整、排水系统选择、建筑定位以及暴雨径流调节等湿地导则；制定濒临灭绝物种的管理条例，以保护特别的动植物物种。生态环境保护和恢复策略要建立在合理的资料分析上，这些资料可通过遥感和实地观测方法收集或从专家那里得到。

检查现有的植被以便列出重要植物的种类和数量清单。这将使开发商或业主明确在建造过程中易受危害的具体植物，从而制定并采取保护措施。

（4）在地图标注自然危险标

将所有潜在的自然危险标在地图上（如风、洪水和泥石流）。历史上的洪水资料、风暴灾害资料和下沉资料应该与近年的风和降水资料一起标在地图上。指出项目的开发在不久的将来是否存在必然的持续影响是十分重要的。

（5）交通与基础设施资料分析

用图表的方式列出目前行人和车辆的运动以及驻留情况，以便确定交通出行方式。应该考虑地段附近地区目前的交通和停车类型及其与项目中建筑设计和场地交通类型的关系。考察利用现有地方交通资源的可能性。探讨与其他机构共享现有交通设施和其他资源的可能性，如停车场和短程往返运输工具，这将带来更高的场地利用率。

对场地现有的公用事业和交通基础设施及其容量进行分析，明确现有基础设施的可利用性和不足，从而得出改进措施，并预测这些措施对周围地区可能造成的破坏，以及需要的费用，使现有各种设施、建筑物及构筑物与项目的建筑和设施结合在一起。

（6）考察建筑风格与历史性

明确建造的限制和要求。对当地土壤条件、地质、挖土的限制和其他特有因素及限制条件进行分析，明确是否需要特殊的建造方法。

考察可能恢复的场地文化资源。历史性的场地和特征可以作为项目地段的一部分被结合进来，从而增加与社区的联系并保存该地区的文化遗产。考察建筑风格，并将其融合到建筑设计中去。在一个地区历史上占统治地位的建筑风格可以在建筑和景观设计中借鉴和反映，以增加社区的整体性。力求采用与历史相协调的建筑类型。可能存在历史上与该区域相匹配的建筑类型，考虑将这些类型融入建筑开发中去。

5.1.2.3 场地的整体布局

（1）空间的功能分类

场地布局的主要任务，就是合理确定建设项目各组成成分之间的相互关系和空间位置，而决定其相互关系和空间位置的基础是功能的分析与组合。场地内各种布置和安排总是与某种功能相关的，由于任何功能都是依托于特定的空间场所而实现的，因此，有必要对使用空间归类。空间分析就是根据其使用功能、空间特点、交通联系、防火及卫生要求等，将性质相同、功能相近、联系密切、对环境要求相似、相互之间干扰影响不大的建筑物、构筑物及设施分别组合、归纳形成若干个功能区，得出空间组成图。这是场地整体布局过程中首先需要考虑的关键环节。

（2）场地的功能分析

除了极个别场地外，绝大多数场地的总体布局是由几栋或更多的建筑组成的，仅仅使每一栋建筑分别适合于各自的功能要求，还不能保证整个场地的功能合理以及与外部环境的协调。人在场地中活动的时候，不可能把自己的活动只限制在一栋建筑物内而不牵连到其他的建筑物。事实上，建筑物与建筑物之间从功能上来讲，并不是彼此孤立的，而是互相联系相互影响的。为此，必须处理好建筑与建筑之间的关系，只有按照功能联系的规律将各种建筑有机地联系起来，形成有机的统一整体，才能说场地的功能布置是合理的。

场地的功能分析与表达常围绕"主体—行为—空间"这一思维取向进行，一般采用图解的方式，如场所分析图、行为流线图、空间组成图等。场所分析图（见图 5-1）是对较复杂功能的高度概括，宜于把握全局。一般从空间场所的使用主体或基本目的出发，按其主要功能或特点作适当归纳，有助于初步设计阶段从整体上分析相互关系，将复杂的问题简单化。

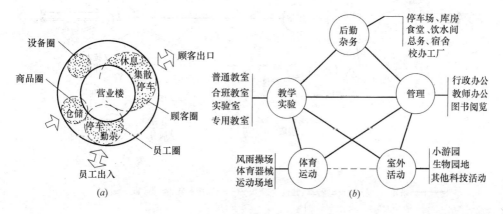

图 5-1　百货商店和小学的场所分析图
（来源：文献 [14]）
（*a*）百货商店；（*b*）中小学校

行为流线图围绕场地内行为主体的移动过程，用以表达场地内的主要功能关系。行为主体以人或物为主，有时也包括相关交通工具及公共信息、能源等。其分析着眼于场地各主要部分之间的关联状况和互动密度，可采用不同线型——实线、虚线、点画线、双线等或用不同颜色表达不同行为主体的路径，也可采用线的宽度等特征表达移动轨迹的频繁程度或时间变化，使所表达的功能关系更加明确。在工业场地中则多以工艺流程图表达产品的加工、生产过程。图 5-2 示出了火车站场地分析的行为流线图。

空间组成图是以空间功能为基础抽象出来的，有利于与场地特性进行对比分析。例如：对于高等学校的布局，其中的办公楼、礼堂、图书馆、教学楼及实验室、研究室和信息中心等设施，是以教学功能为主，共同构成了校园内最主要的"教学区"；与学生生活密切相关的学生宿舍、食堂、浴室及其他商业服务等设施则形成学生"生活区"；其他设施的相应组合还可划分出科研产业区、生产后勤区、文体活动区及教职工生活区等（图 5-3）。

根据各功能区的用地规模、使用特点、环境要求、交通联系与相互影响，结合场地条件确定各功能区的具体位置，使各功能区之间既相对独立又相互联系，共同构成一个有机的整体。

这一功能分区的过程，划定了场地内各用地的使用方式，也为建筑及其他设施的具体布置建立了一个总体框架。场地功能分区要充分结合场地条件，从场地的区域位置、气候（日照、风）、周围环境与景观特点、地形与植被、用地建设现状及用地的技术经济要求等方面，深入分析由此形成的各种有利条件和不利因素，例如，场地的用地形状与朝向、地面高差与坡度、出入口位置与内外交通的衔接、红线后退与高度限制等，分清主次，因地

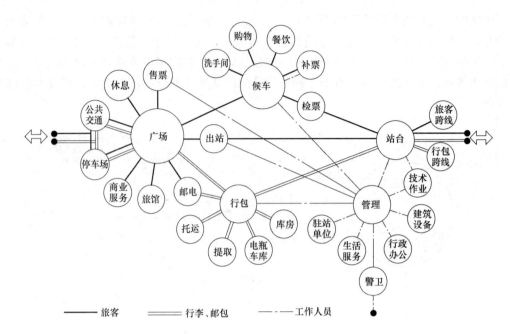

图 5-2 火车站场地分析的行为流线图

（来源：文献［14］）

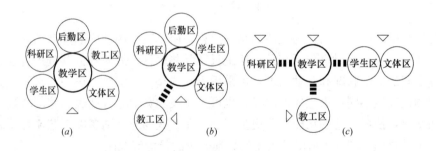

图 5-3 高等学校的功能分区图

（来源：文献［14］）

（a）全集中型；（b）主集中型；（c）分散型

制宜地做出全面的综合布置。

（3）场地的形式分析

在城市中进行项目建设，往往只能在周围环境已经形成的现实条件下来考虑问题，这样就必然会受到各种因素的限制与影响。虽然功能对于空间组合和平面布局具有一定的规定性，但它并非是唯一的影响因素，而只是问题的一个方面。除了功能因素外，建筑地段的大小、形状、道路交通状况、相邻建筑情况、朝向、日照、常年风向等各种因素，都会对建筑物的布局和形式产生十分重要的影响。如果说功能是从内部机制来约束建筑形式的，那么地形环境因素则是从外部来影响建筑形式的。一块场地之所以设计成为某种形式，追源溯流往往是内、外两方面因素作用的必然结果。尤其是在特殊的地形条件下，这种来自外部的影响则表现得更为明显。有许多场地平面呈三角形、梯形、Y 形、扇形或其他不规则的形状布局，往往是由于受到特殊的地形条件影响所造成的。在地形条件比较特殊的情况下设计建筑，固然要受到多方面的限制和约束，但是如果能够巧妙地利用这些制约条件，通常也可以赋予方案鲜明的特点。在有利的地形条件下进行布局，可以有多种布局的可能性。但即使是这样，也必须严肃认真地从多种可能性中选择最佳方案。

不同的地形条件常常可以赋予建筑不同的形式，由于特殊的地形条件而导致建筑形式的多样性，甚至诱发出一些独特的建筑布局和体形组合。有许多建筑，如果脱离开特定的地形条件而孤立地看，确实会使人感到困惑不解，然而一旦把地形的因素考虑进去，便立即意识到建筑形式和地形之间的某种内在联系和制约性，从而认识到这种形式并不是依靠偶然性而凭空出现的。例如，巴黎的联合国科学教育文化组织总部和华盛顿的美国国家艺术博物馆东馆就属于这样的例子。

5.1.2.4 场地的建筑布置

（1）影响建筑布置的因素

建筑物布置主要需要处理好朝向和建筑之间的间距。影响建筑物朝向的因素主要有：日照条件、夏季风与冬季风的大小和方向、用地形状和方位、道路走向、地形变化、周围景观；影响建筑间距的因素主要有日照间距、通风间距、消防间距。

（2）主要的布置方式

建筑物布置还与其功能性质、规模大小、所处地的气候、地形有关。通常，规模小、使用功能相对简单的建设项目，如托幼、中小学等，其建筑布置较为集中、紧凑；而规模较大、功能复杂的建设项目，其各部分的使用功能和要求各不相同，为保持各部分的相对独立并避免相互干扰，建筑布置往往比较分散。建筑的使用功能及其联系的特点决定了建筑空间的组合方式。1）大空间式：围绕一个大空间布置次要、辅助空间，如影剧院、体育馆、大型菜市场等；2）序列式：由一个连续统一、简捷明确的流程将各主要空间串通在一起的空间，如博物馆、展览馆、商场等；3）走廊式：各使用空间围绕狭长交通空间布置，如学校、医院、办公建筑等；4）放射式：多围绕交通大厅组织空间，如车站、会议中心、宾馆等；5）单元式：由若干性质相同、内部关系紧密的单元空间组合而成的空间，如集合式住宅、托幼等。其中，大空间式和走廊式的建筑布置，大多比较集中、紧凑；而序列式、放射式和单元式建筑布置则相对灵活，可根据规模和使用的要求采用或集中或分散或混合的形式。居住建筑一般分为行列式、周边式、点散式和混合式4种。

公共建筑的布置方式一般分为适当集中、适当分散、集中与分散相结合3种方式。适当集中即将建设项目各组成内容的主要部分集中布置在一幢建筑内，形成规模较大的主体建筑；其余的次要部分作为辅助建筑，围绕主体建筑配合布置的形式。适当分散即将建设项目各组成内容按性质、功能区分开来，组成若干幢独立建筑分散布置的形式。集中与分散相结合是将建设项目各组成内容中性质、功能相近的部分分别集中组成若干组建筑群，再把各建筑组群协调有机地组成整体的布置形式。

5.1.2.5 场地的道路与广场布置

（1）场地的道路布置

场地内的道路可分为主干道、次干道、支路、引道、人行道，布置道路时应考虑以下因素：满足各种交通运输要求，考虑安全与安静的需要，使建筑有好的朝向，充分利用地形，减少土方，节约用地和投资，考虑环境与景观要求，与绿化、工程技术设施协调。道路的布置形式有内环式、环通式、半环式、尽端式、混合式（图5-4）。各种道路设计应满足相关的技术要求。

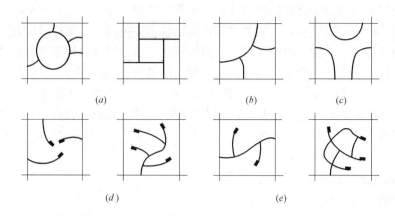

图 5-4 道路布置的几种方式

（来源：文献［14］）

（*a*）内环式；（*b*）环通式；（*c*）半环式；（*d*）尽端式；（*e*）混合式

场地内主要或大量的人流、车流等交通流线应清晰明确、易于识别；线路组织应通畅便捷，尽量避免迂回、折返。交通线路的安排应符合使用规律和生产、生活活动的特点。主要交通流线应避免相互干扰与冲突，必要时可设置缓冲空间疏解矛盾；应避免后勤服务性的交通对主要功能区的干扰，如锅炉房的进煤出渣最好设置在次要出入口。交通流线的组织还须满足交通运输方式自身的技术要求，如道路宽度、坡度、转弯半径及视距等。

功能分区时，应将交通流量大的部分靠近主要交通道路或场地的主要出入口附近，以保证线路短且便捷、联系方便，同时应避免对其他区域正常活动的影响。一般私密性要求越高或人群活动越密集的区域，其限制过境交通穿越的要求越严格，如居住用地、以休闲活动为主的广场或公园等，为防止区域以外人、车流的导入，这些区域的道路布置宜通而不畅。在地势起伏较大的场地中组织交通时，应充分考虑地形高差的影响，使交通流量大的部分相对集中布置在与场地出入口高差相近的地段，避免过多垂直交通和联系不便。人流的组织要处理好场地与城市道路的关系，合理设置集散空间，并符合人流集散规律。场地出入口要考虑与城市道路、公交站点、停车场等交通设施，以争取便捷的对外联系，但同时应注意尽量减少对城市主干道上交通的压力。

可持续的交通设计，还要考虑交通方式的选择。通常在 200m 的范围内，步行比骑自行车更快；在 450m 的范围内，步行比坐小轿车更快；在 4500m 的范围内，骑自行车比坐小轿车更快。因此，在交通道路的设计中，若能充分利用步行和自行车代替其他交通方式，不仅可减少交通量、交通设施和交通费用，而且还可节省能源和减少污染。

（2）场地的广场布置

广场有交通集散广场、游憩集会广场、文化广场、纪念性广场、杂物堆放广场等。广场设计应满足使用、观赏的要求，还要考虑场地自然条件和人们的生活习惯等。一般而言，广场设计时，尺度方面应满足：$1 \leqslant$ 宽/高（D/H）$\leqslant 2$，长/宽（L/H）小于<3。广场面积一般应小于建筑面积的 3 倍。广场长宽一般应控制在 20～30m 较为合适，城市广场至少 70％面积位于同一高程上，并不得少于 70m^2。街坊内的广场应有足够宽度，以保证冬季阳光能直接射入其内，产生舒适的热环境。

5.1.2.6 场地的热环境与绿化

（1）场地热环境

场地热环境对于人们在室外活动或休憩都有很大的影响。场地热环境设计因气候状况和地理纬度不同而异。一般情况下，冬天应遵循"争取日照，防避冷风"的原则，而在夏天则应遵循"创造荫处，争取通风，积极利用天空辐射冷却"的原则。在冬季，室外活动空间最好布置在南向，且不要有任何遮挡，让阳光直接入射，而北面可以依靠建筑物或树木等以避免冷风的渗透和侵袭。同时，地面采用蓄热能力大的材料铺设，可以起到调节温度的功效。在夏季，白天最好的室外活动空间是树荫下的开敞空间。树冠不仅遮挡白天太阳的直射辐射和散射辐射，使人体免受太阳暴晒，还使地面温度较低，从而减弱地面对人体的长波辐射。在夏季夜晚，最好的室外空间是露天空间。露天空间由于受天空辐射冷却，温度下降最快，更重要的是人体能直接以辐射的方式向天空辐射散热。因此，对于夏季室外活动空间而言，白天要求通风良好和遮阳，晚上要求对天开敞，充分利用天空长波辐射冷却，才是最理想的。

（2）场地绿化

利用绿化可以改善场地热环境。在冬季可以利用茂密的树木防风，在夏季可以通过组织建筑和树木来提供通风和遮阴。绿化还可以减少来自地表及周围界面的长波辐射，并降低空气温度。绿化和水的蒸发降温是提高室外热舒适，减小热岛效应的主要措施。绿化不仅调节空气温湿度、促进通风和防尘，改善室外热环境，还有美化环境、吸收有害气体、吸滞烟灰和粉尘，减少空气中的含菌量，净化空气、水体和土壤的作用。在安全防护方面，绿化还有加固坡堤和岸堤、稳定土壤、吸收放射性物质、防火防震、隐蔽、隔离和隔声功能。

5.1.2.7 可持续场地设计策略

（1）基础设施设计

1）设计场地平面以尽量减小道路长度、建筑基底和预期改造所需中实际占地面积。这些规划减少了与市政设施的管线连接长度，需要参考地方规范中有关水、电、气的管线要求。

2）尽可能采用重力排水系统。要尽量避免使用带泵的排水系统，因为这需要持续的电力消耗。利用化学废物容器和管线。对现有的化学废物容器和管线进行检查、保护和再利用，以避免产生额外有害物质。

3）尽量将公用走廊集中在一起，或将公共的市政设施沿着已改造开发地区、新修道路和人行构筑物集中，这样既减少不必要的场地清理和挖沟，又为以后的维修提供方便。

4）尽量减少交通路程。在适当情况下，鼓励合用交通工具以提高交通工具的使用效率，鼓励使用自行车以减少燃料消耗和空气污染，做好自行车的管理和安全放置，这样可以为人们减少停车费和交通费，同时有利于保护环境。鼓励使用现有公共交通网络，以尽量减少对新的基础设施的需求，这样增加场地使用效率，同时还可减小场地覆盖率、停车要求和相应的费用。

5）考虑增加电信的使用。电信和电话会议可以减少经常来往于工作场所的时间和费用。在场地和建筑设计中规划适当的电信基础设施和通信是可持续建筑的发展方向。

6）集中公共设施、行人和汽车通道。为尽量减少铺装的费用，提高效率和集中径流，道路、人行道和停车场的模式应该紧凑。这不仅是一个更便宜的建造方法，还有助于减少不渗透表面在整个场地中所占的比例。

（2）方案设计

1）规划场地空地和绿化，充分利用太阳能和地形条件。太阳方位、天空云状以及地形对于利用太阳能是互相关联的。一个场地的纬度决定了一年的任一天任意时刻的太阳高度角和方位角，场地空地和绿化种树布置既要考虑冬季建筑日照，又要考虑夏季建筑遮阴。

2）确定建筑的朝向，以便在被动式和主动式太阳能系统中利用太阳能。确定建筑朝向时应考虑能在夏天利用阴影和空气流动来纳凉，在冬天利用太阳能取暖和防风。如果计划使用太阳能集热器或太阳能发电系统，朝向的选取应有利于太阳能光热的最大化获得。

3）在寒带和温带地区，尽量减少太阳阴影。景观地区、开敞空间、停车场和化粪池应集中起来，使其给建筑项目和邻近建筑朝南的方向造成的阴影最少。分析整个场地的阴影和风况，避免永久性阴影的产生，明确阻挡冷风的要求。

4）将建筑和停车场与景观地貌合理匹配，可以减少土地平整和场地清理量。在过度倾斜的斜坡上采用半地下室和错开的楼层。

5）提供一个能使热量损失达到最小的北墙设计。提供有气闸的入口，同时在住人的地方减少玻璃的使用，以防止热量损失。在寒带和温带的大型建筑，需要换气系统作补偿，以平衡这种环境下建筑的室内压力。

6）提供一个能最大限度地保证安全和通行方便的建筑入口。建筑在场地上的位置应保证其入口能最大限度地提供安全和通行方便，同时能对各种不利因素进行防范。

（3）景观和自然资源的使用

1）利用太阳能、空气流动、天然水资源和地形特性来控制建筑的温度。利用现有的水资源和地形，可以在寒冷的气候中创造冬天的热源，在炎热的气候中创造温度差以产生凉爽的空气流。现有的河流和其他水资源有助于为场地提供降温。建筑外表颜色和表面朝向可用来更好地吸收或反射太阳辐射。

2）使用现有的植物来调节气候条件，并为当地野生动物提供保护。植物在夏天可提供阴影和蒸发降温，在冬天可防风。另外，植物还可为野生动物提供一个自然的联系通道。

3）在炎热气候条件下，设计道路、景观和附属结构使风朝向主要建筑，以降低温度；或在寒冷气候条件下使主要建筑避开主导风向以减少热损失。

（4）公共休闲场所方面设计

1）调节微气候如阳光和风，以最大限度地满足人的舒适感，如广场、座位区和休息区。在规划室外公共休闲场所时，设计者需要考虑季节性的天气类型和气候变化，如在湿热地区的水蒸气压力，干热地区的干燥风和每日的极端情况，以及在温带和寒带地区每年的极端温度情况。采取避害趋利的措施，如树冠高度的调节以及喷泉和其他结构的使用，可以加大或降低场地的风力、投射阴影或由蒸发产生降温，从而很好地调节场地的外部环境。

2）考虑在公共休闲场所使用可持续的场地材料。如果可能的话，材料应该可以循环使用，而且寿命周期成本低。在选择场地材料时也应考虑对太阳辐射的反射率。

（5）建造方法

1）指定可持续的场地施工方法。所使用的施工方法应该保证施工过程的每一个步骤都避免不必要的场地破坏（如过度的平整、爆炸和清理）和资源的退化（如河流的淤积、地下水的污染、空气质量的恶化）。利用其通风、日照、降雨等有利因素，避免或减轻其不利因素的影响（如寒冷潮湿空气、干燥的风和暴雨径流）。

2）制定有序的开发步骤以尽量减少场地破坏。应将建筑活动制成战略性和阶段性图表，以避免不必要的场地破坏，并获得一个从场地清理到竣工的有秩序的施工顺序。该策略降低了费用并减少了对场地的危害，这需要所有承包商之间的密切合作。

5.2　建筑节水途径与器具

5.2.1　建筑与给水排水

5.2.1.1　建筑与水

水如同人类的血液一样，洁净的水被源源不断地送入建筑中，以保证建筑中各个用水系统的正常运行，同时也供给生活、工作在建筑中的人们，同时使用过的水、受到污染的水又源源不断地从建筑中排出。建筑消耗的水资源占社会总耗水量的 42%，而建筑排放的污水对水污染的"贡献"达到 50%。排除的污水需要通过复杂而漫长的自然净化过程，才能恢复成可以再次被取用的水。当污水中污染物过多时、水体自然净化的能力不足，水体就陷于污染的境地，这时就需要人工干预。建筑污水大都是通过城市的污水处理厂来处理的。

犹如人体中的动脉和静脉输送养分和排除废物一样，建筑中的给水系统和排水系统也起到了为建筑输送养分和排除废物的作用。建筑中的用水主要有生活饮用水、生活杂用水和工业用水。生活饮用水用于人们的日常饮用和洗涤，如冲泡茶和饮料的开水、洗菜、洗涤炊具、洗手、洗衣、洗澡等，因与人的身体有接触，对水的干净程度有较高的要求；生活杂用水用于冲洗便器、冲洗汽车、浇洒道路、浇灌绿化、水景补水、空调循环用水补水等，对水质的要求比生活饮用水要低，但也需要达到一定的水质标准要求；还有一些特殊用途的用水，如工业用水因生产过程、工艺的不同，对水质的要求也各异。在建筑中水被使用过后，会受到一定的污染，使用过程中也会蒸发掉一小部分，受到污染的水通过排水管道排到室外，人们将在日常生活中排出的生活污水和生活废水统称为建筑排水。建筑中的给水排水系统保证了建筑对水的需求，保障了建筑的正常运行。

5.2.1.2　建筑给水

建筑中的给水大都来自地表水体（江、河、湖、水库等）和浅层地下水，经取水泵站、水处理厂、市政给水管网输送到各个建筑物。建筑给水系统由水池、水泵、管道、阀门、用水器具等组成，给水系统按需求将水输送到建筑物中的各个用水部位，保证建筑的各项功能的正常进行，也保证生活和工作在建筑中的人们对水的需求，如人们所需的饮用水、洗涤用水、冲厕用水等都有赖于给水系统的工作；另外还有一些为实现特殊功能需求的给水系统，如建筑中的供暖水系统需要将水加热，由水把热量带到各个房间，将建筑室内加热到满足人们生活和工作的合适的温度；建筑中的消防水系统则把水作为灭火剂输送到发生火灾的部位，扑灭火灾。

水的用途不同对水质的要求也不同，给水水质的主要控制指标分为四类：感官性状指标、化学指标、毒理学指标、细菌学指标。国家标准委和卫生部联合发布的《生活饮用水卫生标准》GB 5749—2006 强制性国家标准和 13 项生活饮用水卫生检验方法国家标准，于 2007

年 7 月 1 日起实施。这是对 1985 年发布的《生活饮用水卫生标准》GB5749-85 进行修订，规定指标由原标准的 35 项增至 106 项。新《生活饮用水卫生标准》增加了 71 项水质指标，其中微生物学指标由两项增至 6 项，饮用水消毒剂由 1 项增至 4 项，毒理学指标中无机化合物由 10 项增至 22 项，有机化合物由 5 项增至 53 项，感官性状和一般理化指标由 15 项增加至 21 项。新《标准》适用于各类集中式供水的生活饮用水，也适用于分散式供水的生活饮用水。在新《标准》的各类指标中，可能对人体健康产生危害或潜在威胁的指标占 80% 左右，属于影响水质感官性状和一般理化指标即不直接影响人体健康的指标约占 20%。《生活饮用水卫生标准》中的 106 项指标分为常规检验项目和非常规检验项目两类。

5.2.1.3 建筑排水

建筑排水系统起到排除废水、污水和雨水的作用，排水系统由排水器具（洗涤盆、地漏、雨水斗等）、管道、排水泵等组成。几乎在所有的用水部位都会设置相应的排水器具，如厨房的洗涤池、卫生间的洗脸盆、大小便器、地漏等，这些器具收集使用过后的污水，通过排水管道排至室外城市排水系统。

废水是指污染程度较低的排水，如盥洗排水、沐浴排水、洗衣排水、游泳池排水、冷凝水等；污水主要为粪便排水、地面冲洗排水、厨房排水等污染程度较高的排水。废水和污水都是在水被使用后，受到一定程度污染的排水，排水夹带的污染物包括泥沙、生活废弃物、粪便等。污水、废水受污染的程度可用 BOD、COD、SS 等参数来表示，BOD 是生化需氧量的英文缩写，是指有机污染物经微生物分解所消耗溶解氧的量，主要反映水体中有机物的污染状况，一般有机物都可以被微生物所分解，但微生物分解水中的有机化合物时需要消耗氧，如果水中的溶解氧不足以供给微生物的需要，水体就处于污染状态。COD 是化学需氧量的英文缩写，是指在一定条件下，用强氧化剂氧化水中有机物和其他一些还原性物质时所消耗氧化剂的量，以氧的每升毫克数表示，SS 是指水中悬浮物含量。BOD、COD、SS 是分析水体污染程度的指标，其数值越大，污染程度越大。

水在取水、处理和运输过程中要消耗一定的资源和能源，随着取水水源受污染程度的日益严重，处理水的成本也相应加大，而对于缺水型城市，从外地调水的费用也日趋昂贵。因此节水也意味着节约能源和资源。

5.2.2 建筑节水途径

节水的目的是减少淡水的使用量，提高水的使用效率，用较少的水量满足人们日常的需要。节水时可以通过减少用水量，循环使用水，使用非传统水资源来达到节水的目的。

5.2.2.1 制定生态的水系统规划

生态地产的节水应从规划设计入手进行节水，对于生态地产的水系统规划，除涉及室内给水排水系统外，还涉及室外雨水、污水的排放、再生水的利用以及绿化、景观用水等与城市宏观水环境直接相关的问题。进行生态地产设计前应结合本地区域的气候、水资源、给水排水工程等客观环境状况，在规划阶段制定水系统规划方案，统筹、综合利用各种水资源，增加水资源循环利用率，减少市政供水量和污水排放量。水系统规划方案主要包括用水定额的确定、用水量估算及水量平衡、给水排水系统设计，还包括节水器具、污水处理、再生水利用等内容。根据建筑所在区域水资源现状和气候特征的不同，水系统规划方案涉及的内容可能有所区别，例如，在不缺水的地区，水系统规划方案一般不考虑污水的再生利用。因此，水系统规划方案具体内容的确定应该做到因地制宜。

对于雨水、再生水等水源的利用也是重要的节水措施。多雨地区应根据当地的降雨情况与水资源等条件因地制宜地加强雨水利用，降雨量相对较少且集中的地区则应慎重考虑雨水收集的工艺与规模，稳步提高投资效益。在内陆缺水地区，应着重强调对再生水的利用，淡水资源较为丰富的地区则不需要强制实施污水再生利用政策。

合理规划地表与屋面雨水径流途径，降低地表径流，采用多种渗透措施增加雨水渗透量，这在生态地产建筑的节水中也是一条行之有效的办法。在规划设计阶段，应该结合居住区的地形特点，对地面雨水和建筑屋面雨水的径流进行有效的控制利用，增加居住区的雨水渗透量，并使雨水受污染的概率降至最低。

对于不同的地区，应因地制宜地采取有效的措施。在降雨量较大而又缺水的地区，应通过技术经济比较，合理确定雨水集蓄及利用方案。对于年平均降雨量在 500mm 以上的多雨但缺水地区，应结合当地气候条件和住区地形、地貌等特点，除采取措施增加雨水渗透量外，还应建立完善的雨水收集、处理、储存、利用等配套设施，对屋顶雨水和其他地表径流雨水进行收集、调蓄、利用。雨水收集利用系统应根据汇流条件和雨水水质考虑设置雨水初期弃流装置，根据雨水利用系统技术经济分析和蓄洪要求设计雨水调节池，收集利用系统可与小区或住区景观水体设计相结合，优先利用景观水体池调蓄雨水。在地形条件有利时可优先考虑植被浅沟等较为生态的措施。根据用水对象，对收集的雨水应进行单独人工处理或进入居住区中的水处理系统时，处理后的雨水水质应达到相应用途的水质标准，宜优先考虑用于室外的绿化、景观用水。雨水利用和处理方案及技术应根据当地实际情况，经多方案比较后确定。

5.2.2.2 分配多种水源

对于不同的水源，应考虑不同的使用性质，合理分配，做到物尽其用，以提高综合节水效能。生态地产景观环境用水及补水属城市景观环境用水的一部分，应结合城市水环境规划、周边环境、地形地貌及气候特点，合理规划，避免浪费。景观用水应优先考虑采用雨水、再生水，而不应采用市政供水和各自地下水井供水。另外，还应设置循环水处理设备，循环利用景观用水。绿化用水、洗车用水等非饮用水应采用再生水或雨水等非传统水源。再生水包括市政再生水（以城市污水处理厂出水或城市污水为水源）、建筑中水（以建筑生活排水、杂排水、优质杂排水为水源）等。再生水水源的选择应结合城市规划、住区区域环境、城市再生水设施建设管理办法、水量平衡等，从经济、技术和水源水质、水量稳定性等各方面综合考虑。按照开源节流的原则，缺水地区在规划设计阶段还应考虑将污水处理后，合理再利用，绿化、洗车、道路冲洗、垃圾间冲洗等非饮用水，采用雨水、再生水等非传统水源，能有效减少市政供水量。

一般情况下，生态地产的非传统水源利用率不应低于 10%。根据生态地产评价的优选项，如果非传统水源采用集中再生水厂的再生水或采用海水，根据《建筑中水设计规范》等标准规范，住宅冲厕用水占 20% 以上，若这部分用水全部采用再生水或海水（沿海严重缺水地区还可采用海水），则非传统水源利用率定在 20% 以上；若考虑绿化、道路浇洒、洗车用水等也采用再生水、雨水时，则居住区应确定为有 10% 以上的用水能用非传统水源替代。

5.2.2.3 用水定额及水量平衡

建筑用水管理不善也会造成巨大的浪费。包费制的用水收费方式，由于没有把用水量和收费直接挂钩，使得用水人无节水的意识，造成水的浪费。而分户、分用途设置用水计量仪表，可方便地计量每个付费单元的用水量和各种用途的用水量，实现用者付费，杜绝浪费。取消包费制，对用水实施计量，实行分户装表、计量收费，一般可节水 20%～60%。安装水表不光要满足用水计量的要求，还应考虑水量平衡测试的需要。水量平衡测试是指对用户的用水体系进行实际测试，确定其用水参数的水量值，并根据其输入水量与输出水量之间的平衡关系，分析用水合理程度的工作。通过水量平衡测试可以全面了解管网状况、各部位（单元）用水现状，画出水量平衡图，依据测定的水量数据，找出水量平衡关系和合理用水程度，采取相应的措施，挖掘用水潜力，达到加强用水管理、节约用水并提高合理用水水平的目的。

用水定额、水量平衡及用水量等各项指标都是参照《城市居民生活用水量标准》GB/T 50331 和其他相关用水标准而确定的，以标准中规定的用水定额为基础，结合当地经济状况、气候条件、用水习惯等多方面因素，还应以区域水专项规划等作为参考，根据实际情况科学、合理地确定。

5.2.2.4 防止跑冒滴漏

建筑管网的跑冒滴漏是最常见的建筑用水浪费的根源之一，在输水过程中，管道、设备和用水器具的漏水会造成很大的浪费。采取有效措施避免管网跑冒滴漏是建筑节水技术最常规的应用。建筑内的跑冒滴漏主要发生在给水配件、给水附件和给水设备处，包括室内卫生器具漏水量、屋顶水箱漏水量以及管网漏水量。管道接头跑冒滴漏主要是接头不严密和接头刚性太强，给水配件、给水附件和给水设备的跑冒滴漏主要是质量原因，其次是安装时密闭不好导致漏损。据测定，"滴水"在 1 个小时内可以漏掉 3.6kg 水；1 个月可漏掉 26t 水。这些水量，足可以供给一个人一个月的生活所需。至于连续成线的小水流，每小时可流走 17kg 水，每月可流走 12t 水；哗哗响的"大流水"，每小时可流走 670kg 水，每月可流走 482t 水。

5.2.2.5 选用节水设备

作为节水设备，用水器具应优先选用原国家经济贸易委员会 2001 年在《当前国家鼓励发展的节水设备》（2001 年第 5 号公告）目录中公布的设备、器材和器具。公共区域应合理选用节水水龙头、节水便器、节水淋浴装置等。对采用产业化装修的生态住宅建筑，住宅套内也应采用节水器具。所有用水器具应满足国家《节水型生活用水器具》CJ 164 及《节水型产品通用技术条件》GB/T 18870 的相关要求。

压力流防臭、压力流冲击式、直排便器、3L/6L 两档节水型虹吸式排水坐便器及 6L 以下直排式节水型坐便器或感应式节水型坐便器等，缺水地区则可以选用带洗手水龙头的水箱坐便器，极度缺水地区可试用无水真空抽吸坐便器在选用节水设备的基础上，采用有效的给水系统减压限流的措施也能取得可观的节水效果，例如控制生活给水系统入户管表前供水压力不大于 0.2MPa，而设有集中供应生活热水系统的建筑，应设完善的热水循环系统，使得用水点开启后 10s 内流出热水。除此之外，还可以通过采用非传统水源、高效节水灌溉方式等其他手段，达到生态地产节水的目的。按照相关标准，生态地产建筑在采用了节水器具和设备后，节水率不应低于 8%。这里所说的节水率，指的是采用包括利用节水设施、非传统水源在内的节水手段后，实际节约的水量占设计总用水量的百分比，也称总节水率。

5.2.2.6 建立节水型社会

（1）全球水资源危机

几千年来，缺水已成为危及世界粮食安全、人类健康和自然生态系统的最大问题。2014年3月22日，联合国发布了《世界水资源发展报告》。报告指出，在未来几十年里，能源生产将令水资源日益紧张，与此同时，地球上的70亿人口当中已经有10多亿人既得不到能源，也得不到干净的饮用水。其实，无论是煤炭开采、核能发电等能源生产过程中都要消耗掉大量的水资源。根据国际水资源管理学会的研究，到2025年全球生活在干旱地区的10亿多人，将面临极度缺水，另有3亿多人将面临经济型缺水的问题。

（2）我国现状的水资源短缺

我国现状的水资源短缺一般可分为四种形式：一是工程型缺水，从地区的总量来看水资源并不短缺，但由于工程建设没有跟上，造成供水不足，这种情况主要分布在我国长江、珠江、松花江流域、西南诸河流域以及南方沿海等地区；二是资源型缺水，当地水资源总量少，不能适应经济发展的需要，形成供水紧张，如京津地区、华北地区、西北地区、辽河流域、辽东半岛、胶东半岛等；三是污染型缺水，水资源的污染加重了水资源短缺的矛盾，如长江三角洲、珠江三角洲；四是设施型缺水，已建水源工程，由于不配套，设施功能没有充分发挥作用所造成的缺水。

（3）建立节水型社会

随着人类社会的发展，近几十年来人类社会快速形成"耗水型文化"，使我们面临着严重水资源枯竭的危机。许多干旱的非洲都市，乡村农民无水可供日常饮食与农田灌溉，却抽取珍贵的河川水来冲洗马桶、洗车；过去美国中西部以深井超抽地下水来供应浪费的粗放农耕与冲水量20L的耗水马桶。

自来水公司的价格政策常造成民众浪费水资源的习惯，1997年到2004年的瓶装水消费量从8.0649亿 m^3 增加到15.4381亿 m^3，而全世界每年用于包装瓶装水的塑料为270万t。即便是饮用自来水安全的地区，瓶装水的需求仍不断上升，不仅消耗了大量的能源，还造成了大量不必要的垃圾。

建筑的水景设计，是人类"耗水型文化"的大帮凶。例如北京国家大剧院所设计的35000m^2 的露天大湖，对于严重缺水、地下水位以每年2～3mm速度沉降的北京而言，简直是一种讽刺。在水资源紧缺的华北、西北，因为近年房地产出现大量城市水景之风，有的"拦河筑坝"，把河水圈在城内；有的城市耗巨资"挖地造湖"，人为创造水域景观。事实上，许多人喜欢的草花大花圃与大草坪，不只浪费水资源，也是扼杀了生物多样化环境的帮凶。许多人以为百花齐放的花圃与绿草如茵的人工草坪十分美丽，殊不知这些都是环境的杀手，是一种最破坏生态的园艺形态。

建立"节水型社会"，在日常生活中杜绝浪费水的一些生活习惯，在景观设计上，应避免设计耗水型水景与大草坪，建筑物全面使用节水器材。节水不是限制人用水，节水是让人合理地用水，高效率地用水，不要浪费水。节水不单是节约了水资源，同时也伴随着对能源和其他资源的节约，从取水、水处理到水的输送都离不开能源和处理药剂、材料的消耗以及设备设施的损耗，因此，节水也意味着节能和节材。建筑用水的减少还可以降低城市市政供水和排水的负荷，减少对城市基础设施的投资。

5.2.3 节水器具

生态地产的节水设计中，最便宜又有效的方法为节水器材设计。在一般住宅用水调查中，卫浴厕所的用水比例约占总生活用水量的五成。过去许多建筑设计常采用不当的豪华耗水器材，因而造成很大的用水浪费，如这些用水器材可更换成省水器材，必能节省不少水量。水龙头、洗衣机等配水装置和卫生设备是水的最终使用单元，它们节水性能的好坏，直接影响建筑节水工作的成效。节水器具的节水潜力很大，节水器具是指在满足相同的饮用、厨用、冲厕、洗浴、洗衣等用水功能的情况下，较同类常规产品能减少用水量的用水器具。

5.2.3.1 节水龙头

节水龙头包括加气节水龙头、限流水龙头、陶瓷阀芯水龙头、停水自动关闭水龙头等。陶瓷阀芯水龙头、停水自动关闭水龙头是通过避免水龙头的漏水和跑水，达到节水的目的；加气节水龙头、限流水龙头是通过加气或者减小过流面积来降低通过水量，在同样的使用时间里，减少了用水量，达到节约用水的目的，是在国外使用较广泛的节水龙头，可节水 25％左右。

（1）延时自闭式水龙头

延时自闭式水龙头在出水一定时间后自动关闭，避免"长流水"现象。出水时间可在一定范围内调节，但出水时间固定后，不易满足不同使用对象的要求。光电控制式水龙头可以克服上述缺点，且不需要人触摸操作，光电控制小便器适合在公共建筑中安装使用。另外根据模糊控制原理生产的一体式小便器和大便器，其工作原理是将冲洗水量分为若干个区间，根据使用时间、使用频率自动判断需要的冲洗水量，比以往的系统节水 30％。

（2）控制出水量的水龙头

在不同场所采用不同出水量的水龙头，如新加坡规定洗菜盆用水 6L/min，淋浴用水 9L/min；我国台湾省推出的喷雾型洗手专用水龙头，出流量仅为 1L/min，而我国各种水龙头的额定流量大部分是 12L/min（0.2L/s），明显偏大。因此，应合理规定各种水龙头的额定流量，根据使用用途安装不同出水量的水龙头。

（3）压力调节的水龙头

水龙头的出水量随出水压力的升高而加大，即使使用节水龙头，在水压较高时，流量仍超过额定流量。如能保证出水压力恒定就能避免超压造成的浪费，可选用带压力调节功能的、适用于不同压力范围的节水龙头。

5.2.3.2 坐便器

传统的大便器冲水量为 13L，但现行省水大便器冲水量已缩小为 6L，在交通工具上利用空气压力的省水大便器则只要 2L，其差达 6 倍之多。洗澡用水器材的淋浴方式每人每次用水量约 20L，而泡澡方式则在 150L 以上。现在许多家庭设有两套浴缸装置，甚至装置按摩浴缸，但根据调查，九成以上之民众只用淋浴而闲置浴缸，造成大量浪费，如能在建筑上部分取消浴缸设计而改用淋浴设备，必能节约大量用水。又如住宿类建筑中最普遍使用的坐便器，一般都是单段式冲水机能，使小便耗用与大便相同的冲水量，造成水资源浪费。节水便器包括：压力流防臭、压力流冲击式 6L 直排便器，3L/6L 两档节水型虹吸式排水坐便器，6L 以下直排式节水型坐便器，感应式节水型坐便器，带洗手水龙头的水箱坐便器，无水真空抽吸坐便器等。目前，通行之日常生活省水器材，包括节水型水栓、省水坐便器、两段式省水坐便器、省水淋浴器材、自动化冲洗感知系统等等，特别是公共建筑物上更应率先使用。

5.2.3.3　水箱

有压水箱为密闭式水箱，利用管路中自来水的压力将水箱中的空气压缩，反水箱内的水具有一定压力。当冲洗时，水可高速冲洗大便器，冲洗清洁度比常压水箱高40%，每次只需3.5L冲洗水量。在日本有很多家庭使用带洗手龙头的水箱，洗手用的废水全部流入水箱，回用于冲厕。若水箱需水时，可打开水龙头直接放水。使用这种冲洗水箱，不但可以节水，而且可减少水箱本身的费用。

5.2.3.4　节水淋浴器

根据各种用水统计，沐浴用水占生活用水的30%～36%。节约淋浴用水可采用节水型淋浴器具，如采用灵敏度高、水温可随意调节的冷热水混合器、电磁式淋浴节水装置和非接触自动控制淋浴装置，配合低流量莲蓬头、充气式龙头使用，可节约用水40%以上。采用节水器具可充分节约水资源，虽然初投资要高一些，但能有效节省日常用水开支，高效节水洗衣机节水可达50%。

5.2.3.5　减压限流

生活用水大都是通过水泵的加压提升再送至千家万户，为满足使用功能，用水器具有额定流量的要求，为满足所需的流量需要提供足够的水压。水压和流量是呈正比的关系，同一个阀门，水压越大，流量也越大。部分卫生器具满足额定流量时的最低工作压力，在水的提升过程中，为满足最高最远一户用水点的压力要求，大部分用水点的压力都会高于实际使用所需要的压力，用水时会出现超压出流的现象。"超压出流现象"是指给水阀在单位时间内的出水量超过额定流量的现象。额定流量是满足使用要求的流量，因超压出流量未产生正常的使用效益，为无效用水，是对水资源的浪费。"超压出流现象"属"隐形"水量浪费，这种"隐形"水量浪费在各类建筑中不同程度地存在，不易被人们察觉和认识。同时超压出流还破坏了给水系统中流量的正常分配，严重时会造成水的供需矛盾；而且由于水压过大，水龙头启闭时易产生水击及管道的振动，加快阀门和管道的磨损，造成接头和阀件松动、损坏、漏水。可以采取减压的方法来避免"超压出流"现象，可以在管道上设置减压装置（减压阀、减压孔板、节流塞等），或采用带压力调节装置的用水器具，使供水压力接近用水器具所需的最低工作压力，从而达到减压限流、节约用水的目的。

5.3　建筑节水技术

生态地产应考虑水循环生态，保水（防洪与生态）、节水（水资源利用）、净水（污水处理）的一系列的水循环问题。

5.3.1　保水设计

5.3.1.1　保水的都市防洪设计

近几年，南方多雨地区，每逢台风季节，泥石流灾难与都市淹水、内涝频发，这并不都是河川整治不力，或山坡地的小区滥建的结果。事实上，这些灾难部分起因于城乡环境丧失了原有的保水功能，使土壤缺乏水涵养能力，断绝了大地水循环机能，因而使得地表径流量暴增，导致水灾频发。然而这些灾难并非不可避免，山坡地小区也并非完全不可开发，只要加强建筑基地的保水、透水设计就大可减缓其弊害。

都市防洪应考虑生态的防洪方式，应采取土地保水、渗透、贮集的治水对策。在城市，常将水池水塘填塞，地面铺上水泥沥青，让大地丧失了透水与分洪的功能，再耗费巨资建设大型排水与抽水站，作为洪水的末端处理。这样的巨型化、集中化的防洪设施，常伴随很大的社会风险。现在欧美最新的生态防洪对策，均规定建筑及小区基地必须保有贮集雨水的能力，以更经济、更生态的小型分散系统进行源头分洪管制，以达到软性防洪的目的。其具体方法是在基地内广设雨水贮集水池，甚至兼作景观水池，以便在大雨时贮集洪峰水量，而减少都市洪水发生。有些美国都市规定公共建筑物之屋顶、车库屋顶、都市广场必须设置雨水贮集池，在大雨时紧急贮存雨水量，待雨后再慢慢释出雨水。这种配合景观、都市、建筑基地的保水设计，就是以分散化、小型化、生态化的分洪，来替代过去集中化、巨型化、水泥化的治水方式，不但能美化环境，又能达到都市生态防洪的目的。

5.3.1.2 透水化环境设计

居住环境的不透水化是土壤生态上一大伤害。城乡环境开发过程中，人行道、柏油路、水泥地、停车场、游戏场、都市广场，常采用不透水铺面设计，使得大地丧失良好的吸水、渗透、保水能力，更剥夺了土壤内微生物的活动空间，减弱了滋养植物的能力。这些不透水化的大地，使土壤失去了蒸发功能，进而难以调节气候，因而引发居住环境日渐高温化的"都市热岛效应"。炎热的夏季，居住在都市里的人们为了应对炎热的都市气候，加速使用空调、加速排热，造成都市更加炎热化的恶性循环。

在先进国家已积极展开以都市透水化来缓和都市热岛效应的政策。德国有些地方政府规定建筑基地内必须保有40%以上的透水面积，甚至规定空地内除了两条车道线之外必须全面透水化。日本建设省与环境厅已宣誓，全面推动都市地面与道路的透水化来改善都市热岛效应。东京都在2000年8月前已将全人行步道之40%改换成透水铺面，并在东京之政府步道工程90%指定透水铺面施做，即使是日本民间一般工程，透水铺面工程亦高达40%。日本现在正准备修改道路工程法令，积极鼓励透水化沥青道路工程。根据日本大阪市2000年的实验发现，透水沥青道路甚至能降低夏日路表面温度15℃，对于降低都市气温与周边建筑空调能源有很大功用。由于透水性沥青道路混有高吸水性、高间隙骨材，不但能增加路面含水蒸发能力，也能减少道路积水、降低车辆照明反光、增加行车安全。同时由于透水沥青道路的高间隙性，因此能降低车辆的路面反射噪声也有降低。虽然透水沥青道路的建设费用高达一般道路工程的1.5倍，但在考虑环境质量与投资边际效益上，其投资是物超所值。

5.3.2 直接渗透与"贮集渗透"设计

5.3.2.1 绿地和被覆地设计

雨水渗透设计最直接的方法，就是保留自然土壤地面，作为雨水直接入渗之面积。由于绿地可让雨水渗入土壤，对土壤的微生物活动及绿化光合作用有很大帮助，同时植物的根部活动可以活化土壤、增加土壤孔隙率，对涵养雨水有所贡献，因此绿地是属于最为自然、最环保的保水设计。"被覆地"就是地被树皮、木屑、砾石所覆盖之地面,这些有机或无机覆盖物均有多孔隙特性,具备孔隙保水之功能,并且可防止灰尘与蒸发。"草沟"通常被用于无污染的庭园或广场的排水设计,是巧妙利用地形坡度来设计的自然排水路,是最佳的生态排水工法。

5.3.2.2 透水铺面设计

透水铺面设计,是满足人类活动机能与大地透水功能的双赢设计,尤其在高密度使用的都市空间是必要的生态措施。"透水铺面"就是表层及基层均具有良好透水性能的铺面,其表层通常由连锁砖、石块、水泥块、瓷砖块、木块、高密度聚乙烯格框等硬质材料以干砌方式拼成,表层下的基层则由透水性良好的砂石级配构成。依地面的承载力要求,其表层材料及基层砂石级配的耐压强度有所不同,但绝不能以不透水的混凝土作为基层结构,以阻碍雨水的渗透。

整体型透水沥青混凝土铺面,是以沥青与粗细骨材的调整,将孔隙率提高至20%左右。透水性混凝土又称无细骨材混凝土,亦即以无足量水泥浆及粗骨材、微量细骨材组成之混凝土,它可借由配比设计与施工控制来达成各种强度与透水性之铺面要求。然而,这些高孔隙率铺面常因孔隙被泥浆、青苔、异物阻塞而降低透水性,定期清洗维护是很重要的。图5-5是透水铺面设计;图5-6是与植物配合设计的透水铺面。

图5-5 透水铺面设计
(来源:http://image.baidu.com/search/)

图5-6 与植物配合设计的透水铺面
(来源:http://image.baidu.com/search/)

5.3.2.3 透水管路设计

在都市高密度开发地区,往往无法提供足够的裸露地及透水铺面来供雨水入渗,此时便需要人工设施来加速降水渗透地表下,目前较常用的设施可分为水平式"渗透排水管"、垂直式"渗透阴井",及属于大范围收集功能的"渗透沟"。

(1)"渗透排水管",是将基地降水集中于渗透排水管内后,再慢慢往土壤内入渗至地表中,达到辅助入渗的效果。透水管的材料从陶管、瓦管、多孔混凝土管、有孔塑料管进化为蜂巢管、网式渗透管、尼龙纱管、不织布透水管等,利用毛细现象将土壤中的水引导入管后,再缓缓排除。图5-7是商业化的日本透水渗透排水管路。

(2)"渗透阴井"也是利用透水涵管来容纳土壤中饱和雨水,待土壤中含水量降低时,再缓缓排除,属于垂直式辅助入渗设施,不仅有较佳的贮集渗透效果,也可拦截排水过程中产生的污泥杂物,有利于定期清除来保持排水的通畅。

(3)"渗透沟"是收集经由"渗透排水管"及"渗透阴井"所排出的雨水,以组成整个渗透排水系统,也可以单独使用于较大面积的排水区域边缘,来容纳较大的水量。因

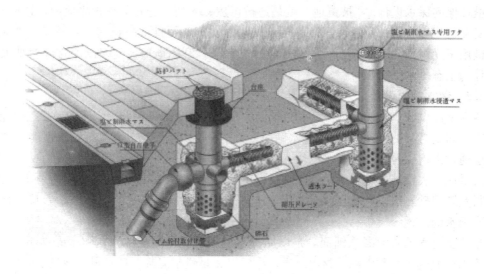

图 5-7 商品化的日本透水渗透排水管路
(来源：文献［8］)

此，"渗透沟"的管沟断面积也比上述两者大。材料的选择，必须以多孔隙的透水混凝土为材料，或将混凝土管沟的沟壁与沟底设计为穿孔凝土性构造以利雨水入渗。由于透水管路的孔隙很容易阻塞，必须设计好维修口、清理活塞、防污网罩等维护设施，同时必须定期清洗孔隙以防青苔、树叶、泥沙阻塞孔隙而失去透水功能，如图 5-8。

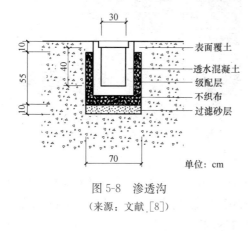

图 5-8 渗透沟
(来源：文献［8］)

5.3.2.4 "贮集渗透"设计

"贮集渗透"就是让雨水暂时留置于基地上，然后再以一定流速让水循环于大地的方法。"贮集渗透"设计无非在于模仿自然大地的池塘、洼地、坑洞的多孔隙特性，以增加大地的雨水涵养能力。"贮集渗透设计"最好的实例，就是兼具庭园景观与"贮集渗透"的双重功能的"景观渗透水池"，其做法通常将水池设计成高低水位两部分，低水位部分底层是不透水层，高水位部分四周则以自然渗透土壤设计做成，下大雨时可暂时贮存高低水位间的雨水，然后慢慢渗透回土壤，水岸四周通常种满水生植物作为景观庭园的一部分。"贮集渗透设计"另外的实例，是专门考虑水渗透的功能，以渗透良好的运动场、校园、公园以及屋顶、广场，作为"贮集渗透"池的方法。它平时为一般的活动空间，在下大雨时则可暂时贮存雨水，待雨水渗透入地下后便恢复原有空间机能，是一种兼具防洪功能的生态透水设计。

5.3.3 节水绿化设计

5.3.3.1 选用耐旱植物

耐旱植物包括旱生植物、中生植物的耐旱种类，以及通过培育而成的耐旱园艺品种。耐旱植物的应用，不仅能大量节约绿化用水，还能营造独特的景观。有人提出"耐旱风景"的观念，即选用既耐旱又美观的植物，来代替耗水量大的草坪，这样，可以节省水量30%~80%，并可相应地减少化肥和农药的耗费和污染，一举多得。

5.3.3.2 节水灌溉

对于人工绿化，灌溉是保证适时适量满足植物生长发育所需水分的主要手段，在达到浇灌效果的前提下，不同的浇灌方式耗费的水量有很大差异。节水型灌溉方式主要有以下几种形式。

（1）喷灌。喷灌是利用加压设备或利用高处水源的自然水头，将水流通过管道，经过喷头喷射到空中并散成水滴来进行灌溉。喷灌分为固定式、半固定式和移动式。喷灌是根据植物品种、土壤和气候状况，适时适量地进行喷洒。喷灌比地面漫灌方式可省约30%~50%的用水，而且还节省劳力，工效较高。喷灌有灌水均匀、自动化程度高、可以控制灌水量、不易产生深层渗漏和地面径流、不破坏土壤结构、可调节小气候等优点。

（2）滴灌。滴灌是通过安装在毛管上的滴管、孔口和滴头等灌水器，将水滴逐滴均匀缓慢地滴入作物根区附近土壤的灌水技术，有固定式和移动式两种。灌溉系统采用管道输水，输水损失很少，可有效地控制水量，水资源利用率高，用水量比喷灌省1/2。另外，由于滴灌实现自动化管理，不需要开沟等，可溶性肥料随水施到植物根区，水流滴入土壤后，靠毛细管力作用浸润土壤，不破坏土壤结构，有省肥、省工和水资源利用率高等优点。

（3）微喷灌。微喷灌是在滴灌的基础上逐步形成的一种技术，是通过低压管道系统，以小的流量将水喷洒到土壤表面进行灌溉的方法。微喷灌通过网系直接将水输送到根部土壤表面，水分利用率高。实践证明，微喷灌系统一般比喷灌系统省水20%~30%。微喷灌管理方便，节省劳力，耗能少，不易堵塞，能防止土壤冲刷和板结，容易控制杂草生长，是一种较先进的灌溉技术，但仍有受风影响降低灌水均匀度、限制根系发展、水质要求高的缺点。

（4）地下滴灌

地下滴灌是微灌技术的典型应用形式，是目前最新、最复杂、效率最高的灌溉方法。它直接供水于植物根部，水分蒸发损失小，不影响地面景观，同时还可以抑制杂草的生长，是园林绿地中极具发展潜力的灌溉技术。

（5）渗灌

渗灌是利用修筑在地下的专门设施将水引入土壤层，借助毛细管作用自上而下浸润作物根系附近土壤的技术。渗灌可分为无压渗灌和有压渗灌两种，除能使土壤湿润均匀、湿度适宜和保持土壤结构良好外，还具有减少地面蒸发、节约用水、提高灌溉效率、便于从事其他田间作业等优点。

5.3.3.3 梯级供水

要解决用水需求不断增长与水资源短缺的矛盾，必须统筹分析用水需求的内涵，通过梯级供水和水资源的循环使用，合理利用水资源，提高水资源的使用效率。"梯级供水"是指根据不同用途用水所需水质的差异，高质高用，低质低用，实现水梯级多用。"梯级供水、一水多用"能有效提高水的利用率，从而达到节水的目的。在建筑中"梯级供水"也是节水的重点，建筑中的用水包括：直饮水、洗涤用水（洗菜、洗脸、洗澡）、冲厕、绿化浇灌、冲洗道路、空调冷却水、水景补水等，其中直饮水和洗涤用水对水质的要求最高，通常可以收集洗涤后的废水经过简单的处理供冲厕、绿化浇灌、冲洗道路、空调冷却水、水景补水等使用。当然处理后的水应达到生活杂用水的水质标准。

5.4　建筑用水的循环利用

在太阳能和地球表面热能的作用下，地球上的水不断被蒸发成为水蒸气，进入大气。水蒸气遇冷又凝聚成水，在重力的作用下，以降水的形式落到地面，降水（包括雨、露、霜、雹、雾等）是自然界水循环的一个阶段，降水是优质的淡水资源。人类活动不断改变着自然环境，也越来越强烈地干扰和影响水资源的自然循环过程。建筑与城市的出现隔绝了自然界中水的生态循环，城市地下水位下降、城市雨洪灾害、热岛效应等现象的出现向人类敲响了警钟。

在建筑中采用循环用水的方式可显著减少水的消耗，如空调冷却水、泳池用水、景观用水大都采用循环用水方式。空调冷却水是将水作为冷却介质带走设备运行中产生的热量，因为水具有使用方便、热容量大、便于管道运输且化学稳定性好等特点，冷却水不与被冷却的物料直接接触，使用后除水温升高外，较少受到污染，不需净化处理，经冷却降温后即可重新使用，因此，空调冷却水的循环使用是建筑节水的重要内容。

"循环用水"也是工业用水节水的重点。比如，炼油厂单程冷却加工1t原油需用水30t，如采用循环水冷却，用水量可降到原来的1/24。通常人们使用的自来水大都是来源于水厂，水厂取地表水（河、湖、水库等）或地下水，经过处理输送到千家万户。而非传统水资源是指不同于传统地表水和地下水的水资源，包括再生水、雨水、海水等。再生水是指对污水处理厂出水、工业排水、生活污水等非传统水源进行回收，经适当处理后达到一定水质标准，并在一定范围内重复利用的水资源。在水资源供需矛盾的形势下，积极开发利用非传统水资源，将非传统水资源作为城市的新水源，是节水的一个新的发展方向。

5.4.1　景观用水

在城市适当地构建人工水景，能起到丰富空间环境和调节小气候的作用。但水景对水资源和能源的消耗是惊人的，即使采用循环用水，水面蒸发、池底渗漏也会消耗大量的水，盲目营造大规模的水景，会大大增加日后运营的成本。是否设人工水景应综合分析当地的气候条件和资源状况，如降水量、蒸发量、水资源的现状，通过经济技术比较确定补水的来源、适宜的水面大小、循环处理方式等，创造赏心悦目、可持续运转的绿色水景。

景观用水应优先考虑自然降水作为补充水源，借助自然降水和水体的自然净化来营造水的景观，是生态地产所追求的目标，即降低维护成本、保证可持续性，恢复景观的自然生态属性。采用自然降水作为景观用水的补充水源时，应考虑降水量与蒸发量的平衡关系，局部区域内可收集到的降水量应能大于人工水体表面的蒸发量和池底的渗透量的和。理想的绿色水景应能采用生态处理方法来净化水质，即利用水体、土壤、植物等构成一个动植物生态环境，通过物理、化学和生物的三重共同作用实现对水景水的净化，其中包括水生植物处理、湿地与人工湿地处理、土地处理等方式。

水生植物净化是通过水生植物根系吸收水中氮、磷等营养元素，从而达到净化水体的目的。研究结果表明，利用水生植物不仅能净化北京动物园水体，而且还有利于营造水上园林景观和为水禽创造适宜的生存环境。

5.4.2 中水回用系统

在建筑中再生水通常被称作中水，"中水"是日本用语，因为日本称自来水为上水、污水为下水，称次等水质的水为中水。中水在欧美国家则称之为"灰色的水"。中水是指各种生活杂排水或轻度使用过之废排水汇集，并经过简易净化处理，达到规定的水质标准，可在生活、市政、环境等范围内再重复使用于非饮用水及非与身体接触之生活杂用水。中水是对应于给水和排水而得名，其水质介于给水与排水之间。为节省取自城市供水管网的生活饮用水，可使用中水进行便器冲洗、地面冲洗、汽车冲洗、浇洒道路和绿地、空调冷却用水等。

建筑中的水系统由中水原水的收集、储存、处理和中水供给等设施组成。建筑中水系统可收集建筑本身的排水，处理后回用，也可直接使用市政再生水厂生产的再生水。大区域的中水系统，可结合机关大楼、学校、住宅、饭店等区域集中设置。将这些区域或大楼的杂排水或污水就近收集、就地处理、就近回收使用。小规模的中水系统将一般生活杂排水收集处理后，提供建筑内冲厕用水或作为空调主机的循环用水等用途。由于中水的净化设备比雨水系统昂贵，其经济效益亦较低，因此，目前不宜轻易强制设置中水系统，否则像日本东京或中国北京强制建筑物设置中水系统，后来大部分业主均关闭中水设备而改用自来水，形成严重的投资浪费。然而，在设有集中型污水处理设备之小区、学校、机关或重大建筑开发案中，在污水处理设备末端再加设简易净化处理设备后，即可作为中水回收系统，是较为合理经济的中水利用方式。

5.4.2.1 中水的水源

建筑中可收集的中水的水源有盆浴和淋浴的排水、盥洗排水、空调循环冷却系统排污水、空调冷凝水、游泳池排污水、洗衣排水、厨房排水等。根据排水受污染程度的差异，上述各种排水可分为优质杂排水、杂排水和粪便污水。杂排水是除粪便污水外的各种排水，而优质杂排水是指杂排水中污染程度较低的排水，如冷却排水、游泳池排水、沐浴排水、盥洗排水、洗衣排水等。

5.4.2.2 中水的处理

自然界中的水体都具有一定的自净能力，即受污染的水体逐渐自然净化、水质复原的能力。这种自然的过程是通过混合、活性生物作用、部分悬浮物的沉淀和清水稀释等作用在水量充足的水体中发生的。水体的自净能力有一定的限度，每一类水体的自净作用都有一个最大域值，即自净容量。水体的自净容量是指在水体正常生物循环中能够净化有机污染物的最大量。若污染物的排放量超过了水体的自净容量，则水体不能自行恢复至原来的状态，其生态平衡遭到破坏，水体即被污染。水体自净作用的强弱和自净容量的大小，受水量、水质及一系列水文条件（如流量、流速、河流弯曲复杂程度等）的影响。

污水处理采用了类似于自然净化作用的工艺，是从空气中吸收氧（好氧工艺），用设备促进微生物和藻类的生长繁殖，并通过它们进行污水中有机物的降解。当排污量超过水体的负荷能力时，氧气被耗尽，需氧过程停止，厌氧过程（缺氧）开始。人工干预的污水处理加速了自然净化的过程，使该过程以自然过程的几倍的速度重复进行。这种加速是通过加入了"人工的"、比自然净化过程更为有效的步骤来完成的。

中水的处理通常采用物理和（或）生物处理方法。物理处理法是通过物理作用分离、去除污水中主要呈悬浮状态的污染物质，如沉淀、过滤方法，在处理过程中不改变污染物的化学性质。生物处理法是通过微生物的代谢作用，使污水中呈溶解状态、胶体状态以及某些不溶解的有机甚至无机污染物质，转化为稳定、无害的物质，从而达到净化的目的。此法根据作用微生物类别的不同，又可分为好氧生物处理和厌氧生物处理两种类型。好氧生物处理法又可分为活性污泥法和生物膜法。中水的处理通常采用好氧生物处理法。中水的处理工艺流程应根据中水原水的水质、水量和中水的使用要求等因素，经技术经济比较后确定。在建筑或小区内部自设的中水系统，如果排水系统做到了污水和废水分流，考虑到降低处理成本和管理的便利，通常优先考虑仅收集优质杂排水处理回用。而城市或区域的市政再生水厂，因城市的排水系统大都只做到雨水和污水分流，因此是以生活污水作为再生水水源，处理的工艺较为复杂，需要专业人员进行管理，才能保证出水水质的稳定。

5.4.2.3 中水的回用

生活污、废水处理后形成中水，中水的水质达不到饮用水的标准，作为杂用水通常用来冲厕、洗车、绿化灌溉、冲洗道路、水景补水等，所以中水又称为杂用水。用 $1m^3$ 中水，等于少用 $1m^3$ 清洁水，少排出近 $1m^3$ 污水，一水两用，一举两得。所以，中水在世界许多缺水城市得到了广泛采用。

使用中水时，应保证中水水质满足使用用途的要求，不同用途的水质应满足国家相关标准的规定。中水管道严禁与生活饮用水给水管连接，设置中水系统时要保证中水不被误用，中水管道、设施和用水设备上应有明显标识，中水管道上不能装设取水龙头，当装有取水接口时，必须采取严格措施防止误接、误饮、误用。绿化、浇洒、汽车冲洗应采用有防护功能（带锁或专用开启工具）的壁式或地下式给水栓。

5.4.3 雨水利用

除非是在空气污染严重地区，雨水是相当干净的水源，设置雨水贮集利用系统，是解除缺水压力的秘方。雨水资源化利用的分类及其途径随着水资源供需矛盾的日益突出，越来越多的国家认识到雨水资源的价值，并采取了很多有效措施，因地制宜地进行雨水综合利用。现代的建筑雨水贮集供水系统，是将雨水以天然地形或人工方法截取贮存，经简单净化处理后，再利用为生活杂用水的做法。

5.4.3.1 屋面雨水

收集建筑屋面的雨水，主要用于家庭、公共和工业等方面的非饮用水用途，如浇灌、冲厕、洗衣、冷却循环等中水系统。可以设置为单体建筑物的分散式系统，也可在建筑群或小区中集中设置。系统由集雨区、输水系统、截污净化系统、储存系统以及配水系统等几部分组成。有的还设有渗透设施，并与贮水池溢流管相连，集雨量较多或降雨频繁时，部分雨水可以进行渗透；该系统除了用于家庭非饮用水以外，还用于公共事业或工业项目。

5.4.3.2 渗透地面

渗透地面可分为天然渗透地面和人工渗透地面两大类。绿地是一种天然渗透地面，绿地的透水性能好，如设计成下凹式绿地，能容纳较多的雨水下渗，绿地对雨水中的一些污染物具有较强的截纳和净化作用，但不同的土壤性质其渗透能力有较大差异。人工透水地面是指各种人工铺设的透水地面，如多孔的嵌草砖、碎石地面、透水性混凝土或沥青路面等，可用于停车场、步行街、广场等场所，但渗透能力不如绿地。

5.4.3.3 渗透设施

为加强雨水的下渗量，还可以采用渗透管沟、渗透井、渗透池等方式，或将绿地、可渗透地面、渗透池、渗透管沟、渗透井等组合成一个渗透系统，根据现场条件选用适宜的渗透设施，提高雨水下渗的效率。

5.4.3.4 雨洪滞蓄

建筑和城市的开发行为，伴随着大片硬质铺装地面（道路、屋面等）的出现，比较起开发前的状况，不透水地面面积不断增加，降雨时地表径流成倍增长，汇流速度加快，洪峰流量也成倍增长，峰显时间提前，造成雨水管网和河渠排洪能力不足，在雨季城市不断出现洪涝灾害。

雨洪滞蓄、拦洪削峰就是通过自然和人工方式，利用绿地（包括屋顶绿化、下凹式绿地、花池、渗透池等）和透水地面，蓄渗雨水、削减洪峰，减少外排雨水的流量，从而避免洪涝灾害。同时雨洪变成土壤水和地下水，还可以增加土壤肥力、节省大量绿化用水和浇水工作量，是一个系统的工程。

（1）在地面处理上要尽可能减少地面的径流系数，在小区庭院、城市广场、人行道等地面铺设透水方砖等，步道以下设置回填砂石、渗井等，增加雨水入渗量。公路建设方面，尽可能地采用透水路面，通过渗透增大地下水补充量。

（2）要加大雨水的储留量。在绿色植被与土壤之间增设贮水层、透水层，增加城市土壤的相对含水量；新建景观水域应减少采取防渗措施，以增加雨水入渗的通道。二是对低洼地进行优化改造，并配以适当的引水设施；在地面以下兴建生态储水井、回灌井、渗井等雨水拦蓄设施，减少地面雨洪量。雨水径流系数是降水形成的地面径流量占降水量的比例，也即降水转化成地面径流的比例。屋顶绿化可直接将雨水拦截在屋顶，延缓屋顶雨水的排放时间，以达到降低洪峰流量和径流总量的目的。屋顶绿化不但能削减雨水径流量、还具有缓解城市热岛效应，改善屋顶热工性能等作用，也可作为雨水集蓄利用和渗透的预处理措施，既可用于平屋顶，也可用于坡屋顶。

5.4.3.5 雨水处理

城市雨水的水质在形成、降落和地表径流过程中受到诸多因素的影响，水质比较复杂，早期雨水会冲刷、携带大量污染物，通过雨水管网直排水体，严重影响水体水质，雨水径流中 COD 和 SS 的最高值通常出现在径流初期，并随降雨历时的延长而逐渐降低，随着径流的持续，雨水径流的表面被不断冲洗，污染物含量逐渐减小到相对稳定的浓度。

"初期径流雨水的弃流"是指，由于初期径流雨水污染负荷大、水质差，为了减轻对雨水处理设备的负荷冲击和对收纳水体的污染，采取放弃对初期高污染雨水的收集的方式。

雨水处理首先应控制源头的污染，源头控制是最有效和最经济的方法。针对建筑雨水的集蓄利用，屋面雨水水质的控制，要求解决屋面材料老化等问题；路面雨水水质控制需要改善路面污染状况，可设置路面雨水截污装置，设计初期雨水弃流装置等，除源头控制措施外，还可以在径流的输送途中或终端采用雨水滞留沉淀、过滤、吸附、稳定塘及人工湿地等处理技术。对雨水处理的原则是力求简单，通常的处理工艺是物理沉淀、过滤，处理设备在非雨季时间是处于闲置状态；其次雨水回用一般用于非饮用水，简单工艺能够达到要求的水质，雨水水质通过"初期径流雨水的弃流"可以将 COD 控制在允许范围内。雨水利用系统包括截污、初期雨水弃流、收集、贮存、净化、消毒、循环等措施。图 5-9 为我国雨水利用情况；图 5-10 为国外雨水利用情况。

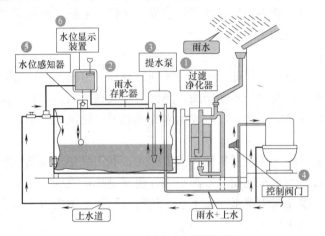

图 5-9　我国雨水利用情况

（来源：http：//image. baidu. com/）

图 5-10　国外雨水利用情况

（来源：http：//image. baidu. com/）

5.4.4　海水利用

地球上海水占水资源总量的 97.5％，是取之不尽的资源，我国拥有 18000 多公里的海岸线，下辖渤海、黄海、东海和南海四大海域，拥有丰富的海水资源，这为沿海缺水地区海水利用提供了充足的海水水源。在淡水资源日益短缺的今天，人们不约而同地将目光转向了浩瀚无边的海洋。海水是咸水，无法饮用。与建筑相关的海水利用有海水淡化和海水直接利用两种方式。

5.4.4.1　海水淡化

海水淡化需要除去咸水中的盐，海水淡化技术已经很成熟，但处理过程耗电耗能，成本很高。由于海水淡化的成本比取用其他淡水资源的成本偏高。即使不考虑初期的基建投资，淡化海水的成本也达到 45～80 元/t。随着我国经济建设的不断发展和市政供水价格的放开，利用海水淡化技术制取淡水必将大有市场。目前已经实现商业化应用的淡化技术主要可分为蒸馏法和薄膜法两大类。蒸馏法又可细分为多级闪化法（MSF）、多级蒸馏法（MED）和蒸汽压缩法（VC）。薄膜法主要有电透析法（ED）和反渗透法（RO）两种方法。其他的淡化技术还有冷冻法及太阳能蒸发法等。在水资源短缺的国家，海水淡化已逐渐成为主要的淡水来源。1983 年，沙特阿拉伯在吉达港修建了日产淡水 30 万 t 的海水淡化厂；在科威特，现在每天可以生产淡水 100 万 t。波斯湾沿岸地区，有的国家的淡化海水已经占到了本国淡水使用量的 80%～90%。

5.4.4.2　海水直接利用

海水直接利用主要包括海水用作冷却水和生活冲厕用水，是直接采用海水替代淡水的开源节流技术，具有替代节约淡水总量大的特点。可以替代用于冷却用水和冲厕用水的淡水，促进水资源结构的优化。我国的滨海城市大都面临着淡水短缺的问题，在缺水的滨海、岛屿等沿海地区，考虑直接使用海水用作建筑的空调冷却水和冲厕水，可以取得很好的节水效果，缓解水资源短缺的矛盾。

中国香港利用海水冲厕始于 20 世纪 50 年代末，起初尝试在政府建筑中利用经水冷式空调系统排出的温热的海水冲厕，结果获得成功，后来在政府机关及政府补贴的高密度住宅中推广，证明利用海水冲厕的技术是可行的。中国香港规定所有建筑物都应有两个供水系统，一是饮水供应系统，另一是冲厕水供应系统，即使暂时没有海水供应的地区也是如此。有海水供应的地区必须用海水冲厕，海水冲厕免费。像淡水供水系统一样，在中国香港另有一个完全独立的海水供应系统，为建筑提供冲厕用水。海水冲厕系统主要由供水站（泵房）、配水管、调蓄水池等组成，自成一套独立的配水管网体系，供水站就近取海水并适当处理后供用户使用。利用海水一般涉及取水、前处理、消毒杀菌等环节，水质要符合相应用途的水质标准。海水由于盐分含量较高，对管材和设备有一定的腐蚀作用，要采取防腐措施。冲厕后的海水要考虑高盐度污水的处理及排放去向。

5.4.4.3　海水利用的经济性

海水冲厕较淡水与再生水具有明显的优越性。根据我国沿海地区的具体情况，青岛城市管理部门预测，青岛冲厕海水每吨的运行成本约为 0.4 元，用于冲厕的海水每吨价格大约在 0.3～0.5 元，相对于青岛市现行的每吨 1.6 元的自来水价格，则便宜得多。即使以后自来水价格上涨，海水的价格也控制在不高于自来水价格 1/3 的范围内，海水冲厕的经济性由此也可见一斑。因此利用海水进行冲厕不但节约了淡水资源，而且也是非常经济的。

5.4.5　污水处理

5.4.5.1　人工湿地污水处理系统

集中型都市污水下水道系统使城市河川干涸、水域生态弱化、水资源枯竭、土壤循环分解丧失功能，而且城市污水下水道系统的经费过于庞大。为了城市的可持续发展，必须发展一些更分散、更生态、更多用途的污水处理设施，其中有一种"人工湿地污水处理系统"值得做为生态建筑规划之参考。

"人工湿地污水处理"就是利用人工湿地中水生植物高度吸收污染的能力，来替代污水之二、三级污水处理功能之生态处理法。在欧洲甚至利用小植物水槽作为小家庭洗衣机或厨房杂排水的超小型净化系统。人工湿地污水处理系统是低成本、低维护、低技术的污水处理方法，同时产生更少的臭味，使用寿命也更长。通常一般机械式污水系统寿命为20年，会产生污泥及有毒垃圾，但人工湿地污水处理系统则以自然生态构造完成，具有无限寿命。在美国现行混凝土造的处理槽、消化器的设备费每处理 $1m^3$ 的废水必须花费 350～700 美元，但人工湿地污水处理系统花费则低 5 美金，也就是花不到 1% 的费用。在中国台湾以五六百户小区规模来说，简易化粪池结合人工湿地系统比机械式污水处理设施的建造成本可减少三四成，日常维护成本可减少一半。虽然传统环工领域对人工湿地尚有杂音，但近年来在可持续发展的风潮下，人工湿地污水处理系统已积极在美国、英国、挪威、澳洲、南非、日本、印度、中国大陆等全世界各地展开。

有人认为人工湿地污水处理系统需要大量土地，但现代的人工湿地已经结合绿地设计与地景建筑设计，成为优美的景观焦点，与过去充满臭味的巨型污水处理构造物的印象，简直有如天壤之别。学校就是一个建立人工湿地的优良地点，因为校园有较大绿地，同时可成为生态教学基地。也许有人认为人工湿地污水处理系统会滋生蚊虫而有碍卫生，但这是一个误解。事实上，人工湿地自然会引来青蛙、蜻蜓、萤火虫等蚊虫之克星，湿地中只要养些盖斑斗鱼、大肚鱼，孑孓就难以生存。但是"开放水面式"的人工湿地毕竟是需要管理维护的，尤其植物采收修剪、寒流带来鱼类大量死亡、强势外来动植物的入侵等，均需有经验的人员来处理。另外有一种"地下潜流干床式"的人工湿地，则完全无蚊虫、维护之困扰，采用砾石潜流干床式的人工湿地来处理化粪池末端的二级污水，然后循环作为最后庭园浇花之用，是一种几乎不需维修的植物生态污水循环设计。

5.4.5.2 复育河川生态

水域是地球上生物密度最高的地方，也是最富生物多样性的地方，但由于人类对于水资源过分掠夺，甚至连污水处理排放也完全成为密闭式系统，因而严重损伤丰富的地球生态体系。地球上许多大河川的水以密闭管道供水方式被沿岸都市化地区一再重复使用。

利用污水处理厂的排放水来复育河川生态，是一种对于水环境的"生态疗伤"计划，亦即将大型污水处理厂之排放水再处理成更干净的水之后，再导入河川水路中，以复育水域周边生物。例如日本横滨市之江川，过去因为污水下水道与雨水截流工程，而成为经常干涸之河川，后来利用都筑污水处理厂排放水来恢复河川生态，它以砂滤、臭氧消毒之污水再处理法导入排放水，在水路中以木桩护岸、乱石、鱼礁来创造鱼虾、昆虫、蜻蜓、萤火虫之栖地，终于创造了亲子生态教育休闲绿带。打开封闭式污水处理系统，把水还给河川，把养分还给大地，不但美化了景观、培育了无数的生命。

5.5 国外节地与节水案例

5.5.1 日本城市综合体案例

城市综合体是将城市中的商业、办公、居住、酒店、展览、餐饮、会议、文娱和交通等城市生活空间的三项以上进行组合，并在各部分间建立一种相互依存，相互助益的能动关系，从而形成一个多功能，高效率的综合体。

日本国土面积小，人口密度大，土地资源利用紧张，在这种情况下，日本较早的尝试了城市综合体的建设模式进行城市再开发，取得了很好的效果。目前日本比较成功的城市综合体项目有：被誉为亚洲目前最成功的旧城改造典范之一的六本木新城，令人仿佛身在峡谷森林中进行购物体验的难波公园，东京文化艺术的新地标东京中城等，如图 5-11。

图 5-11　日本城市综合体一角

（来源：文献 [25]）

5.5.1.1　六本木新城 ROPPONGI HILLS 项目介绍

（1）项目介绍

六本木新城是日本国内都市再开发计划中规模最大、历时最长的项目，同时它也是亚洲目前最成功的旧城改造典范。项目由森集团主导开发，按照 21 世纪东京理想风貌而建，总占地面积约为 11.6hm²，历经 17 年完成建设完成。六本木以打造"城市中的城市"为目标，并以展现其艺术、景观、生活独特的一面为发展重点，将大体量的高层建筑与宽阔的人行道、大量的露天空间交织在一起。建筑间与屋顶上大面积的园林景观，在拥挤的东京都成为举足轻重的绿化空间。

（2）区位与交通

项目位于东京都港区六本木，毗邻新桥、虎门的商业街，霞官的政府机关街道，青山、赤坂的商业街，麻布、广尾的高档住宅区，交通十分便利，有四条轨道交通在此通过。游客可以乘坐地铁、公车；若开车前来，总体停车位 2762 辆，共计 12 个停车场，方便顾客就近停车。六本木还设有摩托车和自行车停车位，其中自行车免费。

（3）规划与设计

项目的设计思想不仅实现了项目与城市的完美融合，在项目本身的设计上更加注重将设计与旅游目的地，商业、旅游观光等多功能相结合，整个业态组合考虑顾客的多种要求。六本木共划分为四个街区，各街区建筑的群房都和"山边"、"西街"、"榉树坡大道"等商业设施相连，随处可见绿地和广场，增加了街道的趣味，形成热闹的步行空间（图5-12）。

（4）设计理念

六本木新城在景观设计上体现"城市中心文化"与"垂直庭院城市"的理念，将城市高楼屋顶的空间装扮成绿色的广场和庭园，绿色步道串连整个城市空间。六本木新城综合楼实施了最大的绿化，让居民可以使用楼顶庭园。每幢高楼外围都有 40% 比例的绿地环绕，每层楼中都有花园式的休息区，曲线绿篱、石墙、小河、小草坪与树木，把散置庭园

图 5-12　日本六本木城市综合体一角

（来源：文献［25］）

连接在一起，形成一个主题。世界知名的艺术家们创作的公众艺术作品和街头设施随处可见，整个城区展现出充满艺术氛围的独特街景。

1）屋顶花园

榉树坂六本木综合楼的屋上庭园，从人的最基本生存需求出发，设置了稻田、蔬菜等田园风格的景观，俨然是一个小型的生态公园，强调了可参与性，为大城市带来清新的田园景观，是非常好的生态环保设计。

2）毛利庭园

森大厦东侧的毛利庭园是一处日式造景庭园，江户时代武士庭园风格，为毛利藩宅邸遗址中庭园的复原版。毛利庭园里的潺潺流水声、花草的芬芳、水池假山和樱花，为高楼林立的东京提供了一处可以悠闲赏景的户外天地。

3）露天广场

露天广场是一处拥有可以开放的遮蔽式穹顶的露天圆形舞台，能为公共娱乐表演活动提供场地；配合着可变换的喷水设施，边上还设有咖啡吧，提供了变化丰富的空间，满足了森稔社长主张"城市既是剧场又是舞台"。

4）公共艺术

以艺术来表现造街概念成为六本木一个重要的因素，良好的艺术文化与休憩设施，是六本木新城生活圈的一个诉求重点。六本木新城结合了良好的艺术规划与开放空间设计，将整体空间塑造得更加艺术化和人性化。

5）街道设施

除了 8 处公共艺术特区外，还有 12 件装置艺术"街道设施"遍布于各角落。林荫道两旁的装置艺术作品不但具有休憩座椅的功能，而且每一件都是由知名的艺术家创作的，表达出不同的设计理念。这些配合整体开放空间的景观系统规划，成为六本木新城街道景观构成的重要元素。

5.5.1.2　难波公园 Namba Park 项目介绍

（1）项目简介

难波公园并非传统意义的公园，是一个购物中心与办公楼的综合体。从远处看去，难波公园是一个斜坡公园，从街道地平面上升至 8 层楼的高度，层层推进、绿树茵茵，仿佛是游离于城市之上的自然绿洲，与周围线形建筑的冷酷风格形成强烈对比，空中花园、屋顶绿树，公园直接跟大街相连，为钢筋混凝土林立的城市里带来了一股清醒的气息。开发商南海電鉄株式会社，南海都市創造株式会社，开发总面积 243，800m²，其中商业面积 4 万 m²，办公楼 8 万 m²，占地 37232m²，高达 8 层。业主的最初构思是建造一个简单的混凝土通道用于连接项目的南北地块，设计师颇有新意地提出了人造峡谷的设计想法（图5-13）。

"峡谷"的设计带来了众多要素；溪水、山石、植物、岩洞、山间的阳光……由此形成了独特的空间序列，它不是将人们压缩集聚到封闭的空间内，迫人消费，大家不仅仅到这里来购物，也可以到这里来休息，来放松。

（2）"场所制造"理念

"真正的场所并不存在于大楼之间，而是存在于人们值得记忆的体验中"美国著名建筑师表达了"场所制造"理念。由此，难波公

图 5-13　难波公园 Namba Park
（来源：文献 [25]）

园颠覆了一味追求机器效率的工业化空间设计，打破了室内室外的空间界限，实现了城市森林中自然化、戏剧化空间场景的塑造，形成内部与外部景观的和谐与相互映衬。

（3）让体验融入商业场所

难波公园向人们展示了如何在城市里享受一座森林，这样的"体验式"场所才是人们精神的真正向往。用大自然充实和装点环境，自然和人类的激情在此碰撞，人们的精神得到满足，美妙的体验由此产生，场所便融入了人们的记忆。

5.5.1.3　东京中城 TokyoMidtown 项目介绍

（1）项目介绍

东京中城是日本东京的继六本木新城之后最新的都市综合体项目，原来是日本防卫厅所在地。2007 年 3 月开业，已经成为日本东京的商业和文化创意的发源地，也是 21 世纪东京的新地标（图 5-14）。

图 5-14　东京中城一角
（来源：文献 [25]）

这个崭新的复合型城区由 6 栋建筑构成，汇集了各种各样的商店、餐馆、写字间、酒店、高级租赁式公寓和美术馆等设施，并且充分利用了附近的公园，真正做到了以人为规划之本。东京中城项目总占地面积 7.8 万 m^2，总建筑面积约 57 万 m^2。东京中城堪称东京拥有最大片绿地的购物中心，已被评价为"全球建筑师都想去造访的东京指标"，定位为"日本设计走向全世界的发源地"，也已如预期创造了一年 20 亿的总营业额。

（2）定位与布局

负责工程的三井物产主席岩佐说："透过中城，我们旨在将东京打造成日本、亚洲，甚至是全球商业和文化创意的发源地，我们也希望这有助宣扬日本价值观和审美观至全世界。"著名建筑师安藤忠雄说："日本以经济强劲闻名，我们希望向世界展示另一面——那就是设计与美学。"

在东京中城，居住、工作、游乐、休闲等多重功能相互融合、相互刺激，从中激发出富有活力的先进城市文化。这个崭新的复合型城区由 6 栋建筑构成，汇集了各种各样的商店、餐馆、写字间、饭店、高级租赁式公寓、美术馆等设施。

（3）规划与设计

设计理念是明确未来蓝图与概念，向世界传播新的价值；融合各种城市功能，创造多重收益。东京中城的规划设计思想是以人为核心，创造新的生活美学空间。从规划设计和商业设施来看，东京中城注重建筑与商业文化结合，充分运用商业世界中人、物、环境构成空间概念，以美学设计作为主轴，构造东京 21 世纪衣食住行乐的完美景观，图 5-15 为东京中城一角。

（4）环保型区域建设

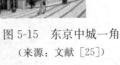

图 5-15　东京中城一角

（来源：文献［25］）

东京中城的细微之处都体现着环保精神。环保设计上采用被动式设计，即未使用特殊装置，在布局和结构上巧下功夫调节能源，打造舒适环境。比如，采用遮挡阳光直射、减轻热负荷的遮光百叶窗；用 Low-e 多层玻璃等减轻来自窗户的热负荷；地下引入自然光，节约照明用电；通过屋顶绿化遮挡对建筑物的热辐射等。厕所使用雨水和厨房的排水，并用自动感知器控制节水温。中城的电力设备导入水蓄热系统和 NAS 电池，有效利用深夜电力，削减高峰用电。回收煤气发电时产生的废热，用于空调热水供应等；采用光线联动自动百页、窗边照明自动调光系统等。

（5）绿地和公园

由桧町公园和中城花园构成的大面积的绿地和公园也是一大特色，在寸土寸金的东京市中心，中城的绿化率高达 40%，原防卫厅用地中的 140 棵树木也被重新安置在这里。

日产汽车公司设计制作的两台流动服务车活泼登场，销售快餐小吃和一些特色商品。绿地内设有无线局域网，人们可以在舒适惬意的自然中通信上网。夏季还开设临时的中城花园咖啡，中城内的人气商家摆出摊位，提供食品饮料。周末还有现场音乐会。

（6）对艺术情有独钟

东京中城对艺术设计情有独钟。其中，三德利美术馆的迁入，汇集了 3000 余件日本的古董、工艺品，闻名世界的三德利美术馆每年有 70 万人到访。而以三宅一生为中心、提供日本优秀设计的创造基地，每年吸引约 21.5 万人到访。

东京中城设计中心还以"G"标志认定机构—日本产业设计振兴会为中心举行各种展会，成为东京的艺术和设计文化的发信基地。公共艺术作品：东京中城中装点着 20 件公共艺术作品，都市和艺术融为一体，使东京中城的日常空间拥有高品质的艺术氛围。

5.5.2　国外节水之道——雨水污水循环利用

5.5.2.1　法国：节水成为"全民工程"

近些年，法国人视为命根子的私家花园大多没有了往年夏季的生机。一些居民解释说，这是法国政府新近颁布节水令的结果。法国部分地区目前正面临数十年不遇的干旱。为了保证当地居民饮用水和农业灌溉用水，法国政府颁布了一项节水令：干旱地区居民不得给草坪浇水、不得用水洗车、不得给私人游泳池放水。为了确保该法令得到严格执行，法国政府还专门建立了一支"节水警察"队伍到处巡视，任何违规者都将面临 500 欧元以上的罚款，情节严重者甚至将面临牢狱之灾。

多年来，法国政府始终将节水作为一项国策。早在 20 世纪 60 年代，法国政府就制定了《水资源管理法》，将水资源定性为"国家集体财富"，任何人不得浪费。以这部法律为基础，法国政府制定了"以水养水"的政策以及"谁用水，谁出钱"的规定，有效地控制了工农业用水；其中关于"谁污染，谁治理"的规定，又为污水的循环利用提供了大量资金。在法国，每年都有数亿 m^3 经过处理的污水用于农业灌溉。

在巴黎的一些中高档居民区，日常生活用水实行包干制，但这些家庭仍大量使用节水马桶，许多人甚至不惜多花很多钱安装生态淋浴系统，将洗澡水过滤后重新装入抽水马桶，可节省近 40% 的生活用水。在法国，你只要一抬头，就可以看见楼房屋檐下的集雨管。下雨时，集雨管将屋顶的雨水引入地下蓄水池，过滤净化处理之后，就可以作为厕所等二类生活用水使用。法国一些地方还制定了有关雨水利用的地方法规，规定新建小区必须配备雨水利用设施，否则，将征收雨水排放费。另外，法国公共场所的水龙头大都装有定时系统，在水龙头打开 30s 后会自动断水。法国不仅是节水的典范，也是节水技术的先锋。

5.5.2.2　美国：人口和经济在增长，用水量却在减少

美国是一个水资源相对丰富的国家，人均占有量居世界第 59 位。从 20 世纪 60 年代

开始进行的节水研究和管理，让美国的节水措施和教育都较为完善。

早在1965年，美国国会就通过了《水资源规划法》，并在此基础上成立了由政府多个部门联合组成的美国国家水资源委员会，开始加强水资源综合管理和研究。此后，随着大城市用水量急剧增长，美国各州、县、市自行制定的节水法案也越来越多。纽约市有《安全饮水法》、《地表水处理规定》等多项法规；在水资源较丰富的得克萨斯州，今年4月州议会一下子提出了11个节水法案。

这些法规涵盖了水资源开发、利用、保护、管理的全过程，涉及政府、企业、居民各个方面，特别对工业和商业用水进行严密监控。美国节水最主要的一招是大力提高循环用水率，特别是对炼油、化工、排放有毒物质的制造业的循环用水率要求都很高。1975年美国工业平均循环用水率仅为54.3%，2000年提高到94.1%（其中化工和石油行业的循环用水率分别高达96%和97%以上）。从1975年到2000年，美国总人口增加24%，国民生产总值（GNP）增长1.4倍，全国总取水量非但没有增加，反而减少约9%，其中制造业的取水量减少62%。

居民生活用水是城镇用水的重头，因此美国城镇节水以家庭用水为重点。为此，美国各市开展了各种各样的教育活动，动员居民自觉节水。美国各地方政府和环保组织还向家庭广泛提供节水设备和窍门，例如，提倡居民使用节水型抽水马桶、慢流量型水龙头和浴室喷头，教人们如何检查水管渗漏的小窍门。管道老旧的纽约市还专门花钱购买声呐设备，检查主要输水管道的漏水情况。美国的家庭用水中，草坪用水占总用水量的1/3，因此，美国各地政府建议利用石头雕塑等美化自家花园，而尽量减少草坪面积。在夏季缺水期，包括首都华盛顿在内的许多地区还出台法规，禁止人们在某一时段内给草坪浇水，一旦发现将给予重罚。这些措施看似很小，但效果相当显著。市调查表明，仅通过更换节水的马桶、水龙头和喷头，以及进行漏水检测等简单措施，该市居民用水量就减少了72%。

思考题

1. 如何设计才能使生态场地可持续发展？
2. 建筑节水的途径有哪些？建筑节水的技术有哪些？
3. 生态建筑如何实现水的循环利用？
4. 举例分析国外节地节水的案例。

6 生态地产的节能与能源有效利用

6.1 建筑节能的含义及意义

6.1.1 建筑节能与建筑能耗

6.1.1.1 建筑节能

从 1973 年世界发生能源危机以来，建筑节能在发达国家共经历了三个阶段：第一阶段是"在建筑中节约能源"，即建筑节能；第二阶段是"在建筑中保持能源"，即尽量减少能源在建筑物中的散失；第三阶段，近年来普遍称为"在建筑中提高能源的利用效率"，即不是消极意义上的节省，而是从积极意义上提高能源利用效率。我国现阶段虽然仍通称为建筑节能，但其含义已上升到上述的第三阶段意思，即在建筑中合理地使用能源，不断地提高能源的利用效率。

建筑节能是通过建筑规划设计、建筑单体设计及对建筑设备采取综合节能措施（包括选用能效比高的设备与系统并使其高效运行），以满足建筑室内适宜的热环境和提高人民的居住水平，不断提高能源的利用效率，充分利用可再生能源，以使建筑能耗达到最小化所需采取的科学和技术手段。建筑节能是一个系统工程，必须将节能的观点贯穿于建筑的设计、施工到投入使用后的全过程中。

6.1.1.2 建筑能耗

建筑能耗是指建筑在使用过程中所消耗的能量。建筑设备包括为保证室内空气品质、热、光等系统（如供暖、空调、通风、照明等系统）的设备和建筑的公用设施（如供电、通信、消防、给水排水、电梯等系统）的设备，对住宅和某些公共建筑，还有炊事烹调、供应生活热水及洗衣等设备。

发达国家的建筑能耗指建筑使用能耗，其中包括供暖、通风、空调、热水供应、照明、电气、炊事等方面的能耗，与工业、农业、交通运输等能耗并列，属于民生能耗。其所占全国能耗的比例，各国有所差别，一般为 30%～40%。当前我国的建筑节能工作主要集中在建筑供暖、空调及照明等方面的节能，并将节能与改善建筑热环境相结合，它包括对建筑物本体和建筑设备等方面所采取的提高能源利用效率的综合措施。由于居住建筑和公共建筑、各类公共建筑之间的功能和所处气候区的不同，因而为实现其功能各系统所消耗的能量及其在总能耗中所占的比例是不一样的。

节能是生态建筑所必备的特征之一。大自然所赋予的环境条件是人类利用的一切能源产生的根本，因此，在建设过程中充分利用场地的自然条件是建筑节能的起点。建筑的体形、朝向、楼间距和窗墙面积比等指标都应围绕自然环境特征而制定，使生态地产在不借助外力的情况下也能获得良好的日照、通风和采光条件，根据需要设置部分遮阳设施即可。

6.1.2 建筑节能的意义

6.1.2.1 建筑节能有利于防止污染环境

从我国的能源结构看，煤炭和水力资源较为丰富，石油则需依赖进口。由于煤在燃烧过程中产生大量的二氧化碳、二氧化硫、氮化物及悬浮颗粒。二氧化碳大量排放造成地球大气外层的"温室效应"，严重危害人类的生存环境；二氧化硫、氮化物等污染物不但是造成呼吸道疾病、肺癌等的根源之一，而且还易形成酸雨，酸雨则是破坏森林及建筑物的元凶。在我国以煤为主的能源结构下，建筑节能减少了能源消耗，也就减少了向大气排放的污染物，也就改善了大气环境，减少了温室效应，因此，从这一角度讲建筑节能即保护环境，也减少浪费能源，防止污染环境。

6.1.2.2 建筑节能有利于改善室内热环境

随着我国国民生活水平的不断提高，人们普遍追求适宜的室内热环境。适宜的生活环境也是确保人们健康，提高环境热舒适度，提高劳动生产率的重要措施之一。我国大部分地区属于冬冷夏热气候，冬季气温与世界同纬度地区相比，低 $5\sim8℃$；夏季气温与世界同纬度地区相比，高 $2℃$；冬夏持续时间长，春秋持续时间短。除气温的不利影响之外，我国夏热冬冷和夏热冬暖的部分地区，最热月平均相对湿度也较高，一般达 $73\%\sim85\%$，即使在最冷月，长江流域一带仍保持着 $73\%\sim83\%$ 的较高湿度。这种恶劣的气候条件决定了我国大部分地区在搞好建筑规划和建筑单体节能设计的同时，室内适宜热环境的创造还需借助于供暖空调设备的调节，需消耗大量的能源。能源的日益紧缺，大气污染的日趋严重，这些都促成我国只有在搞好建筑节能的条件下改善室内热环境才有现实意义，否则只能是无源之水，且不利于环保。

6.1.2.3 建筑节能有利于国民经济可持续发展

能源是发展国民经济、改善人民生活的重要的物质基础，它也是维系国家安全的重要的战略物资。长期以来我国能源增长的速度滞后于国民生产总值的增长速度，能源短缺是制约我国国民经济发展的瓶颈。目前，我国建筑用能已超过全国能源消费总量的 1/4，并随着人民生活水平的不断提高将逐步增加到 1/3 以上，建筑业已成为新的耗能大户，如果大量建造高耗能建筑，不搞建筑节能，将长期大大加重我国的能源负担，不利于我国经济的可持续发展。

6.1.2.4 建筑节能有望成为国民经济的新的经济增长点

建筑节能需要投入一定量的资金，但投入少、产出多。实践证明，只要因地制宜，选择合适的节能技术，居住建筑每平方米造价提高幅度在建造成本的 $5\%\sim7\%$ 内，即可达到 50% 的节能目标。建筑节能的投资回报期一般为 5 年左右，与建筑物的使用寿命周期 $50\sim100$ 年相比，其经济效益是非常显著。节能建筑在一次投资后，可在短期内回收，且可在其寿命周期内长期受益。新建建筑的建筑节能和老建筑的节能改造，即将形成具有投资效益和环境效益双赢的国民经济的新的增长点。

6.2 建筑节能的影响因素

6.2.1 气候与选址

6.2.1.1 气候条件对建筑物能耗的影响

建筑的地域性包括建筑所在地区自然环境特征，如气候条件、地形地貌、自然资源等，其中气候条件对建筑的作用最为突出。各地方的气候差异大，需要针对不同地方的气候差异，采取不同的建筑设计措施，在为人们创造舒适的生活和工作环境的同时，尽可能地节省能量。因此，建筑节能设计首先应考虑充分利用建筑物所处区域的自然能源和条件，在尽可能不消耗常规能源的条件下，遵循气候设计方法和利用建筑技术措施，创造出适宜于人们生活和工作所需要的室内热环境。根据不同气候地区的建筑在冬、夏季消耗的供暖空调能耗的不同，采取不同的保温、隔热措施；了解当地的太阳辐射照度、冬季日照率、冬夏两季最冷月和最热月平均气温、空气湿度、冬夏季主导风向以及建筑物室外的微气候环境。

节能建筑必须与当地气候特点相适应。我国幅员辽阔，地形复杂，由于地理纬度、地势和地理条件等不同，使各地气候差异很大。要在这种气候相差悬殊的情况下，创造适宜的室内热环境并节约能源，不同的气候条件会对节能建筑的设计提出不同的设计要求。为了体现节能建筑和地区气候间的科学联系，做到因地制宜，必须做出考虑气候特点的节能设计气候分区，以使各类节能建筑能充分利用和适应当地的气候条件，同时防止和削弱不利气候条件的影响。

6.2.1.2 地形地貌对建筑能耗的影响

建筑所处位置的地形地貌，如位于平地或坡地、山谷或山顶、江河或湖泊水系等，将直接影响建筑室内外热环境和建筑能耗的大小。在严寒或寒冷地区，建筑宜布置在向阳、避风的地域，不宜布置在山谷、洼地、沟底等凹形地域。这主要是考虑冬季冷气流容易在凹地聚集，形成对建筑物的"霜洞"效应，从而使位于凹地底层或半地下室层面的建筑若保持所需的室内温度的供暖能耗将会增加。霜洞效应是指，洼地冷空气聚集造成气温低于地面上的空气温度受地面反射率、夜间辐射、气流、遮阳等影响，离建筑物越远，温度越低，相对湿度越高。

图 6-1 显示了这种现象。但是，对于夏季炎热地区而言，建筑布置在上述地方却是相对有利的，因为这些地方往往容易实现自然通风，尤其是晚上，高处凉爽气流会"自然"地流向凹地，把室内热量带走，在降低通风、空调能耗的同时还改善了室内热环境。

江河湖海地区，因地表水陆分布、表面覆盖等的不同，昼间受太阳辐射和夜间受长波辐射散热作用时，因陆地和

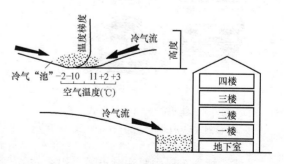

图 6-1　低洼地区对建筑物的"霜洞"效应

（来源：文献 [13]）

水体增温或冷却不均而产生昼夜不同方向的地方风。在建筑设计时，可充分利用这种地方风以改善夏季室内热环境，降低空调能耗。此外，建筑物室外地面的覆盖层（如为植被、地砖或混凝土地面）及其透水性也会影响室外的微气候环境，从而影响建筑供暖和空调能耗的大小。因此，节能建筑在规划设计时，应有足够的绿地和水面，严格控制建筑密度，尽量减少混凝土地面，并应注意地面的透水性，以改善建筑物室外的微气候环境。

6.2.2 建筑布局与间距

6.2.2.1 建筑布局对建筑能耗的影响

建筑节能与建筑布局密切相关。规划设计时，可通过建筑布局，形成优化微气候环境的良好界面，建立气候防护单元，对节能也是很有利的。设计组织气候防护单元，要充分根据规划地域的自然环境因素、气候特征、建筑物的功能等形成利于节能的区域空间，充分利用和争取日照、避免季风的干扰，组织内部气流，利用建筑的外界面，形成对冬季恶劣气候条件的有利防护，改善建筑的日照和风环境，做到节能。

建筑群的布局可以从平面和空间两个方面考虑。一般的建筑组团平面布局有行列式、错列式、周边式、混合式、自由式等，如图 6-2 所示。它们都有各自的特点。行列式是建筑物成排成行地布置，这种方式能够争取最好的建筑朝向，若注意保持建筑物间的日照间距，可使大多数居住房间得到良好的日照，并有利于自然通风，是目前广泛采用的一种布局方式；周边式是建筑沿着街道周边布置，这种布置方式虽然可以使街坊内空间集中开阔，但有相当多的居住房间得不到良好的日照，对自然通风也不利；混合式是行列式和部分周边式的组合形式，可较好地组成一些气候防护单元，同时又有行列式的日照通风的优点，在严寒和部分寒冷地区是一种较好的建筑群组团方式；自由式是当地形比较复杂时，密切结合地形构成自由变化的布置形式，可以充分利用地形特点，便于采用多种平面形式和高低层及长短不同的体型组合，可以避免互相遮挡阳光，对日照及自然通风有利，是最常见的一种组团布置形式。

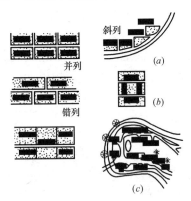

图 6-2　建筑群平面布局形式
(a) 行列式；(b) 周边式；(c) 自由式

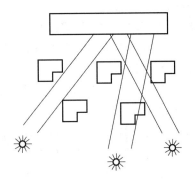

图 6-3　条形与点式建筑结合布置争取最佳日照

(来源：文献 [13])

另外，规划布局中要注意点、条组合布置，将点式住宅布置在朝向好的位置，条状住宅布置在其后，有利于利用空隙争取日照，如图 6-3 所示。

从空间方面考虑，在组合建筑群中，当一栋建筑远高于其他建筑时，它在迎风面上会受到沉重的下冲气流的冲击。另一种情况出现在若干栋建筑组合时，在迎冬季来风方向减少某一栋建筑，均能产生由于其间的空地带来的下冲气流，如图6-4所示。这些下冲气流与附近水平方向的气流形成高速风及涡流，从而加大风压，造成热损失加大。

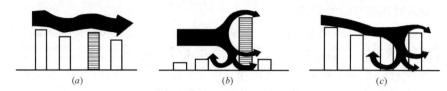

图6-4 建筑物组合产生的下冲气流
(来源：文献［13］)

6.2.2.2 建筑间距对建筑能耗的影响

建筑物之间合理的间距，是保证建筑物获得充足的日照的重要方面。这个间距就是建筑物的日照间距。建筑规划设计时应结合建筑日照标准、建筑节能和节地原则，综合考虑各种因素来确定建筑日照间距。

居住建筑的日照标准一般由日照时间和日照质量来衡量。确定居住建筑日照标准时通常将冬至日或大寒日定为日照标准日，每套住宅至少应有一个居住空间能获得日照，且日照标准应符合表6-1的规定。老年人住宅不应低于冬至日日照2小时的要求，旧区改建的项目内新建住宅日照标准可酌情降低，但不应低于大寒日日照时数1小时数要求。居住建筑的日照质量是通过日照时间内、室内日照面积的累计而达到的。根据各地的具体测定，在日照时间内居室内每小时地面上阳光投射面积的累积来计算。日照面积对于北方居住建筑和公共建筑冬季提高室温有重要作用。所以，应有适宜的窗型、开窗面积、窗户位置等，这既是为保证日照质量，也是采光、通风的需要。

住宅建筑日照标准   表6-1

气候区划	Ⅰ、Ⅱ、Ⅲ、Ⅶ气候区		Ⅳ气候区		Ⅴ、Ⅵ气候区
	大城市	中小城市	大城市	中小城市	
日照标准日	大寒日				冬至日
日照时数(h)	≥2	≥3			≥1
有效日照时间带(h) (当地真太阳时)	8～16				9～15
日照时间计算起点	底层窗台面				

注：底层窗台面是指距室内地坪0.9m高的外墙位置。
(来源：文献［13］)

在居住区规划布局中，满足日照间距的要求常与提高建筑密度、节约用地存在一定矛盾。在规划设计中可采取一些灵活的布置方式，既满足建筑的日照要求，又可适当提高建筑密度。首先，可适当调整建筑朝向，将朝向南北改为朝向南偏东或偏西30°的范围内，使日照时间偏于上午或偏于下午。研究结果表明，朝向在南偏东或偏西15°范围内对建筑冬季太阳辐射得热影响很小，朝向在南偏东或偏西15°～30°范围内，建筑仍能获得较好的太阳辐射热，偏转角度超过30°则不利于日照。此外，在居住区规划中，建筑群体错落排列，不仅有利于内外交通的疏通和丰富空间景观，也有利于增加日照时间和改善日照质量。高层点式住宅采取这种布置方式，在充分保证采光日照条件下可大大缩小建筑物之间的间距系数，达到节约用地的目的。

6.2.3 建筑朝向与太阳辐射

6.2.3.1 朝向对建筑节能的影响

朝向是指建筑物正立面墙面的法线与正南方向间的夹角。朝向选择的原则是使建筑物冬季能获得尽可能多的日照，且主要房间避开冬季主导风向，同时考虑夏季尽量减少太阳辐射得热。如处于南北朝向的长条形建筑物，由于太阳高度角和方位角的变化规律，冬季获得的太阳辐射热较多，而且在建筑面积相同的情况下，主朝向面积越大，这种倾向越明显。此外，建筑物夏季可以减少太阳辐射得热，主要房间避免受东、西日晒，是最有利的建筑朝向。因此，从建筑节能的角度考虑，如总平面布置允许自由选择建筑物的形状、朝向时，则应首选长条形建筑体型，且采用南北或接近南北朝向为好。然而，在规划设计中，影响建筑体型、朝向方位的因素很多，如地理纬度、基址环境、局部气候及暴雨特征，建筑用地条件、道路组织、小区通风等，要达到既能满足冬季保温又可夏季防热的理想朝向有时比较困难，我们只能权衡各种影响因素之间的利弊轻重，选择出某一地区建筑的最佳朝向或较好朝向。在朝向选择上还应注意避开冬季主导风向并利用夏季自然通风。在设计中还应对主要得热构件（如窗户、集热墙）的位置、尺寸大小、表面颜色及构造等都要结合地区冬夏气候特点统筹考虑，同时还要提高墙、地面的蓄热性能及夜间窗户的保温性能，以使节能建筑昼夜得益。

6.2.3.2 朝向对接收太阳辐射量的影响

处于不同地区和冬夏气候条件下，同一朝向的建筑在日照时数和日照面积上是不同的。由于冬季和夏季太阳方位角、高度角变化的幅度较大，各个朝向墙面所获得的日照时间、太阳辐射照度相差很大。因此，要对不同朝向墙面在不同季节的日照时数进行统计，求出日照时数的平均值，作为综合分析朝向的依据。分析室内日照条件和朝向的关系，应选择在最冷月有较长的日照时间和较大日照面积，而在最热月有较少的日照时间和较小的日照面积的朝向。

由于太阳直接辐射照度一般是上午低、下午高，所以无论是冬季或是夏季，建筑墙面上所受太阳辐射量都是偏西比偏东的朝向稍高一些。当供暖建筑的总得热量和总失热量达到平衡时，室温才得以保持。为此需要对引起供暖建筑失热量的因素采取应对措施，以降低供暖供热系统的耗能量。

6.2.4 建筑物的体形系数

建筑物的体形系数是建筑物接触室外大气的外表面积与其所包围的体积的比值，是指单位建筑体积所分摊到的外表面积。建筑物的体形系数是衡量建筑物是否节能的重要标准之一，国家节能标准对不同地区的住宅建筑有不同体型系数的要求。体积小、体形复杂的建筑软件对日照时间、角度、间距进行较精确的计算。平房和低层建筑，体形系数较大，对节能不利；体积大、体形简单的建筑以及多层和高层建筑，体形系数较小，对节能较为有利。

6.2.4.1 建筑物体形系数与节能的关系

建筑体型的变化直接影响建筑供暖、空调能耗的大小。所以建筑体型的设计，应尽可能利于节能，具体设计中通过控制建筑物体形系数达到减少建筑物能耗的目的。建筑物体形系数的大小对建筑能耗的影响非常显著，不同体形系数耗热指标不只是影响建筑物耗能量，它还与建筑层数、体量、建筑造型、平面布局、采光通风等密切相关。

6.2.4.2 选择合理的体形系数与平面形式

体形系数的大小对建筑能耗的影响非常显著。体形系数越小，单位建筑面积对应的外表面积越小，外围护结构的传热损失（或夏季得热）也越小。因此，从降低供暖空调能耗的角度出发，希望将体形系数控制在一个较低的水平上。但是，体形系数的选择还要受其他多种因素的制约，如当地气候条件，太阳辐射照度、建筑造型、平面布局、建筑朝向、采光通风、外围护结构的构造形式和局部的风环境状态等。体形系数限制过小，将严重制约建筑师的创造性，造成建筑造型呆板，平面布局困难，甚至有损建筑功能。因此，在确定体形系数的限值时必须通盘考虑，既要权衡冬季得热、失热与夏季昼间减少得热、夜间增大散热的矛盾，以及供暖节能与照明耗能的矛盾，又要处理好与建筑功能和建筑造型设计的矛盾，优化组合，综合考虑以上各种影响因素才能最终确定。

建筑物作为一个整体，其最佳节能体型与室外空气温度、太阳辐射照度、风向、风速、围护结构构造及其热工特性等各方面因素有关。当建筑物各朝向围护结构的平均有效传热系数不同时，对同样体积的建筑物，其各朝向围护结构的平均有效传热系数与其面积的乘积都相等的体型是最佳节能体型。当建筑物各朝向围护结构的平均有效传热系数相同时，同样体积的建筑物，体形系数最小的体型，是最佳节能体型。

6.2.4.3 控制和降低体形系数

提出控制建筑物体形系数要求的目的，是为了使特定体积的建筑物在冬季和夏季冷热作用下，从面积因素考虑，使建筑物外围护部分接受的冷、热量尽可能最少，从而减少建筑物的耗能量。一般来讲，可以采取以下几种方法控制或降低建筑物的体形系数。

（1）加大建筑体量。即加大建筑的基底面积，增加建筑物的长度和进深尺寸。多层住宅是建筑中常见的住宅形式，且基本上是以不同套型组合的单元式住宅。严寒、寒冷和部分夏热冬冷地区，建筑物的耗热量指标随体形系数的增加近乎直线上升。所以，低层和少单元住宅对节能不利，即体量较小的建筑物不利于节能。对于高层建筑，在建筑面积相近的条件下，高层塔式住宅耗热量指标比高层板式住宅高 $10\%\sim14\%$。

（2）外形变化尽可能减至最低限度。据此就要求建筑物在平面布局上外形不宜凹凸太多，体型不要太复杂，尽可能力求规整，以减少因凹凸太多造成外围护面积增大，而提高建筑物体形系数，从而增大建筑物耗能量。

（3）合理提高建筑物层数。低层住宅对节能不利，体积较小的建筑物，其外围护结构的热损失要占建筑物总热损失的绝大部分。增加建筑物层数对减少建筑能耗有利，然而层数增加到8层以上后，层数的增加对建筑节能的好处趋于不明显。

（4）对于体型不易控制的点式建筑，可采用用裙楼连接多个点式楼的组合体形式。

6.2.5 建筑的外部结构设计

围护结构是指建筑物及房间各面的围护物，分为透明和不透明两种类型。不透明围护结构有墙、屋面、地板、顶棚等；透明围护结构有窗户、天窗、阳台门、玻璃隔断等。按是否与室外空气直接接触，又可以分为外围护结构和内围护结构。围护结构通常是指外围护结构，包括外墙、屋面、窗户、阳台门、外门以及不供暖楼梯间的隔墙和户门等。

6.2.5.1 窗墙面积对能耗的影响

对于一幢建筑来讲，它的形状与保暖隔热有一定的关系。房屋的冷暖受很多因素制约，如朝向、通风、外墙面积、墙体材料和门窗开口大小等，除去自然因素外，其中一个重要的人为因素就是外墙面积的大小。

墙面上的窗、阳台门及幕墙的透明部分的总面积与所在朝向建筑的外墙面的总面积（包括窗、阳台门及幕墙的透明部分的总面积）之比称为窗墙面积比。窗户的保温、隔热性能比墙体差了很多，通常当外窗过大时，需要向室内提供的供暖或空调能量也越大。建筑物外窗的设置不仅与采光照明和自然通风有关，也在很大程度上影响着建筑物得到的热量或失去的热量，合理地确定不同朝向的窗户大小，对建筑物的能耗有很大的影响。南向窗户在解决采光的同时，冬季利用太阳光使室内变得温暖；而北向窗户在冬、夏季都会增大房间的空调和供暖负荷，所以通常南向的窗户比北向更大。

现代化建筑的窗墙面积比越来越大，人们追求建筑通透明亮，大窗墙面积比的飘窗和玻璃幕墙非常流行，建筑立面美观，建筑形态丰富，但为降低建筑能耗，应对建筑物的窗墙面积比做出限制。国家节能标准对建筑窗墙面积比有具体规定，窗墙面积比的确定基本原则是依据不同气候区室外空气温度，不同朝向墙面全年日照情况（冬、夏日照时间长短、太阳总辐射强度、阳光入射角大小），冬、夏季季风影响，室内温度设定情况决定。

6.2.5.2 保温隔热性能对能耗的影响

（1）保温性能。提高围护结构的保温性能主要应控制围护结构，包括屋顶、外墙（含非透明幕墙）、外窗（含透明幕墙、天窗）、外门，底面接触室外空气的架空或外挑楼板，分隔供暖与非供暖空间的隔墙、楼板，地面（含周边地面和非周边地面）等部位。对围护结构特殊部位也应加强保温，以防室内热量直接从这些部位散失并防止表面冷凝。提高门窗的气密性，减少冷风渗透。冷风渗透主要指空气通过围护结构的缝隙，如门、窗缝等处的无组织渗透。如果建筑外围护结构的材料过于简陋、单薄，在冬天通过围护结构散失的热量就会很大，即使提供很大的热量也不能保证室内温度舒适，就好比在冬季人们不会仅穿单衣，而穿着羽绒服就更容易保持体温。

（2）隔热性能。围护结构外表面在太阳辐射条件下的升温速度和温度高低反映出围护结构的隔热功能。对于目前节能建筑所采用的轻质材料而言，外表面升温快，温度高，其隔热性能好，这是因为外表面温度高，必然向空气中散发更多热量，使传入围护结构并渗透到室内的热量减少。围护结构的隔热性能可以用围护结构热惰性指标或在自然通风条件下，房间内壁面的温度来描述。热惰性指标是一个表征围护结构对周期性温度波在其内部衰减快慢程度的无量纲指标。当外墙和屋顶采用含有轻质的绝热材料的复合结构时，会出现热惰性指标值很低的情况。

（3）透明的外围护结构。房屋透明玻璃窗的主要作用是满足人们对自然采光、通风的需要。在冬季，朝阳的玻璃窗在有日照的时候为我们的房间带来光明和热量，但由于室内温度高于室外，房间的热量也不断地通过玻璃窗散失到室外。而在没有日照的朝向和夜晚，冬季通过玻璃窗散失的房间热量占据了整个房间失热量的近一半左右。在夏季，被太阳直射到的玻璃窗将太阳的辐射热量接收到室内，使我们不得不使用空调提供更多的冷量来抵消这部分太阳辐射的热量，于是人们想到了通过窗帘等遮阳措施来减少太阳带给房间的过多的热量。选择适当的外窗形式和材料是提高建筑物保温隔热性能的重要途径。近年来，随着制造水平和生产工艺的提高，外窗的能耗得到很大的改善，尽管如此，玻璃窗的保温隔热性能仍然远低于外墙，所以过多、过大的玻璃窗将非常不利于减少建筑物的暖通空调能耗。

6.2.6 室内外环境设计

6.2.6.1 风环境优化设计

由于太阳对地球南北半球表面的辐射热随季节呈规律性变化，从而引起大气环流的规律性变化，这种季节性大范围有规律的空气流动形成的风，称为季候风。这种风一般随季节而变，冬、夏季基本相反，风向相对稳定。此外，由于地球表面上的水陆分布、地势起伏、表面覆盖等的不同，造成诸表面对太阳辐射热的吸收和反射各异，导致诸表面升温后和其上部的空气进行对流换热及向太空辐射出的长波辐射能量亦不相同。这就造成局部空气温度差异，从而引起空气流动形成的风称为地方风。

风对建筑供暖能耗的影响主要体现在两个方面：第一，风速的大小会影响建筑围护结构外表面与室外空气的热交换速率；第二，风的渗透会带走热量，使室内空气温度发生改变。建筑围护结构外表面与周围环境的热交换速率在很大程度上取决于建筑物周围的风环境，风速越大，热交换也就越强烈。因此，对供暖建筑来说，如果要减小建筑围护结构与外界的热交换，达到节能的目的，就应该将建筑物规划在避风地段，且选择符合相关节能标准要求的体形系数。

6.2.6.2 微气候环境的设计

建筑与气候密切相关，适应环境及气候，是建筑规划及设计应遵循的基本原则之一，也是建筑节能设计的原则之一。一个地区的气候特征是由太阳辐射、大气环流、地面性质等相互作用决定的，具有长时间尺度统计的稳定性，凭借目前人类的科学技术水平还很难将其改变。所以，建筑规划设计应结合气候特点进行。但在同一地区，由于地形、方位、土壤特性以及地面覆盖状况等条件的差异，在近地面大气中，一个地区的个别地方或局部区域可以具有与本地区一般气候有所不同的气候特点，这就是微气候的概念。微气候是由局部下垫面构造特性决定的发生在地表附近大气层中的气候特点和气候变化，它对人的活动影响很大。由于与建筑发生直接联系的是建筑周围的局部环境，即其周围的微气候环境。所以，在建筑规划设计中可以通过环境绿化、水景布置的降温、增湿作用、调节风速、引导风向的作用、保持水分、净化空气的作用改善建筑周围的微气候环境，进而达到改善室内热环境并减少能耗的目的。人口高度密集的城市，在特殊的下垫面和城市人类活动的影响下，改变了该地区原有的区域气候状况，形成了一种与城市周围不同的局地气候，其特征有"城市热岛效应"、"城市干岛、湿岛"等。

6.2.6.3 供暖、通风、空调能耗

（1）暖通空调

暖通空调能耗是建筑能耗中的大户，据统计在发达国家暖通空调能耗占建筑能耗的65%，以建筑能耗占社会总能耗的35.6%计算，暖通空调能耗占社会总能耗的比例竟高达22.75%，可见建筑节能工作的重点应该是暖通空调的节能。在民用建筑中供暖空调的目

的就是为人们提供舒适的工作和生活环境，这里所说的舒适主要是指人体的热舒适感觉。人体靠摄取食物获得能量，食物在人体的新陈代谢过程中被分解氧化，同时释放出能量。这些能量一部分用于人体各器官的运动和对外做功，另一部分则转化为维持一定的体温所需要的热量。如果有多余的热量，则还需要释放到周围环境中。大部分人在冬季对 16～24℃的温度范围感到舒适，在夏季则对 22～28℃的温度范围感到舒适。通过暖通空调的技术手段，人为地在建筑物中制造、提供人们舒适的温湿度环境过程中所消耗的能量就是我们所说的暖通空调能耗。冬季为维持建筑物内的温度高于室外环境温度，就要向建筑物不断地补充热量，以补偿由于室内外温差通过建筑物外墙、外窗、屋顶等向外散失的热量。夏季为维持建筑物室内温度低于室外的高温，需要降低室内温度，即不断地将室内多余的热量转移至室外，这一过程消耗的能耗就是夏季空调能耗。

（2）通风

在空调建筑物内工作和生活的人们也同样需要呼吸到室外的新鲜空气，在冬天需要将室外寒冷的空气加热后送入建筑物，在夏季则需要将室外高温的空气冷却后送入建筑物。加热或冷却人们需要的室外新鲜空气也要消耗大量的能源。空调新风是影响空调是否节能的一个重要方面，新风量过多会增加其负荷，进而增加能耗；新风量过少则室内环境空气质量会下降。因此针对具体的空调环境做好送风温度和新风比例的调整非常重要。新风的引入与房间的排风总是对应实现的，这样才能维持房间的空气平衡。室内外温差越大，排风的能量损失也越大，或者说加热或冷却新风的能耗也越大，也就更值得我们设法回收排风中的能量。任何暖通空调设备在为建筑提供供暖、空调的同时都需要消耗能量，选择提供的供暖、空调的能力强，同时消耗能量少的设备无疑是建筑节能应该充分考虑的问题。

（3）空调

减少空调建筑耗冷量的方式主要有以下两类：一是减少得热，通过对夏季室外"热岛"效应的有效控制，改善建筑物周边的微气候环境，或对太阳辐射（直接或间接）得热采取控制措施；其二是可通过蓄能技术调节得热模式，结合地区气候特点采用热惰性指标值较大的重型（或外保温）围护结构，白天蓄存或减少得热，延迟围护结构内表面最高温度出现的时间至夜间，可直接通过自然通风或强制通风等手段将室内热量排至室外并蓄存室外冷量，从而达到降低建筑耗冷量的目的，这其中还可包括两用间歇自然通风、通风墙（屋顶）、蒸发冷却、辐射制冷等手段。

6.2.6.4 电器的能耗

（1）照明能耗

现代建筑的照明主要依靠自然采光和人工照明，人工照明的用电量占了一般住宅用电量的一半。在大型公共建筑中，由于建筑物的体量和进深较大，还有很多地下空间不能得到足够的自然采光，不得不利用人工照明。在住宅建筑的能耗中，照明能耗占相当大的比例，因此，要注意照明节能，合理利用自然光源对于建筑节能将起到至关重要的作用。考虑到住宅建筑的特殊性，套内空间的照明受居住者个人行为的控制，不宜干预，因此，在这里所考虑的项目中不涉及套内空间的照明。而住宅建筑的公共场所等区域有许多是有自然采光的，住宅公共场所等区域的照明主要受到设计本身和物业管理的控制，作为绿色建筑必须强调公共场所等区域的照明节能，充分利用自然光源，采用高效光源和灯具并采取节能控制措施。

（2）办公电器的能耗

计算机、打印机、传真机、复印机、投影仪等办公电器消耗着大量的电力，这些电气设备在办公室散出的热量无形中也加大了空调的负荷，为此我们不得不消耗更多的能量用在空调系统上，以消除办公电器在使用时产生的热量。现在大部分的办公建筑即使是白天也要大量地使用人工照明，办公室一个人加班时将整个一层的灯都打开。豪华的装修、过度的照明，不仅浪费能量，并且对人的视力也有害无利。无论是居住建筑，还是办公建筑，首先都应该充分利用自然采光。通过减小建筑物的进深，合理设置外窗，让室内更多的房间和位置可以享受自然采光，以加强局部照明的方式改善远离外窗区域的采光，这一点在办公建筑的节能中有着非常重要的作用。

（3）家用电器的能耗

电视机、电冰箱、洗衣机、电风扇、微波炉、电磁炉、电饭锅、电烤箱、电热水器等家用电器的种类越来越繁多，这些家用电器，由于种类和数量的增长，其消耗的电能也比20年前增加了上百倍。家用电器待机能耗是指产品在关机或不行使其基本功能时的能源消耗，与产品在使用过程中产生的有效能耗不同，待机能耗基本上是一种能源浪费。为了方便，很多人常常使电视机、电脑等处于待机状态，在小红灯闪烁之间，一度的电就被消耗掉了。待机耗电占家庭用电量的很大比重。中国城市家庭平均每户待机功率为15～30W（美国50W，日本46W）每户每年待机耗电约占居民家庭生活用电的10%，应用现有技术可使待机能耗减少75%以上。近年来大部分城市已经建设了燃气供应系统，还有部分城市使用罐装的液化石油气。电饭锅、微波炉、电磁炉、电烤箱、电热开水器等已经被家庭广泛使用，餐饮、炊事用能的种类也呈现多元化的趋势。

6.2.6.5　供暖建筑失热因素

供暖建筑失热因素主要有以下几种。

（1）通过外围护结构的传热损失，含屋顶、外墙（包括非透明幕墙）、外窗（包括透明幕墙、天窗）、外门等的传热损失。

（2）底面接触室外空气的架空（如过街楼的楼板）或外挑楼板（如外挑的阳台板等），供暖楼梯间的外挑雨棚板、空调外机搁板等的传热损失。

（3）空间传热损失，分隔供暖与非供暖空间的隔墙、楼板的空间传热损失；住宅户式供暖因邻里设置温度不同或间歇供暖运行制式不一致而导致隔墙和楼板的空间传热损失；底层楼板作为不供暖地下室（外墙有窗或无窗）与其上部供暖房间的分隔楼板而形成的空间传热损失。

（4）通过地面的传热损失，含周边地面（指距外墙内表面2m以内的地面）和非周边地面的传热损失。通过供暖地下室外墙的传热损失，通过围护结构特殊部位的异常传热损失。

（5）由于房间通风换气和房间外空气通过门窗缝隙、通气孔、住宅烟囱、正对门厅的电梯井及穿越墙的管道等缝隙直接渗透所导致的传热损失。

6.2.6.6　生活用水的能耗

我们工作和生活在高层建筑中，当我们打开水龙头时也能方便地使用自来水。这是由于水泵消耗了电能为给水提供了动力使其得到提升。生活热水的能耗除了水泵外，还有加热生活热水的热能消耗。

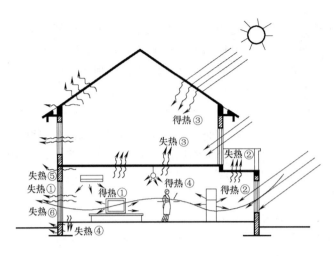

图 6-5　供暖建筑得热和失热

（来源：文献［13］）

6.3　建筑节能技术的利用

6.3.1　低能耗建筑节能技术综述

6.3.1.1　我国节能措施

　　1986 年，我国由城乡建设环境保护部颁布实施了第一部旨在推动建筑节能工作的行业法规《民用建筑节能设计标准（采暖居住建筑部分）》JGJ 26-86，要求节能率达到30%。即在严寒和寒冷地区，新建住宅建筑在 1980～1981 年住宅通用设计（代表性住宅建筑）供暖能耗的基础上分别节能 30%。1998 年 1 月 1 日起实施的《中华人民共和国节约能源法》，是指导全国节能的大法，也是中国建筑节能工作的立法依据，对建筑节能工作具有重大的指导意义。1995 年 12 月，建设部发布国家标准《民用建筑节能设计标准（采暖居住建筑部分）》JGJ 26-95，要求节能率达到 50%。即要求在 1986 年颁布实施的《民用建筑节能设计标准（采暖居住建筑部分）》JGJ 26-86 的基础上再节能 30%，相对于1980～1981 年住宅通用设计（代表性住宅建筑）采暖能耗是节能 51%。这就是我们通常说的第二步节能目标 50%。2001 年 10 月 1 日建设部出台《夏热冬冷地区居住建筑节能设计标准》JGJ 134—2001，节能"基准建筑"是"20 世纪 80 年代改革开放初期同地区建造的住宅"，按该地区居住建筑传统的围护结构，在保证主要居室冬天 18℃、夏天 26℃的条件下，冬季用能效比为 1 的电取暖器，夏季用能效比为 22 的空调降温，计算出一个全年采暖、空调能耗，以此作为基础能耗，视为 100%。在这个基础上确定新设计建筑的热工、采暖和空调的参数，使其能耗降低 50%。2005 年 7 月 1 日建设部出台并实施《公共建筑节能设计标准》GB 50189—2005，同样以 20 世纪 80 年代改革开放初期建造的公共建筑作为比较能耗的"基准建筑"。在保持与目前标准约定的室内环境参数的条件下，新建公共建筑将这一"基准建筑"进行参数调整，按节能 50%的规定设计。

6.3.1.2 建筑规划设计节能措施

建筑规划设计中可采用的主要节能措施有：对建筑物周边环境和小区，通过优化建筑布局和室外环境设计、合理选择场地和屋面铺面材料、有效配置屋面和垂直绿化及水景，达到改善室外热环境，减少热岛效应。营造舒适的室外活动空间和室内良好的自然通风条件，减少气流对区域微环境和建筑本身的不良影响。

规划设计时布置好建筑朝向和建筑间距，采用合理的体形系数和窗墙面积比，避免采用大落地窗。公共建筑采用可调节外遮阳，采用双层通风遮阳式幕墙，使其热工性能大为改善。合理进行建筑室内空间的划分、平面布置和自然通风气流组织设计。合理设计房间进深与层高。建筑设计和构造设计采取诱导气流、促进自然通风的措施。合理设计采光口以及利用改善自然光在室内分布的设施，充分利用自然光资源，减少人工照明的能耗。在技术经济合理条件下，优化能源系统，在城市集中供热管网内优先采用集中供热，积极合理地使用太阳能、风能、地源热泵技术，减少对环境的影响。

6.3.1.3 外墙节能技术

由于建筑外围护结构的传热性能直接影响着建筑用采暖空调的能源消耗量，因此，提高建筑外围护结构的保温隔热性能是降低建筑能耗的关键。

外围护结构中墙体占了很大份额，因此，重点要提高外墙的热工性能。提高外墙的热工性能，一是要选用热工性能好的主体材料；二是要增加保温材料的厚度；三是要处理好构造热桥。外保温技术适用范围广，技术合理、成熟，工程造价比较低，是目前我国采用最广泛的墙体节能技术。外保温技术不仅适用于新建建筑工程，也适用于既有建筑节能改造。与内保温相比，外保温有明显的优越性，除了保温效果优良，外保温体系包在主体结构的外侧，较好地解决了构造热桥结露问题，提高了居住的舒适度，同时还能够保护主体结构，延长建筑物的寿命，并增加建筑的有效使用空间。

（1）外贴保温体系

外贴保温体系是将保温材料粘贴或加锚栓固定在外墙主体结构上，然后加装玻璃纤维网格布或钢丝网增强，外抹抗裂砂浆，再做外装饰面层。保温材料有膨胀聚苯板（EPS）、挤塑聚苯板（XPS）、聚氨酯板、岩（矿）棉板等。其中聚苯板因具有优良的物理性能和廉价的成本，使用最为广泛。目前，外贴保温体系的最大缺陷是现场施工质量很难控制，使用寿命短（标准规定 25 年），工程存在很多表面开裂、保温层剥落等质量问题。据专家国外考察分析，认为主要是工程质量控制问题，只要使用的材料和施工工艺符合标准要求，使用寿命完全可以大大延长。

另一种做法是用专用的固定件将保温板固定在外墙上，然后将铝板、天然石材、彩色玻璃等饰面材料外挂在预先制作的龙骨上，直接形成装饰面。保温层与饰面层之间形成空气间层，既保护了保温材料免受结露和渗透雨水的侵蚀，又增强了墙体的热工性能。

（2）聚苯板与墙体一次浇筑成型技术体系

该技术是在混凝土框—剪体系中将聚苯板放置于建筑模板内，即将浇筑的墙体外侧，然后浇筑混凝土，使混凝土与聚苯板一次浇筑成型为复合墙体。由于外墙主体与保温层一次成活，工效提高，工期大大缩短。在冬季施工时聚苯板起保温的作用，可减少外围护保温措施。但在浇筑混凝土时要注意均匀、连续浇筑，否则由于混凝土侧压力的影响会造成聚苯板在拆模后出现变形和错槎，影响后续施工。这种技术体系在许多高层住宅工程中使用。

6.3.1.4 外窗及幕墙保温隔热技术

随着建筑形式的多样化,外窗和玻璃幕墙等透光型外围护结构所占外表面的比例越来越高。然而,由于通常透光型外围护结构的热工性能大大低于非透光型外围护结构,因此,外窗和玻璃幕墙成为影响建筑能耗的重要因素。提高外窗和玻璃幕墙的保温隔热性能的技术措施有很多,通常是采用改善窗框、玻璃的热工性能和安装技术,隔热重点采用遮阳技术。

(1)节能窗

节能窗采用性能良好的塑料型材、铝塑和木塑复合型材、断热型铝合金型材和配套附件及密封材料,使用平开、复合内开等开启方式。北方寒冷严寒地区采用单框双层中空玻璃窗、单框三层玻璃窗或双层节能窗。在施工安装中窗口的密封处理非常重要,应尽量减少窗的空气渗透。为提高外窗的热工性能,宜采用充填惰性气体的中空玻璃或特种玻璃。

(2)遮阳技术

夏季太阳辐射透光玻璃照射到室内,使大量的热量传递到室内并使室内温度升高。采取有效的技术手段遮阳,可大幅度降低空调能耗,或者不开空调即可得到舒适的室内热环境。在北方地区冬季可以调节遮阳装置,使其不遮挡阳光进入室内。有的遮阳产品在冬季的夜晚还可以启动保温作用。外遮阳可以通过外围护结构设计外挑阳台或遮阳构件实现,也可以安装可调节遮阳装置。

(3)幕墙技术

采用全玻璃幕墙会大大增加建筑能耗,应尽量避免。呼吸式幕墙由内外两层玻璃幕墙组成,由内外两层幕墙之间形成一个通风换气层,形成自然通风,由于此换气层中空气的流通或循环的作用,使内层幕墙的温度接近室内温度,减小温差,因而它比传统的幕墙供暖时节约能源 42%~52%;制冷时节约能源 38%~60%。呼吸式幕墙外层玻璃可以选用无色透明玻璃或低反射玻璃,还可以最大限度地减少玻璃反射带来的光污染;呼吸式幕墙的隔声性能良好,可以保持室内拥有一个清静的环境;不论天气好坏都无需开窗,换气层就可直接将自然空气传至室内,为室内提供新鲜空气,提高室内的舒适度,降低空调设备带来的种种弊端。呼吸式幕墙根据通风层结构的不同可分为"封闭式内循环体系"和"敞开式外循环体系"两种。

6.3.1.5 建筑用可再生能源技术

可再生能源是指在自然界中可以不断再生、永续利用、取之不尽、并有规律地得到补充的能源,它对环境无害或危害极小,而且资源分布广泛,适宜就地开发利用。如风能、太阳能、水能、生物质能、地热能、海洋能等非化石能源。大部分的可再生能源其实都是太阳能的储存,薪柴是最早使用的能源,通过燃烧成为加热的能源,多用来煮食和提供热能,它让人们在寒冷的环境下仍可生存。可再生能源是自然资源,例如森林,薪柴虽然是可以再生的,但是如果使用和消耗的速度远大于其再生的速度,它们还是会枯竭的。相对来说,太阳能、风能、海洋能的利用则没有这样的限制,但是它们会更多地受到气候等自然条件的影响,例如太阳能受阴雨天气的影响,风能的利用效果则更多地受到地区风力的影响。

可再生能源的根本特点是能量密度低、随机性大、不可控因素多,和一个国家、一个地区的经济、资源分布、人口分布、人均占有量、用能形式、技术水平、社会发展阶段等有十分紧密的联系，适用的技术和所起的作用必然各不相同。可再生能源的应用一定要从国情、从各地区的具体情况出发，可以借鉴，但千万不能生搬硬套国外的模式。采用可再生能源技术是建造低能耗建筑的重要途径。利用可再生能源可以减少或完全替代常规能源，从而达到节能减排的效果。在建筑中应用广泛的是太阳能和地能。

6.3.2 太阳能的利用

太阳能是新能源和可再生能源中最引人注目、开发研究最多、应用最广的清洁能源，可以说，太阳能是未来全球的主流能源之一。太阳能可以成为建筑物供热（生活热水、供暖）、空调及照明、供电的主要能源。太阳能具有安全、无污染、可再生、辐射能的总量大和分布范围广等特点，越来越受到人们的重视，是今后可替代能源发展的战略性领域。太阳能与建筑结合，使建筑物的屋面、墙体、外窗等外围护结构成为太阳能集热器和光电板的附着载体，既充分利用了太阳能源，又不破坏建筑物外观，甚至可以成为很好的建筑景观。

6.3.2.1 太阳能热水系统

太阳能热水系统是把太阳能转变为热能用以加热水并输送至各用户所必需的完整系统装置，是目前技术最成熟、应用最广泛、产业化发展最快的太阳能应用技术，主要用于为建筑物提供生活热水。太阳能热水系统能否成功运用及最大限度地发挥作用，主要取决于系统组件恰当的设计和选取，太阳能热水系统由太阳能集热系统和热水分配系统组成。

（1）热水系统的分类

太阳能热水系统基本上可分为三类，即自然循环系统、强制循环系统、直流式循环系统。自然循环太阳能热水系统是依靠集热器与蓄水箱中的水温不同产生的密度差进行温差循环，水箱中的水经过集热器被不断地加热；强制循环太阳能热水系统是依靠循环水泵，使水箱中的水经过集热器被不断地加热；直流式太阳能热水循环系统是通过自来水的压力来保证热水的制取。

（2）集热系统的主要部件

集热系统的主要部件有太阳能集热器、辅助加热、储热水箱、循环管路、循环泵、控制部件和线路等。热水分配系统由配水循环管路、水泵、储热水箱、控制阀门和热水计量表组成，储热水箱是两个系统的共同部件和连接点；热水管系统由太阳能真空集热管和吸热片组成的吸热器，在晴天阳光下产出 40～85℃ 的水温，进入储热水箱，再由水箱进入热水管道至每户的分支管道供室内使用。

集热器是太阳能热水系统中重要的设备，是用于吸收太阳辐射能并向流经自身的传热工质传递热量的装置。我国目前使用的太阳能集热器可大体分为两类：平板型太阳能集热器和真空管型太阳能集热器。平板型太阳能集热器突出的优点是便于与建筑物相结合；真空管型太阳能集热器相对热效率比较高，我国的生产能力和技术水平处于世界领先地位。为了适应与建筑结合，成为建筑部品的需要，生产企业研发生产出分离式热水器，即水箱与集热器分离。

（3）太阳能热水系统与建筑一体化设计

太阳能热水系统与建筑一体化就是将太阳能热水器与建筑充分结合并实现整体外观的

和谐统一。将建筑的使用功能与太阳能热水器的
利用有机地结合在一起，形成多功能的建筑构
件，巧妙高效地利用空间，使建筑可利用太阳能
的部分；与建筑的有机结合，有利于创造富有个
性的建筑形体，从而加强住宅等建筑的可识别
性；太阳能热水器一体化住宅不完全是简单的形
式观念，关键是要改变现有的住宅内在运行系
统。热水系统从以户为单位发展到一个单元、一
栋楼为一个热水系统，采用集中水箱强制承压循

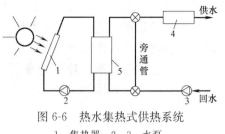

图 6-6　热水集热式供热系统
1—集热器；2、3—水泵；
4—辅助加热器；5—储热器
（来源：文献［13］）

环水控制。热水系统形式多样，如定温产水系统、温差循环系统、双回路水-水交换系统、
定温—温差循环系统、直接式机械循环系统、间接式双回路排回系统等。国家出台了一系
列相关标准规范，以指导、规范太阳能热水系统在建筑领域的应用，对太阳能热水系统与
建筑结合提出具体要求。太阳能热水系统要有保障热水水质的措施，要有热水循环流量方
式及控制的措施，太阳能集热器系统各种预埋件及热水系统管线（冷、热、回水管，各种
信号控制线缆）要有与建筑、结构、电气相配合的措施。

6.3.2.2　太阳能供暖系统

太阳能供热供暖是指将分散的太阳能通过太阳能集热板、真空太阳能管、太阳能热管
等吸收太阳能的集热器，把太阳能转换成方便输送、控制、调节的热水，再通过热水输送
到地板供暖系统、散热器系统等发热末端，以提供房间供暖。对太阳能集热器而言，所需
的热水温度越高，集热效率越低。为了获得较高的集热效率，太阳能热水的出水温度一般
控制不超过 60℃，这样的水温更适合空调系统或地板供暖系统使用。

太阳能热水系统的技术发展为主动式太阳能供暖的应用奠定了基础。太阳能供暖系统
一般分为两种模式：被动式和主动式。

（1）主动式太阳能供暖

主动式太阳能供暖又可分为直接式和间接式。所谓直接式就是由太阳能集热器加热的
热水或空气直接被用来供暖。所谓间接式就是集热器加热的热水温度通过热泵提高后再供
暖。采用主动式太阳能供暖，降低系统温度以提高集热器效率是提高整个系统效率的关
键。采用地板辐射供暖恰好与太阳能热水系统的特性相匹配。地板辐射供暖不需要较高温
度的热水即可得到很好的供暖效果，同时混凝土地面又是良好的蓄热体，可以储存太阳能
热水的热量。建造低能耗建筑，应将被动式和主动式太阳能供暖系统有效地组合起来，发
挥各自优势，达到最大限度地利用太阳能。

（2）被动式太阳能供暖

被动式太阳能供暖是根据太阳高度角冬季低夏季高的自然特征，通过合理设计，依靠
建筑物结构自身来完成集热、贮热和释热功能的供暖系统。被动式供暖系统结构简单，造
价不高，节能效果显著，已成为世界各国推广的太阳能供暖主流技术。被动式太阳能供暖
系统也存在缺陷，由于其蓄热能力较差，致使夜晚和冬季供热品质较低，夏季降温效果也
比较差。

由于太阳能的时间性很强，白天充足，夜间是零，在时间上和我们需要供暖的过程是
完全相反的，所以需要考虑热量储备。但是由于建筑物有热惯性，再配合一定的蓄热设

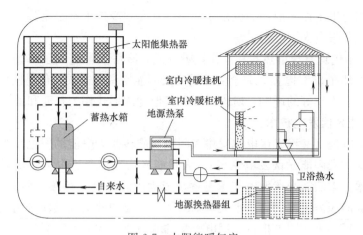

图 6-7 太阳能暖气房

（来源：http://image.baidu.com/search/）

备，我们完全有能力把热惰性产生的时间差人为地改变和调节，使之和我们的需要相符合。热惰性在太阳能供暖的设计过程中非常重要的，考虑太阳能辐射强度全天的变化，太阳能热水供暖系统多与蓄热系统结合使用，或有备用热源系统作为夜间或太阳能热量不足时的补充。

6.3.2.3 太阳能空调系统

根据驱动机制的不同，太阳能空调系统分为三类：光热转换以热能驱动的太阳能吸收式空调系统、光电转换以电能驱动的太阳能空调系统、光化转换以化学反应来制冷或供热的太阳能空调系统。太阳能空调的实现方式主要有两种，一是先实现光—电转换，再用电力驱动常规压缩式制冷机进行制冷，这种实现方式原理简单、容易实现，但成本高；二是利用太阳的热能驱动进行制冷，这种制冷方式技术要求高，但成本低、无噪声、无污染，这种方式的太阳能空调一般又可分为吸收式和吸附式两种。

太阳能空调系统与传统压缩制冷空调系统相比，可以充分利用太阳能，减少压缩制冷时的电耗，在节能环保方面颇具优势。太阳能用于空调制冷，其最大优点就是季节匹配性好，即天气越热、越需要制冷的时候，太阳辐射越强，太阳能制冷系统的制冷量也越大。现在还没有成熟的太阳能直接制冷的技术可应用在工程中，接收太阳能的照射可以直接获得热量，消耗这部分热能并通过特殊的装置便可以制取我们空调需要的冷水。使用太阳能空调的结果，既创造了室内宜人的温度，又能降低大气的环境温度，还减弱了城市中的热岛效应，既节约了能源，还不使用破坏大气层的氟利昂等有害物质，是名副其实的生态绿色空调，在节能和环境方面有很大的发展潜力。

为提高吸收式制冷的效率，需要提高太阳能热水的温度。为此目前有聚焦式太阳能集热器，产生 150℃ 左右的高温热源，从而驱动双效吸收机，使太阳能制冷总效率接近80%。但由于聚焦式系统投资高、系统复杂，还不能够大规模应用。太阳能空调系统投资高，投资回收困难，是规模化发展的瓶颈。

消耗热能来制冷的冷水机组在工程中使用也很普遍，像直燃型、蒸汽型和热水型溴化锂吸收式冷水机组。当我们通过各种类型的太阳能集热器获得热水，再通过热水型溴化锂机组就可以制备空调所需的冷水了，称作太阳能制冷。当然通过太阳能光伏发电获得电能，在驱动电制冷机工作，消耗的也是太阳能。其实制冷技术都是常规的，只不过在制冷过程中消耗的能源来自太阳能罢了。

20世纪90年代真空管集热器和溴化锂吸收式制冷机大量进入了市场。真空管集热器的热水温度夏季都在85℃以上，完全能够满足太阳能空调的需要。但是同样由于太阳能的时间性很强，还受天气等的影响，所以需要有其他能源形式作为补充和备用。

6.3.2.4 太阳能光伏发电技术

通过太阳能电池（又称光伏电池）将太阳辐射能转换为电能的发电系统称为太阳能电池发电系统（又称太阳能光伏发电系统）。太阳能光伏发电是迄今为止世界上最长寿、最清洁的发电技术。太阳能光伏发电技术已逐步成为国际社会可持续发展的首选技术之一。光伏发电对世界能源需求将会做出重大贡献的两个主要领域是提供住户用电和用于大型中心电站的发电。近年来，国外推行在用电密集的城镇建筑物上安装光伏系统，并采用与公共电网并网的形式，极大地推动了光伏并网系统的发展，光伏建筑一体化已经占据了世界太阳能发电量的最大比例。

太阳能光伏建筑集成技术是在建筑围护结构外表面铺设光伏组件，或直接取代外围护结构，将投射到建筑表面的太阳能转化为电能，供给建筑供暖、空调、照明和设备运行等，以替代常规电能。常见的光伏建筑集成系统主要有光伏屋顶、光伏幕墙、光伏遮阳板、光伏天窗等。光伏电池与建筑围护结构相结合，夏季有利于建筑物的遮阳隔热，但到冬季则不利于采光供暖。

6.3.2.5 太阳房

太阳房指能够利用太阳能，为房屋提供供暖和空调需要的建筑，根据是否利用机械的方式获取太阳能，太阳房可分为被动式太阳房和主动式太阳房。

（1）被动式太阳房

被动式太阳房是根据当地的气候条件，在不添置附加设备的前提下，通过建筑朝向和周围环境的合理布置，通过加大南向窗的面积，屋顶、墙体增设保温材料等有效措施，充分考虑窗、墙、屋顶等建筑物自身构造和材料的热工性能，提高房屋采光、集热、保温、蓄热功能，使房屋达到一定的供暖效果。设计房屋时，从传热学的原理出发，将房屋建造成冬季尽可能多地获取并贮存太阳能，夏季则尽可能少吸收太阳能。被动式太阳房是与主动式太阳房相对而言的。太阳能向室内传递，不用任何机械动力，不需要专门蓄热器、热交换器、水泵或风机等设备，而是完全由自然的方式（辐射、传导和自然对流）进行，故称为被动式太阳房。图6-8是直接受益式太阳房，图6-9是集热储热墙式被动式太阳房。

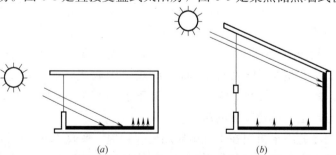

(a)   (b)

图6-8 直接受益式被动式太阳房（利用南窗直接接受太阳辐射）

（来源：文献［13］）

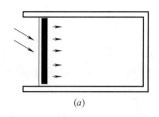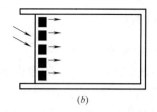

图 6-9　集热储热墙式被动式太阳房

（阳关先照南向外面玻璃罩的蓄热墙上，通过温差导热把热量传递到内墙，再以对流向室内供热）

（来源：文献［13］）

集热、蓄热、保温、隔热是被动式太阳房设计的四要素，缺一不可。被动式太阳房的最大优点是构造简单，造价低廉，维护管理方便。但是，被动式太阳房也有缺点，主要是室内温度波动较大，舒适度差；在夜晚，室内温度较低或连续阴天时需要辅助热源来维持室温；夏季室内又会产生高温，强烈日光刺激也使人无法忍受；住宅楼中心位于透光外墙边的人体有"不被拦护"的不安全感和心理上被窥视隐私等不舒服感。

被动式太阳房在大多数情况下，集热部件与建筑结构融为一体，使房屋的构件一物多用，如南窗既是房屋的采光部件，又是太阳能系统的集热部件；墙体既是房屋的围护构件，又是太阳能系统的集热蓄热部件。这样的房屋结构部件，既达到利用太阳能的目的，又可节约费用。简言之，在不添置附加设备的情况下，将房屋建成能自动达到冬暖夏凉的效果。显然，被动式太阳房的投资远低于主动式太阳房，在我国的广大农村有广阔的发展前景。

（2）主动式太阳房

主动式太阳房需要一定的动力进行热循环。主动式太阳房是以集热器、管道、热水槽、泵、散热器、风机或循环泵以及控制器和贮热器等组成的强制循环太阳能供暖系统，或者是上述设备与吸收式制冷机组成的太阳能空调系统。它仅依赖太阳能产生暖通空调所需的冷热水，其他暖通空调的技术手段和方式与常规能源的建筑相同。这种系统控制、调节比较方便、灵活。一般来说，主动式太阳房能够较好地满足住户的生活需求，可以保证室内的供暖和热水供应，甚至制冷空调。但其设备复杂、一次投资大、设备利用率低、需要消耗一定量的常规能源，而且所有的热水集热系统都需要设置防冻措施，这些缺点造成其目前在我国尚难以大面积推广。对于居住建筑和中小型公共建筑来说，目前仍主要是采用被动式太阳房。

主动式太阳房与被动式太阳房一样，它的围护结构也应具有良好的保温隔热性能。对于太阳能供暖系统来说，首先应考虑采用热媒温度尽可能低的供暖方式，所以地板辐射供暖最适宜于太阳能供暖。太阳能供热系统可以用空气，也可以用水作为热媒，两者各有利弊。热风式集热器较便宜，热交换次数少，但集热用循环动力大，是热水式的 10 倍，风道和蓄热装置占据的空间也较大。太阳热水集热器技术较复杂，价格较高，但综合考虑其优点较多，特别是近年来真空管集热器的性能、质量均有很大提高，价格不断下降。所以，今后太阳能供热系统将以热水集热式为主。太阳能集热器获取太阳的热量，通过配热系统送至室内进行供暖，剩余热量则储存在水箱内。当收集的热量小于供暖负荷时，由储存的热量来补充，储存热量不足时则由备用的辅助热源提供。

6.3.3 浅层地热的利用

6.3.3.1 浅层地热能的概念

地球表面是一座巨大的天然太阳能集热器和储热库。到达地球表面的太阳能相当于全世界能源消耗量的 2000 倍，只是由于太阳能流密度低，地球表面的温度变化大，使得对这部分热能的直接利用困难较多。但实际上，温度受天气变化影响较大的部分主要集中在地表面至地下 10m 之间的区域内，从 10m 深度再往下，大地温度就稳定在当地全年的平均气温上了。近年来，随着热泵技术的发展成熟以及绿色环保节能意识的增强，充分利用浅层地热能提供供暖空调变得越来越现实。

所谓"热泵"，就是利用高位能，使热量从低位热源流向高位热源的节能装置。热泵技术是通过动力驱动作用，从低温热源中取热，将其温度提升，送到高温处放热，由此可在夏季为空调提供冷源，冬季为供暖提供热源。它能从自然界的空气、岩土体、水、太阳能、工业废热等中获取低品位热量，经过电能做功，转换为可被人们利用的高品位热量，从而达到节约部分高品位能源（如煤、石油、天然气、电能等）的目的。可利用的低温热源很多，包括有室外空气、地表水、地下水、城市污水、地下土壤以及工业工艺过程中的低温水，如电厂冷却水。依据不同的热源形成了各种不同的热泵技术。采用热泵技术可以大大降低供暖空调的电耗，是建造低能耗建筑的主要技术措施。目前，热泵技术已经进入了住宅、公共建筑及工业建筑以提供供暖空调所需的热量。热泵在暖通空调的应用中主要有两个特点：一是用来解决 100℃ 以下的低温用能；二是热泵在应用中不会对环境造成污染。鉴于这两点，使热泵在暖通空调中的应用已引起人们广泛的兴趣和关注，值得大力发展和推广

6.3.3.2 浅层地热能热泵空调分类

浅层地热能热泵空调是一种利用浅层地热能，通过热泵技术将低位能向高位能转移，以实现供热、制冷的高效节能空调系统。其利用地层在一定深度下四季温度比较恒定，且具有热容量巨大、可以再生等特点。通过埋设在地下的换热管与土壤进行热交换，冬季把土壤中的热量"取"出来，供给室内供暖；夏季把室内热量"取"出来，释放到地下土壤中。

冬季通过热泵把大地中的热量提取后对建筑供热，同时使土壤的温度降低，蓄存了冷量，可供夏季使用；夏季通过热泵把建筑物中的热量传输给大地，对建筑物降温，同时在大地中蓄存热量以供冬季使用。在地源热泵系统中，大地起到了蓄能器的作用，保证了空调系统全年的能源利用效率。可以大大减少对化石燃料的消耗，减少对环境的污染，符合人类可持续发展的要求。

（1）埋管式土壤源热泵技术

土壤具有良好的蓄热性能，土壤温度全年波动较小且数值相对稳定。埋管式土壤源热泵系统正是利用了土壤的这一特性，使其运行效率比传统的空调运行效率要高 40%～60%，节能效果明显。埋管式土壤源热泵系统包括土壤耦合地热交换器，它或是水平安装在地沟中，或是以 U 形管状垂直安装在竖井中。不同的热交换器成并联连接，再通过不同的集管进入建筑中与建筑物内的水环路相连接。通过循环液体（水或防冻液）在封闭地下的埋管中流动，实现系统与大地之间的传热。地埋管换热器根据管路埋置方式的不同分

为水平地埋管换热器和竖直地埋管换热器。水平地埋管换热器是目前工程实际中常采用的，多只用于供暖。而竖直地埋管换热器，一般认为其性能优于水平地埋管换热器，但施工难度相对较大，造价相对高一些。

（2）地下水源热泵技术

地下水的温度相当稳定，一般等于当地全年平均气温或高1~2℃左右。地下水源热泵系统，通过打井抽取地下水，利用热泵机组提取地下水的低温能量，实现供热制冷。地下水源热泵系统通常采用闭式系统，将地下水和建筑内循环水之间用板式换热器分开。地下水源热泵技术的应用受到水文地质条件的限制。回灌是地下水源热泵系统的关键技术，为此地下水源热泵系统必须具备可靠的回灌措施，保证地下水能100％的回灌到同一含水层内，同时要保证地下水不被污染。目前，国内地下水源热泵系统有两种类型：同井回灌系统和异井回灌系统。地下水源热泵系统的经济性与地下水层的深度有很大的关系。如果地下水位较低，不仅成井的费用增加，而且运行中水泵耗电过高，将大大降低系统的效率。地下水源热泵系统的热源来自于水井或废弃的矿井中抽取的地下水，经过换热的地下水可以排入地表水系统，但对于较大的应用项目，通常要求通过回灌井把采集后的地下水回灌到原来的地下水层。

6.3.3.3　分布式水源热泵系统

分布式水源热泵系统是沈阳市推广地源热泵技术的创新。分布式水源热泵系统是通过水源热泵与集中供热管网系统联合供热，实现的技术方案有两种：一种是将水源热泵的热端与一次侧回水管连接，对回水进行加热，将加热后的热水再送入一次侧的回水管道，从而减少一次侧回水提升到供水温度的能耗；另一种是将水源热泵的热端与二次侧回水管连接，对二次侧回水加热，加热后的水再送入换热器进行二次加热，从而减少二次侧回水加热到供水所需温度的能耗。

分布式水源热泵的优点是，通过与集中供热联供极大地提高了供热系统的能效比，尽可能多地获得水中的能量，提高资源利用效率；当水源热泵或集中供热任一系统出现故障时，另一系统仍可运行，使供热安全性得到保证；还可根据实际需要，间断或连续开启水源热泵，提高系统的经济性；可大量节约燃料，减少二氧化碳等烟气和灰渣的排放，既环保又节能。

6.3.3.4　太阳能热源热泵系统

太阳能热源热泵供暖就是将太阳能集热器和热泵组合成一个系统，由太阳能为热泵提供所需要的热源，并将低品位热能提升为高品位热能，为建筑物进行供热。例如，利用太阳能集热器使水温达到10~20℃，再用热泵进一步将水温提高到30~50℃，满足建筑物供暖的要求。因此，太阳能热泵供暖系统仅消耗少量电能就可以得到几倍于电能的热量，可以有效地利用低温热源，减少集热器面积，延长太阳能供暖的使用时间。

太阳能热泵供暖系统可分为直接式（图6-10）和（图6-11）间接式两大类。直接式太阳能热泵供暖系统是将太阳能集热器作为热泵的蒸发器。

太阳能集热器吸收太阳辐射并转换成热能，加热低沸点工质，工质在太阳能集热器内蒸发；工质蒸气通过压缩机而升压和升温，进入冷凝器后释放出热量，通过换热器传递给贮水箱内的水，使之达到供暖所需的温度；与此同时，高压工质蒸气冷凝成液体，然后再通过节流阀送入太阳集热器，进行周而复始的循环。间接式太阳能热泵供暖系统通常由太阳能集热器、热泵和两个贮水箱组成。太阳能集热器吸收太阳辐射并转换成热能，加热其中的水，使第一个贮水箱内的水温逐渐达到10～20℃。此热量经过换热器传递给热泵中的低沸点工质，然后通过低沸点工质的蒸发、压缩和冷凝，释放出热量，再通过换热器传递给第二个贮水箱，提供热量。

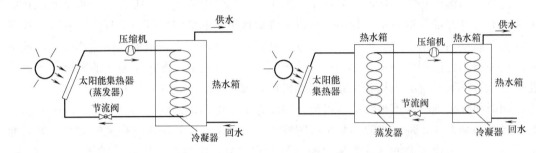

图6-10　直接式太阳能热泵供暖系统　　　　图6-11　间接式太阳能热泵供暖系统
（来源：文献〔13〕）　　　　　　　　　（来源：文献〔13〕）

6.3.3.5　热泵技术与低温辐射供暖（供冷）地板的结合

常规的散热器供暖系统（常温系统）是以对流热为主，将散热器沿外墙设置在窗下。虽然有利于加热，因保温和气密性，比外墙较差的外窗所导致的下降冷空气，形成上升热气流，维持外窗合理温度，防止窗表面的冷辐射和冷空气直接作用于人体的不利影响，但散热器后的外墙和楼板形成二维传热导致热损失偏大。系统运行时得采用80～90℃的高温热水，低温地板辐射供暖系统由于具备舒适、节能、卫生等显著的优点，正不断得到应用。

低温辐射供暖地板以地板为散热面，通过热辐射作用加热室内物体及四周墙壁，使室内温度均匀、稳定，形成符合人们生活及生理活动温度条件的最佳室内环境。在地板辐射供暖中，主要以辐射传热为主，同时伴有对流传热，衡量地板辐射供暖效果通常以实感温度作为标准。实感温度标志着在辐射供暖的环境中，人受辐射对流换热结合作用时，以温度表现出来的实际感觉。

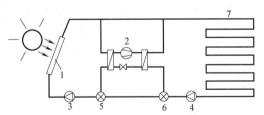

图6-12　太阳能热泵地板辐射供暖系统
1—太阳能集热器；2—压缩机；3、4—水泵；
5、6—三通；7—地板盘管
（来源：文献〔13〕）

太阳能集热器也可以用太阳能吸热板代替。太阳能吸热板铺在屋顶上，其中有盐水或乙二醇液循环流通，所连接的热泵降低吸热板的温度，从而减少发散到外界空气中的太阳热。若没有太阳，也可以通过此吸热板，由外界空气和雨水中吸取热量。

通过太阳能和其他热源，如空气、土壤的综合使用可获得极大的效益，通过太阳集热器，经预热空气，温度可提高6～12℃，这将导致热泵能效比提高约20%，融霜时间减少为原来的1/5。

太阳能集热器和埋入土壤的盘管组合，太阳能与土壤热相互补充，达到蒸发器在合理的温差范围内工作的目的。对以太阳能辐射热为热源的热泵系统，在温度较高或太阳辐射较大时能满足供热负荷，但随着室外温度下降，或者阴天，一方面热源供热不足，另一方面，所需热负荷增大。因此，单靠太阳能辐射热已不能满足要求。

6.3.3.6 浅层地热能热泵空调在中国发展的前景

根据国内一家权威机构在 2005 年对我国 31 个省市自治区共计 2537 项利用浅层地热能热泵空调技术的工程的调查报告中显示，浅层地热能热泵空调技术在我国的应用区域非常广泛。国家能源局、财政部、国土资源部、住房城乡建设部 2013 年 6 月联合印发《关于促进地热能开发利用的指导意见》，提出到 2015 年全国地热发电装机容量计划达到 10 万 kW，地热能年利用量达到 2000 万 t 标准煤。同时形成地热能资源评价、开发利用技术、关键设备制造、产业服务等比较完整的产业体系。到 2020 年，地热能开发利用量达到 5000 万 t 标准煤，形成完善的地热能开发利用技术和产业体系。可见，浅层地热能热泵空调发展的潜力十分巨大。

6.3.4 风能的利用

风是人类最常见的自然现象之一，形成风的主要原因是太阳辐射所引起的空气流动。到达地球表面的太阳能约有 2% 转变成风能。人们最早利用风能是用来提水灌溉、磨面、春米和用风帆推动船舶前进，现在风能的利用主要是发电和提水灌溉。风能作为一种无污染和可再生的新能源，有着巨大的发展潜力，特别是对沿海岛屿，交通不便的边远山区，地广人稀的草原牧场，以及远离电网和电网暂时还难以达到的农村、边疆地区，作为解决生产和生活能源的一种可靠途径，有着十分重要的意义。风能是目前最有开发利用前景和技术最为成熟的一种新能源和可再生能源之一，地球上的风能资源十分丰富，风能是无污染的清洁能源。风力发电是一种主要的风能利用形式，风力发电系统一般由风能资源、风力发电机组、控制装置及检测显示装置等组成。风力发电机组是风电系统的关键设备，通常包括风轮机、发电机、变速器及相应控制装置。

6.3.4.1 风能玫瑰图

风是太阳能的一种转换形式，既有速度又有方向。风向以 22.5 度为间隔共计 16 个方位表示。一个地区不同季节风向分布可用风玫瑰图（图 6-13）表示。风能玫瑰图反映某地风能资源的特点，它是将各方位风向频率与相应风向的平均风速立方数的乘积，按一定比例尺做出线段，分别绘制在 16 个方位上，再将线段端点连接起来，根据风能玫瑰图可以看出哪个方向的风具有能量的优势。我国风能理论可开发量仅次于美国和俄罗斯，居世界第三。这两个主要指标，把风能资源分成 4 个类型：丰富区、较丰富区、可利用区和贫乏区。

在夏热冬冷和夏热冬暖地区，良好的室内外风环境，在炎热的夏季非常利于室内的自然通风，为人们提供新鲜空气，带走室内的热量和水分，降低室内空气温度和相对湿度，促进人体的汗液蒸发降温，改善人体舒适感；同时也利于建筑内外围护结构的散热，从而有效降低空调能耗。

6.3.4.2 风能利用的几种主要基本形式

（1）风力发电。风力发电是目前使用最多的形式，其发展趋势：一是功率由小变大，陆上使用的单机最大发电量已达 2MW；二是由一户一台扩大到联网供电；三是由单一风电发展到多能互补，即"风力-光伏"互补和"风力机—柴油机"互补等。

（2）风力提水。我国适合风力提水的区域辽阔，提水设备的制造和应用技术也非常成

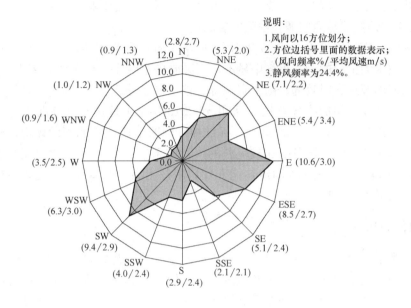

图 6-13　风能玫瑰图

（来源：http://image.baidu.com/search/index）

熟。我国东南沿海、内蒙古、青海、甘肃和新疆北部等地区，风能资源丰富，地表水源也丰富，是我国可发展风力提水的较好区域。风力提水可用于农田灌溉、海水制盐、水产养殖、滩涂改造、人畜饮水及草场改良等，具有较好的经济、生态与社会效益，发展潜力巨大。

（3）风力致热。风力致热与风力发电、风力提水相比，具有能量转换效率高等特点。由机械能转变为电能时不可避免地要产生损失，而由机械能转变为热能时，理论上可以达到 100% 的效率。

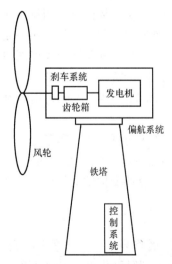

图 6-14　现代风力发电机示意图

（来源：文献［13］）

6.3.4.3　风力发电

把风的动能转变成机械能，再把机械能转化为电能，这就是风力发电。风力发电所需要的装置，称为风力发电机组。这种风力发电机组，大体上可分风轮（包括尾舵）、发电机和铁塔三部分。现代风力发电机增加了齿轮箱、偏航系统、液压系统、刹车系统和控制系统等，现代风力发电机的示意图如图 6-14 所示。

现代大型风力发电机，单台容量一般为 600～1000kW。目前，国际上研制的超大型风力发电机单机容量也只有 6MW。对于一个大型发电场来说，其容量还是很小的。因此，一般将十几台或几十台风力发电机组成一个风电场。这样既形成一个强大的供电体系，也便于管理，实现远程监控。同时，也降低了安装、运行和维护的成本。

6.3.4.4 风电建筑一体化

垂直轴风力发电机安装在建筑上，使得我国在风电建筑一体化领域走在了世界的前列。科学家公布了一种高效率风能建筑的设计方案，并预计由风力提供的能源至少占建筑总能耗的 20%，甚至还有可能达到 100%。

出于高层建筑能够利用充分利用风能的独特优势，目前，英国的建筑师们计划在伦敦的一些高层建筑上安装图 6-15 中这样的三片装的风力涡轮，每片涡轮的直径为 9m，通过高空获取的风能来供给大厦内的用电。这种设计方案由英国卢瑟福·阿普尔顿实验室和德国斯图加特大学联合研制。风能建筑高 200m，为双塔式结构，由 3 台直径达 30m 的风轮机联为一体（图 6-15）。该建筑的曲面设计能将风导向风轮机，从而增大驱动力，提高效率。科学家据此方案制造了一个 7m 高、风轮机直径为 2m 的建筑原型，测试显示，曲面设计使发电效率提高了一倍。与太阳能电池板相比，风力发电机的成本要降低 4/5，而所占空间也仅为前者的 1/10。

美国洛杉矶建筑师迈克尔·伽特泽设计出一栋风力旋转公寓（图 6-16），这是一个划时代的建筑方案。该公寓共有 7 层，每层都可以随风转动，因此每分钟你看到的房子外观都是不一样的。

在建筑物之上架设风机，风机的安装高度应使风轮的下缘至少高出建筑物的最高点 2m，按风力发电机的功率定，总高度不超过 4m。如安装多台机组，为避免机组间有紊流情况影响，一般风力机配置方式是依照风行的方向调整。设置的机组如与主风向垂直时，则机组应该至少相距叶轮直径的 2~3 倍；如与主风向平行时，则机组间应该至少相距 5~6 倍以上。

图 6-15 英国建筑师设计顶端风能发电大厦

图 6-16 风力建筑

（来源：http://image.baidu.com/search/index）

6.3.5 生物质能的利用

6.3.5.1 生物能及生物能技术

以生物质为载体，由生物质产生的能量，便是生物质能。生物能是太阳能以化学能形式贮存在生物中的一种能量形式，一种以生物质为载体的能量，它直接或间接地来源于植物的光合作用，在各种可再生能源中，生物质是独特的，它是贮存的太阳能，更是一种唯一可再生的碳源，可转化成常规的固态、液态和气态燃料。虽然不同国家单位面积生物质的产量差异很大，但地球上每个国家都有某种形式的生物质，生物质能是热能的来源，为人类提供了基本燃料。

生物能技术和装置已达到商业化应用程度，实现了规模化产业经营。以美国、瑞典和奥地利三国为例，生物质转化为高品位能源利用已具有相当可观的规模，分别占该国一次能源消耗量的 4％、16％和 10％。在美国，生物质能发电的总装机容量已超过 10000MW，单机容量达 10～25MW，美国纽约的斯塔藤垃圾处理站投资 2000 万美元，采用湿法处理垃圾，回收沼气，用于发电，同时生产肥料。巴西是乙醇燃料开发应用最有特色的国家，实施了世界上规模最大的乙醇开发计划，目前乙醇燃料已占该国汽车燃料消费量的 50％以上。中国 80％人口生活在农村，秸秆和薪柴等生物质能是农村的主要生活燃料。尽管煤炭等商品能源在农村的使用迅速增加，但生物质能仍占有重要地位。传统能源利用方式已经难以满足农村现代化需求，生物质能优质化转换利用势在必行。生物质能高新转换技术不仅能够大大加快村镇居民实现能源现代化进程，满足农民富裕后对优质能源的迫切需求，同时也可在乡镇企业等生产领域中得到应用。由于我国地广人多，应立足于农村现有的生物质资源，研究新型转换技术，开发新型装备既是农村发展的迫切需要，又是减少排放、保护环境、实施可持续发展战略的需要。

6.3.5.2　生物质能利用技术

生物质能是蕴藏在生物质中的能量，是绿色植物通过叶绿素将太阳能转化为化学能而贮存在生物质内部的能量。有机物中除矿物燃料以外，所有来源于动植物的能源物质均属于生物质能，通常包括木材、森林废弃物、农业废弃物、水生植物、油料植物、城市和工业有机废弃物、动物粪便等。生物质能的利用主要有直接燃烧、热化学转换和生物化学转换三种途径。生物质能的直接燃烧在我国农村广为使用。因此，改造热效率仅为 10％左右的传统烧柴灶，推广技术简单、效益明显、热效率可达 20％～30％的节材灶，对于我国农村能源建设具有重要意义。

生物质能的热化学转换是指在一定温度和条件下，使生物质气化、炭化、热解和催化液化，以生产气、液态燃料和化学物质的技术。生物质能的生物化学转换包括生物质的沼气转换和生物质的乙醇转换等。沼气转换是有机物质在厌氧环境中，通过微生物发酵产生一种以甲烷为主要成分的可燃性混合气体，即沼气（见图 6-17）。乙醇转换是利用糖质、淀粉和纤维素等原料经发酵制成乙醇。

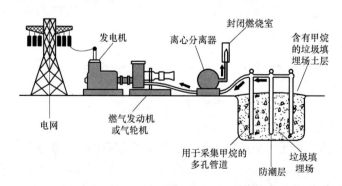

图 6-17　垃圾填埋场产生的甲烷可以用来发电

（来源：文献 [14]）

6.3.5.3 氢与燃料电池技术

氢是一种理想的无污染燃料，当它燃烧时，只生成水，不会加剧全球变暖和破坏臭氧层。虽然氢并不是一种能源，但它在节约能源、保护生态及环境方面有重要的作用。氢在地球上是很充足的，但所有的氢都存藏在各种各样的化合物中，如水（H_2O）。为了制造游离的氢，必须消耗能量打断氢与其他元素的化学联结。虽然已有数种方法可以制造氢，但如果这些方法需要使用不可再生的能源，那么氢的制造本身就已经是不可持续的了。但如果制造氢使用的是可再生的能源，如生物体、太阳能或风能等，那人们就真正拥有了一种完全清洁的、可持续性的能源。太阳能、风能都是间断性的可再生能源，它们的最大弱点是不便于储存，而氢在这方面则是很好的补充。当有多余的电力时，我们可以利用它来电解水，从水中制造氢，以后氢可以在燃料室中无污染地制造电力。氢还可作为锅炉燃料和汽车的发动机燃烧剂。如何高效地和经济地存储氢到目前为止还是一个技术难点。为了存储液态的氢，它必须被冷却到－253℃，高压的储罐很重，也很贵。虽然有人提出把氢以氢化物的形式保存，但这种技术还处于研究之中。尽管存储氢存在一定的难度，但氢在成为可再生的燃料方面仍有巨大的潜力。

燃料电池由氢气燃烧驱动，它与空气中的氧化合成水，生成电与热。如果用燃料电池发电的话，则综合热力、电力的效率会更高，利用效率可达 90%（见图 6-18）。燃料电池安全、清洁、无噪声、低维护，而且很紧凑，因而它没有传输的损耗，所以废热都可以被利用。它不释放任何导致污染和全球变暖的副产品，也不需要任何的输送管道。一座"绿色"大厦的实例是纽约时代广场的 4 号大楼，它使用位于 4 层楼的两个燃料电池，发出的电满足了整栋大楼需求的相当大一部分。虽然在生产氢的过程中需要用到天然气，从而也会生成一些二氧化碳，但当用氢来发电时，由于它的高效性，比传统发电方式释放的二氧化碳要少得多。燃料电池在建筑的可持续发展方面的最大潜力是用那些可再生的能源来制造氢，如风能或太阳能。

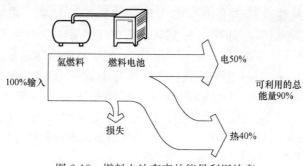

图 6-18 燃料电池有高的能量利用效率

（来源：文献 [14]）

6.4 我国建筑节能的发展

6.4.1 我国建筑节能的发展现状

我国是从 20 世纪 80 年代初期开始抓建筑节能工作，颁布了北方供暖地区居住建筑节能设计标准。当时在战略上采取了先易后难、先城市后农村、先新建后改造、先住宅后公共建筑，从北向南逐步推进的原则。

6.4.1.1　我国建筑能耗约高

我国建筑能耗的总量逐年上升，在能源总消费量中所占的比例已从 20 世纪 70 年代末的 10%，上升到 27.45%，逐渐接近 3 成。而国际上发达国家的建筑能耗一般占全国总能耗的 33% 左右。住房城乡建设部科技司研究表明，随着城市化进程的加快和人民生活质量的改善，我国建筑耗能比例最终还将上升至 35% 左右。如此大的比重，建筑耗能已经成为我国经济发展的软肋。

直到 2002 年末，我国节能建筑面积只有 2.3 亿 m^2。我国已建房屋有 400 亿 m^2 以上属于高耗能建筑，总量庞大，潜伏巨大能源危机。正如住房城乡建设部有关负责人指出，仅到 2000 年末，我国建筑年消耗商品能源共计 3.76 亿 t 标准煤，占全社会终端能耗总量的 27.6%，而建筑用能的增加对全国的温室气体排放"贡献率"已经达到了 25%。因高耗能建筑比例大，仅北方供暖地区每年就多耗标准煤 1800 万 t，直接经济损失达 70 亿元，多排二氧化碳 52 万 t。如继续发展，到 2020 年，我国建筑耗能将达到 1089 亿 t 标准；到 2020 年，空调夏季高峰负荷将相当于 10 个三峡电站满负荷能力，这将会是一个十分惊人的数量。

我国建筑用能浪费极其严重，而且建筑能耗增长的速度远远超过中国能源生产可能增长的速度，如果听任这种高耗能建筑持续发展下去，国家的能源生产势必难以长期支撑此种浪费型需求，从而被迫组织大规模的旧房节能改造，这将要耗费更多的人力物力。在建筑中积极提高能源使用效率，就能够大大缓解国家能源紧缺状况，促进中国国民经济建设的发展。因此，建筑节能是贯彻可持续发展战略、实现国家节能规划目标、减排温室气体的重要措施，符合全球发展趋势。

6.4.1.2　初步建立起建筑节能设计标准体系

1986 年 8 月 1 日建设部颁布的《民用建筑节能设计标准（采暖居住建筑部分）》（JGJ 26—1986），这是我国颁布的第一个建筑节能设计标准；1996 年 7 月 1 日起施行的经建设部组织修订后的该标准的新版本《民用建筑节能设计标准（采暖居住建筑部分）》JGJ 26—1995；2001 年 1 月 1 日起施行的《既有采暖居住建筑节能改造技术规程》JGJ 129—2000；2001 年 10 月 1 日起施行的《夏热冬冷地区居住建筑节能设计标准》JGJ 134—2001；2003 年 10 月 1 日起施行的《夏热冬暖地区居住建筑节能设计标准》JGJ 75—2003；2005 年 7 月 1 日起施行的《公共建筑节能设计标准》GB 50189—2005。

6.4.1.3　初步制定了建筑节能的政策法规体系

近年来国务院、有关部委及地方主管部门先后颁布了一系列有关建筑节能的政策法规体系，如 1991 年 4 月，中华人民共和国第 82 号总理令，对于达到《民用建筑节能设计标准》要求的北方节能住宅，其固定资产投资方向调节税税率为零的政策；1997 年 11 月，《中华人民共和国节约能源法》颁布，第 37 条规定"建筑物的设计与建造应当按照有关法律、行政法规的规定，采用节能型的建筑结构、材料、器具和产品，提高保温隔热性能，减少供暖、制冷、照明的能耗"；2000 年 2 月 18 日发布了中华人民共和国建设部令第 76 号《民用建筑节能管理规定》；此外还先后发布了建设部建科〔2004〕174 号文件《关于加强民用建筑工程项目建筑节能审查工作的通知》、建设部建科〔2005〕55 号文件《关于新建居住建筑严格执行节能设计标准的通知》、建设部建科〔2005〕78 号文件《关于发展节能省地型住宅和公共建筑的指导意见》等一系列文件，这些文件的贯彻执行有力推动了建筑节能在我国的发展。

6.4.1.4 科技成果和国际合作项目

深入开展建筑节能的科学研究，取得了一批具有实用价值的科技成果，如墙体保温隔热技术、屋面保温隔热技术、门窗密闭保温隔热技术、供暖空调系统节能技术，太阳能利用、风能利用、地源（空气源）热泵技术等可再生能源利用技术。建设部及地方建设主管部门先后在全国分区域启动了一批建筑节能试点示范工程，研究及优选适宜于本地区采用的建筑节能技术，为建筑节能在全国范围内的大面积展开奠定了基础。如1985～1988年的中国-瑞典建筑节能合作项目、1991～1996年中-英建筑节能合作项目、1996～2001年中-加建筑节能合作项目、1997年中国-欧盟建筑节能示范工程可行性研究、1998年至今中-法建筑节能合作、1999年至今中国-美国能源基金会建筑节能标准研究项目、2000年至今中国-世界银行建筑节能与供热改革项目以及2001年中国-联合国基金会太阳能建筑应用项目等。这些项目的实施，引入了国外先进的技术和管理经验，对我国建筑节能起到了促进作用。

2015年的建筑节能与科技工作，将按照党中央国务院关于建设生态文明、推进新型城镇化节能绿色低碳发展、应对气候变化及防治大气污染的总体要求，深入贯彻落实党的十八大、十八届三中、四中全会、中央城镇化工作会议精神，根据全国住房城乡建设工作会议部署，围绕住房城乡建设领域中心工作，充分发挥科技进步对住房城乡建设领域的支撑服务与引领作用，努力实现建筑节能与科技工作新发展新突破。

在促进建筑节能与绿色建筑新发展方面，工作要点提出，发布我国建筑能效提升工程路线图，进一步提高新建建筑节能标准水平。到2015年，北方供暖地区普遍执行不低于65%的建筑节能标准，鼓励有条件的地区率先实施75%的标准；南方地区探索实行比现行标准更高节能水平的标准。

全面推进绿色建筑规模化发展。政府投资的办公建筑和学校、医院、文化等公益性公共建筑，东中部地区有条件的地级城市政府投资的保障性住房要率先执行绿色建筑标准。进一步扩大既有建筑节能改造规模。2015年全年完成北方既有居住建筑供热计量及节能改造1.5亿m^2；累计完成重点城市高耗能公共建筑节能改造1600万m^2。建立健全大型公共建筑节能监管体系，促使高耗能公共建筑按节能方式运行。

大力促进绿色建材推广应用。出台《绿色建材评价标识管理办法实施细则》；组织研究《建筑工程绿色建材推广应用管理办法》。发布外墙保温材料等主要类别绿色建材评价技术导则，建立全国绿色建材评价标识管理信息平台。选取典型地区和工程项目，开展绿色建材产业基地和工程应用试点示范。

为积极推进科技管理改革和新技术推广应用，住建部要求，首先，积极推进行业科技管理改革，构建城乡建设行业科技管理体系，完成行业"十三五"科技发展规划并制定实施措施，发布住房城乡建设科技创新平台管理办法，加大科技成果行业应用推广力度；其次，做好国家重大科技专项管理改革试点，提高管理水平，结合"水十条"、行业发展规划等重点工作，组织研究任务布局并编制"十三五"实施计划，积极推进水专项管理改革试点工作等；第三，推动智慧城市试点取得新成效，组织实施国家科技支撑计划"智慧城镇综合管理技术集成与应用示范"项目，为智慧城市试点工作提供技术支撑。

在发挥国际科技合作的示范引领作用方面，工作要点提出，强化超低能耗绿色建筑与建筑节能国际合作。鼓励各地积极开展超低能耗绿色建筑国际合作，探索成片区大规模开展试点示范，总结已建成项目的成功经验，加强超低能耗绿色建筑技术国际交流与培训。同时，深化低碳生态城市国际合作。做好中美、中加、中德、中芬合作低碳生态试点城市落实，以及与瑞典合作的"生态城市发展后评估项目"，确保试点工作取得实质成效；执行好中欧低碳生态城市合作项目，启动中欧低碳生态城市交流平台，明确试点城市工作内容。还要积极推进住房城乡建设领域应对气候变化工作。（建筑时报 2015.4.1）

6.4.2 我国建筑节能存在的问题

6.4.2.1 认识不到位

全社会尚未将建筑节能工作放到保证国家能源安全、保护环境、实施国民经济可持续发展的高度来认识，民众甚至有些领导缺乏建筑节能的基本知识和主动参与意识。建筑节能本来是与亿万群众的利益有密切联系的事业，但有些领导和群众没有形成对建筑节能重要性的基本认识，还不了解建筑节能会带来多方面的巨大收益。实践证明，各级领导的重视程度直接关系到建筑节能事业的发展，若领导对此工作不重视，敷衍了事，缺乏有效的行政监管体系，就会使建筑节能事业发展缓慢，甚至停滞不前。

6.4.2.2 缺乏配套完善的建筑节能法律法规

我国虽已出台了《中华人民共和国节约能源法》、原建设部第 76 号令《民用建筑节能管理规定》等法律、法规，但《中华人民共和国节约能源法》并不是一部专门针对建筑节能的法律，《民用建筑节能管理规定》也只是一个部门规章，其力度远远不够。许多发达国家在经历了 1973 年的能源危机后，相继制定并实施了节能的专门法律，对民用建筑节能作出了明确的规定，使建筑节能工作取得了迅速的发展，这是应该值得我们借鉴的。

6.4.2.3 缺乏有效的经济激励政策

建筑节能是一项利国利民的工作，但国家及地方政府缺乏对建筑节能有效的经济激励政策。目前，我国的建筑节能工作尚处于起步阶段，单纯依靠用户、建设方自发的行为无法很好地实现建筑节能的目标。1991 年 4 月颁布的中华人民共和国总理令强调，对于达到《民用建筑节能设计标准》要求的北方节能住宅，其固定资产投资方向调节税税率为零的政策，在目前条件下已不适用。因此，急需政府会同有关部门对新建建筑推广建筑节能和既有建筑的节能改造给予适当的税收或其他优惠政策，对不执行相关标准的单位及相关责任人进行处罚；鼓励社会资金和外资投资参与既有建筑的节能改造；深化供热体制改革，废除不管是节能建筑或是非节能建筑都按面积收取供暖费的做法，实行按所耗热量计量收费，才能真正体现出节能建筑的经济效益，使业主收到实惠，也才能正确引导房屋开发方投资和民众购买节能建筑的积极性。

6.4.2.4 建筑节能的自主科技创新能力亟待增强

我国建筑节能工作的顺利推进，除解决以上存在问题外，还要积极组织科技攻关，努力开发利用经济上可以承受的适用技术和建筑新材料、新技术、新体系以及新型和可再生能源，不断增强建筑节能的自主科技创新能力对引导我国刚起步的建筑节能工作的开展尤为重要，并应及时、系统、广泛地引进国外在建筑节能方面的成功经验和技术，以使我们少走弯路。

6.4.2.5 建筑节能与发达国家的差距

尽管我国建筑节能工作经过 20 多年的努力已经取得了初步成效，但与发达国家相比仍存在较大差距。这种差距主要体现在相关建筑节能标准中技术指标的差距，单位建筑面积耗能量的差距，还有上面提及的节能新技术、新材料、新设备方面的差距。

从上面两表可以看出，我国供暖居住建筑围护结构传热系数与国外有一定差距，但北京等率先实行节能 65％ 的地方标准的大城市，其外墙、屋顶的保温水平已经与气候相近的德国、英国、俄罗斯、日本等国相差无几，但外窗的热工性能仍然有较大差距；公共建筑节能设计标准中墙体传热系数已与美国节能标准 ASHRAE 901—2001 中的限值较为接近，但美国标准中对屋面传热系数和遮阳系数要求较高。大体上说，目前我国建筑外墙、屋顶和门窗单位面积的传热量为气候条件接近的发达国家的 2～3 倍，由此造成我国的建筑供暖和空调能耗比发达国家高出很多。

6.4.3 我国建筑节能的目标和任务

6.4.3.1 我国的建筑节能形势严峻、任务繁重

改革开放以来，我国城乡建设发展极为迅速。近几年，全国每年竣工的房屋面积约 20 亿 m^2，其中公共建筑面积 3 亿～4 亿 m^2。在经济持续发展、人民生活不断提高的条件下，在今后相当长的一段时间内，建筑业还将继续保持这一发展势头。目前，我国既有建筑面积已达 420 亿 m^2（其中城市建筑面积约 140 亿 m^2），且还将继续快速增加。但值得我们注意的是，截至 2004 年，我国城乡建筑中只有 3.2 亿 m^2 的居住建筑可以算作节能建筑，其余 99％ 以上的既有建筑仍属于高耗能建筑，这说明我国的高耗能建筑十分普遍。这些建筑在今后几十年乃至近百年的使用期间，在供暖、空调、通风、照明、热水供应等方面还要不断消耗大量的能源。而令人不安的是，如果我们不重视建筑节能，以前所未有的规模和速度继续建造高耗能建筑，将是我国的能源供应和环境所承受不了的，也不利于我国国民经济持续稳定健康地发展。由此可见，我国建筑节能形势严峻、任务繁重。

按照住房和城乡建设部建筑节能 2020 年规划目标的要求，建筑节能工作要实行跨越式的发展，要不断提高建筑用能源的利用效率，改善居住热舒适条件，促进城乡建设、国民经济和生态环境的协调发展。

6.4.3.2 我国 2020 年的建筑节能远景规划目标

建立健全的建筑节能标准体系，编制出覆盖全国范围的、配套的建筑节能设计、施工、运行和检测标准，以及与之相适应的建筑材料、设备及系统标准，用于新建和改造居住及公共建筑，包括供暖、空调、照明、热水及家用电器等能耗在内，所有建筑节能标准得到全面实施。

2010～2020 年间，在全国范围内有步骤地实施节能率为 65％ 的建筑节能标准，2015 年后，部分城市率先实施节能率为 75％ 的建筑节能标准。2015 年前供热体制改革在供暖地区全面完成，集中供热的建筑均按热表计量收费。集中供热的供热厂、热力站和锅楼房设备及系统基本完成技术改造，与建筑供暖系统技术改造相适应。

大中城市基本完成既有高耗能建筑和热环境差建筑的节能改造，小城市完成既有高耗能建筑和热环境差的建筑改造任务的 50％，农村建筑广泛开展节能改造，累计建成太阳能建筑 1.5 亿 m^2，其中采用光伏发电的 500 万 m^2，并累计建成利用其他可再生能源的建筑 2000 万 m^2。

截至 2020 年，新建建筑累计节能 15.1 亿 tce，既有建筑节能 5.7 亿 tce，共计节能 20.8 亿 tce，其中包括节电 3.2 万亿 kW·h，削减空调高峰用电负荷 8000 万 kW；累计新

建建筑减排 CO_2 40.2 亿 t，既有建筑减排 CO_2 15.2 亿 t，共计减排 CO_2 55.4 亿 t。

6.5 国外建筑节能主要技术及实施案例

6.5.1 日本山行县建筑节能的实际效果

当冬天室外积雪达到 1m 多高、室内无空调等供暖设备的情况下，通常住宅的室内温度仍然可以维持在 18～20℃。夏天则只要很少的冷量就可以维持室内空气的舒适性。冬天它的热量主要来自于人体和电脑等家用电器发出的热量，夏天的冷量取自于小功率的空调。建筑达到这种效果主要靠的是墙体优良的保温、防辐射措施、密封性及空气热回收。

图 6-19　日本山行县节能建筑一角
（来源：文献［24］）

6.5.1.1 墙体保温和窗户防辐射重要的原因

图 6-20 中显示出通常情况下住宅楼墙体及窗户冷热量流失的比例，也是日本建筑节能为什么要重点做墙体保温和窗户防辐射的原因。它从根本上来减少建筑对能源的需求，不追求能源系统节能技术设备的堆积，简单、有效、成本低。

图 6-20　墙体保温和窗户防辐射
（来源：文献［24］）

6.5.1.2 热量从墙体和窗户流失的情况

图 6-21 中显示的是红外线拍摄的热量从墙体和窗户流失的情况。楼板部分是重要的

冷热桥，窗户玻璃对红外线遮挡非常重要。

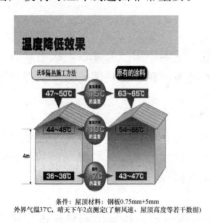

图 6-21　热量从墙体和窗户流失的情况

（来源：文献［24］）

6.5.1.3　墙体保温和窗户防辐射的具体做法

外墙面涂高反射率的防辐射纳米涂料（通常反射率在 0.88～0.90，加底漆和施工，35 元左右/m²）。内墙、天面和地面加 3～5cm 厚的低传热；系数（U 值在 0.18～0.23）高质量的酚醛；保温板（3～5cm 厚的酚醛保温板价格（含施工费）在 80～100 元左右/m²）。

内墙面涂保温、保健（分解甲醛等有害物质）的内反射纳米涂料（正常情况下 70%～80% 的室内冷热量不会外流，加底漆和施工，35 元左右/m²）；窗户玻璃加涂纳米反辐射涂料，红外线；遮挡率可达 98%，可见光可保留 82%（含施工费价格在 80～100 元左右/m²）。墙体保温和窗户防辐射的具体做法见图 6-22。

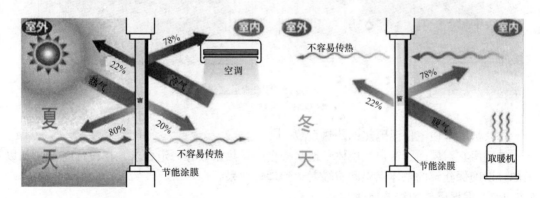

图 6-22　墙体保温和窗户防辐射的具体做法

（来源：文献［24］）

6.5.1.4　密封性和空气热回收

房屋的密封性直接决定了冷热量随空气的流失，通常对施工要求比较高的情况下，带热回收和不带热回收的新风系统，室内冷热量节省可达 30% 左右，热回收率一般在 70%～80%，要求高的新风系统热回收率可达 95% 目前高质量热回收新风系统，已经通过北美和中国的 PM2.5 认证，可以过滤掉 0.3 直径的纳米颗粒。且在北京、杭州、广州等地的住宅楼盘上开始使用。

6.5.2 德国建筑节能主要技术

6.5.2.1 被动房技术基本概念和方法

被动房通常是指供暖和供冷能源需求极低、室内所需能源基本上以被动方式供给的建筑。德国的被动房技术能满足热量需求、初始能源消耗、密封性、最大供热功率等被动房性能参数所采用的建筑节能技术。

（1）建筑不同阶段节能投资与节能效果的关系

节能设计做得越早，投资越少，节能效果越好。通常在概念设计阶段就开始考虑建筑的节能设计，产生的节能效果会最理想。这个阶段往往要综合考虑当地的气象情况和水资源等环境情况。因此，欧洲又把节能设计叫做气候设计。

（2）被动式住宅的能量损失与获取

图 6-23 中显示，对于被动房，通常通过建筑围护结构流出的热量占房屋总热量需求的 63%，通过新风流出的热量占 37%。这些热量靠太阳能、人体和电器发出的内部热能及空调等供暖热能来提供。这里空调等供暖热能值比人体和电器发出的内部热能还要少，可见它的节能效果相当好。表面积-体量比率（图 6-23），它也可以被理解为不同形状建筑的能耗系数。每个不同形状的建筑，由于其受阳面积不同，设计开始就决定了建筑未来能耗的趋向。在设计师做设计时，尽可能选择系数小的建筑外形。这样，设计开始就获得了节能的优势。

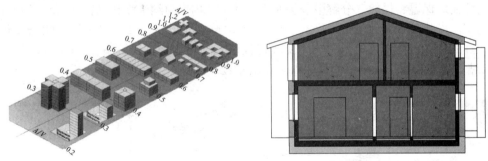

图 6-23 被动式住宅的能量损失与获取
(来源：文献 [24])

（3）被动式住宅保温隔热的传热系数

被动房它对屋面、窗户、墙体、地基楼板的导热系数有一定要求，在设计时就要加以考虑，以确保建筑的整体保温和防辐射达到理想效果。

6.5.2.2 保温隔热的细节处理

保温隔热的细节处理是被动房技术的一个精华部分，它完全靠设计师的巧妙构思，所带来的节能效果是几乎不增加节能投资。图 6-24 所示，通过巧妙的结构处理完全使冷和热隔绝。

对于特定的建筑（如世博会德国汉堡馆—国内唯一节能达到 85% 的被动房建筑），其墙体中间的保温层放在墙体中间偏外一定的位置，此时，墙体保温节能的效果达到最优。当然它是通过物理模拟分析来得出的。通常对不同的建筑需要做不同的模拟分析，往往模拟分析贯穿着被动房节能设计的整个过程。

6.5.2.3 被动房的节能窗

"被动式房屋"所需的不仅能减少热量的损失，而且还能增加保温和舒适度。即使在

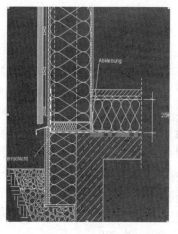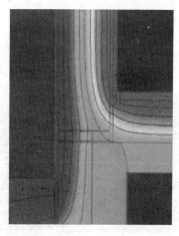

图 6-24 保温隔热的细节处理

（来源：文献［24］）

寒冷的霜冻天气里，室内侧玻璃也能超过 17℃。被动房的玻璃其选择是十分讲究的，其性能的不同对节能有着很大的影响。如图 6-25 所示，新式双层玻璃往往是被动房建筑必需要的。

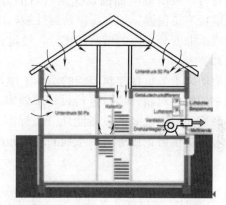

图 6-25 被动房的玻璃

（来源：文献［24］）

6.5.2.4 被动房的密封性试验

作为被动房，施工结束后，必须进行的一项工作就是密封性试验，气密性必须要达到被动房密封性指标要求。

6.5.2.5 地下换热管道

地下换热管道是一种利用地下热量的节能系统，新风进屋时先要通过地下的方块形管道换热再进入室内，这样就充分利用了地下的热量，能做到新风系统的进一步节能。

6.5.2.6 混凝土楼板制冷

混凝土楼板制冷（图 6-26）是一种高效节能的辐射型空调末端系统，它比通常的末端系统风机盘管节能超过 30%，除了节能效果还有一个很大的优点就是室内无噪声，同时也无传统空调系统带来的空气污染。但它对与其相对应的热回收新风系统的设计有一定的要求，要求能确保其空气不产生结露。

6.5.3 英国的建筑节能工作

图 6-26　混凝土楼板制冷
（来源：文献 [24]）

英国的建筑节能工作开始于石油危机的 1976 年。为节约能源、降低能耗，英国政府制定了强制性的建筑节能标准，并且每隔 4～5 年修订一次，每次均提出更新更高的标准。由于英国寒冷多雨，气候多变，其节能标准要求比我国高出许多。如目前英国规定外墙传热系数 U 值（我国表示为 K 值）的标准为 $0.45W/m^2$，两年内将逐步达到 $0.3W/m^2$。

为达到更高的节能标准，英国相继采取了一系列节能措施，其中对围护结构外墙采取了中保温（空心墙空气层中填充保温材料）和外保温（外墙铺设保温材料及饰面层）两大保温方法；坡屋顶顶层天花板铺设保温材料以及沿坡屋面铺设保温材料的方法；外窗采用低辐射玻璃双玻塑窗。此外，还铺以地板绝热保温，加强房屋密封性能，以提高整个建筑物外围护结构的保温隔热性能。经过成千上万套房屋的试验和比较，经过长时期的观察和考验，这些节能措施正逐步趋于成熟和完善。

英国政府历来十分重视建筑节能的设计工作，除制定最低节能标准外，还采取了税收杠杆政策限制用能，对新建项目进行设计节能审查及施工抽查，确保工程符合节能要求。与此同时，政府还提出统一的设备能耗分级标准，并拨款资助建筑节能咨询机构为设计、施工单位和业主提供咨询服务等一系列的政策和经济措施。

思考题

1. 建筑节能的含义与意义有哪些？建筑节能的影响因素有哪些？
2. 论述建筑节能的技术的利用情况。
3. 建筑节能技术包括哪些？说明太阳能与风能的利用情况。
4. 我国建筑节能的发展状况如何？
5. 论述国外建筑节能技术的发展现状。

7 建筑节材与材料的循环利用

7.1 建筑耗费的材料

建筑物都是用各种各样的建筑材料建造起来的，这些建筑材料都是以消耗地球上的自然资源为代价的，其中很多资源的储量是有限的。我们建造的房子越多，消耗的资源也越多。我国目前已有超过 420 亿 m² 的建筑物，其中城镇民用建筑（包括住宅和公共建筑）面积为 200 亿 m²。随着国民经济和第三产业的发展、人民生活水平的提高和国家安居工程的实施，预计我国在今后几年内的城镇民用建筑还将快速发展，其中住宅建设每年可达 6 亿 m²，宾馆、饭店、写字楼、商店及其他公共建筑等每年约 2 亿 m²，到 2020 年，我国城镇民用建筑面积将总计增加 100 多亿 m²。城镇建筑业的迅速发展促使建筑领域成为耗材的大户。和发达国家相比，我国建筑业平均材料消耗量更高，使得我国人均资源本来就贫乏的状况雪上加霜。目前，我国城镇建筑所消耗的材料主要是混凝土、钢筋、烧结砖、砌块等。此外，对玻璃、陶瓷等的消耗也十分巨大。

7.1.1 混凝土

混凝土是当今世界用量最大的建筑工程材料，我国城镇建筑消耗最多的建筑材料就是混凝土。混凝土是由水泥、砂、石、水等材料组成，所以，我国城镇建筑对这些材料的消耗量十分巨大。

7.1.1.1 水泥

在建筑业的发展过程中，水泥被大量消耗，其中盖房子的水泥用量最大，占建筑业总用量的约 85%，主要用于混凝土结构、砌筑墙体的砂浆、生产有关建筑构件和墙体等制品。

我国现在的房子大部分还是用水泥混凝土建造起来的，截止 2006 年，我国已连续 21 年蝉联世界第一水泥生产大国，近年来每年的水泥产量都占到世界水泥总产量的 50% 左右。由于每生产 1t 水泥熟料，就要排放约 1t 的二氧化碳气体，而二氧化碳是一种温室气体，是造成全球气候变暖的主要原因之一。大量生产、消耗水泥，还将使得生产水泥的矿产资源急剧减少。每生产 1t 水泥熟料，需要耗用 1100～1200kg 石灰石、150～250kg 黏土、160～180kg 标准煤。仅以石灰石资源来说，我国查明石灰岩矿产资源为 580 亿～600 亿 t，如果全部用来生产水泥，最多可供 40～50 年，加上钢材生产需要消耗石灰石，我国石灰石可采年限更短。很多工业废渣都具有火山灰活性，例如粉煤灰、矿渣、硅灰等。目前我们已经将这些工业废渣作为混凝土的必要组成成分，不仅用来替代一部分水泥，减少水泥用量，而且可以改善混凝土的性能，当然还可以减少工业废渣排放带来的环境污染，减少对天然矿产资源的开采。

7.1.1.2 天然砂

我国建筑用砂基本上都是向自然资源索取,其中大部分来自于江河湖泊。大量开采天然砂,不仅加速自然资源的枯竭,而且严重危害生态。建筑用砂主要用于建筑砂浆和混凝土。近30多年来,我国经济发展十分迅速,基本建设规模逐年扩大,混凝土用砂量快速增长,从每年1亿~2亿t猛增到目前的每年10亿多吨。2005年我国建设工程混凝土及其制品的混凝土总消耗量约为19亿m^3。一年又一年,逐年累加起来的混凝土用砂量就是天文数字。据不完全统计,全国目前有6000家左右预拌混凝土企业,2013年年产量近20亿m^3,产值接近6000亿元。2013年混凝土使用的砂石骨料超过100亿t。如果这些建设用砂都依赖于河砂等淡水砂,将会造成很多严重后果。事实上,这些后果已经在我国很多地方无情地呈现出来。

(1)淡水沙

大量开采河沙等淡水沙将造成自然环境的极大破坏。大量开采河沙使得河床中的来沙量远不能平衡采沙量的需求。有资料显示,从20世纪80年代中期以来,珠江三角洲河道年均来沙量约5575万m^3,而采沙量年均达12亿m^3。由于过度开采河沙,珠江三角洲地区的部分自来水厂抽水口水位下降,咸潮上溯,供水大受影响,甚至被迫临时停产,同时供水水质也受到污染,威胁人民身体健康。大量开采河沙危及河岸堤防及周边工程的安全。前些年,非法乱采滥挖河沙的情况曾经愈演愈烈,达到非常严重的程度。特别是在长江中下游的干流河道,不管是堤防险段,还是主要航道,只要有沙的地方,就有成百上千大小船只云集江上,大挖特挖。长江沿线由于采沙引起崩岸的事例屡见不鲜;周边穿河、跨河、临河建筑受到直接或间接的破坏;危及堤防,影响河道防洪安全;阻碍航道畅通,并因此多次发生船舶碰撞、沉船事故。

(2)海沙

由于淡水沙资源供应越来越紧张,从20世纪90年代初至今,我国沿海地区许多工程建设用沙转为海沙,开始利用海沙生产混凝土等建筑材料。近几年,我国海沙开采业迅猛发展,据不完全统计,2003年我国海沙开采已达9000多万t。但是,由于海沙含有众多盐类物质,不能简单按照淡水沙的方法用于建筑施工,其使用技术较为严格,如果使用不当会引起"海沙屋"等问题。

开发海洋已成为世界各国的发展战略之一。我们在利用海沙时必须关注海洋资源的开发带来的一系列问题。海沙中含有很多种矿产资源,尤其是含有重金属矿砂(锆石、金红石、钛铁矿和独居石的砂矿),可从中提取锆、钛、钍等。这些原料在现代的核工业、化工、合成纤维以及飞机、潜艇、卫星和火箭部件等的制造中都有举足轻重的作用。海沙矿具有位高,开采方便,开采成本低廉的特点,所以吸引许多国家从事开采。目前我国的海沙矿藏主要用于滤料和玻璃制造业(主要是利用石英砂)。但总体来说,我国海沙更多的还是用于工程建设,主要用于混凝土材料、砌筑砂浆材料。其应用范围包括建筑、道路、桥梁、水利工程、沿海的码头等,此外还在填海工程上使用。应该承认,海砂矿藏用于建设工程在某种程度上说是对海洋资源的浪费和流失。

(3)石子

2005年我国建设工程混凝土及其制品的混凝土总消耗量约为19亿m^3。经过测算,2005年全国混凝土生产消耗的石子近22亿t,预计2010年我国混凝土产量将达到25亿

m^3，消耗石子近 29 亿 t。为生产混凝土，我国每年需要开采的 20 多亿 t 石子，相当于铲平 500m 高的山体 800 多公顷。

7.1.2 钢材

建筑用钢是我国钢铁深加工行业中规模最大、分布最广、最为普及的一个分支。近几年，房地产行业的快速发展是推动钢铁深加工制品产业快速发展、甚至是拉动钢铁行业发展的主要力量。多年来，我国建筑用钢材占全国钢材消费总量的 50% 以上。2005 年我国钢材实际消费量为 3.3 亿 t，其中建筑行业占 55%；2011 年我国钢材消费量为 6.10 亿 t，其中建筑行业占比为 55.1%。生产钢铁消耗了大量的资源，每生产 1t 钢材，需要耗费 1500kg 铁矿石、225kg 石灰石、750kg 焦煤；生产钢材也会引发环境问题，每生产 1t 钢材，排放 CO_2 约 $1.6\sim20$t，排放 NO_x 约 $9\sim10$kg，排放 O_2 约 $8\sim10$kg，排放粉尘约 $0\sim0.7$kg。如此大量的污染排放，有一半以上是源于建筑用钢的生产。另外，由于我国的铁矿石资源有限，我国自己生产钢铁不得不从国外进口大量的铁矿砂，其进口量目前已占全球产量的 30%；由于进口需求过大，国外铁矿砂大幅涨价，使得我国消耗了大量宝贵的外汇。

7.1.3 黏土砖

红砖墙、红楼房，曾是我们生活中普通、平常甚至带有某种亲切感的景物。红砖的学名是"实心黏土砖"，更是房屋建筑中应用最广泛的一种材料，但是这种却是耗能、污染、浪费土地的"大户"。据国土资源部相关报告，我国人均占有耕地面积仅 1.41 亩，已临近国际警戒线。据测算，每建造 1 万 m^2 多层住宅需用 200 万块黏土砖，生产这些黏土砖将耗用土地 33 亩，砖窑烧制这些黏土砖耗用标准煤 18 万 t，同时排放大量的二氧化碳及二氧化硫气体，既人为地毁坏了大批土地资源，又严重地破坏了生态环境。

我国房屋建筑材料中 70% 是墙体材料，其中黏土砖仍占据主导地位。随着我国的城乡建设迅速的发展，对建筑材料的需求量大增，乡镇黏土砖厂得到空前的发展。实心黏土砖的市场占有率从 1988 年的 95.68%、1998 年的 74.24% 降低到了 2005 年的 56.25% 和 2006 年的 53.9%。1996 年的 19.51 亿亩减少到 2005 年的 18.31 亿亩。生产黏土砖，每年用土量约 10 亿 m^3，如果按采土深度 1m 计算的话，需耗用土地 10 万 hm^2（150 万亩）。虽然这 10 万 hm^2 的土地不一定都是适宜耕作的良田，但生产黏土砖确实将相当一部分的耕地占用和破坏了，造成耕地面积减少，加剧我国人多地少的紧张局面。建材工业的能耗占全国工业能耗的约 13%，这其中墙体材料行业的能耗占建材工业能耗总量的 35% 左右，而黏土砖企业是墙体材料的主要耗能大户。我国黏土砖生产所用的燃料以煤为主。由于我国黏土砖的产量很大，能源消耗的绝对数量十分惊人，如果目前年产量按 5500 亿块计算的话，全国烧砖所用的煤耗约 5000 万 t，占全国煤炭产量的 35% 左右。

7.1.4 钢筋混凝土

目前我国建筑结构形式大多以钢筋混凝土结构为主。该结构中钢筋和混凝土的质量和性能直接决定建筑耗材的水平。长期以来，我国钢筋混凝土结构建筑在施工中一直采用 HRB335 型钢筋，而发达国家早已普遍采用 400MPa、500MPa 级钢筋作为主筋，甚至 700MPa 级钢筋也有广泛应用。在建筑结构主筋的应用中，以 HRB400 型为代表的高强钢筋具有韧性好、强度高和焊接性能优良等特点，具有明显的技术经济性能优势。目前我国钢筋混凝土结构建筑采用的混凝土，约有 24％是 C25 以下标准，而 C30 至 C40 标准的约占 65％，即接近 90％的混凝土属于中低强度等级。而在发达国家，建筑施工用混凝土以 C40、C50 标准为主，C70、C80 及以上标准的混凝土也开始广泛应用。在相同的承载力下，竖向承重结构构件采用强度等级较高的混凝土可以减小构件截面尺寸，节约混凝土用量，增加建筑物使用面积。目前我国绿色建筑的评价标准中已将 C50 作为高强混凝土的起点强度等级，这样的标准同样仅适用于 6 层以上的钢筋混凝土结构建筑。

7.2　影响建筑材料的浪费因素

我国建筑业平均材料消耗量比发达国家高，这从一个侧面说明我国建筑业实际上比发达国家浪费了更多建筑材料。我国建筑业的平均材料消耗量高于发达国家，根本原因是我们自己造成的。下面我们就主要的几方面原因说一说。

7.2.1　建筑过分追求豪华

近几年，我国建筑界盲目相信某些世界级的建筑设计大师的作品，将建筑造型做得离奇、夸张、怪诞，连国外都惊诧我们为什么愿意做世界建筑师的"实验场"。为了实现这些追求，建筑设计别出心裁，需要做很多不必要的造型变化，不合理的超大结构、不均匀对称的平面设计，使得建材用量剧增。

近几年，很多地方建设"标志性建筑"成风，设计中将"美观"提到首要位置，为了标新立异，高价买外国设计方案，重奢华、讲排场、大量使用昂贵建材、无谓扩大景观面积、盲目追求外观新奇而大大提高造价，这是极大的资源浪费。中国资源有限，建筑首先要把好设计关，要考虑尽量节约社会资源和财富。大项目的"崇洋"之风，造成了上行下效的影响，许多普通的住宅项目盲目跟风愈演愈烈，一些楼盘设计极尽繁琐，不计成本，动不动就冠上"国际名师设计"的招幌，最终成本还是转嫁到消费者头上，这其实是一种隐性资源浪费。不少城市的房地产市场先后刮起"欧陆风"，开发商不惜重金在住宅外部做繁琐的欧式装饰。其实，欧式建筑并不利于现代化施工，造价也比普通设计高出很多。还有很多地方政府，为了政绩工程频出，互相攀比，纷纷建造豪华的办公楼，这也是一种极大浪费。

7.2.2　建筑寿命过短

近年来，房地产投资规模高速增长，大兴土木的同时也存在着大量拆除旧建筑的状况，这种"大拆大建"是目前我国建筑市场的独特现象。一座设计使用年限为 50 年的建筑，如果仅使用 20～30 年便被拆除，无疑是一种资源的巨大浪费，也违背了绿色建筑的基本理念。

在欧洲，住宅平均使用年限在 20 世纪 80 年以上，其中英国建筑的平均寿命达到 132

年，法国建筑平均寿命达到 102 年。美国的建筑寿命是 74 年，就连地震多发国日本的建筑寿命都超过了 60 年，而在我国，许多建筑使用 20～30 年甚至更短时间就被拆掉。许多处于正常设计使用年限内的建筑被强行拆除，使建筑使用寿命大大缩短。建筑短命现象造成了巨大的资源浪费和环境污染。

种种原因导致了建筑服役期短，并由此造成很大浪费。一方面是由于建筑质量低劣造成建筑使用寿命短。譬如北京中体博物馆从 1990 年建成使用，到出现承重钢梁断裂等重大安全隐患，满打满算也只有 15 年，离重要建筑主体结构的耐久年限需达 100 年的要求相差太远。施工方粗制滥造、偷工减料以及缺乏对建筑的后期保养和维修，势必会影响建筑寿命。有一些房地产开发企业在建造项目的过程中采取"抽筋"—减少设计中已经确定的钢筋使用量的方式来减少建筑成本。另一方面是因规划需要等而提前拆除尚可继续使用很多年的建筑，人为造成建筑短命。在上海为修建地铁枢纽，也拆掉了四平路和大连路口的一栋 20 世纪 80 年代的高层建筑。有"西湖第一高楼"之称的浙江大学湖滨校区教学主楼几年前被爆破拆除，尽管其设计使用寿命 100 年，但实际使用不过 13 年。目前国内建筑"短命"已非个案，而是相当普遍。相对于"短命"的高层建筑，民用住宅的寿命也短得可怜。至于城市高架路桥、轨道交通沿途"拆新建新"，更是屡见不鲜。此外，处于露天环境下的桥梁耐久性更加令人担忧。目前在役的混凝土桥梁出现钢筋锈蚀、混凝土开裂的现象十分普遍。

按照我国《民用建筑设计通则》的规定，重要建筑和高层建筑主体结构的耐久年限为 100 年，一般建筑为 50～100 年。然而，现实生活中，我国相当多建筑的实际寿命与设计通则的要求有相当大的距离。与欧洲住宅平均寿命在 80 年以上相比，我国住宅的平均寿命却不过 30～40 年。短命建筑的大量出现，造成资源的巨大浪费，还会对环境造成压力，危害很大。以 2005 年全国城镇住宅建筑面积 99.58 亿 m^2、平均每平方米造价 1000 元计算，如其使用寿命由平均 30 年增加为 50 年，则可节约 667 万亿元。

7.2.3 建筑的奢华内装和二次装修

住宅豪华装修不仅浪费材料，也不利于健康。如果室内过多使用颜色艳丽的石材作为装饰材料，则容易引起放射性超标，对身体健康有害；室内装饰用的涂料、墙纸、龙骨、地板、石膏顶、护墙板、细工木板、密度板等装饰装修材料虽然都有出厂合格证，且每种材料的有害物质含量也都在国家标准范围内，单质检部门检测室内空气质量，但结果会发现甲醛、二氧化硫等超标。任何装饰材料都不能无限量使用，用量过多，污染反而会被"放大"，出现"1+1>2"的情况。

现在开发商交给住户的都是初装修房。为了验收过关，开发商配套装修基本是应付，所选用材料大多质次价廉。因此，买了新房子，大多数家庭要做的第一件事情就是重新装修，换下来的东西大多变成了垃圾。精装修住宅不足，只占住宅年开发量的 10%，而发达国家精装修住宅一般占开发量的 80% 以上。据统计，目前，中国每年有装修需求的新房屋 9000 万套，加上二次装修和二手房装修，每年新装修的房屋将超过 1 亿套。据估算，每年我国住宅装修造成的浪费高达 3000 亿元人民币。更为严重的是，很多住户二次装修时"大刀阔斧"，破坏了建筑整体结构，带来很多安全隐患。

7.3 绿色构造与建筑节材的途径

7.3.1 结构选型和结构体系

7.3.1.1 房屋基本构件的序组成

每一栋独立的房屋都是由各种不同的构件有规律按序组成的，这些构件从其承受外力和所起作用上看，大体可以分成两种类别：结构构件和非结构构件。

（1）结构构件

起支撑作用的受力构件，如：板、梁、墙、柱。这些受力构件的有序结合可以组成不同的结构受力体系，如：框架、剪力墙，框架-剪力墙等，用来承担各种不同的竖向、水平荷载以及产生各种作用。

（2）非结构构件

对房屋主体不起支撑作用的自承重构件，如：轻隔墙、幕墙、吊顶、内装饰构件等。这些构件也可以自成体系和自承重，但一般条件下均视其为外荷载作用在主体结构上。上述构件的合理选择和使用，对于节约材料至关重要，因为在不同的结构类型和结构体系里有着不同的特质和性能。所以在房屋节材工作中需要特别做好"结构类型"和"结构体系"的选择。

7.3.1.2 不同材料组成的"结构类型"

建筑结构的"类型"主要以其所采用的材料为依据。在我国主要有以下几种：

（1）砌体结构

其材料主要有：砖砌块、石体砌块、陶粒砌块以及各种工业废料所制作的砌块等。建筑结构中所采用的砖一般指黏土砖。黏土砖以黏土为主要原料，经泥料处理、成型、干燥和焙烧而成。黏土砖按其生产工艺不同可分为机制砖和手工砖；按其构造不同又可分为实心砖、多孔砖、空心砖。砖块不能直接用于形成墙体或其他构件，必须将砖和砂浆砌筑成整体的砖砌体，才能形成墙体或其他结构。

砖砌体是我国目前应用最广的一种建筑材料。和砖类似，石材也必须用砂浆砌筑成石砌体，才能形成石砌体或石结构。石材较易就地取材，在产石地区采用石砌体比较经济，应用较为广泛。砌体结构能够就地取材、价格比较低廉、施工比较简便，在我国有着悠久的历史和经验。这种结构结构强度比较低，自重大、比较笨重，建造的建筑空间和高度都受到一定的限制。其中采用最多的黏土砖还要耗费大量的农田。我国近代所采用的各种轻质高强的空心砌块，正在逐步改进原有砌体结构的不足，在扩大其应用上发挥了十分重要的作用。

（2）木结构

其材料主要有各种天然和人造的木质材料。这种结构，结构简便，自重较轻，建筑造型和可塑性较大，在我国有着传统的应用优势。这种结构，需要耗费大量可贵的天然木材，材料强度也比较低，防火性能较差，一般条件下，建造的建筑空间和高度都受到很大限制，在我国应用的比率也比较低。

木构造建筑可储存大量 CO_2，有益于缓和气候温暖化效应，同时是对水污染、建材耗能、温室气体排放、空气污染、固体废弃物等环境冲击最小的构造形式。推广木构造建筑，也许有人担心会招来森林破坏，但有计划的森林管理与消耗木材量，反而有助于森林光合作用。一般而言，老林木的光合作用比新林木差，天然林的光合作用比人工林差，因此，有计划砍伐成林木，并培育新林，可保持森林最高之新陈代谢，制造更多氧气，吸收更多 CO_2，对减缓地球温暖化效应有莫大帮助。虽然天然林是生物多样化的宝库而需要特别保护，但是对许多已人工经营的森林，却必须以木造建筑市场来促进其可持续经营。日本的住宅有八成以上为木造建筑，其现有木造住宅市场所拥有的 CO_2 贮存效果，号称相当于日本 18% 的总森林面积，亦即其木造住宅市场有如在都市中多种了 18% 的森林，对国家 CO_2 减量政策有莫大帮助。除了 CO_2 减量观点之外，木构造建筑在居住环境上也有很大的好处。例如原木所具有的自然纹理、柔和色泽、冬暖夏凉的亲和力是其他建材所无法取代的，同时木材有充分的毛细孔，有良好的调湿作用，对人体健康有益。木构造也是最不污染、回收率最高的建材，其生命周期长。假如能在有计划的地球森林管理下推广木构造建筑，显然是绿色建筑应该努力的方向。虽然木造建筑是最环保的生态建筑，但目前许多对木造建筑市场却设有重重障碍。

1）木造建筑的防火性能

过去许多人常以为木造建筑是易燃的，而且常造成大量生命财产损失，事实上这是严重的误解。加拿大有一针对建筑火灾的调查发现，一般的建筑火灾事实上都起因于沙发、窗帘、家具、装潢的起火，而非木造建筑本身的起火，以致于木造建筑与 RC 建筑的火灾发生概率都相同，同时两类建筑对于火灾所导致的人员财产损失，在实际火灾统计上并无两样。另一方面，只有小断面或薄断面的木材才易燃又易于延烧，粗大断面的木料是很不易燃烧的。我们对木造建筑易燃的偏见，均起因于过去对单薄木板的住宅或合板装潢木屋的刻板印象，这里所提到的真正生态绿色木造建筑，乃是兼具防火与储存 CO_2 功能的大木料原木建筑或大规模、大断面之木质建筑。根据欧洲消防部门的经验，对于起火燃烧一阵子的钢骨建筑，千万不能进去抢救人命，以免发生建筑瞬间倒塌压死人的惨剧，但是对于木造建筑却可不必担心其全面倒塌而进去救人无误。

2）木造建筑防虫、防腐、耐久的性能

热湿气候的木构造建筑尤其要注意防虫害的问题，因为白蚁的生长条件就是热湿气候的范围。若要防止白蚁危害，首先要确保木构造房子不漏水或不受潮，并阻绝白蚁来袭的路径。

3）提倡轻钢构木造住宅

对于大众住宅所推荐的木造建筑，并非过去的传统穿斗式木造民家或现在所谓的休闲原木屋，而是前述冷轧钢构件与木造预制板的轻钢构木造建筑。轻钢构木造建筑不需要现场特殊工匠技术，因此可以确保优良居住质量并降低成本，惟有如此才能拓展都市化、大众化、高质量、低价位的木造建筑市场。另一方面，对于大型公共建筑所推荐的木造建筑，是以原木或集成材结构来兴建的体育馆、礼堂、美术馆、文化中心等大跨距建筑，是结合金属连结构件的现代木质构造建筑，其重点乃在于展现温馨、自然、健康、人文的木构造建筑文化。近来大部分先进国家的森林管理已渐上轨道，森林覆盖面积也有扩大的趋势，很适合以木造建筑市场来追求可持续森林发展，但是许多亚洲、非洲国家常因无力于环保工作，只求伐木而不积极造林，而使得森林大量消失。

（3）钢筋混凝土结构

钢筋混凝土结构其材料主要有砂、石、水泥、钢材和各种添加剂。通常讲的"混凝土"，是指用水泥作胶凝材料，以砂、石子作骨料与水按一定比例混合，经搅拌、成型、养护而得的水泥混凝土，在混凝土中配置钢筋形成钢筋混凝土构件。

这种结构的优点是，材料中主要成分可以就地取材，混合材料中级配合理，结构整体强度和延展性都比较高，其创造的建筑空间和高度都比较大，也比较灵活，造价适中，施工也比较简便。这是当前我国建筑领域里采用的主导建筑类型，这种结构的缺点是：结构自重相对砌体结构虽然有所改进，但还是相对偏大，结构自身的回收率也比较低。

对于 6 层以上的钢筋混凝土建筑，应合理使用 HRB400 及以上等级的钢筋、高强混凝土以及满足设计要求的高性能混凝土，以达到绿色建筑的评价标准，具体要求如下：

1）钢筋混凝土结构中的受力钢筋使用 HRB400 级（或以上）钢筋占受力钢筋总量的 70％以上；

2）混凝土竖向承重结构中采用强度等级在 C50（或以上）混凝土用量占竖向承重结构中混凝土总量的比例超过 50％；

3）高耐久性的高性能混凝土用量占混凝土总量的比例超过 50％。

（4）钢结构

钢结构，其材料主要为各种性能和形状的钢材。这种结构的优点是：结构轻，强度高，能够创造很大的建筑空间和高度，整体结构也有很高的强度和延伸性。在现有技术经济环境下，符合大规模工业化生产的需要，施工快捷方便，结构自身的回收率也很高，这种体系在世界和我国都是发展的方向。这种结构的不足点是：在当前条件下造价相对比较高，工业化施工水平也有比较高的要求，在大面积推广的路途中，还有一段路程要走。

以上四种结构类型的综合比较如下：

1）要优先选择"轻质高强"的建筑材料。

2）要优先选择在建筑生命周期中自身可回收率比较高的材料。

3）要因地制宜优先采用技术比较先进的钢结构和钢筋混凝土结构。

为了减缓前面提到的建筑环境污染的问题，需要建筑的"绿色构造"，亦即采用对地球污染较小的构造方式来降低环境冲击，其最直接的方式就是推行"钢构造"，"钢构造"的轻量化、节约建材、低污染性与高回收率，是被誉为绿色构造的最大理由。

现行大型建筑物均已日渐采用钢构造，但小型住宅若采用钢结构，则未免太费周折，因此，先进国家积极推动"轻钢构住宅"成为小型住宅的"绿色构造"方式。"轻钢构住宅"即是采用冷轧型钢小构件系统所组成的小规模住宅，是工业化、轻量化、高质量的绿色住宅。冷轧型钢系统原本广泛地应用于汽车车体、飞机外壳、火车车厢等高工业化的轻量结构上，美国甚至为了鼓励轻钢结构住宅，将其保险费调降为木结构住宅的 60％。银行甚至特别为轻钢构住宅扩大贷款额度，银行贷款期限由 20 年延长为 35 年，政府同时提供较低的火灾、地震保险与房屋税等优惠方法。轻钢构建筑之冷轧型钢构件，是由碳钢或低合金钢板在室温下经碾轧或滚轧制造而成，厚度通常介于 0.378～6.5mm 之间。其优点是：轻量化、施工精度高、建材标准化生产、施工迅速、低环境冲击、耐振性好、耐久性好、耐火耐燃，显然是一种降低环境污染的生态建筑，是低层建筑绿色营建政策的首选。

钢结构建筑属于新兴的建筑结构形式，当前在我国各类建筑中所占的比重不足 5%。就全国范围而言，每年建筑用钢材总消耗量已超过 1.8 亿 t，而其中钢结构加工总量还不足 1800 万 t。截止 2005 年以前，我国重点高层钢结构建筑总计仅有 80 座。西方国家建设工程中广泛采用钢结构，占建筑总量的 40% 以上。钢结构具有诸多公认的优点：自重轻，基础施工取土量少，对土地破坏小；在新建建筑中大量减少使用混凝土和黏土砖，有利于保护环境；且建筑使用寿命结束后，建筑材料回收率高。随着我国经济实力的逐步提高，钢结构建筑在我国有着广阔从节材角度出发，高层、超高层建筑采用钢结构更为理想。

在新型城镇化规划中，已经提出增加城镇绿色新增建筑比例，从 2012 年的 2% 提高到 2020 年的 50%。据业内人士测算，假设建筑钢结构用材占全国钢材总产量的 10% 左右，钢材产量保持 9% 平均增速不变，保守估计 2020 年建筑钢结构用材将达到 1.89 亿 t，年化复合增速达 25% 左右。其中，钢结构住宅的复合年化增速将超过 28%。

7.3.1.3 支撑整个房屋的"结构体系"

结构体系是指支撑整个建筑的受力系统。这个系统是由一些受力性能不同的结构基本构件有序组成，如：板、梁、墙、柱。这些基本构件可以采用同一类或不同类别（称组合结构）的材料，但同一类型构件在受力性能上都发挥着同样的作用。结构体系的组成如下所示：

（1）抗侧力体系

抗侧力体系是指在垂直和水平荷载作用下主体结构的受力系统。以受力系统为准则来区别，结构体系主要有以下三种基本类型：

1）框架结构

由梁、柱组成的框架来承担垂直和水平荷载。框架结构的优点是建筑平面布置灵活，可以做成较大空间的会议室、餐厅、车间、营业室、教室等。需要时，可用隔断分隔成小房间，或拆除隔断改成大房间，因而使用灵活。外墙用非承重构件，可使立面设计灵活多变，如果采用轻质隔墙和外墙，就可大大降低房屋自重，节省材料。但框架结构承载能力相对比较低，建造高度受一定限制。在我国目前的情况下，框架结构建造高度不宜太高，以 15～20 层以下为宜。

2）剪力墙结构

由各种类型的墙体作为基本构件，来承担垂直和水平荷载。墙体同时也作为维护及房间分隔构件，一般情况下剪力墙间距为 3～8m，适用于要求较小开间的建筑。当采用大模板等先进施工方法时，施工速度很快，可节省砌筑隔断等工程量。剪力墙结构在住宅及旅馆等建筑中得到广泛应用。

剪力墙结构优点是承载力高、整体性好，施工简便，能建得比较高，这种剪力墙结构适合于建造较高的高层建筑。但剪力墙结构的缺点和局限性也是很明显的，主要是剪力墙间距不能太大，平面布置不灵活，不能满足公共建筑的使用要求，主要材料还是较重的混凝土，结构自重偏大，回收率很低。为了克服上述缺点，减轻自重，并尽量扩大剪力墙结构的使用范围，应当改进楼板做法，加大剪力墙间距，做成大开间剪力墙结构，或将底层或下部几层部分剪力墙取消，形成部分框支剪力墙以扩大使用空间。在我国，这种底层大空间剪力墙结构已得到了推广应用，底部多层大空间的剪力墙结构也正在实践和研究中逐步发展。

3）框架-剪力墙结构

在框架结构中设置部分剪力墙，使框架和剪力墙两者结合起来，取长补短，共同承担垂直和水平荷载，就组成了框架-剪力墙结构体系。如果把剪力墙布置成筒体，又可称为框架-筒体结构体系。筒体的承载能力、侧向刚度和抗扭能力都较单片剪力墙大大提高。在结构上，这是提高材料利用率的一种途径，在建筑布置上，则往往利用筒体作电梯间、楼梯间和竖向管道的通道，也是十分合理的。这种结构体系可用来建造较高的高层建筑，目前在我国得到广泛应用。框架-剪力墙结构可以吸收两种结构的优点，克服其缺点，根据具体条件，不同构件还可以选择不同材料，工程中应用灵活，各项指标都比较适中，应用比较广泛。通常，当建筑高度不大时，如10～20层，可利用单片剪力墙作为基本单元。不同的结构体系其性能差异较大，要根据具体条件综合确定。但从节约材料的角度出发，应该选取那种强度高、自重轻、回收率高的结构体系，要优化各种结构体系，发挥其长、克服其短。

（2）平面楼盖

平面楼盖主要是把垂直和水平荷载传递到抗侧力结构上去，其主要类型按截面形式、施工技术等可以分成以下几个基本类型：实心楼板：包括肋型楼板和无梁平板。这是我国采用的常规楼板结构类型，比较简便，跨度适中，但其用材多、自重大。

空心楼板：包括预制和现浇空心楼板。预制空心楼板的工业化程度高，但跨度较小。现浇空心楼板施工相对比较复杂一点，但其自重轻，跨度较大。预应力空楼板：采用预应力技术的预制和现浇空心楼板。和同类非预应力楼板相比，自重更轻、跨度更大。由于采用了预应力技术和空心技术，楼板结构变得更轻，跨度更大。其节约材料的效果相当显著。各种楼板的综合比较详见下表：

（3）基础

在主体结构中，楼板将荷载传递至抗侧力结构，抗侧力结构再传递至基础，通过基础传递至地基。房屋基础起到了承上启下的关键作用。房屋基础按其受力特征和截面形式主要分为：独立柱基和条形基础、筏板基础、箱形基础、桩基础等4种。

1）独立柱基和条形基础：可由灰土、砌体、混凝土等材料组成。主要应用于上部荷载较小的中低层房屋基础。其施工简便、造价低廉，但承载能力和抗变形能力都很有限。

2）筏板基础：由钢筋混凝土基础梁板组成的筏板体系。承载能力和防水能力都比较高，可以在地下部分形成较大的开阔空间，在高层建筑里应用较多。

3）箱形基础：由钢筋混凝土墙板组成的箱形体系。基础整体性很好，承载能力强、变形较小，防水性能也很好，在高层建筑和荷载分布不均、地基比较复杂的工程中应用较多。由于要求地下部分墙体较多，故建筑功能上要受一些限制。

4）桩基础：条形、筏板、箱形基础的荷载通过支撑在其下面的桩传至地基的受力机制。桩可以由各种材料组成，如：灰土、沙石、钢筋混凝土、钢材等。这种基础承载能力很高，基础变形很小，可广泛应用于高层、超高层、大跨度建筑中，还可用于地基复杂、荷载悬殊的特殊条件下的工程，但其成本较高，施工较复杂。

总之，我们可以得出这样的结论：在房屋建造和使用的全过程中，结合具体条件，合理确定房屋的结构类型和体系是节约材料的最重要环节之一，应该慎重选择；在确定房屋的结构类型和体系时，要充分考虑技术进步和科技发展的影响，优先选择那些轻质、高强、多功能的优质类型和体系；每栋房屋的具体环境和条件非常重要，节材工作要遵循因地制宜、就地取材、精心比较的原则来实施。

7.3.2 引进新材料和新技术

7.3.2.1 高强建筑钢筋

我国城镇建筑主要是采用钢筋混凝土建造的，钢筋用量很大。一般地说，在相同承载力下，强度越高的钢筋，其在钢筋混凝土中的配筋率越小。相比于 HRB335 钢筋，以 HRB400 为代表的钢筋具有强度高、韧性好，焊接性能优良，应用于建筑结构具有明显的技术经济性能优势。

据测算，如果用 HRB400 型钢筋代替 HRB335 型钢筋，全部工程可节省约 10%～14% 的钢材。用 HRB400 钢筋代换 ϕ12mm 以下的小直径 HPB235 钢筋，则可节省 40% 以上的钢材；同时，使用 HRB400 钢筋还可改善钢筋混凝土结构的抗震性能。可见，HRB400 等高强钢筋的推广应用，可以明显节约钢材资源。我国建筑钢筋的主流长期以来一直是 HRB335，高强钢筋用量在建设行业钢筋总体用量中所占比率仍然很低，例如，每年 HRB400 钢筋用量不到钢筋总用量的 10%。美国、英国、日本、德国、俄罗斯以及东南亚国家已很少使用 HRB335 钢筋，即使使用也只是做配筋，主筋均采用 400MPa、500MPa 级钢筋，甚至 700MPa 级钢筋也有较多应用；有的国家甚至早已淘汰了 HRB335 钢筋。如果我国进一步完成混凝土结构主导受力钢筋的更新换代，将强度提高到 400～500MPa，则节约钢筋用量可达约 30%。我国还没有在建筑业中大量应用高强钢筋，特别是还没有在高层建筑、大跨度桥梁和桥墩上广泛使用，其原因是：(1) 钢材市场中 HRB400 等高强钢筋供应量不足，满足不了建筑工地配送使用条件。(2) HRB400 等高强钢筋使用了微合金技术，使得目前其成本较 HRB335 钢筋高，利润空间较低，大多数钢厂不愿生产高强钢筋，由此产生的产量低进一步加剧了高强钢筋的高价格。

7.3.2.2 强度更高的水泥及混凝土

我国城镇建筑主要是采用钢筋混凝土建造的，所以我国每年混凝土用量非常巨大。混凝土主要是用来承受荷载的，它的强度越高，同样截面积承受的重量就越大；反过来说，承受相同的重量，强度越高的混凝土，它的横截面积就可以做得越小，也即混凝土柱子、梁等建筑构件就可以做得越细。所以，建筑工程中采用强度高的混凝土可以节省混凝土材料。美国等发达国家的混凝土以 C40、C50 为主（C70、C80 及以上的混凝土应用也很常见）；42.5 级、52.5 级及其以上的水泥可占到水泥总量的 90% 以上。目前在我国，混凝土约有 24% 是 C25 以下、65% 是 C30～C40，即有将近 90% 的混凝土属于 C40 及其以下的中低强度等级，C45～C55 仅占 8.5%；我国目前 65% 的水泥是 32.5 级，42.5 级及其以上的水泥产量仅占水泥总量的 35%。经分析计算可知，配制 C30～C40 混凝土，采用 42.5 级水泥比采用 32.5 级水泥每立方米混凝土可少用水泥约 80kg。所以，我国由于水泥产品高强度等级的少，低强度等级的多，结构不合理，每年都造成大量的水泥浪费。其实我国目前新型干法水泥生产线完全能满足生产高等级水泥的要求，造成上述状况的重要原因之一是，建筑结构设计标准中仍习惯于采用低强度等级混凝土（主要以低等级水泥配制）的肥梁胖柱，使我国对高等级水泥的需求量不高。所以，水泥产品结构的改善涉及建筑结构设计工作的改革，要从建筑结构设计标准和使用部门着手，改善水泥产品的需求结构。

7.3.2.3 商品混凝土和砂浆

商品混凝土是指由水泥、砂石、水以及根据需要掺入的外加剂和掺合料等组分按一定比例，在集中搅拌站（厂）经计量、拌制后，采用专用运输车，在规定时间内，以商品形式出售，并运送到使用地点的混凝土拌合物。商品混凝土也称预拌混凝土。早在 20 世纪 80 年代初，发达国家商品混凝土的应用量已经达到混凝土总量的 60%～80%。目前美国商品混凝土占其混凝土总产量约 84%，瑞典为 83%，而我国目前商品混凝土用量仅占混凝土总量 20% 左右。我国商品混凝土整体应用比例的低下，也导致大量自然资源浪费。因为相比于商品混凝土生产方式，现场搅拌混凝土要多损耗水泥约 10%～15%，多消耗砂石约 5%～7%。商品混凝土的性能稳定性也比现场搅拌好得多，这对于保证混凝土工程的质量十分重要。

商品砂浆是指由专业生产厂生产的砂浆拌合物。商品砂浆也称为预拌砂浆，包括湿拌砂浆和干混砂浆两大类。湿拌砂浆是指水泥、砂、保水增稠材料、外加剂和水以及根据需要掺入的矿物掺合料等组分按一定比例，在搅拌站经计量、拌制后，采用搅拌运输车运至使用地点，放入专用容器储存，并在规定时间内使用完毕的砂浆拌合物。干混砂浆是指经干燥筛分处理的砂与水泥、保水增稠材料以及根据需要掺入的外加剂、矿物掺合料等组分按一定比例在专业生产厂混合而成的固态混合物，在使用地点按规定比例加水或配套液体拌合使用。

19 世纪奥地利开始应用的干混砂浆，20 世纪 50 年代以后欧洲的干混砂浆迅速发展。欧美等发达国家商品砂浆占其砂浆总量的比例很高，欧洲大约 85% 的建筑砂浆属于干混砂浆；2001 年欧洲干混砂浆的总消耗量就达 7000 万 t。韩国，通过近 15 年的发展，其干混砂浆市场逐步走向成熟和稳定，目前地面和装饰用普通型干混砂浆加起来有约 300 万 t 的市场，新加坡在 1984 年建立起第一个干混砂浆生产厂，生产墙面抹灰砂浆，年产量不足 1 万 t，其他产品主要依靠进口。近年来，政府规定所有砂浆必须"干粉化"，因而生产规模迅速扩大。新加坡尽管地盘很小，但它是世界上第一个禁止施工现场搅拌的国家。

我国商品砂浆年用量很少，2005 年刚刚达到 407 万 t，不足建筑砂浆总量的 2%。近年来，我国每年城镇建筑需消耗砂浆有 35 亿 t 之多。仅北京市每年至少需要建筑砂浆 218 万 m^3，折合 328 万 t，北京市商品砂浆市场容量预计在 1000 万 t 左右；上海地区商品砂浆每年的使用量也在 1000 万～1200 万 t。如果全国更大范围内推广应用商品砂浆，则节约的砂浆量相当可观。使用商品砂浆不仅可节省材料，而且商品砂浆的性能也比现场搅拌砂浆更稳定，质量更好，更有利于保证建筑工程的质量。

7.3.2.4 散装水泥

散装水泥是指水泥从工厂生产出来之后，不用任何小包装，直接通过专用设备或容器、从工厂运输到中转站或用户手中，是相对于传统的袋装水泥而言的。近几十年来，我国一直是世界第一水泥生产大国，但同时却是散装水泥使用小国。2005 年我国水泥总产量为 10.69 亿 t，但是散装水泥供应量为 3.8 亿 t，散装率只有 36.61% 左右，2012 年我国水泥总产量为 22.1 亿 t，但是散装水泥供应量为 11.8 亿 t，散装率只有 54.14% 左右，同世界工业化发达国家水泥散装率 90% 以上的比例相差很大。

袋装水泥在生产和使用过程中造成的粉尘，严重污染了大气环境；水泥包装需要消耗大量的包装材料。由于包装破损和袋内残留等造成的损耗率较高，所以水泥生产和应用的高袋装率、低散装率给我国造成了极大的资源浪费。如果以 2004 年全国袋装水泥约 64 亿 t 计算，全年袋装水泥消耗包装牛皮纸约 380 多万 t，折合优质木材 2110 多万 m³，相当于全国当年木材总采伐量的 1/3，即相当于大兴安岭十年的木材采伐量。还有，由于包装纸袋破损和包装袋内残留水泥造成的损耗在 3%～5% 以上，仅此一项，2004 年损失近 2000 万 t 水泥，价值 50 多亿元。此外，每万吨袋装水泥的包装纸大约要消耗水 15 万 t，电 72 万度，煤炭 78t，同时还要消耗烧碱 22t，棉纱 4t。依此计算，2004 年全国在袋装水泥包装上消耗掉的水就多达 10 亿 t，用电 46 亿多度，耗煤 499 万 t，消耗烧碱 140 万 t，棉纱 26 万 t，2005 年我国袋装水泥量仍高达 68 亿 t。我国近年来积极推动水泥散装化，采取征收散装水泥专项资金等"限制袋装、发展散装"的措施，使散装化水平逐步提高。

7.3.2.5 商品钢筋

专业化加工配送商品钢筋是指在工厂中把盘条或直条钢线材，用专业机械设备制成钢筋网、钢筋笼等钢筋成品，直接销售到建筑工地，从而实现建筑钢筋加工的工厂化、标准化及建筑钢筋加工配送的商品化和专业化。由于能同时为多个工地配送商品钢筋，钢筋可进行综合套裁，废料率一般在 2% 左右，而工地现场加工的钢筋废料率大约在 10% 左右。

在现代建筑工程中，钢筋混凝土结构得到了非常广泛的应用，钢筋作为一种特殊的建筑材料起着极其重要的作用。2005 年我国建筑用钢材总量达到 17287 万 t，接近我国钢产量的一半，是我国冶金行业的最大用户，其中螺纹钢消费量就占到钢材总量的 20% 左右。但是建筑用钢筋规格形状复杂，钢厂生产的钢筋原料往往不能直接在工程上使用，一般需要根据建筑设计图纸的要求经过一定工艺过程的加工。我国建筑用钢筋长期以来依靠人力来进行加工，随着一些国产简单加工设备的出现，钢筋加工才变为半机械化加工方式，加工地点主要在施工工地，加工质量和进度难以保证，而且材料浪费严重。

提高建筑用钢筋的工厂化加工程度，实现钢筋的商品化专业配送，是建筑业的一个必然发展方向。欧美一些国家从 20 世纪 80 年代中期到 90 年代初期，逐渐普及了商品钢筋。许多国家以立法的形式规定：钢筋必须经过专业加工厂的预制才允许进入建筑工地。目前，欧美等发达国家 90% 以上的钢筋实行专业化钢筋加工配送。

7.3.2.6 高性能混凝土

以"高性能混凝土（High performance concrete，简称 HPC）"是一种新型高技术混凝土，是在大幅度提高普通混凝土性能的基础上采用现代混凝土技术制作的混凝土。"高性能混凝土"是来减少混凝土用量的方法，是适合较高层结构的绿色建筑工法。传统混凝土的强度不足，使得建构件断面积变大，增加构造物自重，而减少了室内可用空间，用水量及水泥量较高，容易产生泌水、析离或蜂窝等现象，或因施工不易而擅自加水等情形，严重损害混凝土的质量，再加上混凝土的体积变化量大，容易有干缩、潜变、龟裂等缺点，使 RC 建筑变成严重浪费地球资源与破坏环保的构造。

HPC 是一种改进传统混凝土缺点的绿色科技，在 1950 年 5 月，首先由美国国家标准与技术研究院（NIST）与美国混凝土学会（ACI）所提出。HPC 除采用优质水泥、水和集料以外，必须采用低水胶比和掺加足够数量的矿物细掺料与高效外加剂，其强度只需靠适量的水泥浆体即可达成，可避免水泥浆体干缩龟裂的问题。HPC 的矿物细掺料，像飞灰、炉石、稻谷灰、矽灰及其他火山灰材料，使其更具阻渗及抗蚀的功能。HPC 具有容易施工、没有析离、容易粉光或续处理简易，可以缩短工期、节省人力及简化施工作业等特点。由于 HPC 是把混凝土强度发挥至极致的科技，高性能混凝土构造可以节约 10% 左右的用钢量与 30% 的混凝土用量，可以解决高层建筑结构中肥梁胖柱问题，可增加 1.0%～1.5% 的建筑使用面积，不但使结构设计更加灵活，也提高建筑使用功能，其初期费用虽比传统混凝土高，却更具综合经济效益。HPC 能充分利用矿物细掺料，包括电力公司所生产的飞灰，炼钢产生之炉石，或农业生产的稻壳；有些则掺加工业废渣，如磨细矿渣、优质粉煤灰、矽灰和稻壳灰等作为活性掺合料；有些则应用工业废液，尤其是黑色纸浆废液为原料的减水剂以及其他复合外加剂，可帮助其他工业消化难以处治的液体排放物，可节约资源、保护环境，并改善混凝土耐久性，显然是高层绿色建筑值得鼓励的构造方式之一。

7.3.2.7 清水混凝土

清水混凝土产生于 20 世纪 20 年代，到了 80 年代，一批新起的建筑师延续了国际主义风格，强调高技术、强调建筑结构的科学技术含量，形成了"高技派"，它们的代表人物有理查德·罗杰斯、诺曼·福斯特等，典型作品如香港汇丰银行。在亚洲，日本最先走到了建筑前列。在混凝土应用上，日本改变了以前的不加以修饰的水泥表现手法，利用现代的外墙修补技术，将水泥墙面拆掉模板后进行处理，使水泥表面达到非常精致的水平，同时又充分展现出水泥本身特有的原始和朴素的一面。

清水混凝土（As-cast Finish Concrete/BareConcrete）又称装饰混凝土，因其极具装饰效果而得名。它属于一次浇筑成型，不做任何外装饰，直接采用现浇混凝土的自然表面效果作为饰面，它浇筑的是高质量的混凝土，而且在拆除浇筑模板后，不再做任何外部抹灰等工程，不同于普通混凝土，表面平整光滑、色泽均匀、棱角分明、无碰损和污染，只是在表面涂一层或两层透明的保护剂，显得十分天然，庄重。采用清水混凝土作为装饰面，不仅美观大方，而且节省了附加装饰所需的大量材料，堪称建筑节材技术的典范。

清水混凝土也可预制成外挂板，而且可以制成彩色饰面。清水混凝土外挂板采用预埋件与主体拴接或焊接安装方式较为简单，方便快捷。清水混凝土外挂板或彩色混凝土外挂板将建筑物的外墙板预制装饰完美地结合在一起，使大量的高空作业移至工厂完成，能充分利用工业化和机械化的优势。

清水混凝土是混凝土材料中最高级的表达形式，它显示的是一种最本质的美感，体现的是"素面朝天"的品位。世界上越来越多的建筑师采用清水混凝土工艺，如世界级建筑大师贝聿铭、安藤忠雄等都在他们的设计中大量地采用了清水混凝土。悉尼那角如院、日本国家大剧院、巴黎史前博物馆等世界知名的艺术类公建，均采用这一建筑艺术。

在我国，清水混凝土是随着混凝土结构的发展不断发展的。20 世纪 70 年代，在内浇外挂体系的施工中，清水混凝土主要应用在预制混凝土外墙板反打施工中，取得了进展。后来，由于人们将外装饰的目光都投向面砖和玻璃幕墙中，清水混凝土的应用和实践几乎处于停滞状态。近些年来，少量高档建筑工程，如海南三亚机场，首都机场，上海浦东国际机场航站楼、东方明珠的大型斜筒体等都采用了清水混凝土。

随着绿色建筑的客观需求，人们环保意识的不断提高，我国清水混凝土工程的需求在工业与民用建筑中也得到了一定的应用。清水混凝土是名副其实的生态绿色混凝土，清水混凝土有利于环保，减少了大量建筑垃圾，消除了诸多质量通病，促使工程建设的质量管理进一步提升，降低工程总造价。

7.3.3　节约材料的设计

7.3.3.1　建筑工业化设计

建筑工业化生产与传统施工相比较，减少许多不必要的建材浪费，同时可减少施工的粉尘、噪声污染。建筑工业化发展模式的目的也是节约材料。目前，世界上很多发达国家预制混凝土构件在其混凝土施工中所占的比例仍然很大，在日本几乎所有的预应力混凝土房屋都是由预制构件采用后张预应力技术组装建造。早在 20 世纪 50 年代末，日本就提出了住宅产业化的概念。经过 50 几年的发展，日本的工业化住宅建造技术已经成熟，目前拥有国内新住宅约 5% 的市场份额，而且正在稳步扩大。这种工业化住宅采用钢骨架或木骨架，配以复合墙体和楼板，在生产线上组装成盒子结构。门窗、楼梯间、卫生间、壁橱以及成套厨房设备均同时安装在盒子结构内，连坡屋顶也是在工厂里分段制作好的，因此，大大减少了现场工作量。当前，我国混凝土行业在产品结构上发展很不平衡，突出表现为预制混凝土与现浇混凝土的比例很不合理。近年来，我国推广大开间灵活隔断居住建筑，若在结构设计上采用预制混凝土构件，如大跨度预应力空心板，则可降低楼盖高度、减轻自重、降低结构造价、节约材料，经济效益十分显著。借鉴国际成熟经验，推进建筑工业化，不失为治本之策。推广工业化结构体系和通用部品体系，提高建筑物的工厂预制程度，基本实现施工现场的作业组装装配，能确保建筑物寿命在"工厂预制"环节得到保证，并大幅度提高生产效率，还可节约可观的能源和材料。根据发达国家的经验，建筑工业化的一般节材率可达 20% 左右、节水率达 60% 以上，如果与国际先进水准看齐，比照当前我国住宅建造和使用的物耗水平，至少还有节能 30%～50%、节水 15%～20% 的潜力。

7.3.3.2　建筑物耐久化设计

建筑物的耐久设计，是以延长建筑物的使用寿命，进而减少新建建筑物之需求，以节约地球资源，并减少营建废弃物。根据国外的住宅统计，欧美的住宅的平均寿命至少在 80 年以上，甚至英国更长达百年以上，但东亚国家新建住宅的平均寿命约在 30～50 年。建筑物的耐久化设计，最有效的方法在于采用耐久性、维修性等两项设计对策来达成。"耐久性设计"只是单纯的增加结构强度，是较容易处理的对策，也是最有效的生命周期设计。根据结构专家的估计，假如能将结构强度增加 20%，约可提升建筑物寿命一倍以上；以 RC 结构体的保护层厚度而言，每增加 1cm，约可提升结构寿命 10 年。尤其 RC 结构耐久性最重要的因素，在于降低混凝土之水灰比、提高钢筋之混凝土保护层、提高楼板厚度。"维修性设计"的关键，在于水管、电管、通信管、瓦斯管、消防管等设备之"明管设计"，只要把现行许多埋设于 RC 柱梁楼板内的管路明管化，对于延长建筑物寿命即有很大帮助。由于设备管路的寿命通常只有 15 年，而建筑体的耐久性可长达 80 年，因此，建筑的一生中必须更换管路 3~5 次，假如没有采用"明管设计"，则必须敲挖结构体来更换管路，而伤及建筑寿命，因此，只要把现行许多埋设于 RC 柱梁楼板内之管路明管化，对于延长建筑物寿命有很大帮助。除了上述两项之外，当然也有人建议采用开放系统的"弹性"设计来延长建筑寿命，这是风险较大的投资，很难掌握其环保的实质效益。耐久设计除了要求空调、水电、电器通信等线路的明管设计乏外，也提醒屋顶防水层的维修设计。现在一般大楼常将太阳能装置、预制水箱、广告架、冷却塔、变电设备等大型设备直接安装于屋顶防水层上，常常造成设备改装时破坏屋顶防水层而漏水，因此，在耐久设计上，希望能将屋顶层所有设备设施设计成悬空结构体，以便与屋顶防水层分离，以便在日后对设备与防水层的维修。

7.3.3.3 资源地产化设计

我国幅员辽阔，各地区资源状况很不一样，所以各地区使用的建筑材料品种不能要求千篇一律，否则会给很多地方带来很大困难，例如很多地区使用的建筑材料需要从外地长途运输，增加了建筑成本，浪费了能源，也浪费了当地资源。所以应该实现建材本地化，就地取材，利用本地化建材建造相应的建筑，即建筑应该和本地化建材相适应。例如，生土建筑就是一种充分利用当地材料资源的建筑形式，中国传统建筑中最大量存在的生土建筑是窑洞。在中国陕西、甘肃、山西、河南等黄土高原及相邻地区，有相当一批居民曾经或至今依然居住在依山开挖，或在平地开凿的窑洞建筑中。窑洞的形式为长方形平面与圆拱形屋顶，有时可以并列若干窑洞屋，中间连以较小的窑洞式通道。另外一种较为典型的传统风格的生土建筑是福建永定地区的多层客家土楼。这些建筑的一个重要特点是冬暖夏凉，因而可以节约能源；此外，也能节约建筑材料，不会造成环境的污染与破坏。

7.3.3.4 装修工厂化设计

目前，我国普遍存在的商品房二次装修，浪费了大量材料，弊端很多。商品房装修一次到位是指房屋交钥匙前，所有功能空间的固定面全部铺装或粉刷完成，厨房和卫生间等基本设备全部安装完成，也称全装修住宅。一次性装修到位不仅有助于节约，而且可减少污染和重复装修带来的扰邻纠纷，更重要的是有助于保持房子寿命。一次性整体装修可选择菜单模式（也称模块化设计模式），由房地产开发商、装修公司、购房者商议，根据不同户型推出几种装修菜单供住户选择。考虑到住户个性需求，有些可以展示个性的地方由住户发挥。从国外以及国内部分商品房项目的实践看来，模块化设计是发展方向，即业主只需从模块中选出中意的客厅、餐厅、卧室、厨房等模块，设计师即刻就能进行自由组合，然后综合色彩、材质、软装饰等环节，统一整体风格，降低设计成本。

传统的家装模式避免不了噪声、污染以及各种因质量和工期问题给消费者带来的烦恼，一些材料和各种的油漆、胶粘剂所散发出的刺鼻气味，直接影响到消费者的身心健康，况且手工制作的木制品极易出现变形、油漆流迹、起鼓等质量问题，购买的家具经常不能令人十分满意，会出现颜色不匹配、款式不协调、尺寸不合适等一系列问题，使家具与整个空间装饰风格不能形成有机的统一，既破坏了装修的特点，又没起到家具应有的装饰作用。有鉴于此，一些装饰公司通过不断地探索与实践，推出了"家具、装修一体化"

装修方式，很受欢迎。家庭装修工厂化是家庭装修以木工、油漆工为主，而将木工、油漆工的大部分项目在工厂做好，运到现场完成安装组合，这种做法目前在发达城市即称为"家庭装修工厂化"。装饰公司把家装工程中所有的细木工制作（包括门、门套、木制窗、家具、暖气罩、踢脚等）全部搬到了工厂，用高档环保的密度纤维板代替低档复合板材，运用先进的热压处理，采用严格的淋漆打磨工艺，使生产出来的木制品和家具在光泽度、精确度、颜色、质量等方面达到了理想的效果。另外"一体化"生产在环保方面也可放心，用户在装修完毕后可以马上入住，免去了因装修过程中所遗留、散发的化学物质对人体造成的损害。在时间方面，现场开工的同时，工厂进行同期生产（木工制品），待现场的基础工程完工后，木制品就可以进入现场进行拼装，打破了传统的瓦工、木工、油工的施工顺序，大大节省了施工周期，为消费者装修节省了更多的时间和精力。此外，家庭装修工厂化基本上达到了无零头料，损耗率控制在2%以内，相比现场施工7%～8%的材料损耗率，降低了6个百分点，这样也能使装修费用降低10%以上。

7.3.4　材料的循环利用

7.3.4.1　建筑材料的选定

建筑材料中有害物质的含量应符合国家标准（GB 18580～18588）和《建筑材料放射性核素限量》GB 6566—2010 的要求。选用有害物质限量达标、环保效果好的建筑材料，可以防止由于选材不当造成的室内环境污染。其具体要求分为以下几个方面：

（1）根据生产及使用技术特点，可能对室内环境造成危害的装饰装修材料主要包括人造板及其制品、木器涂料、内墙涂料、胶粘剂、木家具、壁纸、卷材地板、地毯、地毯衬垫及地毯用胶粘剂等。这些装饰装修材料中可能含有的有害物质包括挥发性有机物（VOC）、苯、甲苯和二甲苯以及游离甲苯二异氰酸酯等。因此，在室内装饰选材中必须对上述各类有害物质的含量进行严格控制。有关室内装饰装修材料的安全性，我国制订了多项国家标准，绿色建筑在装饰装修材料选用中必须符合这些标准的要求。

（2）由于形成条件或生产技术等原因，用于室内的石材、瓷砖、卫浴洁具等建筑材料及其制品，往往具有一定的放射性。放射性一旦超过剂量就会对人体造成伤害。按照绿色建筑的最基本要求，建筑材料及其制品的放射性应严格按照《建筑材料放射性核素限量》GB 6566—2010 的要求进行控制。

（3）按照绿色建筑的最基本要求，建筑主体材料以及建筑外装饰装修材料必须符合相关行业标准或国家标准要求，才能保证建筑物的使用安全，达到预期寿命。

（4）《混凝土外加剂中释放氨的限量》GB 18588 是绿色建筑对混凝土外加剂提出的基本要求。主要针对建筑施工中，由于混凝土冬期施工掺用了含有尿素的防冻剂，导致建成后的建筑物室内长期释放难闻的氨气味，严重影响室内环境质量的现象。

（5）随着科技的进步，一些建筑材料或制品面临更新换代。在其使用过程中也会不断暴露出新的问题，其技术性能已经被证明不适宜继续在建筑工程中应用，或者不适宜在某些地区、某些类型的建筑中使用。因此，在绿色建筑中严禁使用国家及当地建设主管部门向社会公布限制、禁止使用的建筑材料及制品。我国当前的建筑结构形式以钢筋混凝土结构为主。相比于现场搅拌混凝土的生产方式，预拌混凝土的性能稳定性要好上很多，对于保证混凝土工程质量十分重要。与现场搅拌混凝土的生产方式相比，采用预拌混凝土还能减少施工现场噪声和粉尘污染，节约能源和资源，减少材料损耗。预拌混凝土能减少水泥损耗约 $10\%\sim15\%$，减少砂石损耗约 $5\%\sim7\%$。

7.3.4.2 材料的可循环使用设计

我国纯天然材料的资源有限。结构材料不能像日本及西欧国家那样过分强调纯天然制品。对传统的量大面广的建筑材料，应主要强调进行生态环境化的替代和改造。如加强二次资源综合利用，提高材料的再生循环利用率，有必要禁止采用瓷砖对大型建筑物进行外表面装修等。未来建材工业总的发展原则应该是：具有健康、安全、环保的基本特征，具有轻质、高强、耐用、多功能的优良技术性能和美学功能，还必须符合节能、节地、利废三个条件。

7.3.4.3 材料循环利用

绿色建筑强调材料的循环利用，应将建筑施工、旧建筑拆除和场地清理时产生的固体废弃物分类处理，并将其中可再利用材料、可再循环材料回收和再利用。在施工过程中，应最大限度地利用建设用地内拆除的或从其他渠道收集而来的旧建筑材料，以及建筑施工和场地清理时产生的废弃物等，以达到节约原材料，减少废弃物，降低新材料生产及运输过程中对环境的影响。

可再利用材料指在不改变所回收物质形态的前提下进行材料的直接再利用，或经过再组合、再修复后再利用的材料。可再利用材料的使用，可延长仍具有使用价值的建筑材料的使用周期，降低材料生产的资源、能源消耗和材料运输对环境造成的影响。可再利用材料包括从旧建筑拆除的材料以及从其他场所回收的旧建筑材料。可再利用材料包括砌块、砖石、管道、板材、木地板、木制品（门窗）、钢材、钢筋、部分装饰材料等。按照标准，使用可再利用材料的重量应占工程建筑材料总重量的 5% 以上。

施工所产生的建筑垃圾和废弃物，应在现场进行分类处理，这是回收利用建筑材料的关键和前提。可再利用材料在建筑中的重新利用，可再循环材料通过再利用废弃的集装箱制成的建筑生利用企业进行回收、加工，最大限度地避免废弃物随意遗弃、造成污染。绿色建筑施工、旧建筑拆除和场地清理产生的固体废弃物的回收利用率（含可再利用材料、可再循环材料）不得低于 20%。可再循环材料主要有两部分：一是所用的材料本身就是可再循环材料；二是建筑拆除时能够被再循环利用的材料。可再循环材料主要包括：金属材料（钢材、铜）、玻璃、铝合金型材、石膏制品、木材等。

有效利用可再循环的建筑材料，可以减少新材料的生产和加工带来的资源、能源消耗及环境污染，对于建筑的可持续性具有非常重要的意义。在保证安全和不污染环境的情况下，绿色建筑要求可再循环材料的使用重量应占所用建筑材料总重量的 10% 以上。如果其所占比重达到 20% 或 20%，在绿色建筑评估中会得到相应的加分。

7.3.4.4 建筑垃圾的字再生利用

建筑垃圾大多为固体废弃物，一般是在建设过程中或旧建筑物维修、拆除过程中产生的。过去我国绝大部分建筑垃圾未经任何处理，便被施工单位运往郊外或乡村；采用露天堆放或填埋的方式进行处理，造成不容忽视的后果。

（1）恶化生态环境。例如，碱性的混凝土废渣将使得大片土壤失去活性，植物无法生长；使地下水、地表水水质恶化，危害水生生物的生存和水资源的利用。

（2）建筑垃圾堆场占用了大量的土地甚至耕地。据估计，每堆积 10000t 废弃混凝土

约需占用 $0.067hm^2$ 的土地。在我国，建筑垃圾堆场占地进一步加剧了我国人多地少的矛盾。

（3）影响市容和环境卫生。建筑垃圾堆场一般位于城郊，堆放的建筑垃圾不可避免地会产生粉尘、灰砂飞扬，不仅严重影响堆场附近居民的生活环境，粉尘灰砂随风飘落到城区还将影响市容环境。

大量的建筑垃圾若仅仅采取向堆场排放的简单处置方法，则产的危害直接威胁着人类生存环境和生态环境，在很大程度上制约着社会可持续发展战略的实施。为此，世界各国积极采取各种措施来解决建筑垃圾危害问题，努力实现建筑垃圾"减量化、无害化、资源化"，其中，资源化利用将是处理建筑垃圾的必要的有效途径。基于这一思想，世界各国都力求将建筑垃圾变为可再生资源加以循环利用，例如自 20 世纪 40 年代以来，不少国家已经用废弃混凝土来填海造陆，或者用于铺垫路基、建筑工程基础回填等。由拆迁产生的建筑垃圾其中无机物占 95% 左右，有机物和土壤占 5%。经过一系列科学的工艺加工，能生产出 80% 左右的砖末和砂浆末、15% 左右的混凝土再生骨料。砖末和砂浆末可以用于制作非承重轻质砖，混凝土再生骨料可用于制作承重砖等。如此操作，建筑垃圾就可以无止境地循环利用下去。但是，过去的建筑垃圾利用技术水平较低，利用领域很窄，不仅建筑垃圾利用率不高，而且浪费了大量品质较好的建筑垃圾。所以，建筑垃圾资源化利用新技术已成为世界各国共同关注的热点问题和前沿课题。例如国内外已经开始探索利用废旧建筑塑料、废旧防水卷材、废弃混凝土、废弃砖瓦、再生水、废弃植物纤维及工业废渣、城市垃圾等生产的再生建材建造房子。

一边是城市与日俱增的建筑垃圾无处安身，影响市容，一边是黏土烧砖大量地破坏耕地，污染环境。国内外已经尝试用建筑垃圾造建材，使其得到循环利用，同时解决了双重的难题。在建筑垃圾综合利用方面，日本、美国、德国等工业发达国家的许多先进经验和处理方法很值得我们借鉴。

发达国家已经或正在积极探索将垃圾变为一种新资源，一直发展成一个新兴的大产业。据美国"新兴预测委员会"和日本"科技厅"等有关专家作出的预测：在未来 30 年间，全球在能源、资源、农业、食品、信息技术、制造业和医药领域，将出现"十大新兴技术"。其中有关"垃圾处理"的新兴技术被列在第二位。

世界上首次大量利用建筑垃圾的国家是前联邦德国。在二战后的重建期间，循环利用建筑垃圾不仅降低了现场清理费用，而且大大缓解了建材供需矛盾。至 1955 年末，循环再生了约 1150 万 m^3 的废砖集料，并用这些再生集料建造了 17.5 万套住房。德国现在有 200 家企业的 450 个工厂（场）在循环再生建筑垃圾，年营业额 20 多亿马克。

德国汉堡易北河畔有一座人工山，这里是二战轰炸建筑瓦砾的堆场，此后又被用于堆积工业废料和城市垃圾。人工山占地 $45hm^2$，最高处离地面 40m。二战后德国亟须重建，一些处理不过来的建筑垃圾被堆放在这里。之后德国工业化腾飞，垃圾填埋规模越来越大。直到 1979 年，人们发现，很多企业偷偷掩埋了大量有毒化学废料。废料渗入地下，对饮用水安全造成威胁。一场"拯救行动"这才开始。从 20 世纪 80 年代起，政府用塑料防水膜覆盖垃圾山，铺上最厚 3m 的土层，种上植被。垃圾产生的沼气则收集起来转化为附近一家炼铜厂的部分用电来源。2011 年，垃圾山上安装了 $8000m^2$ 的光伏发电系统，功率更高的风力发电机取代了老电机。两者产生的电力可满足 4000 户家庭的全年需求。垃圾产生的废液携带的热量也被收集起来，为办公室供暖。此外，山顶建成了一条长 1000m 的长廊，成为人们观赏汉堡全景的最新去处。垃圾山成为汉堡的能源之丘，市民的景观公园。目前，德国是建筑垃圾回收做得最好的国家之一，回收利用率达到 87%。

7.3.4.5　旧建筑物再利用

"旧建筑物再利用"是另外一种"绿色营建"的行为，因为它可节省大量结构躯体建材，对 CO_2 与废弃物之减量效益十分显著。充分利用尚可使用的旧建筑，既是节地的重要措施之一，也是防止大拆乱建的控制条件。"尚可使用的旧建筑"系指建筑质量能保证使用安全的旧建筑，或通过少量改造加固后能保证使用安全的旧建筑。对旧建筑的利用，可根据规划要求保留或改变其原有使用性质，并纳入规划建设项目。中国现在正处在工业转型期，工业旧厂房的改造再利用显得越来越迫切，在绿色建筑的理念中重点突出了对产业类历史建筑保护和再利用进行系统而有明确针对性的研究与总结。因此，在中国特定的城市化历史背景下，构筑产业类历史建筑及地段保护性改造再利用的理论架构，经由实践层面的物质性实证研究，提出具有技术针对性的改造设计方法无疑具有重要的理论意义和极富现实价值的应用前景。

旧建筑物再利用的环保贡献乃在于珍惜其结构躯体。一般低层建筑物建筑躯体（结构体与内外墙结构）的花费，约占总建筑费用五至六成，高层建筑躯体所占比例更高。因此旧建筑物再利用可节约相当可观的建材与 CO_2 排放量，同时所减少的营建废弃物量更为可观。最近亚洲经济快速上升，新建建筑物大幅增加，未来旧建筑市场将随之兴起。然而，并非任何旧建筑物均适于旧建筑物再利用。

思考题

1. 建筑耗材的材料有哪些？这些材料的耗费情况如何？
2. 影响建筑材料的浪费因素有哪些？怎样看待二次装修？
3. 建筑节省材料的途径有哪些？
4. 论述钢结构的类型。
5. 建筑材料如何实现循环利用？

8 室内环境质量与控制

8.1 室内声环境

8.1.1 声环境设计基础知识

8.1.1.1 声学原理

（1）声音的产生和传播

声音产生于振动，振动的物体是声源。声音由声源发出，在传播介质中向外传播。在空气中，声源振动迫使其周围紧邻的空气质点产生往复振动，该振动迅速在空气中传播开来，这种振动的传播称为声波。声波传播到人耳，引起人耳鼓膜的振动，带动听骨振动，由耳蜗、听神经等形成神经脉冲信号，通过听觉传导神经传至大脑听觉中枢，形成听觉。

（2）频率、波长与声速

描述声波的基本物理量，f：频率，每秒钟振动的次数，单位（Hz）（赫兹）；λ：波长，声波完成一次振动所走的距离单位（m）；C：声速，声波在某一介质中传播的速度，单位（m/s）。

参数间存在如下关系：$C=f\times\lambda$ 或 $\lambda=C/f$。

人耳可听频率范围（听阈）为 20Hz～20kHz，<20Hz 为次声，>20kHz 为超声。其中，人耳感觉最重要的部分约在 100Hz～4000Hz 之间，相应的波长约 3.4m～8.5cm。

（3）声波的绕射、反射和散射

声波作为机械波，具有机械波的所有特征。有绕射、反射、散射和干涉等，自立射、吸收等。

波阵面：声波从声源发出，在某一介质内按同一方向传播，在某一时间到达空间各点的包络面称为波阵面。

球面波：点声源发出的波，声线与波阵面垂直。如人、乐器。

平面波：波阵面为平面的波，声源互相平行，如线声源，多个点声源叠排。

声波在传播过程中遇到障碍或孔洞时将发生绕射。绕射的情况与声波的波长和障碍物（或孔）的尺寸有关。

当声波遇到一块尺寸比波长大得多的障碍时，声波将被反射。类似于光在镜子上的反射。

散射：当障碍物的尺寸与声波相当时，将不会形成定向反射，而以障碍物为一子波源，形成散射，如图 8-1。

（4）声波的透射与吸收

声波具有能量，简称声能。当声波碰到室内某一界面后（如天

图 8-1　声波散射
（来源：文献 [13]）

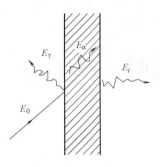

图 8-2 声波的透射与吸收
（来源：文献［13］）

花、墙），一部分声能被反射，一部分被吸收（主要是转化成热能），一部分穿透到另一空间，如图 8-2。

$$E_0 = E_\gamma + E_\alpha + E_\tau$$

透射系数：$\tau = E_i/E_0$

反射系数：$\gamma = E_\gamma/E_0$

吸声系数：$\alpha = 1 - \gamma = 1 - E_\gamma/E_0 = (E_\alpha + E_i)/E_0$

不同材料，不同的构造对声音具有不同的性能。在隔声中希望用透射系数小的材料防止噪声。在音质设计中需要选择吸声材料，控制室内声场。

（5）声功率、声强和声压

声功率：单位时间内物体向外辐射的能量 W 或 μW（W 或微 W）。声功率是声源本身的一种重要属性。人正常讲话的声功率 50μW；100 万人同时讲话的声功率 50W；相当于一个白炽灯；训练有素的歌手唱歌时的声功率 $5000 \sim 10000\mu$W；汽车喇叭的声功率为 0.1W，喷气式飞机的声功率为 10kW。在厅堂设计中如何充分利用有限的声功率是很重要的问题。

声强：单位时间内通过声波传播方向垂直单位面积上的声能。

声压：指在某一瞬时压强相对于无声波时的压强变化。符号 P，单位 N/m^2（牛顿/m^2），或 Pa（帕斯卡）。

实际应用中，表示声音强弱的单位并不采用声压或声功率的绝对值，而采用相对单位声级（类似于风级、地震级）。声压对人耳感觉的变化非常大，人耳听觉的上下限之间相差 10^6 倍。人耳对声音强弱的变化的感受并不与声压成正比，而与声压的对数成正比，两个同样的声源放在一起，感觉并不是响一倍。

（6）人耳主观听觉特征

人耳的结构如图 8-3，分为外耳、中耳、内耳和耳传导。

一般地青少年 $20 \sim 20$kHz，中年 $30 \sim 15$kHz，老年 $100 \sim 10$kHz。人耳有一定的适应性，常人上限为 120dB，经常噪声暴露的人有可能达到 $135 \sim 140$dB。下限频率与频率有关。声压级变化的察觉一般是 1dB，3dB 以上有明显感觉。频率变化的察觉一般是 3%，低频时 3Hz。

人耳判断声源的远近比较差，但确定声源的方向比较准确。人耳判断声源的方位主要靠双耳定位，对时间差和强度差进行判断。人耳的水平方向感要强于竖直方向感。通常，频率高于 1400Hz

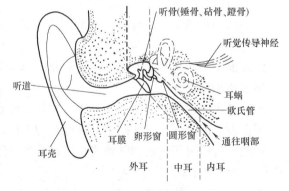

图 8-3 人耳剖面示意图
（来源：文献［13］）

强度差起主要作用；低于 1400Hz 时，时间差起主要作用。这就是人为什么对蚊子的定位比较准而对电话铃声的定位比较差的原因。

人耳有声觉暂留现象，人对声音的感觉在声音消失后会暂留一小段时间。如果到达人耳的两个声音的时间间隔小于50ms，那么就不会觉得声音是断续的。直达声到达后50ms以内到达的反射声会加强直达声。直达声到达后50ms后到达的强反射声会产生回声。这就是哈斯效应。根据哈斯效应，人耳在多声源发声内容相同的情况下，判断声源位置主要是根据第一次到达的声音。因此，剧场演出时，多扬声器的情况下要考虑声像定位的问题。

人耳对一个声音的听觉灵敏度因另外一个声音的存在而降低的现象叫掩蔽效应。一个声音高于另一个声音10dB，掩蔽效应就很小。低频声对高频声的掩蔽作用大。

人耳对不同频率的声音敏感程度是不一样的，对于低于1000Hz和高于4000Hz的声音，灵敏度降低。不同频率，相同声压级的声音，人听起来的响度感觉不一样。以1000Hz连续纯音作基准，测听起来和它同样响的其他频率的纯音的各自声压级构成一条曲线叫等响曲线，响度单位是方。随着声压级的提高，对频率的相对敏感度也不同，声压级高，相对变化感觉小，声压级低，相对变化感觉大，如图8-4。

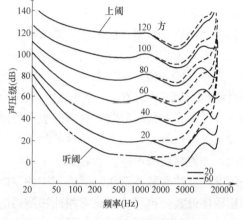

图 8-4 等响曲线

（来源：文献［13］）

8.1.1.2 吸声材料

（1）吸声材料

吸声材料：是具有较强的吸收声能、减低噪声性能的材料。借自身的多孔性、薄膜作用或共振作用而对人射声能具有吸收作用的材料，超声学检查设备的元件之一。吸声材料要与周围的传声介质的声特性阻抗匹配，使声能无反射地进入吸声材料，并使人射声能绝大部分被吸收。吸声材料在应用方式上，通常采用共振吸声结构或渐变过渡层结构。为了提高材料的内损耗，一般在材料中混入含有大量气泡的填料或增加金属微珠等。在换能器阵的各阵元之间的隔声去耦、换能器背面的吸声块、充液换能器腔室内壁和构件的消声覆盖处理、消声水槽的内壁吸声贴面等结构上，经常利用吸声材料改善其声学性能。

吸声材料按吸声机理分为：①靠从表面至内部许多细小的敞开孔道使声波衰减的多孔材料，以吸收中高频声波为主，有纤维状聚集组织的各种有机或无机纤维及其制品以及多孔结构的开孔型泡沫塑料和膨胀珍珠岩制品。②靠共振作用吸声的柔性材料（如闭孔型泡沫塑料）用以吸收吸收中频，膜状材料（如塑料膜或布、帆布、漆布和人造革）吸收低中频，板状材料（如胶合板、硬质纤维板、石棉水泥板和石膏板）吸收低频，穿孔板（各种板状材料或金属板上打孔而制得）吸收中频。以上材料复合使用，可扩大吸声范围，提高吸声系数。用装饰吸声板贴壁或吊顶，多孔材料和穿孔板或膜状材料组合装于墙面，甚至采用浮云式悬挂，都可改善室内音质，控制噪声。多孔材料除吸收空气声外，还能减弱固体声和空室气声所引起的振动。将多孔材料填入各种板状材料组成的复合结构内，可提高隔声能力并减轻结构重量。对入射声能有吸收作用的材料。

选用吸声材料，首先应从吸声特性方面来确定合乎要求的材料，同时还要结合重量、防火、防潮、防蛀、强度、外观、建筑内部装修等要求，综合考虑进行选择。吸声材料主要用于控制和调整室内的混响时间，消除回声，以改善室内的听闻条件；用于降低喧闹场所的噪声，以改善生活环境和劳动条件；还广泛用于降低通风空调管道的噪声。吸声材料按其物理性能和吸声方式可分为多孔性吸声材料和共振吸声结构两大类。后者包括单个共振器、穿孔板共振吸声结构、薄板吸声结构和柔顺材料等。

多孔材料对高频率声音吸声效果明显，即在高频区吸声系数较大；多孔材料对低频率声音吸声效果差，即在低频区吸声系数较小；随着材料厚度的增加，吸声最佳频率向低频方向移动；厚度每增加1倍，最大吸收频率向低频方向移动一个倍频程；材料厚度（最佳吸收频率下的波长）为 λ/4 为最佳；当声音频率大于 500Hz 时，吸声系数与厚度无关。材料的密度随着材料密度的增大，最大吸收系数向低频方向移动。

声音源于物体的振动，它引起邻近空气的振动而形成声波，并在空气介质中向四周传播。当声音传入构件材料表面时，声能一部分被反射，一部分穿透材料，还有一部由于构件材料的振动或声音在其中传播时与周围介质摩擦，由声能转化成热能，声能被损耗，即通常所说声音被材料吸收。材料的吸声性能常用吸声系数 α 表示。材料吸声系数的大小与声波的入射角有关，随入射声波的频率而异。以频率为横坐标，吸声系数为纵坐标绘出的曲线，称为材料吸声频谱。它反映了材料对不同频率声波的吸收特性。测定吸声系数通常采用混响室法和驻波管法。混响室法测得的为声波无规则入射时的吸声系数，它的测量条件比较接近实际声场，因此常用此法测得的数据作为实际设计的依据。驻波管法测得的是声波垂直入射时的吸声系数，通常用于产品质量控制、检验和吸声材料的研制分析。混响室法测得的吸声系数，一般高于驻波管法。

根据建筑材料的设计要求和吸声材料的特点，进行材质、造型等方面的选择和设计。建筑上常用的吸声材料有泡沫塑料、脲醛泡沫塑料、工业毛毡、泡沫玻璃、玻璃棉、矿渣棉、沥青矿渣棉、水泥膨胀珍珠岩板、石膏砂浆（掺水泥和玻璃纤维）、水泥砂浆、砖（清水墙面）、软木板等，每一种吸声材料对其厚度、容重、各频率下的吸声系数及安装情况都有要求，应执行相应的规范。建筑上应用的吸声材料一定要考虑安装效果。

在建筑物内安装吸声材料，应尽量装在最容易接触声波和反射次数多的表面上，也要考虑分布的均匀性，不必都集中在天棚和墙壁上。大多数吸声材料强度较低，除安装操作时要注意之外，还应考虑防水、防腐、防蛀等问题。尽可能使用吸声系数高的材料，以便使用较少的材料达到较好的效果。

吸声材料都是装于建筑物的表面。因此，在设计造型与安装时均应考虑到它与建筑物的协调性和装饰性。使用装饰涂料时注意不要将细孔堵塞，以免降低吸声效果。

（2）多孔材料

多孔性材料有的是用作吸声材料，但是在气孔特征上则完全不同。保温材料要求具有封闭的不相互连通的气孔，而吸声材料则要求具有相互开放连通的气孔，这种气孔越多吸声效果越好，与此相反，其保温隔热效果越差。另外，还要清楚吸声与隔声材料的区别。吸声材料由于质轻、多孔、疏松，而隔声性能不好，根据声学原理，材料的密度越大，越不易振动，则隔声效果越好。所以密实沉重的黏土砖、钢筋混凝土等材料的隔声效果比较好，但吸声效果不佳。

这类材料的物理结构特征是材料内部有大量的、互相贯通的、向外敞开的微孔，即材料具有一定的透气性。工程上广泛使用的有纤维材料和灰泥材料两大类。前者包括玻璃棉和矿渣棉或以此类材料为主要原料制成的各种吸声板材或吸声构件等；后者包括微孔砖和颗粒性矿渣吸声砖等。

多孔吸声材料的吸声机理是当声波入射到多孔材料时，引起孔隙中的空气振动。由于摩擦和空气的黏滞阻力，使一部分声能转变成热能；此外，孔隙中的空气与孔壁、纤维之间的热传导，也会引起热损失，使声能衰减。多孔材料的吸声系数随声频率的增高而增大，吸声频谱曲线由低频向高频逐步升高，并出现不同程度的起伏，随着频率的升高，起伏幅度逐步缩小，趋向一个缓慢变化的数值。

影响多孔材料吸声性能的参数主要有：①流阻，它是在稳定的气流状态下，吸声材料中的压力梯度与气流线速度之比。当厚度不大时，低流阻材料的低频吸声系数很小，在中、高频段，吸声频谱曲线以比较大的斜率上升，高频的吸声性能比较好。增大材料的流阻，中、低频吸声系数有所提高；继续加大材料的流阻，材料从高频段到中频段的吸声系数将明显下降，此时，吸声性能变劣。所以，对一定厚度的多孔材料，有一个相应适宜的流阻值，过高和过低的流阻值，都无法使材料具有良好的吸声性能。②孔隙率，指材料中连通的孔隙体积与材料总体积之比，多孔吸声材料的孔隙率一般在 70% 以上，多数达 90%。③结构因数，材料中间隙的排列是杂乱无章的，但在理论上往往采用毛细管沿厚度方向纵向排列的模型，所以，对具体的多孔材料必须引进结构因数加以修正。多孔材料结构因数，一般在 2～10 之间，也有高达 20～25 的。在低频范围内，结构因数基本不起作用，这是因为在这个范围内，空气惯性的影响很小，而弹性起主要作用。当材料流阻比较小时，若增大结构因数，在高、中频范围内，可以看到吸声系数的周期性变化。在吸声理论中，用流阻、孔隙率、结构因数来确定材料的吸声特性，而在实际应用上，通常是以材料厚度、容重（重量/体积）来反映其结构状态和确定其吸声特性。增加材料的厚度，可提高低、中频吸声系数，但对高频吸收的影响很小。如果在吸声材料和刚性墙面之间留出空间，可以增加材料的有效厚度，提高对低频的吸声能力。由于材料流阻和容重往往存在着对应关系，因此，在工程应用上往往通过调整材料的容重以控制材料的流阻。容重对材料吸声性能的影响是复杂的，但是厚度的变化比起容重的变化对材料吸声性能的影响要大，也就是厚度的影响是第一位的，而容重的影响则是第二位的。此外，材料的表面处理、安装和布置方式以及温度、湿度等对材料吸声性能也有影响。

（3）柔顺材料

是内部有许多微小的、互不贯通的独立气泡，没有通气性能，在一定程度上具有弹性的吸声材料。当声波入射到材料上时，激发材料作整体振动，为克服材料内部的摩擦而消耗了声能。

8.1.2 室内声环境质量评价与技术保障

8.1.2.1 生态建筑的声环境问题

目前，我国的生态建筑理论研究方兴未艾，生态建筑的实践已经起步，生态建筑的观念已经为越来越多的人所接受。近年来，由于我国经济的快速增长，城市化进程的加速发展，现代城市中，交通噪声、施工噪声、建筑设备噪声和生活噪声等环境噪声的总声级存在进一步提高的趋势，严重影响生态建筑的声环境建设。建筑环境设计如果不考虑采取措施避免这些因素的影响，建筑的声环境肯定不会令人满意。比如住宅的隔声性能较差，居民受施工噪声、建筑设备噪声、社会生活噪声等影响比较普遍；某些大空间公共建筑人声嘈杂而无法听清广播内容；许多建筑的走廊、大厅，由于采用坚硬光滑的内装修材料，使得整个大厅受到混响声的干扰；在大型商场中，贯通各层的中庭可能对调节或改善建筑的室内气候有些作用，但它使整个建筑中的各种声音汇集在一起，使顾客与营业员的谈话受到影响；敞开式的办公建筑提供了工作交流的方便，但是往往个人之间的谈话会使安静的办公环境受到噪声影响，而且私密性得不到有效保证。在这样的情况下，即使其他知觉方面很舒适，但在听觉上不能提供基本的要求，这样的建筑环境是不完善的。

8.1.2.2 生态建筑的声环境及其标准

生态建筑声环境是指建筑内外各种噪声源在建筑内部和外部环境中形成的对使用者在生理上和心理上产生影响的声音环境，它直接影响到使用者的生活质量和工作效率。生态建筑室内声环境要求是采取行之有效的措施进行住宅室内外噪声控制，重视住宅建筑本身的防噪声设计，合理选择建筑构件，严格控制施工质量。良好的声环境应该是使用者既不受室内外环境中噪声的影响，也不会因为自身的活动对外界声环境产生影响，因而不必担心可能产生的噪声而使活动受限。正是由于声环境对生态建筑总的室内声环境质量和释放到室外的噪声或声污染的程度有很大影响，与人的健康和工作效率有很重要的联系，因而需要确定适于人们生活、工作和健康的生态建筑声环境标准。

确定声环境标准，首先要考虑使用者的身心健康要求（表 8-1），同时应结合不同场合的使用要求，进行全面的、综合的考虑，当然还要考虑经济与技术上的可能性。

按照《绿色建筑评价标准》GB/T 50378—2014 生态建筑卧室、起居室的允许噪声级在关窗状态下白天不大于 45dB，夜间不大于 35dB。楼板和分户墙的空气声计权隔声量不小于 45dB，楼板的计权撞击声压级不大于 70dB；户外的空气声计权隔声量不小于 30dB；外窗的空气声计权隔声量不小于 25dB，沿街时不小于 30dB。小区环境允许噪声级宜采用白天不大于 55dB，夜间不大于 45dB。

保护健康与安全标准等效声级适应范围理想值 表 8-1

适应范围	理想值 dB(A)	最大值 dB(A)
睡眠	30	50
交谈、思考	50	70
听力保护	70	90

（来源：文献 [13]）

8.1.2.3 生态建筑声环境保障技术

（1）城市规划中的声环境保障技术

合理的城市规划布局，对城市声环境及生态建筑声环境的改善具有重要意义。城市环境中影响建筑声环境的主要噪声源是道路交通噪声，其次是工业噪声和社会生活噪声。

合理安排城市建设用地。在规划和建设新城市时，防止噪声和振动的污染是考虑合理的功能分区，确定居住用地、工业用地以及交通运输用地相对位置的重要依据。根据工业生产特点预测噪声源的污染程度进行工业建设用地规划，避免居民区与工业、商业区混合；对城市交通系统的规划要根据交通噪声的现状及对未来发展情况的预测，适当安排城市道路交通网。对现有城市的规划，应当依据目前城市声环境状况，适当调整城市建设的用地，采取综合性建设措施解决城市噪声污染。同时，根据不同类型建筑的声环境要求和拟建设用地周围声环境状况，进行噪声预评价，视其能否满足建筑自身声环境的要求或者是否会对周围的声环境产生不利影响，从而确定建筑场址。

控制道路交通噪声。交通噪声严重干扰道路两侧的住宅、办公楼、医院、旅馆等建筑，尤其随车辆的增多而日渐突出。控制交通噪声首先要有合理的交通管理，改善道路交通设施，如采取限制鸣笛，交通繁忙地段限制行车速度，根据需要将城区内部分街道改为单行线，划分快慢车道、自行车及人行道，使车辆行人各行其道等措施；根据城市交通状况划分城市道路为主要道路、地区道路和市内道路等三个级别，禁止过境车辆穿越市区，限制进入市内（住宅、学校、医院等分布区）的车辆；采用隔声和吸声措施，如在城市道路两侧设置隔声屏障（对改善多层建筑的声环境有明显的效果，对高层建筑的中上层部分作用不大），城市的高架路对周围环境的影响较大，尤其是高架路下表面会将地面（多数也是城市道路）的各种噪声反射向周围建筑，应对其进行吸声处理。但是应该注意，这些措施的造价较高，必须慎用。

适当布置城市绿化。城市绿化植被具有降温调湿、抗风防晒、滞尘防污等功能，同时由于树皮和树叶对声波有吸收作用，且声波经地面反射后，由树木二次吸收，因而绿化对噪声具有较强的吸收衰减作用。但应该明确的是，从隔声和减弱噪声的需要进行绿化，应选用矮的常绿灌木与常绿乔木相互结合作为主要方式，总宽度约需 10～15m。因此采取隔声绿岛、块状绿化、带状绿化等形式，以及在街道两侧、噪声源周围、安静建筑周围建立绿化带的方式，将美化环境、防治大气污染、改善气候与防止噪声污染的功能结合，适当布置和安排城市及建筑周围的绿化，是提高生态城市和生态建筑声环境质量的必然条件和自然基础。

（2）建筑设计中的声环境保障技术

建筑的布局与设计。建筑的总体布局要依照建筑周围和内部噪声源情况结合建筑功能等方面的要求进行设计，如确定住宅小区内建筑物布局时，临街布置不怕噪声干扰的建筑形成内部诸建筑物的隔声屏障，建筑宜平行于街道布置；区域内部产生噪声的建筑，如设备用建筑宜集中布置，并与不产生噪声的建筑有适当防护距离，在其间设置绿化带、声屏障或采用其他对噪声不敏感的建筑隔离。建筑平、剖面设计时要将不怕噪声干扰的房间布置在面临室外噪声源的一侧，作为安静房间的屏障；将吵闹的房间和安静房间隔离，吵闹房间宜集中布置、上下对应；平面设计与结构设计相互协调，充分发挥结构墙体优良的隔声性能；建筑中设备用房，如风机房、水泵房要采取减振、吸声、隔声措施以消除其对建筑内部声环境的影响。

建筑构造设计。建筑的构造设计必须考虑对空气声和固体声的隔绝。轻质高强是建筑材料的发展方向，但由此带来的墙体隔声能力的下降应引起足够的重视，墙体构造设计要严格按照有关隔声标准要求进行；楼板隔绝撞击声的能力是目前建筑声环境中的突出问题，光裸的混凝土楼板上采用刚性面层时其撞击声指数均在 80dB（A）以上，不能满足一般建筑的隔声要求，要采用弹性楼地面层、浮筑楼板或在楼板下增加隔声顶棚等措施予以解决；建筑的门窗是建筑物围护结构中隔声的薄弱环节，在构造设计时必须注意其隔声性能，并结合节能、防盗等功能考虑。建筑装饰采用的饰面材料和构造对建筑空间内的声音传播和反射都有影响，因此，要根据使用空间的要求考虑其隔声和吸声性能，如开敞办公室的隔断要求有一定的隔声能力，顶棚、地面要有一定的吸声性能，这对控制办公空间的噪声颇有效果，某些特殊的空间需要采用吸声和隔声性能俱佳的构造；建筑的走廊、门厅等处的墙面、顶棚装修时适当布置一些吸声材料，这对改善整个建筑的声环境非常有效。

建筑设备设计中的声环境保障技术。建筑设备产生的噪声对建筑空间的声环境影响随建筑设备的增多而日趋严重。为此，必须从声环境的角度考虑建筑设备的选型，要尽量选择噪声水平低的设备，使其符合建设项目的声环境标准；设备安装时要考虑隔振隔声措施；在管道系统中，要在满足使用要求的情况下尽可能减低流体的流速，并增加消声器或采用柔性接口；安装管道时增加隔声或隔振衬垫。

（3）建筑环境中的有源控制技术

有源噪声控制技术。所谓有源噪声控制即是在噪声环境中，将采用传声器探测到的噪声信号传输至控制器，由控制器产生的新声波与原噪声声级相同但相位相反，从而使环境噪声降低。在声学学科的许多领域对有源噪声控制进行着广泛的研究，某些技术也已进入应用阶段。在建筑声学中同样可以有效地运用有源噪声控制技术，例如，利用小型扬声器或激励器作为次级声源放置在双层轻质墙板中间以提高轻质结构的隔绝空气声的能力，以及利用有源声吸收、有源声屏障来有效控制噪声。虽然目前除正在尝试在通风管道系统中采取有源噪声控制技术外，其他实用技术尚未能完全实现，但相信随着研究的进一步深化和经济条件的改善会逐步得到广泛应用。

电子声掩蔽技术。在安静的建筑环境中，如在开敞的办公室，谈话声会分散人的注意力，降低工作效率。电子声掩蔽技术是在建筑空间内由隐藏于吊顶内的扬声器发出均匀分布的背景噪声，利用声音的掩蔽效应，这样既能对工作区之间传递的语言声起到干扰作用，又不会引起人们的注意。电子声掩蔽技术的关键是产生噪声的频谱、声级、覆盖均匀度和突出感，一个调节良好的电子声掩蔽系统，应该使使用者感觉不到有人工噪声源的存在。

8.2　室内光环境

8.2.1　室内采光、照明的基本概念和要求

8.2.1.1　光的特性与视觉感受

就人的视觉来说，没有光也就没有一切。在室内设计中，光不仅是为满足人们视觉功能的需要，而且是一个重要的美学因素。光可以形成空间、改变空间或者破坏空间，它直接影响到人对物体大小、形状、质地和色彩的感知。近几年的研究证明，光还影响细胞的再生长、激素的产生、脏体的分泌以及如体温、身体的活动和食物的消耗等的生理节奏。同此，室内照明是室内设计的重要组成部分之一，在设计之初就应该加以考虑。作为生态建筑，合理有效地利用自然采光，科学的设计和使用人工照明，在降低能耗的同时营造舒适、宜人、健康的室内空间环境。

（1）光的特性

光像人们已知的电磁能一样是一种能的特株形式，是具有波状运动的电磁辐射的巨大的连续统一体中的很狭小的一部分。这种射线按其波长是可以度量的，它规定的度量单位是纳米（nm），即 10^{-9} m。

图 8-5 表明电磁波在空间穿行有相同的速率，电磁波波长有很大的不同，同时与相应的频率、波长和频率成反比。人们谈到光，经常以波长做参考，辐射波在它们所含的总的能量上，也是各不相同的（作功的能），辐射波的力量（它们的工作等级）与其振幅有关。一个波的振幅是它的高或深，以其平均点来度量，象海里的波升到最高峰，并有最深谷，深的波比浅波具有更大的力量。

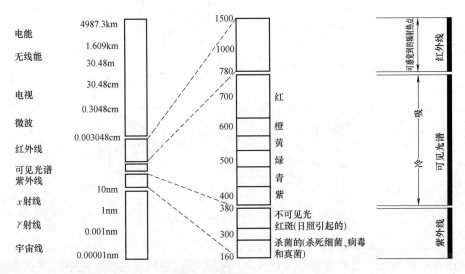

图 8-5　电磁波的特性（nm）
（来源：文献［13］）

（2）照度、光色、亮度

1）照度。人眼对不同波长的电磁波，在相同的辐射量时，有不同的明暗感觉人眼的这个视觉特性称为视觉度，并以光通量作为基准单位来衡量。光通量的单位为流明（lm），光源的发光效率的单位为流明/W 特（lm/W）。不同的日光源和电光源，发光效率如表 8-2 所示。

不同日光源和电光源的发先效率（lm/W）　　　　　　　　　　　　　　　表 8-2

光　　源	发光效率	光　　源	发光效率
太阳光(高度角为 7.5°)	90	结合自然光(天空光与太阳光的平均值)	115
太阳(高度角大于 25°)	117	白炽灯(150W)	16～40
太阳光(建议的平均高度)	100	荧光灯(40W CWX)	50～80
天空光(晴天)	150	高压钠灯	40～140
天空光(平均)	125		

（来源：文献［13］）

2）光源在某一方向单位立体角内所发出的光通量叫作光源在该方向的发光强度，单位为坎德拉（cd），被光照的某一面上其单位面积内所接收的光通量称为照度，其单位勒克斯（lx）。

3）光色。光色主要取决于光源的色温（K），并影响室内的气氛。色温低，感觉温暖；色温高，感觉凉爽。一般色温＜3300K 为暖色，3300K＜色温＜5300K 为中间色，色温＞5300K 为冷色。光源的色温应与照度相适应，即随着照度增加，色温也应相应提高。

否则，在低色温、高照度下，会使人感到酷热；而在高色温，低照度下，会使人感到阴森的气氛，如图8-6。

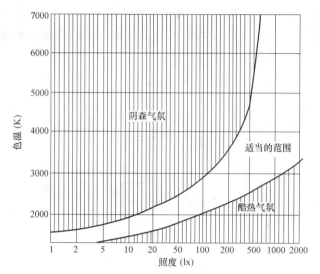

图8-6　照度、色温和室内气氛的关系

（来源：文献［13］）

设计者应联系光、目的物和空间彼此之间的关系，去判断其相互影响。光的强度能影响人对色彩的感觉，如红色的帘幕在强光下更鲜明，而弱光将使蓝色和绿色更突出。设计者应有意识地去利用不同色光的灯具，调整使之创造出所希望的照明结果，如点光源的白炽灯与中间色的高亮度荧光灯相配合。

人工光源的光色，一般以显色指数（Ra）表示，Ra 最大值为100，80 以上显色性优良；79～50 显色性一般；50 以下显色性差。白炽灯 $Ra=97$；卤钨灯 $Ra=95\sim99$；白色荧光灯 $Ra=55\sim85$；日光色灯 $Ra=75\sim94$；高压汞灯 $Ra=20\sim30$；高压钠灯 $Ra=20\sim25$；氙灯 $Ra=90\sim94$。

4）亮度。亮度作为一种主观的评价和感觉，和照度的概念不同，它是表示由被照面的单位面积所反射出来的光通量，也称发光度，因此，与被照面的反射率有关，例如，在同样的照度下，白纸看起来比黑纸要亮。有许多因素影响亮度的评价，诸如照度、表面特性、视觉、背景、注视的持续时间，甚至包括人眼的特性。

光遇到物体后，某些光或被反射，称为反射光；光也能被物体吸收，转化为热能，使物体温度上升，并把热量辐射至室内外，被吸收的光就看不见；还有一些光可以透过物体，称透射光（图8-7）。这三部分光的光通量等于入射光通量。

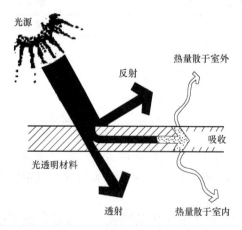

图8-7　入射光与反射光、吸收光和透射光的关系

（来源：文献［13］）

设入射光通量为 F，反射光通量为 F_1，

透射光通量为 F_2。

则反射率 $\rho=F_1/F$；透射率 $\tau=F_2/F$；吸收率 $\alpha=(F-F_1-F_2)/F$；$\rho+\tau+\alpha=1$

当光射到光滑表面的不透明材料上，如镜面和金属镜面，则产生定向反射，其入射角等于反射角，并处于同一平面；如果射到不透明的粗糙表面时，则产生漫射光（表 8-3）。材料的透明度导致透射光离开物质以不同的方式透射，当材料两表面平行，透射光线方向和入射光线方向不变；两表面不平行，则因折射角不同，透过的光线就不平行；非定向光被称为漫射光，是由一个相对粗糙的表面产生非定向的反射，或由内部的反射和折射，以及由内部相对大的粒子引起的。不同材料的光学性质及透明材料的适时系数见表 8-4所示。

不同材料的光学性质　　　　　　　　　　　　　　　　表 8-3

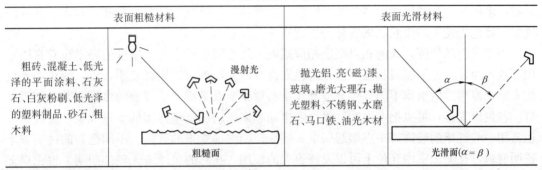

表面粗糙材料	表面光滑材料
粗砖、混凝土、低光泽的平面涂料、石灰石、白灰粉刷、低光泽的塑料制品、砂石、粗木料 漫射光 粗糙面	抛光铝、亮（磁）漆、玻璃、磨光大理石、抛光塑料、不锈钢、水磨石、马口铁、油光木材 α　β 光滑面$(\alpha=\beta)$

（来源：文献［13］）

透明材料的透射系数　　　　　　　　　　　　　　　　表 8-4

透　明　材　料		透射系数（%）
直接透射 光亮玻璃	透明玻璃或塑料	80～94
	透明的颜色玻璃或塑料：	
	蓝色	3～5
	红色	8～17
	绿色	10～17
	淡黄色	30～50
扩散投射 毛玻璃 散射光	毛玻璃，朝向光源	82～88
	毛玻璃，远离光源	63～78
漫透射 玻璃纤维增强塑料 漫射光	细白石膏	20～50
	玻璃砖	40～75
	大理石	5～40
	塑料（丙烯酸、乙烯基、玻璃纤维增强塑料）	30～65

（来源：文献［13］）

8.2.1.2 室内照明的作用

1. 创造气氛

光的亮度和色彩是决定气氛的主要因素。我们知道,光的刺激能影响人的情绪,一般说来,亮的房间比暗的房间更为刺激,但是这种刺激必须和空间所应具有的气氛相适应。极度的光和噪声一样都是对环境的一种破坏。据有关调查资料表明,荧屏和歌舞厅中不断闪烁的光线使体内维生素 A 遭到破坏,导致视力下降。同时,这种射线还能杀伤白细胞,使人体免疫机能下降。适度的愉悦的光能激发和鼓舞人心,而柔弱的光令人轻松而心旷神怡。光的亮度也会对人心理产生影响,有人认为对于加强私密性的谈话区照明可以将亮度减少到功能强度的 1/5,光线弱的灯和位置布置得较低的灯,使周围造成较暗的阴影,顶棚显得较低,使房间似乎更亲切。室内的气氛也由于不同的光色而变化。许多餐厅、咖啡信和娱乐场所,常常用加重暖色如柑红色、由紫色,使整个空间具有温暖、欢乐、活跃的气氛,暖色光使人的皮肤、面容显得更健康、美丽动人。

由于光色的加强,光的相对亮度相应减弱,使空间感觉亲切。家庭的卧室也常常因采用暖色光而显得更加温暖和睦。但是冷色光也有许多用处,特别在夏季,青、绿色的光就使人感觉凉爽。应根据不同气候环境和建筑的性格要求来确定。强烈的多彩照明,如霓虹灯、各色聚光灯,可以把室内的气氛活跃生动起来,增加繁华热闹的节日气氛,现代家庭也常用一些红绿的装饰灯来点缀起居室、餐厅,剧增加欢乐的气氛。不同色彩的透明或半透明材料,在增加室内光色上可以发挥很大的作用,在有的餐厅既无整体照明,也无桌上吊灯,只用柔弱的星星点点的烛光照明来渲染气氛。由于色彩随着光源的变化而不同,许多色调在白天阳光照耀下,显得光彩夺目,但日暮以后,如果没有适当的照明,就可能变得暗淡无光。因此,德国巴斯鲁大学心理学教授马克思·露西雅谈到利用照明时说:与其利用色彩来创造气氛,不如利用不同程度的照明,效果会更理想。

2. 加强空间感和立体感

空间的不同效果,可以通过光的作用充分表现出主来。实验证明,室内空间的开敞性与光的亮度成正比,亮的房间感觉要大一点,暗的房间感觉要小一点,充满房间的无形的漫射光,也使空间有无限的感觉,而直接光能加强物体的阴影,光影相对比,能加强空间的立体感。以点光源照亮粗糙墙面,使墙面质感更为加强,通过不同光的特性和室内亮度的不同分布,使室内空间显得比用单一性质的光更有生气。

可以利用光的作用,来加强希望注意的地方,也可以用来削弱不希望被注意的次要地方,从而进一步使空间得到完善和净化。许多商店为了突出新产品,在那里用亮度较高的重点照明,而相应地削弱次要的部位,在得良好的照明艺术就果。照明也可以便空间变得实和虚,许多台阶照明及家具的底部照明,使物体和地面脱离,形成悬浮的效果,而使空间显得空透、轻盈。

8.2.2 照明的控制

8.2.2.1 眩光的控制

眩光与光源的亮度、人的视觉有关。图 8-8 为成年人坐/立时的正常视角。由强光直射入眼而引起的直射眩光,应采取遮阳的办法;对人工光源,避免的办法是降低光源的亮度、移动光源位置和隐蔽光源。当光源处于眩光区之外,即在视平线 45°之外,眩光就不严重，遮光灯罩可以隐蔽光源，避免眩光（图 8-9）。遮挡角与保护角之和为 90°，遮挡角的标准各国规定不一，一般为 60°～70°，这样保护角为 30°～20°。因反射光引起的反射眩光，决定于光源位置和工作面或注视面的相互位置，避免的办法是，将其相互位置调整到反射光在人的视觉工作区域之外。人的写、读、工作的正常视觉范围（图 8-10）。当决定了人的视点和工作面的位置后就可以找出引起反射眩光的区域，在此区域内不应布置光源（图 8-11）。从图中可以看出利用倾斜工作面，较之平面不宜布置光源的区域要小。此外，

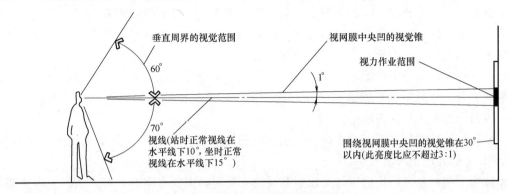

图 8-8　成年人坐/立时的视觉范围

（来源：文献［13］）

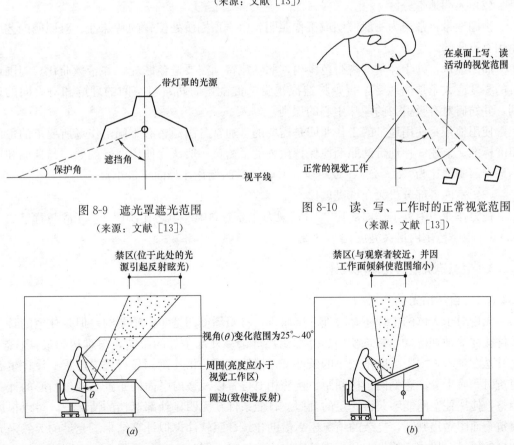

图 8-9　遮光罩遮光范围

（来源：文献［13］）

图 8-10　读、写、工作时的正常视觉范围

（来源：文献［13］）

图 8-11　不应布置光源的区域

（来源：文献［13］）

如注视工作面为粗糙面或吸收面，使光扩散或吸收，或适当提高环境亮度，减少亮度对比，也可起到减弱眩光的作用。

8.2.2.2 亮度比的控制

控制整个室内的合理的亮度比例和照度分配，与灯具布置方式有关。

（1）一般灯具布置方式

整体照明：其特点是常采用匀称的镶嵌于顶棚上的固定照明，这种形式为照明提供了一个良好的水平面和在工作面上照度均匀一致，在光线经过的空间没有障碍，任何地方光线充足，便于任意布置家具，并适合于空调和照明相结合。但是耗电量大，在能源紧张的条件下是不经济的，否则就要将整个照度降低。

局部照明：为了节约能源，在工作需要的地方才设置光源，并且还可以提供开关和灯光减弱装备，使照明水平能适应不同变化的需要。但在俺的房间仅有单独的光源进行工作，容易引起紧张和损害眼睛。

整体与局部混合照明：为了改善上述照明的缺点，将 90%～95% 的光用于工作照明，5%～10% 的光用于环境照明。

成角照明：是采用特别设计的反射罩，使光线射向主要方向的一种办法。这种照明是由于墙表面的照明和对表现装饰材料质感的需要而发展起来的。

（2）照明地带分区

顶棚地带：常用为一般照明或工作照明，由于顶棚所处位置的特殊性，对照明的艺术作用有重要的地位。

周围地带：处于经常的视野范围内，照明应特别需要避免眩光，并希望简化。周围地带的亮度应大于顶棚地带，否则将造成视觉的混乱，而妨碍对空间的理解和对方向的识别，并妨碍对有吸引力的趣味中心的识别。

使用地带：使用地带的工作照明是需要的，通常各国颁布有不同工作场所要求的最低照度标准。上述 3 种地带的照明应保持微妙的平衡，一般认为使用地带的照明与顶棚和周围地带照明之比为（2～3）：1 或更少一些，视觉的变化才趋向于最小。

（3）室内各部分最大允许亮度比

视力作业与附近工作面之比 3：1；视力作业与周围环境之比 10：1；光源与背景之比 20：1；视野范围内最大亮度比 40：1。

8.2.3 生态建筑室内光环境设计

8.2.3.1 自然采光

无论对于人体的生理还是心理健康而言，日照环境都是非常重要的，但是住宅的日照条件往往受地理位置、建筑朝向、外部遮挡等诸多外部条件的影响，很难达到最佳状态，尤其是在冬季，太阳高度角较小的条件下，楼栋之间的相互遮挡显得尤为严重。设计生态建筑时，应十分注意朝向、楼间距、楼栋相对位置以及楼内平面的布置，经过精心的计算调整，使居住空间能够获得充足的日照。日照条件在无明显外部遮挡的情况下，可以根据建筑平面图做出判断，复杂的情况还需借助建筑日照软件模拟计算结果。充足的天然采光和自然通风对居住者的生理和心理健康也十分重要，同时也有利于降低人工照明能耗。用采光系数评价建筑是否获取足够的天然采光是一种较为科学的方法。

住宅的天然采光的意义和要求在人类的生存和发展过程中，阳光如同空气和水一样是不可缺少的重要生存因素。在住宅中充分利用天然光有着重大作用和实际意义，决不仅限于它的经济意义方面，还在于人们习惯于天然光，天然光的生理卫生价值极高，同时天然光对人的心理状态也产生强烈的影响。住宅中如何最大限度地利用和合理开发天然光资源，与室内的采光水平、采光口大小、窗的构造及采光材料种类息息相关。我国地域广阔，尤其是三北地区的天然光资源丰富，利用好这些资源，提高住宅光环境质量，是住宅天然采光需要解决的重要问题。实践证明，住宅中获得良好的天然光环境应满足如下的基本要求：

（1）卧室、起居室（厅）等居住房间以及厨房均应直接采光，以满足居住者生理、心理和卫生方面的需要。

（2）要有良好的采光窗朝向，最好为南朝向，东南或西南朝向次之，东、西朝向再次，最次为东北或西北朝向以及北朝向，目的在于获得足够的天然光。

（3）要满足《建筑采光设计标准》GB 50033—2013 对窗地面积比和采光系数最低值的要求。

（4）所有住宅建筑中的居室房间均应进行采光设计与计算和工程竣工后的检测。

然而，日照和自然采光对于住宅来说又是有利有弊的，夏季强烈的阳光透过玻璃窗户照到室内有可能导致居住者的不适，并且还会增大空调耗能。在窗户内侧设置窗帘是住宅建筑中一种常见的手法，但内窗帘在遮挡直射阳光的同时往往也遮挡了散射的光线，不利于室内自然采光。同时内窗帘对于减小由阳光直接进入室内而产生的空调负荷作用并不明显。对于生态建筑，可以在窗户的外侧设置一种可调节的遮阳装置，可以根据需要调节遮阳装置的位置，防止夏季强烈的阳光透过窗户玻璃直接进入室内，保证居住者的舒适感。同时，可调节外遮阳装置对于夏季的空调节能作用非常明显。在工作日的白天，许多住宅建筑室内是没有人的，如果借助窗户配置的能有效调节日光的外遮阳装置（例如活动卷帘），白天可以将绝大部分太阳辐射阻挡在室外，可以大大减小晚上室内空调器运行的耗能。

无论是从生理还是从心理的角度出发，冬季和夏季居住者对于透过窗户进入室内的阳光的需求都是截然相反的，而固定的外遮阳装置无法很好地适应这种需求。因此，外遮阳装置应重视其可调节性，这一点对于非寒冷地区而言尤为重要。住宅建筑的窗户除了有自然通风和天然采光的功能外，在从视觉上还能起到沟通内外空间的作用，良好的视野有助于保持居住者心情舒畅。现代居住区中的住宅以成排的板式楼为主，一般而言楼间距不会很大，因此应通过精心的设计，尽量避免不同居住空间之间产生的视线干扰。当两幢住宅楼居住空间的水平视线距离不低于 18m 时，即能满足基本的要求。

卫生间是住宅内部的空气污染源之一，开设卫生间外窗有利于污浊空气的排放，但实际建设中，套内空间的平面布置通常很难做到所有的卫生间都能靠外墙设置。因此，绿色住宅建筑中，如果一套住宅有多个卫生间，那么至少应有一个卫生间开设外窗。

8.2.3.2　人工光环境设计

人工照明的意义及对照明的要求，随着我国住宅建设的快速发展，住宅照明也相应飞跃发展。在住宅的照明质量和数量两个方面均有显著的变化和提高，特别是随着人民生活进入小康水平，住宅照明水平提高很快，在从照明的数量要求逐步过渡到重视照明质量的同时，追求人工照明光环境的舒适性、个性化、安全、节能、艺术品位方面日见突出。住宅中人工光环境对于满足人们的生活、学习、娱乐以及工作方面有重要的意义。为了达到合理的、舒适的人工光环境，住宅中的人工照明应做到如下几点：住宅的灯光要有总体构思；住宅中各空间应有相应的照度水平；住宅中应采用节能的光源或灯具；住宅采用合理的照明方式；眩光应得以控制。

8.3　室内热湿环境

8.3.1　热舒适研究基础理论

　　热舒适问题是建筑学科最早研究的课题之一，仍是目前建筑学的重要研究方向，并正在发展成为热工学、建筑物理学和生理学的边缘学科。我们要创造的建筑环境是人的环境，一切物质建设以人的需要为前提，物为人用，因人而存在，因人而变化。因此，环境以人为基础，有人情味，既是出发点，又是归宿。但在过去的 20 年中，长期生活和工作在现代建筑物内的人们表现出越来越严重的病态反应，这一问题引起了专家们的广泛重视，并很快提出了病态建筑和病态建筑综合症的概念。根据世界卫生组织 1983 年的定义，病态建筑综合症是因建筑物使用而产生的病状，大量调查分析表明，现在社会的人们全天有超过 80％的时间活动在室内，在这种情况下，SBS 病态建筑综合症的问题主要是由于室内热微气候和室内空气品质不佳而引起的。热舒适问题是建筑学科最早研究的课题之一，仍是目前建筑学的重要研究方向，并正在发展成为热工学、建筑物理学和生理学的边缘学科。

8.3.1.1　热舒适的含义

　　人的健康及工作效率很大程度上取决于房间内的热舒适状况，同时热舒适问题对房间维护结构、供暖系统、通风和空气调节系统的选择具有决定作用。建筑室内热环境亦称建筑内的微小气候，必须首先满足人体的生理卫生要求，人体在一定热环境条件下有两种热反应表达方式：一是生理反应，如体温、心率、血压的变化以及汗液蒸发等；另一是物理反应，如冷、热或不冷不热等主观感觉。热舒适是一种对环境既不感到热也不感到冷的舒适状态，用来描述室内人员对热环境表示满意的程度，关于热舒适的定义，现在比较通用的是美国供暖制冷空调工程师学会标准 ASHRAEstnadadr55-1992 中的叙述：热舒适是人对热环境感到满意的意识状态。这一定义认为热舒适是人体对周围环境在主观心理上的一个感知过程，这个过程会受到很多因素的影响，大致分属物理、生理等方面，其中在物理参数中，空气温度、气流速度、空气湿度和维护结构平均辐射温度被普遍认为是四个主要影响因素，另外，热舒适与个人有关的两个因素是：人体的温度、散热、体温调节（新陈代谢）以及衣服的保温性能。前四个要素对人体的热平衡产生影响并且各要素间在很大程度上是可以互换的，某一要素的变化造成的影响常常可以为另一要素相应的变化所补偿。近年来，国内外的学者对热舒适问题进行了相关研究，其工作主要是在 ASHRAE 规定的舒适区内，研究的空气温度较低（24～26℃），但在我国西南，以重庆为代表的夏热冬冷地区，夏季多是高温高湿天气，在满足热舒适要求的前提下，如果能使空调系统的设定温度尽量接近室外参数，就可以减少负荷，有效降低空调能耗，另外，室外新风的取用，也会减少空调综合症的发生，有利于人体健康。可见，进行热湿环境下人体热反应的实验研究，不仅具有理论意义，而且具有实用意义。

8.3.1.2 人体热平衡

人体靠摄取食物（糖、蛋白质等碳水化合物）获得能量维持生命。食物在人体新陈代谢过程中被分解氧化，同时释放能量。其中一部分能量直接以热能形式维持体温恒定并散发到体外，其他为机体所利用的能量，最终也都转化为热能散发到体外，人体散热的主要途径有三：与周围空气的对流换热、与周围表面的辐射散热及水分的蒸发散热。人体为维持正常的体温，必须使产热量和散热量保持平衡。

人体的热平衡方程式为：$S = M - W - Q_{sk} - Q_{res} = M - W - (C + R + E_{sk}) - (C_{res} + E_{res})$

式中　S——人体蓄热量，W/m^2；

M——人体新陈代谢率，W/m^2；

W　人体对外做功，在大多数活动水平下为 0，W/m^2（多数情况下，人体处于静止状态或做功很小时，认为 $W = 0W/m^2$）；

C——人体表面与环境的对流换热，W/m^2；

R——人体表面与环境的辐射换热，W/m^2；

E_{sk}——皮肤表面的蒸发热损失，W/m^2；

C_{res}——通过呼吸的对流热损失，W/m^2；

E_{res}——通过呼吸的蒸发热损失，W/m^2；

Q_s——通过皮肤的热损失，W/m^2；

Q_{res}——通过呼吸的热损失，W/m^2。

人体主要的散热途径是皮肤和呼吸，排泄物也带走很小一部分热量，通常都忽略不计。为了使产热量和散热量平衡，以保持正常的体温，人的机体应具有相应的温度调节机制。人体与周围环境的热交换及其调节如图 8-12 所示。

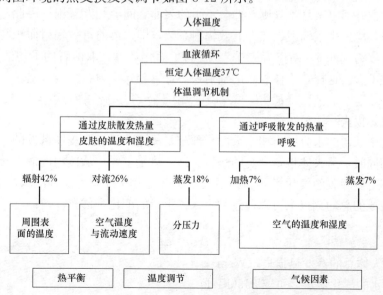

图 8-12　人体与周围环境的换热

（来源：文献 [13]）

207

温度调节机构的强度愈大，不舒服的程度也就愈高。在一定的体力活动条件下，人的热感觉与热负荷的大小有关。将这个热负荷规定为人体产热量与周围环境中的散热量之差，在舒适条件下，这个差值等于零。

（1）人体表面与环境的对流换热

人体表面与环境的对流换热量为：$C=h_e A_{Du} f_{clo}(t_{air}-t_{skin})$

式中 C——对流传热量，W；

h_e——对流换热系数，$W/(m^2 \cdot K)$；

A_{Du}——皮肤表面积，m^2；

f_{clo}——由于服装的原因，对对流换热系数 h_e 的修正。就一般情况而言，$f_{clo}=1/(1+0.155 \times 2.9 I_{clo})$，其中，$I_{clo}$ 为服装热阻值；

t_{ait}——空气温度，℃；

t_{skin}——皮肤温度，℃。

（2）人体表面与环境的辐射换热

人体表面具有一定的温度，人所处的环境的壁面也具有一定的温度，只要两者温度不相等，人体与环境就会发生辐射热交换。

人体与环境壁面的辐射换热遵循斯蒂芬—波尔茨曼定律，可按下式计算：

$$R=f_{eff} f_{cl} \varepsilon \sigma (T_{cl}^4 - T_{mrt}^4)$$

式中 ε——体表平均发射率；

σ——黑体辐射常数，$5.67 \times 10^{-8} W/(m^2 \cdot K)$；

f_{eff}——有效辐射面积系数，即着装人体的有效辐射面积与总外表面积之比，％；

f_{cl}——服装面积系数，即着装人体的表面积与裸体人体表面积之比，％；

T_{cl}——着装人体外表面平均温度，K；

T_{mrt}——环境的平均辐射温度，K。

由于人体的外形复杂且不规则，凹凸不平的表面之间会相互辐射，因此，并非人体的所有面积都与环境发生了辐射换热。有效辐射系数，即人体的有效辐射面积与总外表面积之比。对于坐姿为 0.696，站姿为住 0.725，为了简化计算，取两者的平均值 0.71，与性别和体形相差不大。这样，人体外表的辐射换热计算公式变为：

$$R=3.96 \times 10^{-8} f_{cl}(T_{cl}^4 - T_{mrt}^4)$$

（3）蒸发热损失

人从饮食中获得的水分中有相当大的一部分是经过呼吸道和皮肤散发的。水分从这两条途径散失的同时，从人体带走一定的热量。这一热量主要是从体内的液态转变成散发到环境中的气态时所吸收的气化潜热。如果人在没有进食与排泄，没有汗珠掉落的情况下，水分蒸发所造成的总的热损失可以通过测定人体重量的变化来估算，即：

$$E=\frac{60\gamma}{A_D} \cdot \frac{\Delta\omega}{\Delta t}$$

式中 E——人体总的蒸发热损失，W/m^2；

γ——水的气化潜热，可取 2450kJ/kg；

$\Delta\omega$——人体体重变化，kg；

Δt——测定时间，min；

A_D——人体表面积，m^2。

我们将总的蒸发热损失分成两部分：一部分是呼吸造成的蒸发热损失，记做 E_{res}；另一部分是皮肤蒸发水分造成的蒸发热损失，记做 E_{sk}。

（4）人体热舒适方程

人在某一热环境想要感到热舒适，必须满足 3 个最基本的条件：

1）最基本、最主要的条件是人与环境达到热平衡，人体对环境的散热量等于人体内产生的热量，即人体蓄热 $S=0$；

2）皮肤平均温度应具有与舒适相适应的水平；

3）人体实际的出汗蒸发热损失应在一个较小的范围内，并且和皮肤平均温度都是新陈代谢率的函数。

因此，满足这 3 个条件的热平衡方程式可以简化为：

$$f(M, I_{cl}, t_a, t_{mrt}, P_a, v) = 0$$

在对人体与外界环境的热交换做了分析后可以看出，人体热舒适感应该是建立在人体蓄热率、人体蓄热量以及人体热适应能力等内在因素之上的。人对周围环境的满意程度、温度等环境参数作为外在因素，通过内在因素的作用影响人体的热舒适性。

8.3.2 室内环境热舒适性指标

8.3.2.1 热环境舒适性的影响因素

影响热舒适的因素有很多，而人体与环境之间在不停地进行能量交换，所以环境气象条件、人的生理调节、心理影响、卫生等因素都会影响人的热感觉。因而，热舒适是一个综合作用的结果。

（1）环境气象条件

空气温度，是影响热舒适的主要因素，它直接影响人体通过对流及辐射的显热交换。人体对温度的感觉相当灵敏，通过机体的冷热感受器可以敏锐的对冷热环境做出判断。人判断冷热感觉的重现能力，并不比机体生理反应的重现能力差。某些情况下，这种主观温热感觉往往较某些客观的生理量具有意义。故人们根据个人温热感，结合生理显汗反应将冷热环境反应分为 7 级：热、较热、暖、适中、凉、较凉、冷。

平均辐射温度，取决于周围表面温度。平均辐射温度是一个相当复杂的概念，虽然这是一个描述环境特性的参数，却又与人在室内所处的位置、着装及姿态有关。若建筑围护结构内表面的温度过低或过高，将对人体产生冷、热辐射，使人感觉不适，因此可以通过改善围护结构热工性能来提高热舒适水平。

气流速度，热环境中，空气流动能为人体提供新鲜的空气，并在一定程度上加快人体的对流散热和蒸发散热，提供冷却效果，使人体达到热舒适，同时，空气的流动速度过大也可能导致有吹风感的危险。研究吹风对舒适性的影响，一方面是为了防止在较低的温度下产生冷吹风感；另一方面，试验表明，风速在一定程度上可以补偿环境温度的升高，环境最高温度可以达到 36℃。

空气湿度，湿度直接和间接影响人体的热舒适，它在能量平衡、热感觉、皮肤湿润度、人体健康及室内空气品质的可接受方面是一重要的影响因素。环境湿度对人体热舒适的影响，主要表现在影响人体皮肤到环境的蒸发热损失方面。湿度过低，人体皮肤因缺少水分而变得粗糙甚至开裂，人体的免疫系统也会受到伤害导致对疾病的抵抗力大大降低甚至丧失。湿度过高，不仅影响人体的舒适感，还为室内环境中的细菌、霉菌及其他微生物创造了良好的生长繁殖条件，加剧室内微生物的污染，这些微生物容易导致上呼吸道或消化道疾病。

热环境的 4 个物理因素综合作用于人体，决定了人是否感到舒适，它们对体温调节和舒适感起等效作用。如低气温引起的冷感可用热辐射产生的升温作用抵消；高气温产生的闷热感则可通过降低气温、气湿和增大气流速度来减弱；热辐射温度过低也可通过提高气温而达到热舒适。

（2）人的条件

人体的温度、散热及体温调节。皮肤温度是反映外部环境条件和身体外在条件（身体活动及服装）对人体影响的重要生理指标。机体主要通过皮肤表面与外环境进行热交换。常温下，处于安静状态的或从事轻工作的人，产生的热量约 70% 经皮肤辐射和对流散发。故通过平均皮肤温度测定，在很大程度上可以估算机体热交换的情况。

从中性环境突变到冷或热环境下，皮肤温度变化有一个过渡过程，同时热感觉出现滞后。而当从冷或热环境进入中性环境时，出现热感觉超前现象。也就是此时皮肤温度和热感觉存在分离现象，皮肤温度和心理热反应的一一对应关系不存在。人体在环境突变的生理调节周期时，皮肤温度不能独立地作为热感觉评价尺度。

服装参数。人体用来维持舒适温度的生理手段是有限的，一个裸体者借其生理体温调节所能维持的舒适范围是很小的。用新有效温度 ET^* 作为环境条件的综合热指标，发现单纯靠生理性体温调节起作用的 ET^*，范围只有 $25\sim40℃$ 之间。大多数情况下，人体体内的热是通过皮肤经服装散到环境中的，反之亦然。所以评价热环境对人体热舒适的影响时，考虑服装在热交换方面的作用是必要的。

心理因素。人与环境是互动的，环境给人的心理造成的影响虽然不持续，但却具有潜移默化的作用。由于个体的心理因素、对环境的期望值及心理适应能力存在差异，个体对环境的感受也可能是不同的，也就是说，由于个体的心理差异，不同的人对同一热环境的主观感受会不一样，从而对热环境的综合评价也不尽相同。有研究表明，当人们对环境的冷热程度有心理准备时，对该环境的期望就会降低，从而更容易得到满足。现场研究中，心理期望值的不同被认为是实测热感觉值和预测热感觉值产生差异的主要原因。

8.3.2.2 室内环境热舒适性指标

建筑物核心目标之一是为人们提供一个舒适、健康的室内生活与工作热环境。对热环境的评价可根据三类不同的标准：（1）生存标准：由于人的体温影响体内化学反应速度，尤其是酶系统最佳工作状态的维持，只允许体温在很窄的范围内波动。因此，机体内热调节系统的首要任务是使人在休息时能保持体温恒定在 $(37\pm0.5)℃$ 左右，超过或低于标准体温 $2℃$ 时，在短期内还可以忍受，但如持续时间太长时，就会损害健康，甚至危及生命；（2）舒适性标准：人可生存、适应的热环境往往并不一定使人感到舒适，在人类赖以生存的环境范围内，只有一较小的范围可定义为热舒适区域；（3）工作效率标准：热环境会影响人的敏感、警觉、疲乏、专注和厌烦程度，通过上述作用对体力劳动和脑力劳动的效率产生影响。

8.3.2.3 室内环境热舒适度评价

热环境研究的一个主要目的是希望把这些众多的因素综合起来，用简单而又合理的方法来评价复杂的生活和生产环境。目前常用的室内热湿环境评价方法比较多，主要有以下几大类。

（1）按照评价指数中影响因子的多少分类，可分为单因子和多因子指数。

单因子指数，即选择气温、湿度、风速和辐射热等室内热环境基本参数中的一个主要因素，作为评价因子组成单一指数。如我国现行的卫生标准及分级标准对于高温车间只采用了温度这一参数，规定了温度及室内外的温差。

多因子指数把多个室内热环境基本参数作为评价因子，在测定两个或两个以上热环境因素后，再用数学分析或实验检验的方法，调查人体的主观感觉或测定人体的生理反应，最后归纳成综合指数。这种指数既克服了单个指数的不足，又避免了用多个单一指数同时表示不便比较的缺陷，简便易行。但往往不便于直接测量，而且只是在实验范围内有效。其中的 WBGT 法已被美国等国采用，也被定为国际标准 ISO 7730，得到了广泛的应用；预测 4h 出汗率法也被定为国际标准 ISO 7933。

（2）按照评价指数确定时的环境条件分类可分为稳态和非稳态评价指数。

稳态评价指数这种指数的计算方法，是基于人体产生的热量能否与环境的热交换取得平衡，用数学方法得出。主要有预测平均投票率（PMV）和预测不满意百分率（PPD）。

PMV 和 PPD 指数是以热舒适方程为基础提出的。方程考虑了活动水平、服装保温程度、气温、湿度、辐射热和风速等 6 个因素，计算结果可得到从热到冷 7 个等级（+3～−3）。该法已被定为国际标准 ISO 7730，得到了普遍的应用。我国也已等同采用此标准，定为《中等热环境：PMV 和 PPI 指数的测定及热舒适条件的规定》GB/T 18049—2000。

除了 PMV-PPD 指标外，从不同角度采用多种因素综合的热湿环境指标还有如空气分布特性指标、有效温度、合成温度、主观温度等，此外在 ASHRAE 新版标准中，提出了采用作用温度评判室内环境的热舒适性的方法。

非稳态评价指数实际上人们常处于不稳定情况下的多变环境，如由室外进入空调房间或走出空调房间到室外。又例如，非稳定风速的室外自然风或机械风吹到人的身体上。此时人的热感觉与稳态环境下的感觉是不同的。

在实际的供暖空调工程设计中，经常会遇到人员短暂停留的过渡区间，该过渡区间可能连接着两个不同空气温度、湿度等热环境参数的空间。人员经过或在该区间作短暂停留而且活动状态有所改变的时候，对该空间的热环境参数的感觉与在同一空间作长期停留时的热感觉是不同的。因此，需要对人体在这类过渡空间的热舒适感进行试验，以指导对这类空间的空调设计参数的确定。

（3）过热、过冷热湿环境及其评价方法。人在正常的生理活动情况下，对外界环境有相当大的适应能力。这种正常范围内的适应能力不但对身体无害，相反能够使机体得到锻炼，提高机体的灵活性和适应性。结合我国实际情况提出，人体对冷耐受而不至于导致异常反应的下限温度可定义为 11℃ 左右；而对热耐受的上限温度可定义为 26～29℃。在此上下限温度范围内，人的感觉虽不一定最舒适，但不会产生过热或过冷的感觉，不会影响生产操作，可以保持一定的劳动生产和学习的工作效率。过冷环境中，空气湿度对人的影响不大，而气温及风速是影响人体热损失的主要因素。科学家们综合了这两个因素，提出了风冷却指标（wind chill index，WCI），用此表示皮肤温度在33℃以下的表皮冷却速度。影响室内热湿环境的因素非常多，为此，人们一直在寻求简便且能综合多种因素的评价指标，以简化热湿环境的评价。

8.3.2.4 生态建筑自然通风对室内热环境的影响

众多不同使用功能和性质的生态建筑，使得建筑的体量和规模随之膨胀，随着多功能大体量的复合型建筑的涌现，人们不禁要思考在这样的建筑中居住是否健康、舒适？由于部分建筑师忽视自然通风，采用密闭设计和集中的空调、通风系统，造成大量的建筑用房自然通风不畅，室内空气质量恶化，严重影响了室内热环境，从而引发建筑物关联症、病态建筑综合征及多发性化学物质过敏症等疾病的例子也是屡见不鲜。联合国世界卫生组织于1990年提出了健康建筑的新概念，而健康建筑首先要求的就是室内要通入新鲜空气。另外，自然通风作为一种被动式的节能策略，可以在不消耗能源的情况下降低室内温度，降低建筑能耗，同时更大限度地为人们提供健康舒适的室内环境，符合绿色建筑的发展趋势。国内外已有众多建筑在设计时都充分地考虑了自然通风策略的应用。

目前国际上常用的室内热环境评价标准为国际标准ISO 7730和美国的ASHRAE55 2004，主要以欧美国家的大学生为研究对象，近年来各国学者在热舒适现场研究领域中发现，在自然通风环境下人们的舒适区域超过了上述标准中提供的舒适区域，而且舒适区域也大于完全靠机械通风和空调的建筑。能否结合当地气候特点，找到一个自然通风下人体的热舒适区域，使其既能满足人体热舒适性要求又有利于降低建筑能耗，对改善该地区人居热环境、节约能源、保护环境、推动可持续发展具有十分重要的意义。自然通风是一种被动式的节能技术，长期以来人们往往关注其建筑节能效果较多，而对其在节能的同时，是否也能提高人们对室内热湿环境的满意度缺乏实测与评价。

良好的自然通风技术能有效地改善住宅室内热湿环境，减少主动式技术手段的投入运行，在减少建筑耗能的同时也能很好地提高室内热舒适度。过渡季节及初夏是住宅自然通风改善室内热舒适潜力最大的时期；同时在阴雨天气时，自然通风的这种改善作用将得到增强。最初的建筑设计会直接影响后期该建筑内利用自然通风改善室内热湿环境的效果，因此建筑师应在设计的初始阶段就重视自然通风对室内热舒适的改善作用。可以肯定地说，在其他风力资源较丰富甚至是丰富地区，自然通风对于提高室内人体热舒适度的作用将进一步得到增强。采用国际流行的PMV-PPD热舒适评价体系，因目前国内尚没有自己的室内热舒适评价标准，而PMV-PPD体系都是以欧洲人作为实验本体。因此，在绝对数值量上面离实际国人的热舒适满意度可能会有一点出入，这需要广大的建筑环境研究人员尽快出台适用于中国人自己体质特点的热舒适评价标准，为广大的工程技术人员提供更可靠的设计分析依据。

8.4 室内空气质量

8.4.1 室内空气质量的定义及意义

8.4.1.1 室内空气品质问题产生的原因

建筑装修的日益普及，而一些装修材料有害气体散发量过高；从化学观点看，室内空间可看作一个不断有化学物质进出的反应容器，其中某些化学物质可能相互发生反应，产生一些原先室内环境中并不存在的污染物，这就是室内的二次污染物，这些二次污染物可能比先前的污染物刺激性更强烈、危害更大；过分追求节能，建筑物过于密闭，空调系统缺乏合理维护或新风供应不够或气流组织不合理，以上原因产生了空气质量问题。发达国家对建材及室内装修材料的有害气体散发量制定了一些标准，一定程度上从源头抑制了有害气体的散发量，随着经济的发展和社会的进步，人们生活的转型使得停留在室内的时间越来越长，室内空气品质状况对人体身体健康影响更加明显。因此，室内空气质量的好坏将直接地影响人们健康和工作效率。解决室内空气污浊的最直接、有效的方法是通风换气，但随着空调的普遍使用和密闭性建筑的增加，从节能角度往往无法大量使用室外新风或长时间开窗通风；况且室外空气污染日渐严重，在某些情况下，甚至会给室内带来新的污染。

8.4.1.2 室内空气品质的定义

室内空气品质（IAQ）定义在近 20 年中经历了许多变化，最初人们把室内空气品质几乎完全等价为一系列污染物浓度的指标。近年来，人们认识到这种纯客观的定义不能完全涵盖室内空气品质的内容，于是对室内空气品质的定义进行了不断地修改。在 1989 年室内空气品质讨论会上，丹麦教授 P. O. Fang 提出：品质反映了人们要求的程度，如果人们对空气满意，就是高品质；反之，就是低品质。这种定义是将室内空气品质完全看成了人们的主观感受。

最近几年，美国供热制冷空调工程师学会颁布的标准 ASHRAE62-1989 中《满足可接受室内空气品质的通风》定义良好空气品质应该是：空气中没有已知的污染物达到公认的权威机构所确定的有害浓度指标，并且处于这种空气中的绝大多数人（＞80％）对此没有表示不满意。在 AsHRAE62-19898，又提出了可接受的室内空气品质和在修订版 ASHRAE62-1989R 中提出可接受的感知室内空气品质等概念。

目前广泛接受的室内空气品质的定义来自美国 ASHRAE62 标准，其定义分为两个层面：可接受和感官可接受。

可接受的室内空气品质：指在居住空间内的空气，而绝大部分住户均对此空气质量没有表示不满意；同时室内空气内含有的已知污染物浓度足以严重威胁人体健康的可能性不大。

感官可接受的室内空气品质：指在居住空间内的空气，而绝大部分住户凭着气味及感官的不适程度来判断，并未对此空气质量表示不满。要符合本标准所界定的可接受室内空气质量，必须最少达到感官可接受室内空气质量。从定义上，我们可以看出，在对室内空气污染的研究没有重大的突破之前，要制定室内空气品质标准，从住户的健康角度出发，应力求达到可接受的室内空气品质。

8.4.2 常见污染物及其危害

民用建筑工程室内空气污染控制对象和指标高低直接影响到工程土木和材料选择，要求过高会造成不必要的浪费；会阻碍建筑装修行为的正常发展和水平提高，根据上面的分析，综合大量文献，当前对室内空气中臭氧、甲醛、氨、苯、voc 或 TvoC（多种可挥发性有机物的总和）这些建筑材料和装修材料产生的主要污染物进行控制是适宜的，也是可行的。了解这些污染物的特性将有助于我们更好的控制室内空气污染。

8.4.2.1 一氧化碳 (CO)

一氧化碳是一种无色气体，有极微弱的大蒜味，有剧毒，微溶于水，不易液化和固化，其燃烧时呈蓝色火焰，一氧化碳比较稳定，能在空气中长期蓄积，不易引起人们注意，故其危害性很大，一氧化碳能与血红蛋白结合形成羟基血红蛋白，其与血红蛋白的结合能力远远大于 O 的结合能力，是 O 的 200 倍，当 CO 与 O 同时存在时，血红蛋白优先与 CO 结合，制约了 O 在血液中的运输。CO 对人的生理机能影响极大，严重时可致人死亡。室内一氧化碳的来源主要有以下几个方面：煤、石油、液化气等燃料的不完全燃烧以及吸烟；室外大气中一氧化碳的渗入。值得注意的是吸烟产生的香烟烟雾中 CO 的含量最高，一支香烟可产生 20～30ml CO，因此，地下商场应该禁止吸烟。

8.4.2.2 二氧化碳 (CO_2)

二氧化碳是无色无味的气体，高浓度时略带酸味，不助燃，相对于空气的密度为 1.53，溶于水部分生成碳酸。燃烧过程、人的呼吸、吸烟等都会产生二氧化碳。CO_2 本身无毒，但在空气中浓度含量增多也会导致人的不适，产生中毒症状，甚至死亡。

8.4.2.3 甲醛 (HCHO)

甲醛是最简单的醛类，具有易挥发的特点，熔点 9.2℃，沸点 19.5℃。甲醛为无色气体，具有刺激性气味，密度比空气略大，常温下易溶于水，常用的是 40％水溶液或多聚甲醛。在所有接触者中，儿童和孕妇对甲醛尤为敏感，危害也就更大。甲醛为较高毒性的物质，在我国有毒化学品优先控制名单上甲醛高居第二位。甲醛对人体健康的影响主要表现在引发嗅觉异常、刺激黏膜、皮肤过敏、造成肺功能异常、降低免疫功能：

(1) 对眼及呼吸道黏膜有刺激症状：长期接触低浓度甲醛引起的主要症状是流泪、打喷嚏、咳嗽甚至出现眼结膜炎、鼻炎以及支气管炎等。空气中甲醛浓度若超过国家规定的卫生标准，会对人体健康造成不同程度的危害。

(2) 对免疫系统的影响：甲醛可引起过敏性哮喘，大量接触时还可引起过敏性紫癜。在新装修环境中工作的人群，血清中 IgG、IgA 含量与正常人群相比，lgG 抗体和 T 淋巴细胞比例有所减少。

(3) 对肝脏的损害：甲醛进入血液循环后可能最先影响是肝脏。甲醛主要经肝脏代谢，由肾脏排出。如果体内甲醛超过肝脏的解毒能力就可能损害肝脏。国外曾有多起居住在含甲醛建筑材料的建筑中发生急性中毒性肝炎的报告。尽管对肝脏毒性研究较少，但确已证实甲醛对人的肝脏有潜在的毒性。

(4) 皮肤的影响：甲醛对皮肤的影响主要为引起接触性皮炎和黏膜刺激症状。甲醛蒸气可以在空气中直接接触皮肤，引起皮炎、皮肤发红、剧痛、裂化以及水疱反应。甲醛反复刺激可以引起指甲软化、黑褐色变。职业接触条件下，甲醛更是引起工作人员皮肤损害的重要原因。在波兰的一项研究表明，在确诊的职业性皮肤病中，职业性、过敏性、接触性皮肤炎占 95％，而在 OACD 中，有 18.1％是甲醛引起的，并且这一比例还在增大。

(5) 内分泌系统的影响：长期接触低剂量的甲醛 (0.017～0.0678mg/m³) 可引起妇女月经紊乱。

(6) 致突变与致癌作用：国际癌症研究机构 (IARC) 认为甲醛属致癌物质。实验表明甲醛可共价结合于 DNA 上，表现为单股 DNA 破坏。甲醛还能对小鼠产生显性致死性突变。大鼠吸入高浓度甲醛可诱发鼻鳞状细胞癌。

（7）神经系统的影响：甲醛属于神经毒物。试验表明，它可以引起神经系统的变性坏死，DNA、RNA合成减少。工作人员通过对长期从事解剖工作人员的研究发现，其记忆力、灵敏度、平衡功能、协调功能等均出现不同程度的降低。长期接触甲醛者，可以发生不同程度的头痛、记忆力减退和睡眠障碍等症状。

甲醛的室内来源有多种，主要来自建筑材料、装饰物品及生活用品等化工产品。甲醛在工业上的用途主要是作为生产胶粘剂的重要原料。各种人造地板中由于使用胶粘剂，因而含有甲醛，新式家具的制作，墙面、地面的装饰铺设过程中都用了胶粘剂。因此，凡是大量使用胶粘剂的环节，总有甲醛释放。此外，甲醛还可来自建筑材料，亦可来自化妆品、清洁剂、杀虫剂等多种化工轻工产品。当甲醛从这些物品中释放出来，就会污染室内空气。甲醛的浓度受温湿度、风速以及新风量大小的影响。研究表明，在装修后投入使用的室内建筑，新风量是影响室内空气中甲醛浓度的关键因素。

8.4.2.4 总挥发性有机物（TVOC）

总挥发性有机化合物（TVOC）是室温下饱和蒸气压力超过133.32Pa的一类有机物，其沸点在500～250℃，在常温下可以蒸气的形式存在于空气中，是室内空气3种有机污染物（多环芳烃、总挥发性有机物和醛类化合物）中影响较为严重的一种。它的主要成分有：烷类、芳烃类、烯类、菌烃类、酯类、酮类和其他。在室内发现VOC的污染已有20多年的历史，根据相关资料介绍，室内空气中有307种VOC。由于有机物的挥发性与沸点密切相关，因此室内有机物按其沸点可分为三类：第一类，易挥发性有机物VVOC（沸点小于。至50/100℃），如乙醇；第二类，挥发性有机物VOC（沸点50/100℃～240/260℃）；第三类，半挥发性有机物SVOC（沸点240/260℃～380/400℃），如卫生球散发的萘。据一些国家现场调查，其中50多种挥发性有机物在室内普遍存在。TVOC的来源一部分在室外，主要来自工业废气，光化学污染和交通运输所产生的汽车尾气等；而在室内主要来源于装修过程使用的产品包括装饰材料、胶粘剂、涂料和空气清新剂等。室内TVOC的来源比室外要复杂，特别是目前房屋装修的普遍化和大量新型建筑装饰材料及电器的使用，使相对密闭的室内环境遭受有机化合物污染的程度比室外严重得多。研究表明，TVOC能引起机体免疫水平失调，影响中枢神经系统功能，出现头晕、头痛、嗜睡、无力、胸闷等症状，还会影响消化系统，严重时损伤肝脏和造血系统，出现变态反应等。室内空气中单个VOC含量常常都远远低于其限制浓度，但由于多种VOC的混合存在及其相应的化学作用，会使其危害程度增大，对人体健康的危害非常严重。

8.4.2.5 粉尘（IP）

粉尘物质广泛存在于城市和乡村环境中。粉尘直径是粉尘的重要特性之一，室内空气中的粉尘直径大约在$0.01100\mu m$（微米）。其中粒径小于$0.1\mu m$（微米）的粉尘可与空气分子发生碰撞形成随机运动，而大于$10\mu m$（微米）的粒径有较大的沉降速度，在空气中的停留时间相对较短。粒径小于$10\mu m$（微米）的粉尘颗粒物称为可吸入颗粒物（PM1），粒径小于$2.5\mu m$（微米）的称为细颗粒物（PM2.5），介于$2.5\mu m$（微米）和$10\mu m$（微米）之间的粉尘颗粒物称为粗颗粒物。对IAQ和人体呼吸健康的危害最大而言，通常我们关心的是可吸入颗粒物（PM1）。另外，粉尘的直径可能会由于碰撞或者互相吸附而改变。比如低湿度环境下大粉尘颗粒物可能通过碰撞成为小颗粒物，而小颗粒物可能会在高湿度环境下互相吸附成为大颗粒物，例如，湿式洗涤器用的就是这个原理。粉尘的来源主要有两个：室外引入和室内产生。室外粉尘主要通过门窗等围护结构缝隙的渗透、机械通风的新风以及人员带入室内，从而影响室内粉尘的分布。室外粉尘物质是室外空气污染的一部分，而室外空气污染中粉尘的来源主要有两大类：自然散发和人的生产、生活活动。室外粉尘会随着季节变化，地理位置的不同，国家能源结构情况的不同而不同。通常而言，发展中国家的室外粉尘物质含量高，因为这些国家的能源组成通常以燃煤和一些低品质燃料为主，可能造成大气中有较高的粉尘含量。中国广州、武汉、重庆、兰州 4 个城市与纽约、洛杉矶、伦敦、东京、米兰、柏林等世界上的 19 个主要城市的污染物年平均浓度值对比表明，这 4 个城市的大气污染，尤其是粉尘污染非常严重[34]。因此研究室内粉尘污染也有助于我国的室外污染研究。除了室外粉尘的影响之外，室内人员的活动或设备运行等是室内粉尘物质的另一主要来源。室内粉尘的来源主要是燃烧过程、表面磨损、设备运行、人员行动以及气溶胶等。此外，建筑材料表面的挥发也可能是室内粉尘的主要来源，而供热通风空调系统（HVAC）也可能因其适宜的温度和湿度，孳生微生物颗粒。有一项对地下商场的空气品质的研究表明：地下商场灰尘细菌含量较高的原因，一是人员由室外进入商场时，将大气中的尘埃与细菌带入，购物时边走边停，易引起尘土飞扬，二是新风过滤器效率低下。室内粉尘对人体的危害效果取决于粉尘的物理化学特性、粉尘的数目、粉尘的直径和粉尘沉积的部位。

8.4.2.6 氨（NH_3）

氨，是一种无色而具有强烈刺激性臭味的气体，可感觉最低浓度为 $5.3ug/m^3$。氨是一种碱性物质，对接触的组织有腐蚀和刺激作用。可以吸收组织中的水分，使组织蛋白变性，使组织脂肪皂化，破坏细胞膜结构，减弱人体对疾病的抵抗力。浓度过高时除腐蚀作用外，还可通过三叉神经末梢的反射作用而引起心脏停搏和呼吸停止。

一般建筑室内氨气污染来源有三种类型：

（1）室内排水管道

室内排水管存水弯处蓄水足而能封闭下水系统中气体的上升排逸，有时排水系统底部污水收集处的各类气体（包括氨气）甚至化粪池的沼气可能经该下水通道逸散到室内，污染建筑中的空气。应该在室内下水口安装有足够深度的存水弯管，使弯管蓄水将排水系统的气体与室内隔绝，形成封闭体系。

（2）室内装修材料

家具涂饰用的添加剂和增白剂大部分都用氨水，但该类氨污染仅限表面，释放期较快，在流通的空气中约 1～3 个月左右消失，不会在室内空气中长期积存，对人体危害小。另外，人造板材在压制成型过程中，使用了大量胶粘剂，这些胶粘剂主要是甲醛和尿素加工聚而成，它们在室温下除释放出甲醛外，还可以放出氨气。

（3）混凝土外加剂

常用混凝土外加剂中防冻剂、高碱混凝土膨胀剂和早强剂都含氨类物质，它们在建筑结构或墙体混凝土中随着温度、湿度等环境因素变化而还原成氨气从混凝土中慢慢释放出来，导致室内氨浓度不断增高。这一类混凝土外加剂主要有：

1）尿素类防冻剂

防冻剂由减水组分、防冻组分、引气组分及早强组分所组成，其中有一类以尿素为主要成分的防冻组分，并且尿素在防冻型泵送剂中也是常用组分。尿素 $[CO(NH_2)_2]$ 可使

混凝土在高于 $-15℃$ 时不受冻且强度随龄期增长，单掺尿素的混凝土在正温条件下强度增长稍高于基准混凝土 5%，在负温条件下高出 $4\sim6$ 倍，因此，建筑业近年来在寒冷气候条件下施工大量用尿素作混凝土防冻剂。尿素在水中溶解度高，在强碱环境中遇热即可分解为氨气和碳酸钠或氯化铵，在混凝土干燥后向空气中逐渐逸出放散刺激臭味，掺尿素的混凝土在封闭环境中会发出刺鼻臭味，影响人体健康，故不能用于整体现浇的剪力墙结构或楼盖结构，但尿素仍可用于与人类居住环境不直接接触的混凝土结构。掺有尿素的混凝土在自然干燥过程中，内部所含溶液将通过毛细管析出至建筑混凝土表面，并结晶成白色粉末状物，即俗称析盐，会影响建筑物的美观。

2）有机胺类早强剂

有机胺类早强剂效果较好，目前应用较广的有三乙醇胺。二乙醇胺。本身吸潮性强并稍有氨味。上述有机胺在水泥水化过程中分子中的 N 元素具有未共用电子对，很容易以配位键方式同水泥表面水化产物中的 Al^+，Fe^{3+} 等生成易溶于水的络离子，加速水泥的水化反应速度使混凝土早强。在此过程中有机胺在强碱条件下遇热可分解出氨气，并在混凝土干燥后逐渐向空气中释放。但有机胺类早强剂在混凝土中掺量甚微（千分数以内），因而一般不会导致严重的建筑氨气污染。

8.4.2.7 氡

氡是一种无色、无味、无臭的惰性气体。人类周围环境，如大气、土壤、岩石、地下水中都有氡及其子体存在。氡主要来源于室内地基土壤中和建筑装修材料中。土壤和建筑材料中氡通过三条途径进入室内：

（1）以气态分子无规则热运动和浓度差为动力，氡气先进入建筑材料孔隙中的空气里，然后再从建筑材料表面进入室内；

（2）由于风压、室内外温差和压差的作用，室外空气通过渗透并将围护结构中的氡气带入室内；

（3）土壤和岩石中的氡气溶解于地下水中，空调房间若使用深井水喷淋，氡便进入室内。氡的衰变产物氡子体是金属离子或金属原子，能附着在大气尘上，形成放射性大气飘尘。氡子体对人体的危害性要大得多。一方面，它对人体皮肤有危害。约有 50% 的人的身体、脸部的表皮厚度小于 $50\mu m$（微米），使表皮组织的基底细胞层暴露在氡子体的 α 射线射程内，会诱发皮肤癌；另一方面，如果人将这种放射性飘尘吸入肺部，一部分飘尘微粒沉积在气管壁或肺泡上，由于氡子体半衰期极短（从几秒到二十几分钟不等），在它们未被气管的黏膜和纤毛清除出去之前，就完成了衰变。在衰变中释放的射线能量，对人体组织产生破坏作用，能够诱发肺癌。

8.4.2.8 细菌和真菌

细菌大小在 $0.5\sim1\mu m$（微米）左右，靠单细胞分裂繁殖，成倍增长；在室内潮湿的地方，环境的相对湿度在 $90\%\sim100\%$ 时容易生长繁殖。真菌大小约在 $3\sim100\mu m$（微米）左右，为单细胞或多细胞菌丝伸长繁殖。当真菌孢子附着在有营养源、有空气的地方，且温度在 $20\sim35℃$ 左右，相对湿度为 $75\%\sim100\%$ 时，就会生长繁殖，菌丝伸长，生长成熟并释放出饱子，污染室内空气。真菌在大量繁殖的过程中，还会散发出特殊的臭气。室内细菌和真菌的来源主要有以下两个方面：

（1）室内建筑材料导致室内微生物污染。在室内潮湿、结露的地方或受水侵害的地方，如厨房、浴室和卫生间内，环境的相对湿度高达 90%～100%，室内的建筑材料和设备，就比较容易孳生细菌和真菌等微生物，特别是真菌。

（2）家用设备导致空气微生物污染。室内的家用设备如空调器和加湿器中也容易滋生细菌和真菌等微生物，成为室内空气微生物潜在的污染源。家用空调器在制冷时，内部结露，相对湿度接近 100%，适宜细菌和好湿性真菌滋生繁殖；空调器的过滤器、进口和排风口的相对湿度约在 70%～90%，适合中湿性真菌和好干性真菌生长。室内微生物污染，可引起人们出现眼刺激感、哮喘、过敏性皮炎、过敏性肺炎和传染性疾病，重者甚至死亡。细菌和真菌等微生物在室内滋生繁殖而污染空气，已成为目前重要的室内空气品质问题。

8.4.3 室内空气质量评价方法和控制

8.4.3.1 国内外现状

建筑规划设计阶段所颁布的与室内空气质量相关的标准规范，主要目的是确保规划设计的合理性，并满足建筑设计方面的要求，为实现合格的室内空气质量提供先期基础保障。我国现有的此类标准规范基本情况如下：

（1）《城市居住区规划设计规范》GB 50180、《镇规划标准》GB 50188、《村镇规划卫生规范》GB 18055 对建筑规划布局时室外污染源的规避和自然通风组织做出了简单的原则性规定。

（2）《民用建筑工程室内环境污染控制规范》GB 50325 对场地防氡设计做出了规定，对不同土壤氡浓度水平的场地应采取的防护措施进行了说明。

（3）于 2012 年 8 月 1 日实施的新版《住宅设计规范》GB 50096 对住宅室内空气质量保障，厨房、卫生间通风设施、烟气排放等做出了一系列规定。

（4）《民用建筑热工设计规范》GB 50176 对建筑自然通风和围护结构的防潮设计做出了简单的规定。

（5）《民用建筑供暖通风与空气调节设计规范》GB 50736 和《公共建筑节能设计标准》GB 50189 对通风与空气调节系统的具体设计做出了非常详细的规定。其中于 2012 年 10 月 1 日实施的《民用建筑供暖通风与空气调节设计规范》GB 50736 总结了国内多年来的实践经验，吸收了发达国家相关设计标准的最新成果，涵盖自然通风设计、机械通风设计、复合通风设计、空气净化设计等多方面内容。这些现有的与室内空气质量相关的设计标准规范，为室内空气质量保障的设计打下了良好的基础，提供了许多可以借鉴的内容。但是纵观这些标准规范，不难看出，通风设计占据了举足轻重的地位，对于室外污染源规避、围护结构防潮、土壤氡防护等方面的条文大多为原则性叙述，在具体实施过程中缺乏可操作性。GB 50736 仅是简单的通过限定最小新风量或换气次数控制室内污染水平，综合污染源控制、新风量和新风质量的室内空气质量预评估思想没有得到体现。此外，设计阶段采用的室内空气质量控制参数（新风量）与竣工验收规范 GB 50325 采用的参数（污染物浓度限值）也不一致，对施工、监理过程中室内空气质量控制目标的有效落实造成了一定的困扰。

西方发达国家基于室内空气质量的建筑设计标准、规范较为完善，取得广泛认可的有美国供暖、制冷与空调工程师学会颁布的通风设计标准（ASHRAE 62.1、

ASHRAE62.2)；英国建筑设备注册工程师学会颁布的建筑环境指南（CIBSE Guide A），暖通空调与制冷指南（CIBSE Guide B）；国际标准化组织颁布的建筑环境设计-室内空气质量-人居环境室内空气质量的表述方法（ISO16814）等。

2010 年最新版本的 ASHRAE62.1 适用于除独栋住宅和不超过三层（包括三层）的多层住宅外的所有民用建筑。独栋住宅和不超过三层（包括三层）的多层住宅外的所有民用建筑通风和室内空气质量设计应参考 ASHRAE 62.2。ASHRAE 62.1 的主要内容包括室外空气质量评估、通风系统与设备要求、室内空气质量设计规程、施工与设备启用、运营管理与维护，共 5 方面的规定。新风量的设计值直接采用规定设计法，根据房屋面积和卧室数量进行计算。此外，该标准还对厨房、厕所等空间的局部排风设计做出了详细说明。

英国建筑设备注册工程师学会出版的 CIBSE 指南涉及暖通、给水排水、消防、建筑环境、楼宇自控等多个方面，其中与室内空气质量相关的主要为建筑环境指南（CIBSE Guide A）和暖通空调与制冷指南（CIBSE Guide B）。与 ASHRAE 62.1 类似，在 Guide A 中也对新风量的规定设计法（针对人类活动所产生的人体污染物）和性能设计法（针对已知浓度限值和散发速率的污染物）进行了规定和说明，此外 Guide A 还从人类健康角度出发对室内空气质量的控制策略进行了详细讲解。Guide B 对暖通空调系统的设计方法，设备选择，办公、住宅、学校、医院等 25 种不同功能的建筑空间的设计要求进行了详细说明。

国际标准化组织 TC 205 建筑环境设计技术委员会编制的 ISO16814 对如何进行基于室内空气质量的建筑环境设计给出了相应的设计原则和流程。该标准提供了 3 种室内空气质量的表述方法，包括：基于健康状况的表述，基于可感受到的空气质量的表述，基于通风量的表述。这 3 种表述方法基本对应了该标准提出的 IAQ 的 3 个主要设计依据：健康（包括可确认疾病和不确定的综合症症状）、舒适（可感受到的 IAQ 或可接受程度）、效率（学习、工作、体力活动等）。该标准强调将室内空气质量目标融入整个设计过程中，考虑到本地化操作的因素，没有对具体的设计方法进行规定，而是引用了现有的各个国家的标准和指南作为参考，依据用户提出的要求、制约条件和期望，确定可接受的 IAQ。这为我国室内空气质量设计保障方法的建立提供了可供参考的路线图。

8.4.3.2 室内空气质量的控制

（1）绿色装修的措施

1）安全第一的原则

对于家装设计的好坏，目前国际上普遍流行用三大标准，即所谓的三大概念：分别用安全性、健康性、舒适性来衡量。我国一般都套用建筑设计的标准，即家装设计必须遵守的原则是安全性、健康性、舒适性、经济性四项。家装中安全是最基本、最重要的。因为人类生活、生产及享受都必须以延续正常生命为前提。

2）明确有关概念

首先是有限环保概念。对于室内装修来说，环保只能是有限环保而没有绝对环保，主要是现阶段市场上的材料很难达到绝对环保要求。其次是环保材料和环保型材料的概念。环保材料是指通过国家权威机构认证达到环保标准的材料，环保型材料则是指对同一品牌的同类产品来说，其环保性能指标有所提高的低污染产品。第三是非环保产品对人体危害的概念。如有些装饰材料对人体的危害主要是放射性等都是客观存在的，只要不超标一般不会对人体形成危害。而空气污染主要是挥发性有机物中的甲醛对人体危害最大，由于甲醛树脂广泛用于建材、人造板、绝缘材料、家具及服装鞋子等方面，使得空气中甲醛浓度明显升高，且不易挥发掉，存在于各类油漆中的有害气体，因其挥发快，所以对人体危害相对较少。第四是绿色环保检测概念。目前在国内市场上很活跃的所谓进口材料，则是打着已取得欧洲环保、国际认证的幌子面对国内的绿色认证不屑一顾。而国内的绿色认证的规格很高，其标准都基本达到国际水平，有的甚至比国际标准更严格。

3）加强监督和管理

各执法部门应各尽其责，密切合作，加强对室内装饰材料生产企业、市场流通领域的监督抽查力度，严厉打击假冒伪劣产品，提高室内装饰装修材料产品质量，规范生产和流通市场秩序，加强对装饰装修从业人员的管理和培训，提高室内环保意识，提倡绿色设计和施工，选用通过认定的环保型装修材料，切实保护人民群众的身心健康；加强对室内空气质量检测市场的监督和管理，保证检测市场健康有序地发展。

4）加强对绿色建材和污染治理技术的研究与应用

建议国家发展改革委、质量监督局、住房城乡建设部、环保总局等有关部门共同磋商，为鼓励和促进绿色建材产业发展提出对策和措施。同时，要大力加强各种末端污染治理技术及其产品的研究和推广。

5）提倡健康、科学、适度的家庭装修

应倡导简朴、实用、自然美的装修气氛、建房单位应为用户提供每套住宅多样化装修方案、菜单，由用户选择，建房单位按选定方案实施。这样不仅可以节约财力，还可以消除二次装修引起的污染。

6）正确引导消费者认识和鉴别环保材料

环保部门要大张旗鼓地宣传室内空气质量标准，充分利用广播、电视、报刊、网络等各种媒体宣传和举办培训班等多种形式，使消费者、装饰装修材料生产企业、销售部门、室内装饰装修人员等社会各方面都了解、掌握，并能够自觉地贯彻执行这些标准，要大力宣传室内环境污染的危害，提高人民群众的环保意识，提倡和促进绿色消费。一方面提高消费者选用中国环境质量体系认证的绿色产品的意识，另一方面提高装饰装修企业从业人员的室内环保意识，提倡绿色设计和绿色施工，选用绿色室内装饰材料等，使消费者身心健康切实得到保障。

（2）通风控制

新风量是影响室内空气中甲醛浓度的关键因素。由于大多数通风空调系统都要考虑能量消耗问题，即采用室内空气经过滤处理，再循环实现重复使用，进入房间的送风量将是室外新风量与循环回风的混合风，导致通风空调系统本身也是污染源。自然通风、中央空调和家用空调通风三种通风方式，自然通风效果最好，中央空调次之。利用自然能源或者不依靠传统空调设备系统而仍然能维持适宜的室内环境的方式。要充分利用自然风就必须考虑建筑朝向、间距和布局。例如，南向是冬季太阳辐射量最多而夏季日照减少的方向，并且我国大部分地区夏季主导风向为东南向，所以从夏季自然通风来改善房间热环境和减少冬季的房间供暖空调负荷来讲，南向是建筑物最好的选择。另外，建筑高度对自然通风也有很大的影响，一般高层建筑对其自身的室内自然通风有利。

　　大型公共场所已经越发的依赖空调，为了保证室内空气品质，要通过空调通风系统送风对室内余热余湿处理的同时，担负起排除室内各种污染物的任务，就要正确计算通风量（包括新风量、循环风量和风量平衡值），恰当地实施系统布置；减少通风空调系统的污染，合理地组织空调系统气流输送分布，真正保证通风空调系统的有效性。从某种意义上讲，实现稀释作用的空气流是量，而送风中的新风是质。描述通风系统的通风效率和空气流分布均匀程度，对于保证室内空气品质，有效地分布、送入室外新风，改善空气分配供应，避免不合理通风造成的滞留区、短回路等现象尤为重要。对新建和已建成的建筑物，改善通风空调系统以保障室内空气品质应注意以下几个方面：

　　1）利用稀释原理使室内空气品质提高，不能单纯关注稀释空气量，还要注意通过改善气流组织来发挥气流最大稀释效益，提高各种效率，实现有效的通风，减少滞留面积，使室内空气分布和流动更加合理。

　　2）新风系统保持良好室内空气品质的关键，新风量不是越多越好。发挥新风效益，尽可能保持新风的品质，同时应根据建筑物室内空气品质的要求，恰当地选择新风量；即：当室内各污染物质没有相互影响时，就应该选择各污染物稀释到标准时的新风量的最大值作为室内必要的换气量；但是当室内某些污染物质发生相互影响时，就应该将以上各污染物质的新风量求和计算，来作为室内空气必要的换气量，这有待于进一步分析研究。

　　3）通风空调设备的设计和运行，应考虑节能和空气品质这一对矛盾的平衡点。室内空气品质的改善应力争使消除室内余热余湿的同时，还应保持良好的室内空气品质，并且具有较高的系统效率和换气效率。

　　4）注重设备的维护和清洗，通过对东北大学综合科技大楼的研究，我们看到，从各方面，室内空气的品质还是良好的。新建的楼宇给人的感官作用是不能忽视的，而对于空调设备里的内部组件的定期和及时清洗，应引起管理人员的重视，以此避免空调内部积累大量菌尘微粒的繁殖，因此，污染源扩散，严重影响室内空气品质。

　　（3）消除室内空气污染物的几项新技术。

　　1）吸附

　　室内污染空气的吸附，主要是以树脂、分子筛、硅胶、活性铝、沸石、活性炭等吸附材料为吸附载体，通过吸附，去除甲醛等空气有机污染物的空气净化方式，在吸附有机物的同时，对空气中的悬浮物颗粒、细菌、微生物也有一定的过滤作用，使用一段时间后应对吸附剂进行调换或活化。目前的研究主要集中在活性炭的吸附应用和吸附性能的改进上。随着室内污染的日益加剧，客观上大力推动了对活性炭吸附原理的研究。室内空气净化中，活性炭吸附技术是广泛使用、较为有效的方法之一，但由于活性炭在使用一段时间后会失去活性，且再生后活性降低，具有一定的局限性。

　　2）负离子空气净化

　　负离子俗称空气中的维生素，一方面易与室内空气中的小颗粒物相吸附，成为带电的大离子沉降，另一方面使细菌蛋白质表层电性两极发生颠倒，促使细菌死亡，对人体的健康十分有益。负离子技术的典型产品是负离子空气清新机。主要工作原理是：室内空气经过过滤或超滤吸附进入高压电场，在其中被极化产生臭氧和负离子，臭氧氧化性极强，可分解空气中的甲醛等有机污染物生成二氧化碳和水，杀来细菌和微生物，负离子能中和带正电的烟尘颗粒，调节人体神经和血液循环，净化空气，有效改善空气质量。

3）化学方法和生物净化

使用以氧化、聚合、分解、光催化及绿色植物等制造出来的空气净化剂、甲醛捕捉剂等来净化空气。其优点是生效迅速，反应完全。缺点是只有在和有害气体物质接触时才能发生反应，而接触不到的气体是不能消除的。

8.5 全球十大生态地产

2010 年美国一家旅游杂志采用了问卷的方式，从世界各地搜索出十大令人惊叹的绿色生态建筑。绿色生态建筑从本质上说就是节能型建筑，或称高效益的建筑。用美国建筑师富勒的话说就是"少费多用"；德国建筑师英恩霍文更具体地明确为："用较少的投入取得较大的成果，用较少的资源消耗，获得较大的使用价值。"

8.5.1 生态之塔

英国建筑师福斯特设计的法兰克福商业银行总部大厦被冠以"生态之塔"、"带有空中花园能量搅拌器"的美称。49 层高的塔楼采用弧线围成的三角形平面，其间围合出的三角形中庭，如同一个大烟囱，可以让办公空间进行自然通风，达到节能的效果。据测算，该楼的自然通风量可达 60%。三角形平面又能最大限度地接纳阳光，创造良好的视野，同时又可减少对相邻建筑的遮挡，如图 8-13。

图 8-13　法兰克福商业银行总部大厦

图 8-14　蜂兰生态房

8.5.2 蜂兰生态房

英国科茨沃尔德自然保护内出现了一幢外观奇特的生态房，其设计灵感来源于蜂兰。这座房屋占地 550 英亩，沿湖而建，是一座生态环保的住房。建造房屋所用的材料来自废弃的沙砾。同时，它广泛地应用地下热能、雨水、太阳能以及风力解决整座房屋的日常需求。它的设计者沙拉·费瑟斯通还曾参与伦敦奥运村的设计，如图 8-14。

8.5.3 蒲公英之家

对建筑物进行立体绿化是一种重要的节能方法，即将植物攀缘在建筑外墙上或种植在屋顶平台和空中庭园中，使其成为外围护结构的有机组成部分。据测算，建筑外墙绿化后，可使冬季热损失减少30％，夏季建筑的外表面温度比邻近街道的环境温度低5℃。日本建筑师藤森照信设计的东京蒲公英之家，就是立体绿化的典型实例，如图8-15。

图 8-15 蒲公英之家

图 8-16 和平王旅馆

8.5.4 和平王旅馆

和平王旅馆位于加拿大英属哥伦比亚省，在这家旅店宽大的房间能看到水面和热带雨林，经过一天的徒步旅行或钓鱼之后，旅客还可以进行温泉浴。它建造在海港停泊的游艇上，并充分利用水能和太阳能，尽量少向大气排放二氧化碳，可以为遏制全球气候变暖作贡献，如图8-16。

8.5.5 绿洲酒店

图 8-17 绿洲酒店

这个酒店位于埃及的锡瓦绿洲上的白山脚下，拥有世界上罕有的朴素原始的自然风光和舒适的温泉。因为有自然的屏障，使它冬暖夏凉。这个酒店没有从外面运送建筑材料，充分采用了当地产的沙石，酒店的一部分甚至就在山洞中。这个酒店从不供电，由此也可以大量减少二氧化碳的排放，所以游客可以在晚上尽情享受灯笼和烛光带来的乐趣，见图8-17。

8.5.6 太阳能度假村

夏威夷马纳拉尼度假村是全球最环保

图 8-18 马纳拉尼度假村正在铺设太阳能电池板

的度假地之一。度假村拥有占地 12000m² 的光电太阳能系统，是世界上利用太阳能发电最多的一家豪华度假酒店。度假村在发展绿色能源方面做出的成绩，获得环境保护组织和政府能源部门颁发的诸多奖项，见图 8-18。

8.5.7 生态宾馆

帕来索-西西姆生态宾馆位于墨西哥尤卡坦半岛的海边，可提供 15 个宽敞舒适的俯视青绿色墨西哥湾的小屋，坐在屋子里不时可以看到当地十分有名的成群结队的火烈鸟。这个宾馆是根据最严格的环保要求设计的，它采用的建筑材料是泥土、木材和草，既节能又环保。这里有采用环保的生物过滤方法的再循环水，还有利用太阳能加热的游泳池，如图 8-19。

图 8-19 西西姆生态宾馆

8.5.8 丛林旅馆

萨哈丛林旅馆位于厄瓜多尔的一处密林中，游客可以坐在旅馆的房间里看到树林里美丽的小鸟，聆听到小鸟婉转的叫声。据当地人讲，这片树林里至少有 60 种鸟儿。这片丛林旅馆全部采用当地的一些可持续使用的材料建成，设计十分合理，不会对树林的生态带来破坏。丛林旅游业的可观收入使得当地政府放弃了工业，这样就使得森林可以免遭工业发展的破坏，如图 8-20。

图 8-20　萨哈丛林旅馆

图 8-21　回收雨水的坎达那玛酒店

8.5.9　回收雨水的吊脚楼

斯里兰卡丹布拉的坎达那玛酒店附近有两处世界自然遗产。坐在酒店客房的阳台上，可以欣赏到壮美的山区风光。这处酒店被设计成吊脚楼，通过了国际"节能与环保设计优先计划"的认证，因为这是一种环保的设计，它可以让雨水顺利流入酒店下的雨水回收池中，不会让宝贵的雨水被浪费掉。这些回收的雨水可以为游客和工作人员提供游泳、洗浴、饮食等日常生活用水，如图 8-21。

8.5.10　制造肥料的客栈

酒店里的人流量相对较大，每天会产生大量的生活垃圾，这其中有不少有机垃圾，如果任其自然腐败，会发出难闻的臭味，污染环境。哥斯达黎加的布兰卡乡村客栈利用生活有机垃圾制造肥料，提供给客栈周围的有机咖啡农场使用，而且这个客栈还尽量回收利用其他废弃物，如图 8-22，

图 8-22　布兰卡乡村客栈

思考题

1. 生态地产如何设计室内声环境？
2. 生态地产如何设计室内光环境？
3. 生态地产如何设计室内热环境？如何保证室内空气质量？
4. 比较分析全球生态地产发展状况。

9 设备及能源与物业管理

9.1 生态地产的设施设计选型

9.1.1 给水排水设施设备

建筑内部的给水系统由引入管、计量仪表、给水管道、用水设备和配水装置、给水附件及增压和贮水设备组成。按照不同的用途可以分为生活给水、生产给水和消防给水三类,在进行给水设施的选择时一定要针对不同的用途,因为以上三类给水由于用途的不同,水压、水质、水量的供给可能都是不同的,而绿色建筑设备的选型针对不同的用途给出了相应的评价标准,因此我们在选型的过程中要遵守以下原则和要求:

(1)供水系统要完善,水质要达到国家或行业规定的标准,而且水压要稳定可靠。

(2)用水要分户、分用途设置计量仪表,并采取有效措施避免管网漏损。

(3)选用的设施设备要具有节水性,住宅建筑设备节水率不低于8%,公共建筑设备的节水率要大于25%。

(4)生产性给水设施和消防性给水设施要满足非传统水源的供给要求。

(5)绿化用水、景观用水等非饮用水用非传统水源,绿化灌溉选用可以微灌、渗灌、低压管灌等高效节水的灌溉方式,设备的节水率与传统方法相比要低10%。

(6)管材、管道附件及设备等供水设施的选取和运行不应对供水造成二次污染,选用的设备要能有效地防止和检测管道渗漏。

(7)公共建筑的一些用水设备要选用技术先进的循环水处理设备,采用节水和卫生换水方式。

(8)绿色建筑给水设施设备的选择要符合《建筑给水排水设计规范》GB 50015—2003中的相关技术规范,生活给水系统的设施设备选择要求符合《生活饮用水卫生标准》GB 5749—2006的要求。

9.1.2 强弱电设施设备

生态地产的强电系统由供电系统、输电系统、配电系统和用电系统四大部分组成。其中供电系统包括城市供电和自身供电两个方面;输电系统主要指导线;配电系统包括变电室、配电箱和配电柜;用电系统主要是指室内的灯具、空调、风扇等用电设备。

强电设施设备是建筑的主要用电设备,无论从安全还是从节能上讲,强电设施的选择都应该慎重。为了保证绿色建筑强电设施能安全、有效地运行,必须遵照以下原则和要求:

(1)设备的选型必须遵守《绿色建筑评价标准》GB/T 50378—2014相关节能规定和

建筑电工设计的相关技术规范要求；

（2）供电系统要完善，电力要达到国家或行业规定的标准，而且电压要稳定可靠；

（3）用电要分户、分用途设置计量仪表，并采取有效措施避免电力线缆破损；

（4）用电设备要高效和节能，在保证相同的室内环境参数条件下，与未采取节能措施前相比，全年供暖、通风、空气调节和照明的总能耗应减少50％。公共建筑的照明节能设计应符合国家现行标准《建筑照明设计标准》GB 50034—2013 的有关规定；

（5）用电设备的选择要根据建筑所需的相应负荷进行计算；

（6）绿色建筑应该有自己独立的供电系统，一般有太阳能、风能和生物能 发电，且这种能源要占总用电量的 5％以上。

9.1.3　暖通空调设施设备

冬季室外温度较低，室内外温差大，室内热量散失较多，温度下降。为了使人们有一个温暖、舒适的工作和生活环境，就必须向室内供给一定的热量，保持一定的舒适的温度，这套提供热量的设备称为供暖设备。供暖系统由热源、热循环系统、散热设备三部分组成。一般来说，供暖设备包括锅炉、换热器、散热器、水泵、膨胀水箱、集气罐、伸缩器、疏水器、减压阀和安全阀十个部分，从而构成一套完整的供热系统。

供暖设备是建筑三大设备之一，也是建筑的主要能源消耗设备之一，因此，绿色建筑供暖设备的选择首先必须满足以下原则和要求：

（1）各种供热设备的选择必须遵循低能耗、高效率的原则；

（2）选用效率高的用能设备，集中供暖系统热水循环水泵的耗电输热比符合《公共建筑节能设计标准》GB 50189 的规定；

（3）设置集中供暖和（或）集中空调系统的住宅，采用能量回收系统或装置；

（4）供暖或空调能耗不高于国家和地方建筑节能标准规定值的80％；

（5）建筑供暖与空调热源选择，符合《公共建筑节能设计标准》GB 50189 的规定；

（6）建筑如需蒸汽或生活热水，应选用余热或废热利用等方式提供；

（7）采用太阳能、地热、风能等可再生能源利用技术。

9.1.4　人防消防设施设备

人民防空系统是为了在战争发生时能够提供短时间的庇护场所，应该有一套完整的生命线工程，主要的设施设备和地面建筑一样，包括给水排水设施设备、消防设施设备、通风排风设备、电力照明设备等。

人防工程和地面建筑工程不同的是，人防工程使用的时期很特殊，一般在城市发生空袭、战乱的时候使用，因此人防工程不但需要一整套的生命线系统工程，而且这些生命线工程所采用的设施设备都有特殊的要求：所有设施设备的选择必须满足相应的人防设计规范的有关规定；绿色化的人防设施设备不但要保证使用安全，还应该提高使用效率和节能，从节能角度应该符合《公共建筑节能设计标准》；人防设备的使用时期特殊，所有的人防设备都应该具有一定的防火、防潮、防冲击波的能力；人防设备按要求设计备用系统，以防突发事件的发生。

9.1.5 燃气电梯通信设施设备

生态地产所讲的燃气系统是指室内燃气系统，一个完整的燃气系统包括供气系统、输气设备和用气设备三大部分。其中通常所说的供气系统有城市管道供气、瓶装供气，绿色建筑鼓励并要求采用非传统气源；输气设备是指输气管道和仪表等；用气设备通常包括燃气灶具、燃气热水器、燃气发电机等。

燃气系统是绿色建筑重要的能源系统，特别是对于民用建筑来说燃气是满足生活需求的主要能源之一，因此，燃气设施设备的选型要遵守以下原则：选择清洁高效的气源，以免造成污染和浪费；使用非传统气源，如沼气等；燃气用具要节能高效，安全可靠；运输管道、燃气表要根据用气负荷来选择，要保证使用安全、不漏气。

电梯是建筑内部垂直交通运输工具的总称。目前电梯按用途分类有乘客电梯、货运电梯、医用电梯、杂物电梯、观光电梯、车辆电梯、船舶电梯、建筑施工电梯和其他类型的电梯；按速度来分有可以分为低速电梯、中速电梯、高速电梯和超高速电梯。

电梯已经作为建筑内部的一种重要的交通设施，生态地产在选择电梯时应该遵循以下原则：一是电梯要高效节能，《绿色建筑评价标准》中明确了绿色建筑要求节能，要求选择效率高的用能设备；二是电梯要安全舒适，有良好的照明和通风；三是电梯要有良好的应急系统。

通信网络系统是保证建筑物内的语音、数据、图像能够顺利传输的基础，它同时与外部通信网络，如公共电话网、数据通信网、计算机网络、卫星通信网络及广播电视网相连，是向建筑物提供各种信息的网络。其中包括程控电话系统、广播电视卫星系统、视频会议系统、卫星通信系统等等。生态地产通信设施设备应该满足下列原则：一是建筑内的通行设施设备必须节能高效，尽管在工程设施规划中把它纳入弱电系统中，我们还是必须首先满足节能要求；二是生态地产内的通信工具制作的材料必须是无害的，有很多用重金属制作的通信设备，严重危害人的健康；三是生态地产内部的通信应该是低辐射的环保设备，因为好多电子通行设备有很强的电磁辐射，对人的身体损伤很大；四是保证网络安全，切实有效的防止病毒入侵和网络窃听；五是生态地产内的各种通信系统应该可以实时升级，通信设备应该选择智能化的系统。

9.1.6 其他设施设备

9.1.6.1 能源循环系统设备

可以参与能源循环的能源包括太阳能、风能、地热、生物能等，这些能量通过供应、转换、输送和消耗从而达到能源循环的目的，因此，可以一个简单的能源循环系统是由能源供应系统、能源转换系统、能源输送系统和能源消耗系统组成的。常见的能源循环系统包括：太阳能循环系统、风能循环系统、生物能循环系统、地热能循环系统、水循环系统、综合能源循环系统等。尽管采用非传统能源就是在节约能源，但是在未来的发展过程中，高效的利用非传统的资源也是生态地产追求的目标。

在能源循环设备的选择上要遵循以下原则：（1）能源收集系统和转化系统也要高效，这不但可以节约材料，同时也可以最大限度地满足建筑能耗要求；（2）能源的转换系统要高效，收集同样的自然能源，也要通过高效的转换设备尽可能多地转换为建筑运行需要的能源；（3）传输设备要减少能量的流失和消耗；（4）用能设备应该高效节能；（5）能源循环设备要和建筑结合，不能破坏建筑风貌影响建筑美观和使用。

9.1.6.2 建筑智能系统设备

智能系统可能成为未来生态地产的重要系统之一，主要包括通信网络系统、办公自动化系统和建筑设备自动化系统，还包括消防和安保自动化系统。

建筑智能化的基本功能就是为人们提供一个安全、舒适、高效和便利的建筑空间，建筑智能化可以满足人们在信息化发展新形势下对建筑提出的更高的要求。尽管现在建筑智能化系统并不全面，但是已经有一些智能设备开始使用了，例如声光控制的灯具、门楼指纹识别系统、办公自动化系统等等，这些智能设备的选择需要遵循节能高效、安全可靠（信息安全和设备的正常运行）、方便使用、简单明了、便于维护的原则。

9.2 生态地产的能源管理

9.2.1 合同能源管理的概念

合同能源管理（简称 EMC），实质上是一种以减少能源费用来支付节能项目全部成本的节能投资方式，从节能投资中所获得的节能收益用于支付实施节能项目的费用。该节能投资方式允许用户使用未来的节能收益为工厂、设备升级，以降低目前的运行成本。能源管理合同在实施节能项目投资的企业"用户"与专门的营利性节能服务公司之间签订，有助于推动节能项目的开展。以合同能源管理机制进行运作的公司即节能服务公司实施节能服务项目。节能服务公司的性质是：

（1）以盈利为目的专业化节能服务企业，按合同能源管理机制为客户实施节能项目。

（2）节能服务公司与客户签订能源管理合同，保证实现承诺的节能量；从分享项目的部分节能效益收回投资并获取利润。

（3）节能服务公司向客户提供从能源审计、改造方案设计和可行性研究、施工设计、项目融资、设备及材料的采购、项目施工、节能量检测，直至改造设备的运行、维修及人员培训等项目的全过程服务。

（4）在合同期内，改造设备为节能服务公司所有，节能服务公司分享的效益足额到账。合同结束后，节能设备和全部节能效益移交给客户。

（5）在合同期内，客户的支付和收益全部来自项目的效益，所以，客户的现金流始终是正值。

节能服务公司与客户通过签订能源管理合同进行合作，根据合同类型可以分为节能效益分享型、能源费用托管型、节能量保证型三种，这三种类型各具特点：①节能效益分享型：节能服务公司提供节能项目资金，合同期内节能服务公司与客户按照合同约定分享节能效益，合同结束后设备和节能效益全部归客户所有。②能源费用托管型：节能服务公司为客户管理和改造能源系统，节能服务公司的经济效益来自能源费用的节约，客户的收益来自能源费用的减少。③节能量保证型：客户提供全部或部分项目资金，节能服务公司实施节能项目没有达到承诺的节能量，节能服务公司赔付全部未达到节能量的经济损失。合同能源管理在绿色建筑中的作用体现在以下几个方面：

①节能服务公司在节能项目前期提供的资金支持，有效的减轻了绿色建筑开发商在项目前期的融资困难，并且为节能设备的后期运行和维护提供了更专业的支持，一定程度上减轻了项目后期的运行成本；②合同能源管理弥补了绿色建筑开发商在节能方案设计、设备选取、设备运行及维护方面的欠缺，为绿色建筑的开发提供了技术保证；③在不同的节能服务合同下，绿色建筑开发商的风险的得到不同程度的分担，节能服务公司在节能服务方面的专业性和经验更加有利于风险控制，一定程度上为项目的成功提供了保证。总之，合同能源管理能有针对性的解决绿色建筑中的融资障碍，从而极大的提升开发商推广绿色建筑的积极性，是绿色建筑节能市场化和商业化的有效途径。建筑节能是绿色建筑的必然要求，在绿色建筑中应用合同能源管理突破了绿色建筑开发商直接进行融资并进行节能项目建设的旧有模式，而在绿色建筑开发商面临开发绿色建筑的成本增加、融资困难、节能技术缺乏时，合同能源管理利用其在解决绿色建筑融资障碍、分担风险及通过后期的能源节约取得收益等方面的优点，将绿色建筑开发中的节能建设作为一个单独的项目通过签订节能服务合同的形式与节能服务公司合作，既解决了绿色建筑开发商前期的融资困难，又充分保证了建筑节能的成功，所以，合同能源管理是一种有着广阔应用前途的节能新机制。

9.2.2　我国合同能源管理发展现状

9.2.2.1　政策现状

绿色建筑的发展有很多政策方面的利好因素，在政府"可持续发展"战略的指引下，政府积极推进绿色建筑的发展。《国民经济和社会发展第十一个五年规划纲要》对"十一五"期间绿色建筑的发展目标、主要任务进行了明确，包括"推动以节能、节地、节水、节材和环保为核心的绿色建筑技术发展，进一步完善评价标准，开展工程示范，以绿色建筑的发展带动节能建筑的发展，并逐步提高绿色建筑的比重"。国家为此颁布了一系列的规范和标准，包括《民用建筑热工设计规范》GB 50176—93、《居住建筑节能检测标准》JGJ/T 132—2009、《夏热冬冷地区居住建筑节能设计标准》JGJ 75—2003、《绿色建筑技术导则》、《中国生态住宅技术评估手册》、《住宅性能评定技术标准》和《绿色建筑评价标准》GB/T 50378—2013 等。虽然，目前的政策法规还存在很多待完善的方面，包括在较为笼统的发展框架下具体法律法规的实施细则、评价标准的可操作性、从政策条款到实施的具体操作等等，但良好的政策环境在一定程度上为绿色建筑的发展提供了良好的发展环境。

在合同能源管理发展方面，《节能中长期专项计划》和《国务院关于加强节能工作的决定》明确提出"加快推行合同能源管理，推进企业节能技术改造"。尤其是在国家经贸委发布《关于进一步推广'合同能源管理'机制的通告》后，经过各方的共同努力，我国的节能服务产业不断的发展、壮大。但相关的具体的政策法规还有待进一步完善，比如融资担保、税收优惠等方面的政策，同时，有关节能服务公司相关权利及节能服务公司与客户有关节能收益方面的政策规定几乎没有。

9.2.2.2　市场现状

从市场准入来看，绿色建筑的市场化程度低、建筑市场中节能产业刚刚兴起且具有较大的发展潜力、市场中相关的替代品及方案几乎没有，宏观经济环境为合同能源管理的发展提供了前提条件。到 2020 年，所有建筑节能标准得到全面实施，在全国范围能实施节能率为 65％的建筑节能标准；大中小城市基本完成既有建筑的节能改造，小城市完成既有建筑改造面积的 50％；农村建筑广泛开展节能改造，建成太阳能和其他可再生能源建筑 1.8 亿 m^2。中国既有的建筑节能改造规模和每年近 20 亿 m^2 的新建建筑为建筑节能提供了巨大的市场潜力。

9.2.2.3 相关基础机制发展现状

合同能源管理的发展需要相关体制和技术发展的配合和支持，我国已经逐步进行了能量测算、能源收费体制等方面的改革，初显成效。但我国大部分建筑的所有权和管理权不同，导致节能积极性不强，需要做好受益的归属划分。另外，从国外合同能源管理发展的成功经验可以看出，合同能源管理的发展需要政府机构带头与节能服务公司合作作为示范和带头，对促进和能源管理的发展不无裨益，但我国政府财政存在"收支两条线"的情况，节能服务公司的收益取得方式还待研究。

9.2.2.4 节能服务公司规模

我国合同能源管理的发展始于世界银行和全球环境基金共同援助的世行/GEF 中国节能促进项目，项目一期三家示范公司从 1997 年到 2006 年 6 月底，累计为客户实施了 453 个节能项目，投资总额达 12.62 亿元，通过实施这些项目，获得项目净收益 4.2 亿元，而客户的净收益则是节能服务公司受益的 8～10 倍。合同能源管理发展至今已经取得了一定的成绩，2006 年，中国节能服务行业协会（简称 EMCA）已经拥有会员企业 212 家，注册资本在 500 万元以上的企业占 34％，年产值 5000 万元以上的企业占 22％。北京、山东、郑州、湖南等省市采用这种模式的试点项目已达到 32 个，试点面积达到 127.9 万 m^2，平均节能率为 42.5％。

2006 年，节能服务产业总产值（含非 EMCA 会员单位）达到 82.55 亿元，比 2005 年同期增长 74.5％；综合节能投资达到 63.3 亿元，比上年同期增长 106.9％，从投资额来看，节能服务投资主要是在工业领域以及部分建筑领域和交通领域。

9.2.2.5 节能服务公司类型及业务类型

我国节能服务公司根据合同类型的不同分为节能效益分享型、节能量保证型和能源费用托管型 3 种，中国节能服务行业协会在 2006 年度中国节能服务产业报告中指出："中国 EMC 开始出现节能效益分享型与节能量保证型相结合、节能效益分享型与能源费用托管型相结合以及租赁业务与合同能源管理相结合的复合型商业模式"。节能服务公司类型的多样化发展是节能服务公司适应复杂的市场环境的表现。

节能服务公司为节能客户提供了涉及节能各个方面的业务，包括节能潜力检测、节能咨询服务等，从一份北京市节能服务公司业务范围的调查报告中看出，北京市的节能服务公司的业务范围主要集中在电机系统和建筑节能，就服务类型来说，主要以提供节能咨询服务、节能设备销售、节能工程设计及节能技术推广。

9.2.3 合同能源管理在绿色建筑中的运作框架

合同能源管理作为一种新机制在绿色建筑中应用，其运作以合同能源管理机制作为基础，在某种运作模式下，节能服务公司与客户签订节能服务合同，利用自有资金及通过其他融资渠道获得的资金将节能技术应用到 EMC 项目中去，在此运作框架下，合同能源管理除涉及节能服务公司的运作模式、融资渠道、节能技术、EMC 项目后期运行管理外，还牵涉到相关政策支持、第三方中介机构的发展、企业管理等方面，本文限于篇幅，不能做一一讨论，仅对其前述几个方面进行分析。

9.2.3.1 节能服务公司运作模式

节能服务公司与客户通过签订能源管理合同的形式为客户提供节能服务，从商品属性来说，节能服务具有法规先导性、政策引导性、社会发达性、高技术性、消费公共性及消费强制性的商品属性。

我国节能服务公司的运作模式主要是基于节能效益分享型、节能量保证型和能源费用托管型三种合同类型及其相互组合的模式为主，据中国节能协会节能服务产业委员会提供的 2006 年中国 EMCO 发展现状调查分析统计：2005 年度实施的 327 个节能服务项目投资分布来看，节能效益分享型占 19%、节能量保证型占 76%、能源费用托管型占 5%。目前也有学者按照"资金供应方式"和"项目获利方式"进行了组合，得出了四种新的节能服务公司的商业模式，分别是由节能服务公司提供项目资金，按比例分享节能收益；由客户提供项目资金，按比例分享节能收益；有节能服务公司提供项目资金，按约定收取服务费用；由客户提供项目资金，按约定收取服务费用。

合同能源管理运作模式最主要的特点是收益的取得方式，它不遵循一般的根据项目进度付款，而是通过节能成果使用过程中的实际节能量与节能服务合同约定的预期节能量的差距而定，并通过后期的节能收益来支付前期成本，这样的运作模式使得节能服务更被节能客户所接受。

9.2.3.2 节能服务公司融资渠道

从国外合同能源管理发展的成功经验来看，在节能服务公司的发展过程中融资问题是必须解决的关键技术问题，国外节能服务公司的融资方式主要通过债权融资、租赁融资及债权等方式，而我国节能服务公司的融资主要是自有资金、银行贷款和业主资金。在世行/GEF 中国节能促进项目中的融资方式主要是在世界银行和全球环境基金的帮助下通过中投保的担保从商业银行进行贷款，这种融资渠道的前提是担保公司对节能服务公司充分信赖和支持并进行担保，通过担保公司的信用增强节能服务公司的信用等级，同时，担保公司参与 EMC 项目管理，利用各种金融工具对风险提前预警。此种融资渠道有三个关键要素，即担保机构的担保、提高信用等级、担保机构参与 EMC 项目管理。

9.2.3.3 节能技术

合同能源管理之所以能有效地推动绿色建筑的发展其中一个原因就在于节能服务公司能提供绿色建筑开发商所缺乏的较成熟的节能技术，节能技术是节能项目实施过程中的关键。节能技术包括在建筑围护结构外保温、供暖空调系统节能、建筑照明节能、可再生能源利用、建筑智能化的等方面的技术措施，其发展需要不断适应复杂建筑环境达到节能的目标。

9.2.3.4 EMC 项目后期运行管理

合同能源管理一个主要的特点就是节能服务公司的收益取得取决于最终节能目标的实现程度，这种利益取得方式缓解了绿色建筑开发商前期成本压力，EMC 项目成功与否与项目后期的运行管理密切相关。从参与主体来说，EMC 项目后期运行管理以节能服务公司为主，在节能服务公司的技术培训和指导下，绿色建筑开发商或物业管理公司逐渐参与并接替节能服务公司在设备操作、维护、管理等方面的工作，节能绩效的测量需要相对较长的时间以提高其准确度，因此，涉及管理主体交接的 EMC 项目后期运行管理就需要以各参与主体的合作为前提，在此前提下，专业的技术培训、科学的能耗测量方法都是EMC 项目后期运行管理的重要方面。

9.2.4 合同能源管理在绿色建筑中应用的主要障碍

结合目前合同能源管理在绿色建筑中的相关环境现状及发展基础，合同能源管理在绿色建筑中的应用必然会遇到一些困难，对此类问题进行研究能有针对性地提出解决障碍的方法，从而使合同能源管理更好地促进绿色建筑的发展。

9.2.4.1 政策障碍

合同能源管理的发展需要相应完善的政策体制的保障，相关的政策仅仅停留在鼓励和提倡的阶段，缺乏诸如合同能源管理需要采用的测试和验证标准等方面具体的操作规定，关于税收、信贷担保等方面的激励政策目前比较欠缺。美国、加拿大等国家对政府机构与节能服务公司的合作实行强制执行，政府推行合同能源管理的决心、信心和示范作用相当明显，而我国在其他很多因素的制约下确实很难做到这一点。政策的发展是先导，只有建立完善的政策、法律法规体制才能保证一项新制度、新方法的应用和发展。

9.2.4.2 融资障碍

我国的节能服务公司起步晚、资金实力欠缺，而合同能源管理之所以能得到节能客户的任何主要是取决于节能服务公司能在项目前期提供资金，同时，节能服务公司的收益也与节能成效的后期取得相一致。节能服务公司的融资障碍与绿色建筑过程中开发商的融资障碍不同，节能服务公司的融资困难多数存在于企业建立之初，主要是由于以下几个方面的原因：

（1）缺乏信用评价机制

虽然我国企业的信用评价体制正在逐步建立过程中，但仍然没有形成一套完整的信用评价机制，加之大部分节能服务公司都是成立不久的服务公司，建立相应的信用评价机制就更为困难，因此，节能服务公司建立之初在没有相关机构提供的信用保证的情况下融资就是难上加难，尽快建立完善的信用评价机制既符合国家发展的趋势，也是市场经济发展的必然要求。

（2）金融机构缺乏 EMC 项目的评价标准和方法

一方面，对于国内金融机构来说，合同能源管理的运作模式还是比较新的概念，而对于 EMC 项目后期的收益和节能服务公司贷款偿还能力的评价标准和方法的缺乏使信贷机构无法给予节能服务公司足够的信赖而增加了节能服务公司前期的融资难度。

另一方面的融资困难来自于节能项目本身受益的区的时间比较长，项目过程中不确定因素导致的风险较多，金融机构从贷款的安全性上来说还是比较倾向于其他收益能尽快回收的项目。

9.2.4.3 技术障碍

绿色建筑的建筑形态比较多，随着绿色建材和绿色节能技术的发展需要节能服务公司掌握更多的节能技术，即使是在国外被证明比较成功的节能技术，对我国节能服务公司来说，其在我国的应用也是具有不确定性和风险，需要节能服务公司不断的改进和创新。

9.2.5 合同能源管理在绿色建筑中应用的风险管理

项目所处环境的动态性决定了任何项目的实施状态都在不断变化，因此，风险就不可避免的存在其始终。EMC 项目是节能服务公司基于合同能源管理体制进行的节能项目，在 EMC 项目实施的过程中既受到与绿色建筑开发有关的风险影响，同时受到合同能源管理本身的风险影响。

9.2.5.1 EMC 项目风险分配原则

针对 EMC 项目本身的特点及其运行操作的环境，影响 EMC 项目风险分配的因素主要有以下 3 个方面：

（1）项目本身的特点

对于新建绿色建筑而言，节能服务公司在绿色建筑设计之前就开始参与节能设计，项目持续到能源管理合同结束，持续时间长、涉及的参与方多、合同关系复杂，EMC 项目的这些特点更增加了其风险控制的难度。

（2）节能服务合同双方承担风险的意愿

有关的主要因素有：对风险的一般态度，即对风险的态度是厌恶还是偏好，这取决于决策者的主观意识和性格等；对项目风险的认识深度，如果一方对风险的诱因、发生概率、发生后的后果以及可采取的措施有足够的认识，则可能乐意承担较多的风险；风险发生时承担后果的能力，这主要取决于各方的经济实力等；管理风险的能力，这取决于各方管理风险的经验、技术、人才和资源等。

（3）风险控制需要多方合作

尽管 EMC 项目的参与方比较多，但合作的目标都是 EMC 项目的成功，任何风险都不是独立存在于某一方的运作过程中，所有的风险对项目的每一部分都是相互影响，因此，要做 EMC 项目的风险控制需要项目参与方的相互合作。风险分配的目的是要达到最优的、最合理的公平风险分配。EMC 项目的风险分配应该遵从三条主要原则：由对风险最有控制力的一方控制相应的风险、承担的风险程度与所得回报相匹配、承担的风险要有上限。

9.2.5.2 EMC 项目风险分类

对节能客户及节能服务公司而言，很多风险对双方都存在，本文从节能服务公司的角度对 EMC 项目的风险分类进行了以下分类：

（1）信用风险，通过签订能源管理合同建立合作的节能客户与节能服务公司双方履行职责的意愿和能力直接影响 EMC 项目的成败，甚至导致双方合作关系的破裂，另外，EMC 项目双方的信用风险还直接影响企业自身的信用等级，对企业长期的发展有直接影响。

（2）运作风险。EMC 项目作为绿色建筑开发的一部分，其运营风险与绿色建筑的建设开发风险互相影响，绿色建筑的建设选址、设计施工等各种不利因素都会给 EMC 项目带来运营风险，比如，由于绿色建筑设计变更导致节能设计变更、工期延误导致 EMC 项目延误、绿色建筑各种合同关系变化造成节能服务公司与相关单位沟通困难。另外，处于起步阶段的节能服务公司缺乏运营及管理能力，对 EMC 项目的运作由直接的影响。

（3）金融风险。金融风险主要包括利率上涨、通货膨胀，采用节能量保证型 EMC 项目的金融风险主要由客户承担，而其他类型的 EMC 项目的金融风险主要由节能服务公司承担。

（4）市场风险。市场风险主要来自于市场的潜力和持续力，即客户对于节能服务公司接受的持续性、可替代产品的发展。

（5）节能技术风险。节能技术是 EMC 项目成功的重要保证，其风险主要来自于节能技术的可行性、先进性、可靠性程度，主要表现在以下几方面：1）技术可行性风险。EMC 项目的节能技术方案建立在前期进行的节能诊断和能耗评估的基础上，节能诊断或能耗评估的任何差错都影响技术方案的可行性。2）技术先进性风险。节能技术的寿命和新产品的生命周期有限，当更先进的节能技术出现的时候，现有的节能技术就面临被替代的风险。

（6）合同风险。EMC 项目的运作涉及节能客户、节能服务公司、节能设备供应商、金融机构等，节能服务公司分别与其签订能源管理合同、材料设备购销合同、贷款合同、担保合同，节能客户为了配合节能服务公司的工作，也会与消费者在商品房销售合同中对节能效果加以约定、与物业管理公司在节能收益方面进行协商约定，需要提供部分资金的节能客户还会与融资机构建立合同关系。合同对各方的权利和义务加以规定，决定着各方对 EMC 项目风险分担的程度及收益，复杂的合同关系在构筑起 EMC 项目机构框架的同时，也增加了合同风险管理的难度。

EMC 项目合同风险主要包括合同对于 EMC 项目机构框架稳定性的约束强度、合同文本的标准化程度、合同中权利、义务、风险分担的合理程度。

（7）外部环境风险。宏观政治、经济、自然环境的变化可能会引起相应的外部环境风险。比如国家政局的稳定、政策的导向、自然灾害等都会对 EMC 项目造成一定风险。

（8）收益取得风险。由于节能服务公司的收益取得取决于前期通过节能测算制定的预期节能量及后期通过节能绩效评定的节能成果，因此，在节能服务公司后期取得收益的时，就存在收益取得的风险。其一是节能测算的预期节能量与实际节能量出现偏离，在对美国节能服务公司的市场分析中发现，有 40％的 EMC 项目实际节能量偏离与预期节能量 15％以上，有 30％的项目预期节能量多于实际节能量。其二是节能绩效评价方法的选择、评价标准的确定、合同约定的收益取得方式的适用与否都影响到节能服务公司的收益取得。

EMC 项目从项目开始就存在着各种各样的风险，其成败不能单纯的归因于某类风险是否得到了有效的控制，但各种风险在 EMC 项目进行过程中的权重是不一样的，在 EMC 项目过程中，节能服务公司最主要的风险是收益的取得风险，在合同能源管理发展尚处于初级阶段之时，节能服务公司在巨大的节能市场下，市场风险相对较小，节能测算的准确度、节能绩效评价方法的选择等收益取得风险对节能服务公司有至关重要的影响，一个 EMC 项目的失败甚至会导致发展中的节能服务公司的破产。

其次，节能技术风险及合同风险也对 EMC 项目有重要影响。节能技术是 EMC 项目的技术关键，对节能绩效的评价有直接影响，进而影响 EMC 项目的成功；合同风险是 EMC 项目组织框架的决定因素，任何合同关系的破裂都会导致 EMC 项目组织框架的变动，进而带来风险。

9.2.5.3 EMC 项目风险控制措施

为了有效地规避和控制 EMC 项目各种风险，节能服务公司需要正确的辨识风险并通过各种合同、协议对风险进行合理分配，在此基础上还需要节能服务公司自身提升风险管理的水平。EMC 项目风险控制措施主要有：

（1）建立合理的节能潜力评价方法

节能服务公司通过对节能项目进行节能潜力评价确定是否与节能客户合作，只有建立合理的节能潜力的评价方法才能获得准确的项目前期分析，并且最终确定节能服务公司的节能绩效指标、节能改造方案及节能收益。

（2）节能方案评选

尽管合同能源管理在我国的发展尚处于初级阶段，但却非常有必要进行在绿色建筑开发的前期进行节能方案的评选，从而选择技术可行、经济合理的节能方案。合同能源管理在解决绿色建筑成本障碍的同时，其本身也需要进行优化设计已达到成本控制的目的，但目前国内关于节能方案评选方面的理论和实践都比较欠缺。

（3）建立 EMC 项目风险评价指标体系

我国现有的 EMC 项目风险评价体系还停留在理论研究阶段，由于大部分节能服务公司成立时间短、参与项目少、企业整体管理水平落后、风险评价指标体系数据采集复杂、需要专家进行风险指标量化等问题使得 EMC 项目风险评价指标体系还不能被广泛的应用于实践中，但建立 EMC 项目风险评价指标体系能有效的识别和控制 EMC 项目风险，为 EMC 项目及绿色建筑的成功提供保证。

（4）提高节能服务公司自身实力和管理水平

在中国节能服务行业协会关于我国节能服务公司的调查报告中显示，我国的节能服务公司大多数属于中小型企业，资金及技术实力都不是很强，在这种情况下，节能服务公司需要取得发展必须提高自身的管理水平，在项目中区的节能客户的任何、建立企业信誉以增强实力，毕竟一个实力强大、管理水平先进的节能服务公司对风险控制的能力要强得多。

（5）通过合同、协议等形式控制 EMC 项目风险

节能服务公司在节能项目运作过程中通过各种合同与客户建立关系，包括与节能客户签订的能源管理合同、与节能设备供应商建立的购销合同、与担保公司建立的担保协议、与商业银行签订的贷款合同等等，各方的权利、义务及对风险的分担也通过合同、协议加以规定，而这些具有法律效力的合同、协议也是各方控制和规避风险的约束方式。但目前节能服务公司的合同管理不仅存在着国家政策方面不完善的情况，而且节能服务公司本身缺乏合同管理的经验，节能服务公司需要不断完善合同文本的制定，通过各种具体条款对风险加以规避。

（6）借助第三方评价机构

EMC 项目成功与否取决于最终的节能目标实现的情况，在 EMC 项目运作过程中需要对 EMC 项目的节能效果进行测量和评价，这项工作一般有节能客户和节能服务公司共同完成或者借助第三方评价机构，第三方评价机构在专业性方面都优于节能服务公司和节能客户，可以有效地避免因为节能效果测量错误造成的风险。

9.3 生态化物业管理

生态地产向消费者提供的不仅仅是一套绿色、低碳的生态住宅，还提供了具有生态理念的生活空间，乃至一种生态化的生活方式。而这种包含物质空间层面和意识精神层面的生态化产品，需要依托生态化的物业管理服务才能全面持久地实现。生态化物业管理对保持生态建筑的"绿色、低碳"的特性具有重要的作用；而生态化物业服务则保证着生态化生活方式的全面实现。人们不断增强的生态化生活方式的追求，呼唤物业市场的生态化，唯有注重生态化的理念和要素，地产产品和管理与服务，才能赢得未来的物业市场。

9.3.1 生态化物业管理的内涵

生态化物业管理是指专门机构和人员，依照合同，对各种房屋建筑物和附属设施以经营方式进行管理，并向业主或住户提供多方面综合服务，以实现社会、环境、经济效益。

生态化物业管理内容与一般的物业管理相比更加注重绿色、低碳、生态、环保层面的管理。生态化物业管理内容归纳起来有以下几个方面：治安消防管理、房屋及公用设施管理、绿化与环境卫生管理、车辆交通管理、常规性服务（合同服务，包括日常维修保养、治安保洁、确保业主或使用人遵守房屋管理法规和绿色物业管理公约、管理费征收及使用、其他特色服务等）、委托性服务（非合同零星委托）和经营性服务（娱乐、商业等服务）。

生态化物业管理是一种集管理、经营、服务于一体的有偿劳动，其所实行的是社会化、专业化、企业化经营的管理模式。"生态化物业管理经营方"指提供生态化物业管理服务的企业或组织。"生态化物业所有权人"则指的是拥有房屋所有权的人，亦即业主。生态化物业管理的管理对象是各类生态化物业，服务对象则是人，即生态化物业的所有权人和使用权人。生态化物业管理的性质关键就在于"服务性"，它寓管理和经营于服务之中，并在服务中充分体现和完善有关受托物业的生态化管理与经营。总之，生态化物业管理就是要通过现代化的经营管理手段来为业主创造一个绿色、低碳、安全、舒适、和谐的生活环境，构建一种生态健康的生态化生活方式，其最终目的是实现社会效益、经济效益、环境效益和心理效益的同步增长。

9.3.2 生态化物业管理的业务范畴

生态化物业管理是一项内容十分丰富的管理工作，其业务范畴主要有两大类：

9.3.2.1 基本业务

生态化物业管理的基本业务就是对生态化物业进行日常维修保养和计划修理等多项工作。对于生态化物业而言，其房屋建筑、机电设备、供电供水、公共设施等都必须处于良好的工作状态，才能保证绿色物业"绿色功能"的完全发挥，为此就必须要通过经济性的维护保养和计划修理予以保障。

9.3.2.2 专项服务

专项服务是指物业管理公司为改善和提高物业使用者的工作、生活条件，面向广大物业使用者提供的各项专项服务工作。其特点是物业管理公司事先设立服务项目，并将服务内容与质量、收费标准公布，当业主需要这种服务时，可自行选择。专项服务实质上是一种代理业务，为物业使用者提供工作、生活的方便。专项服务是物业管理公司开展多种经营的主渠道，而生态化专项服务的提供也是实现物业使用者绿色、生态、健康的生活方式的主要手段。

专项服务内容也比较繁杂，涉及千家万户，涉及日常生活的方方面面。物业管理公司应根据所管辖物业的基本状况和物业使用者的需求以及自身的能力，开展全方位多层次的专项服务，并不断加以补充的拓展，实现生态化的渗透。专项服务的内容主要有以下几个方面：

（1）日常生活

主要包括为广大业主提供的日常生活中衣、食、住、行各方面和各项家政服务工作，包括：提供洗衣、补衣、制衣服务；代购食品、粮食、燃料、菜蔬副食等日常用品；进行室内卫生清扫、室内装修、搬家；代购代定车船票、飞机票；接送小孩上学、入托、接送病人看病；代保管自行车与机动车及车辆的保养、清洗与维修等。

（2）商业服务

物业管理公司为开展多种经营而提供的各种商业经营服务项目，包括各商业网点的开设与管理，以及各项经营活动的开展。例如开办连锁超市或小型商场、便民饮食店、美容美发厅等；安装、维护和修理各种家用电器和生活用品等。

（3）文化、教育、卫生、体育

物业管理公司在文化、教育、卫生、体育四方面开展的各项服务活动。包括各类相关设施的建立与管理，以及各种活动的开展，如：开办图书室、娱乐室、举办展览、文化知识讲座等；开办托儿所、幼儿园，假期中小学生补习提高及学前班等；设立卫生站，提供出诊、打针、小孩疫苗接种、家庭病房服务等；开办棋牌室、健身房、乒乓球馆、卡拉OK房、举办小型体育活动和比赛各种健身场所等。

（4）金融服务

代办各种财产保险、人寿保险等业务，开办信用社等。

（5）中介服务

物业管理公司拓展的经纪、代理与中介服务工作，主要包括以下几个方面：

1）生态化物业市场营销与租赁

生态化物业市场营销指生态化物业管理公司受业主委托，依据市场规律，进行商业代理、代理业主对物业进行市场推广，制定并实施销售方案。生态化物业租赁是指受业主委托，物业管理公司根据市场情况评估和调整租金，制定出租方案，寻找租户，替业主将物业出租。生态化物业管理公司在进行绿色物业市场营销与租赁时，要向政府主管部门申请，取得经纪代理或租赁许可证。

2）房产评估、公证

生态化物业管理公司受业主委托进行的房地产价格评估与公证工作。在开展此类中介服务时，要求评估人员和公证人员应具有相应的资格，或需要委托具有相应资质条件的机构进行。

3）其他中介代理

生态化物业管理公司受业主委托进行的其他中介代理工作。如请家教、请保姆、房屋交换、代理广告业务等。

(6) 社会福利类

生态化物业管理公司提供的带有社会福利性质的各项服务工作。如照顾孤寡老人，拥军优属等。这类服务一般是以抵偿或无偿的方式提供。

9.3.3 生态化物业管理的宗旨

生态化物业管理以生态化服务为宗旨，即通过在生态化物业管理的整个系统流程中突出生态化服务特征，具体可归纳为：

(1) 通过优质服务保证生态化物业的生态功能良好持续的实现，延长物业使用寿命，提高生态化物业的价值。

(2) 为业主（住、用户）创造一个生态、绿色、健康、舒适、安全、和谐的工作学习与生活生存环境。生态化物业管理其实质是运用社会学、心理学、生态学、经济学等多学科的知识技术来创造一个现代人理想的居住和工作环境，提供一种生态、绿色、环保、健康、舒适的生态生活方式。

(3) 通过优质的服务来提高生态意识，打造发展商的生态品牌，促进后续生态建筑的建造于销售的顺利展开。

9.3.4 生态化物业管理的特点

生态化物业管理是一种新型的管理模式，它具有社会化、专业化、企业化、经营化、生态化等特点。

9.3.4.1 社会化

生态化物业管理具有社会化的特点指的是它将分散的社会分工汇集起来统一管理，如房屋、水电、清洁、保安、绿化等等，对于每位业主而言，只需生态化物业管理公司一家的服务就能将所有关于房屋和居住（工作）环境的日常事宜办妥，而不必分别面对各个不同部门，犹如为各业主找到了一个总管家，而对政府各职能部门来说，则犹如找到了一个总代理。业主只需根据生态化物业管理部门批准的收费标准按时缴纳管理费和服务费，就可以获得周到的服务。既方便业主，也便于统一管理，有利于提高整个城市管理的社会程度。

9.3.4.2 专业化

生态化物业管理是由专业的管理企业实施对物业的统一管理。这种管理是将有关物业的各专业管理都纳入物业管理公司的范畴之内，物业管理公司可以通过设置分专业的管理职能部门来从事相应的管理业务。随着社会的发展，社会分工渐趋于专业化，生态化物业管理公司也可以将一些专业管理以经济合同的方式交予相应的专业经营服务公司。例如，机电设备维修承包给专业设备维修企业；保安可以向保安公司雇聘保安人员；园林绿化可以承包给专业绿化公司；环境卫生也可以承包给专业清洁公司。这些专门组织的成立，表明这一行业已从分散型转向了专业型。这种转向有利于提高城市管理的专业化和社会化程度，并能进一步促进城市管理向现代化的管理方式转换。

9.3.4.3 市场化

与投资管理、决策咨询等一样，生态化物业管理是一种市场化行为，其所追求的目的就在于收益的最大化，而非以往政府职能的延伸。作为独立法人运作的生态化物业管理公司必须遵守《中华人民共和国公司法》的有关规定，实行政、事、企的完全分离。因此，生态化物业管理公司必须依照绿色物业管理市场的运行规则参与市场竞争，依靠自己的经营能力和优质的服务在绿色物业管理市场上争取自己的位置和拓展业务，用管理的业绩去赢得商业信誉。当然，生态化物业管理公司在运作过程中还要处理好与有关职能部门的关系，如居委会、公安、市政、教育、邮电、交通等行政或事业性单位，以绿色物业为中心，相互协调。这样就能使生态化物业管理公司从管理上、经营上和服务上下功夫，为业主创造一个便捷、清新、整洁的环境。

9.3.4.4　经营化

生态化物业管理公司提供的服务是有偿的，即对各项服务收取合理的费用。在当前生态化物业管理服务收费受到政府有关部门限制的情况下，物业管理公司可以通过多种经营，使物业的管理走上"以业养业，自我发展"的道路，从而使物业管理有了造血功能，既减少了政府和各主管部门的压力和负担，还能使业主受到全方位、多层次、多项目的服务。生态化建筑设计原理又使得房屋维修、养护、环卫、治安、管道维修、设备更新的资金有了来源。

9.3.4.5　生态化

生态化物业管理除了需要具备传统物业管理基本功能外，还要具备协调环境、保护生态、节约能源、引导生态生活方式的特殊功能。因此，生态化物业管理具有生态性的特点，在遵循生态学原理，体现可持续发展的原则的基础上，按照生态化特定要求进行管理服务，积极吸收建筑学、生态学、生物学、智能化等多方面的科技成果及理念，在维修管理方式、服务方式上进行着生态绿色化创新。

9.3.5　生态化管理维护与服务方式

9.3.5.1　生态化管理维护

（1）控制空气质量，提高大气洁净度。

在小区内增设油烟处理设备，降低一氧化碳、二氧化硫、油烟的排放量，在机动车道两旁设置绿化带以隔离汽车尾气，选择种植对汽车尾气有吸收转化功能的植被和树种；地下停车场汽车尾气排放集中，应设空气报警探头，当有害气体超过安全值时，自动打开排送风系统保证车场空气安全。

（2）实现循环用水，节约水资源。

居住区排水量较大，杂用水需求也大，其用水及排水量易平衡；对雨水、污水利用原有的雨水排水管网建立雨、污水分离收集网络及处理储存设备，对雨、污水分别进行处理，使其成为再生水资源，用于冲洗道路、浇灌绿地、冲洗车辆等，既可减少污染又可节约水资源。

（3）实施噪声控制，提高生活质量。

对于车辆交通噪声，要充分考虑人车分流管理并限制车辆速度，同时禁止车辆在小区鸣笛。制定小区内生活噪声控制规章，实现对生活噪声的控制，提高生活质量。

（4）实现建筑电气系统的节能，提高能源利用率。

合理配置建筑设备，并对其进行有效、科学的控制与管理，在充分满足、完善建筑物功能要求的前提下，减少能源消耗，提高能源利用率。

（5）积极对设备设施进行节能、环保改造升级，在运行维修中使用节能、环保材料，综合回收利用资源材料。

9.3.5.2 生态化服务方式

（1）物业企业在日常服务中积极宣传生态化物业管理理念，树立企业的"生态品牌"，积极参与 ISO9002 和 ISO14001 体系认证。前期交房时与业主签订环境生态建筑与房地产开发经营保护承诺书，承诺书中不仅对物业服务公司自身的环保义务提出要求，同时也要求业主入住后遵守小区的环境保护准则，培养居民良好的环保意识。

（2）在实施具体物业管理阶段，要遵循"以人为本"的基本原则，积极推行环保节能的生态化物业管理措施。根据国家绿色住宅及有关环保指标，制定生态社区环保准则，作为实施生态化物业管理的公约和标准。建立"绿色"、"生态"管理机构，实施"生态"工作的制度化、目标化、规范化、全员化，制定一系列工作制度，明确工作目标、分清各自职责。将岗位职责公布上墙，员工实行挂牌服务，对区内保安、保洁、绿化等基础服务采取统一要求。制定"生态"节能制度，每日能耗通报制度，节约用电制度，节约用水指标，各区域照明规定，生态服务规程等。

（3）在住宅装修施工阶段向业主推行低碳环保的生态化管理。如推荐或建议使用绿色建材、装修材料；按照国家有关标准向开发商及用户提出创建"绿色住宅"的要求；就规划、设计等方面提出相应的措施和标准等；严格对装修中的扬尘污染、噪声污染、固体装修废弃物的管理控制。

（4）积极推行垃圾分类处理。在社区建立专用垃圾中转、分类及回收站。对垃圾进行分类：材料类（可回收，如塑料、玻璃、金属等）、厨房垃圾（可以利用，填埋或者堆肥处理）、不可回收（渣土等）、危险品（日光灯、电池、药品等）等等。垃圾处理必须遵循"无害化、减量化、资源化"的原则，做到垃圾分类袋装化，减少垃圾运出过程中的污染。可回收再利用的资源进行统一处理，不仅可减少物业服务企业垃圾物业成本还可以创收。

（5）倡导支持居民生态化生活方式。大力提倡支持居民在小区屋面设立太阳能供暖（热水）系统；专门设定电动车停放、充电区域等，支持居民生态化生活方式的实现，以降低污染、节约能源、保护环境。

（6）创办生态化消费服务产业链。联合政府和消协，与粮食、蔬菜、牛奶绿色生产基地，以及建筑装饰材料，洗涤、洗发用品，化妆品等绿色产品供应商取得联系，建立生态食品配送中心，开办生态化超市等，构建生态化消费通道。

（7）定期举办生态化消费、环境保护的教育宣传活动。

绿色化房地产向消费者提供的不仅仅是一套绿色生态住宅，还包含有绿色的生活空间，乃至于一种绿色的生活方式。而这种包含物质空间层面和意识精神层面的绿色生态化产品必须依托绿色化的物业管理服务才能全面持久的实现：绿色化物业管理对保持绿色建筑的"绿色"特性的"持久常新"具有重要的作用；而绿色化物业服务则保证着绿色化生活方式的全面实现，同时，针对非绿色建筑实施绿色化的物业管理服务也可以促进其运作模式向绿色化方向的演变。公众不断增强的绿色生活方式的追求，表明物业市场呼唤绿色，唯有用绿色化的理念和要素来武装我们及其产品和管理与服务，才能赢得未来的物业市场。

思考题

1. 生态地产设施设计的类型有哪些?
2. 生态地产的设备运行与管理有哪些方面?
3. 生态地产能源管理的概念是什? 我国合同能源管理发展现状如何?
4. 生态化物业管理的内涵及特点是什么? 如何看待生态化物业管理?

10 生态地产开发与运营管理

10.1 生态化投资决策

生态地产的投资决策是指对拟建房地产投资项目的必要性和可行性进行技术经济分析，投资决策是房地产开发与经营的首要环节也是重要环节，是项目投资成败的关键。项目投资决策制定受多种因素的影响，宏观层面上受城市经济状况、居民购买力水平、城市规划等的影响；中观层面上受房地产市场发展状况、居民住房需求状况、区域成熟度等的影响；在微观层面上受交通便利情况、周围配套设施情况、项目的经济收益水平等的影响。经过分析，提取影响项目投资的关键指标，剔除相关性较大重复指标，可以将评价指标基本归纳为投资环境因素、经济效益因素、投资风险因素等三类因素。基于生态地产的投资决策应该从生态建筑自身发展特性出发，与我国宏观的政治经济背景相结合，立足于这三类因素分析，才能实现投资决策的绿色化、生态化，保证投资决策结果的正确性。

10.1.1 投资环境分析

地产产业具有很强的政策依赖性，不同的政策环境会导致投资决策结果的差异。投资环境对项目的主要影响因素包括政策引导、宏观经济、市场发展水平、住房需求、项目区位等。

10.1.1.1 政策引导

房地产业有很强的政策性，而这也是影响房地产企业发展的重要因素。房地产企业应该积极贯彻和落实相关政策，顺应市场需求，增强竞争能力。紧跟宏观政策，也是实现投资决策正确合理的主要手段。

2003年，党的十六届三中全会中明确提出的"坚持以人为本，树立全面、协调、可持续的发展观，促进经济社会和人的全面发展"，按照"统筹城乡发展、统筹区域发展、统筹经济社会发展、统筹人与自然和谐发展、统筹国内发展和对外开放"的要求推进各项事业的改革和发展。党的十七大报告提出"建设生态文明"，作为全面建设小康社会奋斗目标的新要求之一。受这方面的影响，能够体现"人-自然-建筑"和谐统一的绿色建筑，渐渐成为人们重新关注的焦点，业内人士议论的主题，在房地产业受到更多的重视。党的十八大报告明确提出，面对资源约束趋紧、环境污染严重、生态系统退化的严峻形势，必须树立尊重自然、顺应自然、保护自然的生态文明理念，把生态文明建设放在突出地位，融入经济建设、政治建设、文化建设、社会建设各方面和全过程。这是对加强生态文明建设做出的明确要求。

早在2000年10月，中国房地产协会副会长顾云昌就曾表示，今后一个时期我国将积极推行"绿色住宅"认证制度；原住房城乡建设部副部长仇保兴 2007 年 12 月率团参加由美国绿色建筑协会举办的"2000 年国际绿色建筑大会及展览会"时表示："推进建筑节能、发展绿色建筑是实施中国能源战略的关键环节"。为此，原建设部在 2005 年 2 月 23 日颁发了有关《贯彻落实科学发展观大力发展节能与绿色建筑》的文件，指出了发展节能与绿色建筑的重要意义，列举了目前所存在的问题和具体的工作目标；在同年《国务院关于做好建设节约型社会近期重点工作的通知》和《建设部关于建设领域资源节约今明两年重点工作的安排意见》中均提出了完善资源节约标准的要求，并提出了编制《绿色建筑技术导则》、《绿色建筑评价标准》等标准的具体要求。2006 年 6 月 1 日，《绿色建筑评价标准》开始实施。"十一五"规划提出建设资源节约型、环境友好型社会，在发展循环经济的章节中专门提到了建筑节能。《国家中长期科学和技术发展规划纲要（2006～2020 年）》中将"建筑节能与绿色建筑"作为重点领域"城镇化与城市发展"下的优先项目。住房和城乡建设部提出大力发展节能省地型住宅，决定在"十一五"期间启动"一百项绿色建筑示范工程与一百项低能耗建筑示范工程"。

这一切都说明我国政府非常重视绿色建筑、生态地产的发展，并已经从国家层面开始实际行动，地方政府全面积极响应。在国家可持续发展战略、"三个代表"重要思想、科学发展观的重要思想指导下，绿色建筑发展正面临前所未有的机遇。

10.1.1.2 市场需求

随着经济发展和生活水平提高，以及健康意识、环保意识的逐步增强，人们已不再仅仅满足于简单的居住面积的宽敞、出行的方便、地段的繁华、配套设施的齐全完善、物业管理的周到全面，而更多地开始关注环境的优美宁静、户型的合理适用、房屋建设的科技含量、工程质量水准以及居住的生态性、健康性、安全性和经济性。生态地产理念正好顺应了市场发展的需求，它不仅强调节能、环保，而且还重视科技创新，从建筑的整个使用周期的角度思考，生态地产由于对技术、工艺和方法有较高要求，使生态建筑与普通建筑相比，不仅提高了建筑的品质，而且为消费者提供绿色、健康、舒适、优美、宁静的生态居住环境，改善了室内外环境，降低了消费者疾病发生概率。居民对生态地产的消费意向和消费能力正在增强，人们对生态地产的消费倾向和偏好也将提高，生态地产的市场需求将会稳定的提升。

目前生态地产的主要消费主体是社会中的高收入阶层，这些人约占城镇总人口的 10%～20%，他们对住房消费的承受能力强，对地产的生态环保、舒适宜居要求较高。他们追求住房消费倾向于健康、环保、舒适、生态等高层次需求，因而他们的青睐生态地产、生态建筑。随着家庭收入水平的不断提高，生态建筑材料、绿色建筑技术的发展以及技术进步带来的生态地产、生态建筑、生态住宅成本的降低，高收入阶层以下的居民也对生态地产、生态住宅的消费能力将会越来越强，从而形成生态住宅的消费主体。

可以看出生态地产的宏观投资环境良好，而绿色化房地产项目在应结合项目自身特点，深入研究政策导向和市场变化，找出市场规律，及时把握市场发展趋势及客户的需求导向，进行正确科学的投资环境分析。

10.1.2 经济效益评价

生态建筑的环境效益和社会效益是有利于社会可持续发展的，但由于其初始投资成本要比传统建筑高5%～10%，使得生态地产在投资决策中因经济效益评价而完全被否定。但实际上，生态地产由于采用了各种生态节能技术，使得其在使用过程中的各种运行费用、能源消耗费用、维修费用以及报废拆除费用等全寿命周期费用是远远低于传统建筑的。有估算表明，一幢普通建筑在使用中的能耗费差不多占了该建筑物总运营费用的25%，而在一般的生态建筑中，应用生态技术的气候敏感设计可以削减供暖和供冷能耗的60%，以及照明能量需求的50%以上，其投资回报率带来的效益大大超过此种设计增加投资所付出的代价。因此，生态建筑的经济效益评价应该从更加广阔全面的视角出发，采用更为科学的评价方法，在评价时应充分考虑开始阶段的一次性投资与全寿命费用的关系，检验各项生态特色技术在生态建筑使用过程中所降低的运行费用、节能效益和生态效用，力求兼顾经济、社会和生态环境三方面的综合利益。

生态建筑涉及环境、经济、社会等多方面因素的和谐发展，因此生态建筑的经济性评价更应当以环境经济学为基础，环境质量具有公共财产的特征，在生产、分配、交换和消费各环节上具有特殊性，它在全体社会成员中分配具有均等、不能分割等特点，必须从社区或全社会的范围进行分配。为此，在作绿色建筑的经济性评价时，除了基于建筑本身的全寿命周期费用以外，还应该考虑它与周围环境（包括资源）作用产生的效益这个目标，即生态、绿色投入与产出的评价。

10.1.2.1 全寿命周期费用成本分析方法

全寿命周期费用系指建筑初建时的一次性造价以及建筑全生命期内的运行、维护费用。在建筑寿命周期过程中，需支付的费用主要分为了为了建造建筑而支付的金额和横穿于它整个使用寿命期内的各项支出（即项目自立项开始至建筑物报废后，用于建筑物的规划、设计、建设、运行、维护、保养及建筑废弃物的回收、运输、处理等所需费用）。前者即为建筑在初始建造时的一次性造价，后者被称为建筑全生命周期内的运行、维护费用，它主要包括：使用期间的操作运行费用、维修费用、更换及改造费用、税款、相关费用和停止使用后的残值等，建筑全寿命周期费用是这两者之和。

一座建筑的寿命跨越了它的规划、设计、施工和使用以及它最终的拆除或再利用。如果在建筑施工或整修时采用适当的绿色建筑措施，即使初始投资的成本会高一些，从建筑整个生命周期来看，却可以显著地节省运行费用，减低了总成本。当从全寿命周期角度出发进行分析后，生态建筑的长期可观效益立即显现。对一些主要的生态建筑技术与普通建筑技术经济运行各方面的特点进行比较，可以发现，生态建筑的各项技术具有较高的前期投入和较低的后期维护费用，它们更有利于节约能源、节约资源，减少污染，因而经济回收期相对更短。生态建筑技术与普通建筑技术经济运行比较，生态建筑技术的优越性使绿色生态建筑较普通建筑拥有更佳的综合效益。

生态建筑的经济效益优于传统建筑。生态建筑虽然有着更高的前期投入和建造费用，但由于它对资源的高效、循环利用，可节约更多的后期投入和维护费用，从而缩短了经济回收期。

生态建筑注重维护地域特征。生态建筑拥有更具自然生态的表现形式，提供更加舒适宜居的居住生活环境，带给人们持久的精神愉悦的和身心健康，从而大大提高了人们的生活质量和工作效率，产生了巨大的社会效益；特别是生态建筑所产生的环境效益是传统建筑所无法比拟的，生态建筑追求无废无污染或少废少污染，环境效益其实更多地属于隐性效益，不直接产生经济价值，却能保证经济价值的可持续获得。

10.1.2.2 绿色投入与产出计算方法

全寿命周期费用是从生态建筑本身或投资企业的角度建立的微观层面的评价指标。生态建筑项目和周围的环境、社会关系密切，发生作用，有输入输出，仅从微观层面上评价它的经济性能是不够的，还应当把生态建筑项目当作一个开放的和周围环境发生关系的生态经济系统，从宏观的层面上考察它与周围的环境（包括资源）相互作用而产生的效益与损失。

近年来，绿色 GDP 国民经济账户体系逐渐形成，用所谓的"绿色净国内生产总值"即绿色 GDP 来计算社会生产与经济社会发展中的环境外在成本及生态系统服务功能价值净值的综合效益水平。

绿色 GDP 可按下列公式计算：

$$绿色 GDP＝传统 GDP－资源环境损害＋环保部门新创造价值$$
$$即：EGDP＝GDP－NEE＋\Delta ESV$$

式中　EGDP——绿色净国内生产总值；

GDP——国内生产总值；

NEE——经济发展的环境外在成本；

ΔESV——生态服务功能价值变化量。

借用宏观的经济理论，我们可以将生态建筑的绿色投入定义为经济发展的环境生态建筑与房地产开发经营成本在绿色建筑项目上的体现，将生态建筑的绿色产出定义为生态服务功能价值在绿色建筑项目上的体现，由此来评价绿色建筑与周围的环境、社会等因素产生的环境效益和损失。

生态建筑的绿色投入与产出的评价应当包含经济发展的环境外在成本——绿色投入和生态服务功能价值——绿色产出两个指标，它们分别对应的计算指标是绿色投入率和绿色投入产出率。把绿色建筑看作是一个开放的和周边环境发生关系的系统，R：投入的可再生自然资源；N：投入的不可再生资源；H：人类经济活动投入；P：绿色投入；Y：周边环境改善产业（称之为环境效益）；L：周边环境损失；B：建筑产品本身。

生态建筑项目致力于绿色的生态居住环境的营建，因此它和普通建筑相比，会多一部分投入，即是绿色投入 P。

绿色投入主要包括以下几部分：（1）环保成本，即治理污染、与环境保护有关的成本；（2）绿色建材成本，即引进绿色生态型建材、绿色技术等而多支出的成本；（3）绿色科技研究与开发成本；（4）贯彻实施环保法规等成本；（5）企业建立绿色住宅项目的相关组织机构及管理等成本。

建筑产品建成后对环境造成的影响，按正面、负面可分为环境效益和环境损失。生态建筑的绿色投入带来了环境效益，但它同时作为一个建设项目也会产生一定的环境损失，因此，定义 $NY＝Y－L$ 为绿色建筑的净环境效益。

对于一个并不致力于营造绿色生态的人居环境的传统建筑而言，Y 很小甚至趋近于 0，而 L 值相反可能比较大，因此其净环境效益 NY 可能小于 0，这意味着该项目的建成除了在全生命过程中对环境产生污染以外，并没有为改善环境作过什么贡献。

生态建筑则不同，它一方面努力争取在全生命过程中对环境造成最小污染，一方面也努力营造一个绿色生态的人居环境，因此其 L 值很小而 Y 值较大，从而产生净环境效益 $NY > 0$。除了上述介绍的全寿命周期费用成本分析方法、绿色投入与产出计算法外，应该引入更多针对绿色建筑特性的经济效益计算方法，对绿色建筑的综合效益和长期优越性进行经济效益合理量化，实现绿色化的经济效益评价模式，以推进基于绿色建筑的投资策划更为科学合理的进行。

10.1.2.3　投资风险分析

由于市场经济中存在大量的不确定因素，地产市场也总是处于不断变化之中。而地产投资本身具有周期长、资金投入大、变现能力差、易受政策制约等特点，决定了其投资风险也是很大的。一般地产投资风险分析主要针对政策风险、经济风险、技术风险、社会风险及不可抗力风险等几类风险进行分析。生态地产项目的投资风险分析在按照以上方法进行的同时应考虑生态地产项目的自身的特征。由于宏观政策的支持带动及政府积极采取的减免税收、费用、贴息贷款、财政补贴等举措，保证了生态地产项目的政策风险较小，确保了生态地产项目的经济风险相对较低。而生态建筑本身的科技含量高的特点又决定了生态地产项目的技术风险比普通地产项目高。

10.2　生态化全程策划

10.2.1　开发用地获得

地产开发用地的获得基本上分为土地使用划拨、土地使用权出让、土地使用权转让三种基本方式，目前，以土地使用权出让及土地使用权转让两种方式为主。在土地使用权转让中一般会涉及城市房屋的拆迁，实现城市房屋拆迁的"生态文明化"是房地产企业打造"绿色、生态"品牌的措施之一。首先，制定"生态化"拆迁方案，杜绝"野蛮拆迁"，整个拆迁方案在充分尊重、研究现状用地的物质、人文肌理的基础上制定，对区内各类生态环境资源进行保留；对各类建筑资源进行充分的评估，基于整个项目的全景层面提出拆迁范围及手段；对拆迁所得的建材物料提出循环再利用措施；对拆迁建设工作进行管理，最小化其对周边环境及生态系统产生的干扰。同时，在拆迁补偿与安置工作方面，也应采取新形式，新方法，在与原居民进行充分的沟通协商的基础上进行，以尽量减少对地区原有的社会关系结构的破坏。

10.2.1.1　资金筹措

资金筹措工作在整个地产开发经营活动占有举足轻重的地位，只有开发建设资金能按时、足额到位，才能保证房地产开发项目能按照总体进度计划的安排顺利进行下去。生态地产项目的资金筹措，应充分利用政府各类政策的支持，进行多种渠道、多类形式的资金筹措，保证整个项目的顺利开展：

（1）积极利用政府财政支持政策

当前，我国政府大力扶持绿色建设、生态地产的开发建设。政府出台了一系列激励政策，提出对超过节能设计标准或采用可再生能源的建筑和绿色建筑，采取减免税收、费用、贴息贷款、财政补贴进行鼓励，以促进生态绿色房地产项目的资金筹措中充分利用各类激励政策，积极争取各级政府及部门的财政支持。

（2）大力推动绿色房地产证券化

除争取政府的资金支持外，绿色房地产企业还应在绿色房地产项目发展势头大好的环境下，积极地吸收民间资本。有关证券监管部门尽快制定促进绿色房地产交易。这种债券可以由房地产企业发行，在资本市场上直接融资，也可以由类似于房地产投资信托机构在资本市场上发行，将分散的资金集中到绿色房地产项目开发建设中来。

（3）建立长期绿色投资基金组织

绿色房地产投资基金属于股权投资，可以分散投资，降低风险，丰富了融资品种；也可以吸引社会上的分散资金，把原本是有钱人才可投资的房地产业变成大众化的投资工具。同时，国外多年的实践经验和基金融资的运作机理也一再地告诉我们，投资基金是工业化加速发展阶段中行之有效的房地产融资方式。特别是在我国目前微观基础发展现状下，它可以与信托联合，使有一定基础的房地产企业形成较稳定的资金来源。我国应借鉴市场经济较为发达的国家，特别是美国发展房地产基金的成功经验。应尽快颁布符合我国国情的绿色投资基金法，消除我国绿色房地产投资基金发展法规方面的障碍。

10.2.1.2　规划设计

《绿色建筑评价标准》GB/T 50378—2014，本标准是根据住房和城乡建设部《关于印发＜2011年工程建设标准规范制订、修订计划＞的通知》（建标〔2011〕17号）的要求，由中国建筑科学研究院和上海市建筑科学研究院（集团）有限公司会同有关单位在原国家标准《绿色建筑评价标准》GB/T 50378—2006基础上进行修订完成的。绿色建筑分项指标与重点应用阶段汇总表绿色化的规划设计，应以《绿色建筑评价标准》及其实施细则为设计参考基准，进行建设项目的总平面、建筑单体、结构、给水排水、暖通、强弱电、消防、燃气等各个方面，方案、施工等各个层面的综合规划设计，实现"节地、节能、节水、节材、室内环境质量、运营管理"的目标体系。

（1）小区布局。其除了影响建筑物不同外表面可受到的日照程度外，还将影响建筑周围的空气流动。冬季建筑物外表面风速的不同，会使外墙表面的散热量有一定的差异，建筑物两侧形成的压差还会造成很大的冷风渗透；

（2）小区绿化率、水景。其将改变地面对阳光的反射，从而使夏季室内热环境有较大差异。

（3）建筑形状及内部划分，将在很大程度上影响自然通风。

（4）建筑外墙保温方式、窗地比、窗的形式、光透过性能及遮阳装置等，都对冬季耗热量及夏季空调耗冷量有巨大影响。

（5）屋顶形式、保温方式、通风方式以及色彩，会造成顶层房屋热状况的差异。可以看出以上的规划设计措施涵盖了住宅小区规划、建筑单体设计、暖通设计、施工设计等各个层面的规划设计内容。而由于气候、地理位置、经济社会情况等等的差异，这六类设计内容又会因绿色房地产项目的自身特征而得到不同的结果。因此，绿色化规划设计不是一种固定的结论或方法，其核心是绿色规划设计思想所蕴涵的设计原则：

1）生态化。尊重自然，保护生态，减少人工环境对自然生态平衡的负面影响、节约能源、保护资源，强调建筑环境与自然环境的协调共生，有机结合，实现生态良性循环。人是自然中的人，要给予自然更多的关心。变破坏为尊重、变掠夺为索取为珍惜共存，建立和推广新的生存伦理观念。

2）以人为本。树立"以人为本"的设计原则。设计中要考虑到阳光、空气、水，从生态方面去努力满足人的需要；同时，人是一切社会关系的总和，因此设计中也要尊重社会的人文环境，注意保护历史景观，协同好自然环境和社会环境的关系。

3）因地制宜。绿色化规划设计应充分结合当地的气候特点及其他地域条件，最大限度地利用自然采光、自然通风、被动式集热和制冷，从而减少因采光、通风、供暖、空调所导致的能耗和污染。

4）整体性。绿色规划设计强调"整体性"原则，设计过程中要考虑到建筑与周围环境的关系，尽量减少对自然的干扰和破坏，将绿色建筑纳入区域的生态、生产、社会经济、文化等因素复合的整体系统中综合考虑，实现社会、经济和环境三者的整体效益的最优。必须结合气候、文化、经济等许多因素开展综合分析、进行规划、建筑、绿化环境、工程管线的整体设计，切勿盲目照搬所谓的先进生态技术，也不能仅仅着眼于一个局部而不顾整体。整体设计的优劣将直接影响生态住宅的性能及成本。

5）动态性。绿色规划设计是一个可持续发展的概念，绿色建筑的设计和规划是一个持续不断的动态发展过程，要有预见性地研究绿色建筑与社会和环境的互动关系，要求绿色建筑空间上具有包容性，功能上具有综合性，使用上具有灵活性和扩展性。要以动态发展的方式处理好不同建设时期的关系，要适应不断发展变化的条件，实施全生命周期绿色开发和管理，提高绿色建筑的持久生命力，从而实现绿色建筑的经济可行的运作方式。

把握住这些原则，以可持续发展为目标，生态学为基础，以人与自然的和谐为核心，以现代技术为手段，才能实现规划设计的"绿色化"，最高效、最少量地使用资源、能源，减少对环境的冲击，营造自然、和谐、健康、舒适的环境。

10.2.2　生态化施工建设

在房地产业中实施生态化战略，除应重视建设项目投资决策、全程策划阶段的生态化理念的渗入外，建筑施工阶段的"生态化"也是我们应重视的一个阶段。项目施工过程会对环境、资源造成严重的影响。在许多情况下，建造和清除扰乱了场地上现存的自然资源，代之以非自然的人造系统；建造和拆除所产生的废弃物占填埋废物总量的比重较大；在建造过程中散发出的灰尘、微粒和空气污染物等会造成健康问题。而具有可持续发展思想的生态化施工方法则能够显著减少对场地环境的干扰、填埋废弃物的数量以及在建造过程中使用的自然资源，同时，还可将建筑物建成后对室内空气品质的不利影响减少到最低限度。因此，实施生态化施工对生态化房地产业的实现具有重要意义。

10.2.2.1　绿色化施工的发展历程

20世纪80年代，发达国家进入循环经济时代，其施工企业也相应实施绿色化施工。为了促进施工企业实施绿色施工，日、美、德等发达国家，都制定了相应的法律、法规、政策，对具有绿色施工能力的企业，给予奖励。

随着循环经济理念已成为世界各国的共识，绿色施工技术也随之成为世界施工技术发展的必然趋势。2000年美国绿色建筑协会为满足美国建筑市场对绿色建筑评定的要求，提高建筑环境和经济特性而制定的一套评定标准，它提供了一个衡量标准，对"绿色"做出定义，被称为世界上最绿色的建筑设计、施工与认证的先导体系。

其他国家，如德国、英国、澳大利亚、加拿大、挪威、法国、日本等国家也相继推出了针对绿色建筑设计的评价体系。这些评价体系基本上都涵盖了绿色建筑的三大主题，并制定了评分体系。这些评估体系的制定及推广应用对于推动全球绿色建筑的发展起了重要的作用。

而在我国，绿色化施工也是伴随着绿色建筑理念的提出和发展而逐渐成形实施的：1992 年联合国环境与发展大会通过了《21 世纪议程》，中国政府作出了履行《21 世纪议程》等文件的庄严承诺。1994 年 3 月 25 日，《中国 21 世纪议程》经国务院第十六次常务会议审议通过。《中国 21 世纪议程》共 20 章，78 个方案领域，主要内容分为四大部分。第一部分，可持续发展总体战略与政策。提出了中国可持续发展战略的背景和必要性；提出了中国可持续发展的战略目标、战略重点和重大行动，可持续发展的立法和实施；制定了促进可持续发展的经济政策，参与国际环境与发展领域合作的原则立场和主要行动领域。第二部分，社会可持续发展。包括人口，居民消费与社会服务，消除贫困，卫生与健康，人类住区和防灾减灾等。其中最重要的是实行计划生育、控制人口数量和提高人口素质。第二部分，经济可持续发展。《议程》把促进经济快速增长作为消除贫困、提高人民生活水平、增强综合国力的首要条件。第四部分，资源的合理利用与环境保护。包括水、土等自然资源保护与可持续利用，还包括生物多样性保护，防治土地荒漠化，防灾减灾等。提出中国人类住区可持续发展的优选项目为：城市垃圾管理与无害化系统、现代化城市交通体系、给水排水持续发展的能力建设、跨世纪民用住宅与居住环境、建筑节能、城市规划、建设与管理信息系统的开发与建设、城市建筑与生命线工程的防灾灭灾综合发展。2001 年，建设部住宅产业化促进中心出台了《绿色生态住宅建筑要点及技术导则》。同时，在广泛研究世界各国绿色建筑评估体系的基础上并结合我国特点，出版了《中国生态住宅技术评估手册》。越来越多的房地产开发商打出了生态、绿色、健康建筑的旗号，并且兴建建筑节能示范工程、康居工程、住宅性能评级、健康住宅等。

2002 年，建设部办公厅出台了《关于加强建筑工程室内环境质量管理的若干意见》（建办质〔2002〕17 号）；国家质量监督检验检疫总局发布《关于实施室内装饰装修材料有害物质限量 10 项强制性国家标准的通知》（国质检标函〔2002〕392 号）。从保护环境的角度出发，完善了绿色施工方面的相应政策和标准。2003 年 11 月，北京奥组委环境活动部负责起草的《奥运工程绿色施工指南》出台，其中 14 条"绿色施工管理"主要规定了建设单位和施工单位的责任，现场环境管理的人员、制度与资金保障，单位资质，生产工序的控制要求、噪声控制程序、夜间施工控制程序、有关单位的培训、宣传、教育方面的要求以及监督机制等内容；13 条"绿色施工技术"规定包括了施工工艺选择、工地围栏、防尘措施、防治水污染、大气污染、噪声控制、垃圾回收处理等方面的补充要求。我国目前的绿色施工评判体系还有待完善，但《绿色奥运建筑评估体系》中，对施工阶段建立了独立的评判标准，主要采用定性指标建立评价体系，这有助于推动绿色施工水平的提高。

10.2.2.2　生态化施工的内涵

生态化施工是可持续发展思想在工程施工中的应用体现，是生态化施工技术的综合应用。生态化施工技术并不是独立于传统施工技术的全新技术，而是用"生态化"的眼光对传统施工技术的重新审视，是符合可持续发展战略的施工技术。生态化施工是低碳、环保、节能、舒适的生态化可持续发展理念深入到结构设计和施工阶段提出的生态化理念和方法。

建筑物的生命周期由物料生产、建筑规划、设计、施工、运营维护和拆除等阶段构成，而建筑施工是建筑物全生命周期中建筑产品生产过程的重要环节，是建筑企业组织按照设计文件的要求，使用一定的机具和物料，通过一定的工艺过程将图纸上的建筑进行物质实现的生产过程。房地产业贯彻可持续发展思想，开发推广绿色建筑，实现绿色化发展，就必须重视生态化建筑施工阶段。生态化施工是以保护生态环境和节约资源为目标，以严格控制产品质量为前提，对工程项目施工采用的技术和管理方案进行优化与严格实施，并确保施工过程安全和高效的方式方法。具体地说，就是在保证施工过程安全文明高效优质的条件下，做到"四节一保"即"节地、节水、节能、节材、实现环境保护"。生态化施工可以定义为：建设工程施工阶段严格按照建设工程规划、设计要求，通过建立管理体系和管理制度，采取有效的技术措施，全面贯彻落实国家关于资源节约和环境保护的政策，最大限度节约资源，减少能源消耗，降低施工活动对环境造成的不利影响，提高施工人员的职业健康安全水平，保护施工人员的安全与健康。

10.2.2.3　生态化施工的特点

生态化施工并不是完全独立于传统施工的施工体系，它是在传统施工的基础上按科学发展观进行创新和提升，以实现"高效、低耗、环保"。生态化施工具有如下特点：（1）生态化施工追求科学发展观提出的"高效、低耗、环保"的综合效益。要求做到经济效益、社会效益、环境保护三者有机统一，当发生矛盾时，以环保优先为原则；（2）生态化施工在施工过程中要求节约资源、节约材料、节约用水、节约施工临时用地、节约能源的同时对建筑副产物再利用；（3）在技术上，提倡应用可促进生态系统良性循环、不污染环境、高效、节能和节水的建筑技术。

10.2.2.4　生态化施工建设的内容

（1）节约资源

1）节约土地

建设工程施工总平面规划布置应优化土地利用，减少土地资源的占用。土方开挖施工应采取先进的技术措施，减少土方开挖量，最大限度地减少对土地的扰动，保护周边自然生态环境。

2）节约能源

建设工程施工应实行用电计量管理，严格控制施工阶段用电量。施工现场应制订节能措施，提高能源利用率，对能源消耗量大的工艺必须制定专项降耗措施。临时设施的设计、布置与使用，应采取有效的节能降耗措施，施工机械设备应建立按时保养、保修、检验制度。合理安排工序，提高各种机械的使用率和满载率。

3）节约水资源

建设工程施工应实行用水计量管理，严格控制施工阶段用水量。施工现场生产、生活用水必须使用节水型生活用水器具，在水源处应设置明显的节约用水标识。同时应充分利用雨水资源，保持水体循环，有条件的宜收集屋顶、地面雨水再利用。

4）节约材料

优化施工方案，选用绿色材料，积极推广新材料、新工艺，促进材料的合理使用，节省实际施工材料消耗量。根据施工进度、材料周转时间、库存情况等制定采购计划，并合理确定采购数量，避免采购过多，造成积压或浪费。对周转材料进行保养维护，维护其质量状态，延长其使用寿命。按照材料存放要求进行材料装卸和临时保管，避免因现场存放条件不合理而导致浪费。施工现场应建立可回收再利用物资清单，制定并实施可回收废料的回收管理办法，提高废料利用率。建设工程施工所需临时设施应采用可拆卸可循环使用材料，并在相关专项方案中列出回收再利用措施。

（2）环境保护

1）扬尘污染控制

施工现场主要道路应根据用途进行硬化处理，土方应集中堆放。裸露的场地和集中堆放的土方应采取覆盖、固化或绿化等措施。施工现场应建立封闭式垃圾站，施工垃圾的清运必须采用相应容器或管道运输。建筑拆除工程施工时应采取有效的降尘措施。施工现场易飞扬、细颗粒散体材料，应密闭存放。施工现场材料存放区、加工区及大模板存放场地应平整坚实。

2）有害气体排放控制

施工现场严禁焚烧各类废弃物。建筑材料应有合格证明，对含有害物质的材料应进行复检，合格后方可使用。施工车辆、机械设备的尾气排放应符合国家规定的排放标准。

3）水土污染控制

施工现场搅拌机前台、混凝土输送泵及运输车辆清洗处，应当设置沉淀池。废水不得直接排入市政污水管网，可经二次沉淀后循环使用或用于洒水降尘。施工现场存放的油料和化学溶剂等物品应设有专门的库房，地面应做防渗漏处理。废弃的油料和化学溶剂应集中处理，不得随意倾倒。

4）噪声污染控制

施工现场应根据国家标准《建筑施工场界噪声测量方法》GB 12524—90 和《建筑施工场界环境噪声排放标准》GB 12523—2011（《建筑施工场界噪声限值》自 2012 年 7 月 1 日起将废止）的要求制定降噪措施，并对施工现场场界噪声进行检测和记录，噪声排放不得超过国家标准。施工场地的降噪声设备适宜设置在远离居民区的一侧，可采取对降噪声设备进行封闭等降低噪声措施。运输材料的车辆进入施工现场，严禁鸣笛。装卸材料应做到轻拿轻放。

5）光污染控制

施工单位应合理安排作业时间，尽量避免夜间施工。必要时的夜间施工，合理调整灯光照射方向，在保证现场施工作业面有足够光照的条件下，减少对周围居民生活的干扰。在高处进行电焊作业时应采取遮挡措施，避免电弧光外泄。

6）施工固体废弃物控制

施工中应减少施工固体废弃物的产生。工程结束后，对施工中产生的固体废弃物必须全部清除。施工现场应设置封闭式垃圾站，施工垃圾、生活垃圾应分类存放，并按规定及时清运消纳。

7）环境影响控制

工程开工前，建设单位应组织对施工场地所在地区的土地环境现状进行调查，制定科学的保护或恢复措施，防止施工过程中造成土侵蚀、退化，减少施工活动对土地环境的破坏和污染。建设项目涉及古树名木保护的，工程开工前，应由建设单位提供政府主管部门批准的文件，未经批准，不得施工。建设项目场址内因特殊情况不能避开地上文物，应积极履行经文物行政主管部门审核批准的原址保护方案，确保其不受施工活动损害。对于因施工而破坏的植被、造成的裸土，必须及时采取有效措施，以避免土侵蚀、流失。施工结束后，被破坏的原有植被场地必须恢复或进行合理绿化。

（3）职业健康

1）合理进行场地布置及临时设施建设

施工现场应设置办公室、宿舍、食堂、厕所、淋浴间、开水房、文体活动室、密闭式垃圾站及盥洗设施等临时设施。施工现场临时搭建的建筑物应当符合安全使用要求，施工现场使用的装配式活动房屋应当具有产品合格证书。建设工程竣工一个月内，临建设施应全部拆除。严禁在尚未竣工的建筑物内设置员工集体宿舍。施工现场办公区、生活区应与施工区分开设置，并保持安全距离；办公、生活区的选址应当符合安全要求。

2）保证作业条件及环境安全

施工现场必须采用封闭式硬质围挡，高度不得低于 1.8m。施工现场应设置标志牌和企业标识，按规定应有现场平面布置图和安全生产、消防保卫、环境保护、文明施工制度板，公示突发事件应急处置流程图。施工单位应采取保护措施，确保与建设工程毗邻的建筑物、构筑物安全和地下管线安全。施工现场高大脚手架、塔式起重机等大型机械设备应与架空输电导线保持安全距离，高压线路应采用绝缘材料进行安全防护。施工期间应对建设工程周边临街人行道路、车辆出入口采取硬质安全防护措施，夜间应设置照明指示装置。施工现场出入口、施工起重机械、临时用电设施、出入通道口、有害危险部位等应设置明显的安全警示标志，安全警示标志必须符合国家标准。在不同的施工阶段及施工季节、气候和周边环境发生变化时，施工现场应采取相应的安全技术措施，达到文明安全施工条件。

3）确保职业健康

施工单位应为施工人员配备安全帽、安全带及与所从事工种相匹配的安全鞋、工作服等个人劳动防护用品。施工现场应采用低噪声设备，推广使用自动化、密闭化施工工艺。不能保证良好自然通风的作业区，应配备强制通风设施；有毒有害气体作业场所，应戴防毒面具或防护口罩；粉尘作业场所，应采取喷淋措施，操作人员应佩戴防尘口罩；焊接作业时，操作人员应佩戴防护面罩、护目镜及手套等个人防护用品；高温作业时，施工现场应配备防暑降温用品，合理安排作息时间。施工现场应在易产生职业病危害的作业岗位和设备、场所设置警示标识或警示说明。

4）做好卫生防疫工作

施工现场员工膳食、饮水、休息场所应符合卫生标准。宿舍、食堂、浴室、厕所应有通风、照明设施，日常维护应有专人负责。食堂应有相关部门发放的有效卫生许可证，各类器具规范清洁，炊事员应持有效健康证。厕所、卫生设施、排水沟及阴暗潮湿地带应定期消毒。生活区应设置密闭式容器，垃圾分类存放，定期灭蝇，及时清运。施工现场应设立医务室，配各保健药箱、常用药品及急救器材。施工人员发生传染病、食物中毒、急性职业中毒时，应及时向发生地的卫生防疫部门和建设主管部门报告，并按照卫生防疫部门的有关规定进行处置。

10.2.3 生态化施工的推广

推行生态化施工的企业市场竞争力提高，社会信誉提升，经济效益良好，可带给建筑企业经济、社会、环保等多重的应用价值，也是我国地产企业走向国际市场的必然途径。

10.2.3.1 加强立法和政策引导

制定生态化施工的标准和考核指标及相关的统计制度；制定生态化施工企业的评价体系；制定引导施工企业创建生态化施工企业的激励和处罚政策；明确规定在施工组织设计中要包含生态化施工的内容，并在竣工验收中作为验收内容；加强对生态化施工技术及生态建设机械的开发研究，国家从政策、开发研究资金、税收等方面给予支持；制定生态化施工的法规和制度体系、生态化施工的评价体系、促进生态化施工的激励政策和财税支持政策等。

10.2.3.2 推进环境管理体系认证

ISO 140000 认证体系是国际标准化组织继 ISO 190000 之后推出的第二个管理性的系列标准，在国际贸易中被称为绿色通行证，污染预防和持续改进是其基本思想，要求企业依此为模式标准建立环境管理体系，使其活动、产品和服务的每一个环节对环境的影响最小化，并不断进行改进。

10.2.3.3 推广生态化施工管理模式

在我国的建筑市场上，沿着建筑产品产业链上存在着投资、设计、施工、供应多个环节，工程项目被分解成段，工程总承包商对施工进行调整和变更受到多方制约，系统外的调整涉及多方利益关系，协调成本高，优化组合难以实现，现行建设管理体系制约"生态化施工"的推进。我国应大力推行国际上较为流行的"设计-采购-施工"总承包模式，为总承包商在进行系统资源优化和统筹时提供更大的灵活度，也为生态化施工切实的落实和认真地贯彻创造良好条件。

10.2.3.4 加强生态化施工宣传和培训

要大力组织开展生态施工宣传活动，引导建筑业企业和社会公众提高对生态化施工的认识，深刻理解绿色施工的重要意义，增强社会责任意识，加强开展绿色施工的统一性和协调性。要充分利用建筑业既有人力资源优势，通过加强技术和管理人员以及一线建筑工人的分类培训，使广大工程建设者尽早熟悉掌握生态化施工的要求、原则、方法，及时有效地运用于工程建设实践，保障生态化施工的实施效果。

10.2.4 租售服务

租售服务作为房地产营销中的重要一环，大体上涵盖了租售价格制定、产品促销等内容。生态住宅，区别于一般住宅产品，它不仅具备了传统住宅遮风避雨、通风采光等基本功能，同时还具备了传统住宅所没有的协调环境、保护生态的特殊功能。因此针对生态房地产商品的租售服务也应该实现绿色化，将健康、节能、环保、可持续发展等绿色生态观念引入其营销活动中以指导其策划与实施的过程。

10.2.4.1 生态化价格制定

价格是影响生态地产营销的最重要最敏感的因素，它的高低关系到房地产企业在生态地产市场上的份额和盈利率，故而能否合理地确定生态地产的价格是影响地产开发企业能否获取良好经济效益和社会效益的关键。

生态地产的开发遵循了生态学原理，体现了可持续发展的原则，在规划设计、营建方式、选材用料方面均按区别于传统住宅的特定要求进行，它不仅具备了传统住宅遮风避雨、通风采光等基本功能，同时还具备了传统住宅所没有的协调环境、保护生态的特殊功能。

（1）生态地产新的价格内涵

生态地产的特殊产品性能赋予了生态地产新的价格内涵，一是要体现"环境和资源的有偿使用"原则，把地产企业在开发生态地产的过程中用于保护生态环境和维护住户健康而耗费的支出记入成本；二是要体现"污染者付费"原则，通过征收污染费来增大非生态地产开发企业的经营成本，避免非生态地产开发企业以污染环境为代价来降低成本，从而取得成本优势和价格竞争力。因此，生态地产在定价时，其价格自然会高于普通住宅的价格。生态地产的开发过程追加了几项成本要素，即由于施工全程实施环境管理而增加的成本；地产的生态运营和维护所增加的成本；采用生态建材和生态施工技术而增加的成本；地产企业因建立生态地产项目的相关组织机构而增加的管理费用等。鉴于此，生态地产的定价应充分考虑上述因素，并遵循以下几个基本的定价依据。

（2）"按质论价"

"按质论价"，就是指对同类商品按照质量的差别，实行分等论价，做到优质优价、劣质劣价、同质同价。从"按质论价"的客观依据来看，生态地产在地段、周边自然环境条件、建筑材料、施工技术等方面均优于普通住宅，据此，生态地产的价格可高于普通住宅的价格。

（3）根据市场需求状况定价

生态地产市场总体而言是卖方市场，发展势头良好。随着人们消费水平的不断提高、绿色消费意识的不断增强和人们对生活品质的进一步追求，生态地产的消费者会越来越多，生态地产将越来越受到人们的青睐，生态地产的市场需求量巨大，有拉动价格上涨的潜力。此外，生态地产本身有许多诱人的非价格因素，使人们愿意支付高价。

（4）以开发成本为定价基础

生态地产相对于普通住宅而言，投资较大，施工条件要求高，同时生态地产开发过程中的监理和检测费用较高，从而形成了较高的成本。按照价格形成理论，有必要把绿色成本纳入生态地产价格构成体系，作为定价时的主要考虑因素。

10.2.4.2 生态化促销

生态化促销主要是指采取能够突出生态地产以及其相关生态产品的环保特征的市场推广战略。生态化促销是一种观念渗透，地产企业可利用绿色广告、绿色促销活动、公共关系和人员推销等形式在市场上广泛宣传自己的生态产品，让更多人知晓。同时，生态化促销又是一种行动，企业可使用各种传媒宣传自己在绿色领域的所作所为，还要积极参加各种与环保有关事务，如赞助绿色活动，以实际行动强化企业在公众心目中的形象。

（1）生态广告促销

生态广告促销应确定绿色住宅广告的系列目标。主要目标有：告知消费者新的绿色楼盘或现有楼盘的绿色特性，提醒消费者有关开发企业及所推楼盘的绿色表现；说服消费者本企业物业的绿色表现优于竞争者的物业等。生态绿色广告的经费分配应遵循生态原则，即尽量节约广告费开支，减少资源的浪费；在既定的预算经费范围内要合理地使用，使之产生最大效应；在节约广告经费与支出较多广告费以促进生态地产销售之间做出一个权衡，使广告经费的合理预算既不影响绿色住宅的销售又不浪费，使其以低成本高成效的方式来使用广告费。绿色生态广告应真实传递信息，而且往往与环境保护有关。

（2）生态促销活动

地产企业的生态营销活动，主要可以从生态培训、项目推广活动、赠送活动、折扣活动、联谊活动等几个方面入手，举办生态物业知识讲座。生态化物业的潜在业主往往具有相似的特征，比如收入水平高、受教育程度高、社会地位高等，经常有一些相似的爱好和生活习惯。所以举办生态化物业的知识讲座可以选在某个特定的地点，比如银行、高校、外资企业、项目所在地等目标客户相对集中的地方；也可以选在某个特定的场合，比如本市大型的房地产交易会、某个重要团体的年会、某些高层社会人士的联谊活动期间等等。主要目的在于激起消费者的生态需求，同时树立本企业的品牌形象。

举办生态项目推广活动。在开盘前期，可以展开项目的推广活动，活动的内容主要是介绍项目情况，突出项目的生态特性，提高项目被认识程度，激起消费者选择本项目的欲望。还可以展开折扣活动、赠送活动、联谊活动。折扣活动主要开展的时间应该选在项目销售的前期，比如某个时间之内购房者可以享受一定的折扣、一次性付款可以享受一定的折扣、介绍朋友购房的人可以享受一定的折扣等等，刺激消费者的购买欲望，帮助他们完成购买决策，从而形成项目良好的销售局面，加速资金回笼；赠送活动，主要在项目尾期开展，选择方式可以是在购买房屋之后赠送装修或者家具、家电、旅游机票等，促进后期某些户型、层高、朝向不良的滞销房屋，刺激消费者购买，迅速完成项目的销售工作；联谊活动，主体是本公司所开发物业的老业主和潜在业主，此活动的目的在于通过第三方向目标客户传达本绿色项目的有关信息和居住过程中的亲身感受。此方式往往能够消除客户对公司促销活动的防卫，更能增强消费者的购买欲望。同时，客户还可以通过此方式提前了解以后的邻里环境，高雅、文明、活跃的生活氛围往往可以促进他们的购买决策。利用老业主的满意感染潜在业主的办法，成本低而且往往能够收到奇效，但条件是企业所开发的物业一定能达到让业主成为义务推销员的满意程度，不然只能取得相反的效果。

（3）公共关系

生态营销因为其对社会和环境的友好性，较强的外部性和良好的示范作用，往往可以成为政府和新闻媒体的支持和宣传对象。项目开发前期对政府的公关，可以获得土地、资金、税收等多方面的优惠政策，降低项目成本。项目开发过程中对政府和新闻媒体的公关，可以借助政府和新闻媒体的宣传渠道，树立公司的品牌形象，提高项目的知名度，吸引潜在客户，起到良好的广告效益。

（4）推销

人员推销在购买过程的某个阶段，特别在建立购买者偏好、信任和行动时是最有效的工具。生态地产企业若在人员推销上取得优势，就必须首先组建和培养一支专业的推销队伍，绿色住宅较高的科技含量给推销员提出了更高的要求，同时较高层次的目标客户也需要推销员具备良好的个人修养和知识水平。

人员推销在很多场合都可以进行，也可以结合前面提到的促销活动和公关活动，当然目前房地产企业的人员更多的是在项目所在地向客户推出他们的产品。人员推销必须具有相关的配套方式，比如：装修样板房，样板房给消费者一个以后住所状况的直观感受，对消费者的决策有重要的影响，绿色住宅的样板房应该突出其绿色特性，不但要向消费者展示房屋的户型、外部景观、内部装修，还要向顾客展示房屋具备的节能环保等独特功能，以及小区的水循环系统、能源节约系统、垃圾处理系统等。

10.2.4.3   生态化租赁服务

一个成熟生态化的地产市场应该是服务推动型的发展模式，二级市场比较发达。实现租赁服务的生态化，就应该积极培育和发展住房二级市场，建立功能齐全的中介机构，提供良好的经纪、估价、咨询、银行信贷、按揭担保等服务，实施信息化管理，建立专门的信息网络系统等等，通过一系列的服务手段来活跃绿色建筑节能环保功能展示二级市场，从而不断满足消费者改善人居环境的需求，引导居民住房的梯度消费，减少房地产重复建设，从另一个方面实现资源、能源的节约，环境污染减少，自然生态平衡保护，环境质量提高。

10.3   绿色化可持续发展

实现地产业的生态化可持续发展战略是一项系统工程，涉及面广，综合性强，实施难度大，除了地产企业自身在开发经营活动中逐步实现生态化外，更需要全社会的参与和支持。政府、企业、公众，包括社会组织与居民团体应发挥各自的作用及能力，促进房地产业的生态化可持续发展。

10.3.1   政府层面

地产业是一个在市场经济条件下运行的部门经济。在市场机制的作用下，地产企业的价值取向是利润最大化、成本最小化，在追求利润最大化的同时，往往会忽略社会效益、环境效益，很难做到经济、社会、环境三者的有机统一。地产业是极易受到政策影响的一个产业，这就决定了政府可以充分发挥宏观调控作用对其进行干预。政府作为地产业的管理者，要在创造良好的宏观环境方面发挥作用，引导地产业树立实现经济效益、社会效益、环境效益的有机统一的价值取向。对地产业发展过程中出现的一些不利于可持续发展的行为，政府应加大管理力度，运用宏观综合性政策进行调节和引导，使其从被动地服从政策逐渐转变到主动遵守地产业生态化可持续发展的"游戏规则"。

10.3.1.1   宣传可持续发展观

地产业乃至整个国民经济的可持续发展，需要各方的因素共同促成。首先要大力宣传可持续发展观，增强每个企业、每一个人的责任意识、环保意识、维权意识。遵循"污染者付费，利用者补偿，开发者保护，破坏者恢复"的原则，鼓励生态环境的有偿使用。组织开展评选"生态消费者"活动，提高居民积极参与意识。通过各种媒体渠道号召全社会保护生态环境、实现资源合理配置，鼓励大家从自身做起，进行绿色消费，节约资源，促进社会的和谐进步。

10.3.1.2   建立可持续发展的法律及政策

我国政府部门在推动地产业生态化方面做出了不少的工作，但与发达国家相比，相关政策和某些方面还相当滞后。因此，有关政策部门应抓紧制订如下不同层次的政策、法规和标准。

（1）国家经济计划、科技管理部门应将推进地产业生态化作为推动科技进步的一项重要内容来抓，列入产业发展规划，从发展政策、行业指导方面给予支持。

（2）在地产住宅设计方面，根据全国各地的自然、经济、技术和行业发展的情况，尽快制定出切实可行的《生态住宅小区设计导则》与目前《住宅设计规范》并行使用。由于我国幅员辽阔，各地自然、经济、技术、行业发展等情况千差万别，生态住宅设计导则的制定应充分考虑这些因素，将现实可行性放在第一位。同时，应尽快制定新的住宅设计规范，将生态化、智能化等重要内容纳入设计规范中，确保住宅建筑在设计过程中实现绿色化、生态化和智能化。

（3）建立健全科学完备的绿色建筑评价体系。自 2006 年起，住房和城乡建设部已组织编制了《绿色建筑评价标准》、《绿色建筑评价技术细则（试行）》和《绿色建筑评价标识管理办法》等多项标准和管理办法，适合我国国情的绿色建筑评价体系正在逐步建立，同时绿色建筑评价标识的申报工作也已经展开。政府部门应根据实际情况对这些标准进行不断的补充和修编。以建立健全科学的定量化的技术评价标准，为实现房地产业的绿色化可持续发展提供量化评价标准。

（4）城市规划审批部门在住宅设计方案的审查方面应将方案的生态绿色性作为一项重要的指标进行审查，强化生态绿色性政策执行的刚性效果。

10.3.1.3 运用多种经济激励手段

除了政府指令手段，还可以采用经济激励手段促进地产业生态化可持续发展。经济激励手段是利用经济因素调动房地产企业的积极性，以鼓励其实现生态化可持续发展。以要采取经济政策，如价格、税收、奖惩和信贷制度等，激励和刺激循环经济的发展。

（1）环境资源核算政策。环境资源是社会经济发展的物质基础，储备的资源是真正的财富。目前环境资源滥用问题很严重，主要在于缺乏合理的环境资源价格体系，环境资源的价格未能正确反映其供求关系，低价甚至免费使用。因此迫切需要建立环境资源体系，在此基础上再建立科学、公平、合理、有效的环境有偿使用制度。

（2）税收政策。包括两方面内容：一是环境税。环境税是以保护环境为主要目的而征收的税收的总称；二是差别税收。差别税收是指针对不同的纳税对象的行为、产品、生产方式、环境保护活动等来决定其纳税水平。对高能耗的建材生产企业征收环境税，以促进建材企业加强技术革新，节约资源。同时，以税收优惠为奖励制度，辅之生态房地产认证制度，按照生态地产贡献大小，制定税收优惠额度，对绿色生态化地产企业予以税收优惠政策奖励。

（3）财政政策。包括两方面内容：财政投入政策，是十分重要的宏观经济调控手段，也是生态建筑设计原理和环境经济政策的重要组成部分，包括政府对环境保护的直接投资和财政补贴；财政信贷政策，是环境经济政策的重要组成部分之一，它可以根据循环经济的要求，对不同对象实行奖励性或惩戒性信贷政策，即优惠信贷政策或严格信贷政策，对通过评价体系评估的绿色生态住宅项目予以开发资金上的支持，以促进住宅产业走可持续发展之路。

10.3.2 企业层面

地产企业及相关企业自身进行生态化经营发展模式的转变是实现我国整个地产业绿色

化可持续发展的根本。地产企业绿色化开发经营模式的转变除了需进行上文所介绍的纵向层面开发经营全周期的绿色化战略转型外，还应该推行横向层面的生态化发展，主要有：

10.3.2.1　加快开发企业的改革

加快地产开发企业的改革，是促进房地产业绿色化可持续发展的一个重要的推动力。在政府政策的调整和引导下，通过立法手段，完善地产企业制度，加快地产开发企业的改革、改制，将大多数的地产开发企业改造成股份有限公司，通过向社会筹集资金，壮大房地产开发企业实力，加强对地产企业的资质管理，支持具有资质和品牌优势的地产企业通过兼并、收购和重组，形成一批实力雄厚、技术强劲、生态化核心竞争力强的大型绿色地产企业，迅速提高企业的管理水平和规模经济水平，使地产企业迅速实现规模化生态化发展，通过鼓励房地产开发公司上市，形成良好的社会监督机制，从而促进我国地产开发公司的健康发展。

10.3.2.2　加快技术创新

生态化房地产业是知识密集型行业，具有技术含量高，技术标准高和技术要求高的特点，为实现长远发展和可持续发展，地产企业应该在充分理解了生态建筑理念的基础上，参考国外成熟的生态建筑技术，结合我国实际情况和各地区的特殊条件，在生态建筑的相关应用技术研究中投入大量的资金和精力，进行刻苦攻关、反复试验，攻破、掌握最新的生态建筑技术并直接应用到生态建筑的实际开发中。只有这样才能真正的实现生态地产的可持续发展。

10.3.2.3　完善管理体制

地产业关联度很高，在其生产、流通和消费过程中涉及多个行业，在地产项目的开发建设中，又包括投资决策、全程策划、建筑施工、市场营销、物业管理等多个环节，要在地产开发全寿命周期中始终贯彻绿色建筑理念，有效整合资源，实现最佳效应，必须要有科学合理的管理体制作保证。管理出效益，地产企业要根据市场经济规律和生态化地产业的发展要求，建立和完善与市场相适应，与企业发展相一致的管理结构和运行机制，坚持体制创新、管理创新，针对生态地产项目开发建设，制定出一套适合生态建筑开发的，更加简单、更加灵活、更加高效的管理模式，最大限度地整合人力、财力、物力等有形资产和绿色技术、绿色品牌、绿色信誉等无形资源，通过有效管理努力打造绿色建筑精品，在不断自我完善和改革创新中加快企业生态化发展。

10.3.2.4　实现上游产业的发展

地产业的绿色化可持续发展是涉及自身、相关产业和社会大系统的复杂战略体系。因此相关产业尤其是上游的建材行业的发展也对房地产业的生态化可持续发展具有重要的影响。

中国建筑材料工业协会自2003年起已连续在"中国国际绿色建材展览会"上开展了绿色建材产品（性能）的评定工作。2005年后更实行了每年定期组织专家进行"绿色建材产品（性能）"评定工作。这一工作的展开大大地促进了我国建材产业绿色化进程。生态建材产业正通过加大科技投入、提高管理水平，实现建筑材料质量的提升，产品生态功能的增强或增多，服役寿命的延长。地产业应积极实现与生态建材产业的耦合共生技术，积极采购运用"生态建材"，促进生态化建材业的发展，为实现地产业的生态化可持续发展奠定基础。

10.3.3 公众层面

随着中国地产市场逐渐成熟，目前由开发企业主导的卖方市场必将转变为买方市场，消费者才是市场发展方向的主宰者，在不久的将来，供给方必然根据消费者的需求来提供产品，才会有更大的竞争力，占据更多的市场份额。因此作为消费者的公众能对生态地产的可持续发展产生持久的推动作用。随着消费者可支配收入增加和消费能力的提高，人们对于住宅有更高的要求。通过政府引导和自身学习，消费者自身将会逐渐具有较强的环保和生态消费理念，认识到人居环境要"绿化"，同时生态地产消费还有更广的意义。积极地把这种绿色生态消费理念对接到消费习惯、消费行为中，让公众的消费行为支持生态消费具体化，将真正的生态消费执行和发展，从而是使居住环境也变得更加绿色化，促进房地产绿色化可持续发展。

10.3.3.1 增加生态人居消费和投资需求

从环境污染与保护、生态破坏与平衡等多方面向消费者宣传绿色生态观念与产品，生态消费正成为一种时尚。随着经济发展和社会进步，消费者必然会追求更高品质的生活，不仅吃、穿、用要求安全无污染，对居住环境也需要"生态住宅、生态人居"。由于生态地产建设成本提高，生态地产价格一般都会偏高，消费者在面对生态产品时，要从理性出发，使自己逐渐地接受现代生态品位的价值消费，并重视生存环境的生态质量；同时考虑接受产品的经济成本与健康成本，重新理解和认识绿色生态消费理念，增加对生态地产产品的接受意愿，逐步将这种生态消费意识转化为实际的生态消费行为。

增强生态投资的观念，在社会总投资中，生态投资所占比重越高，对社会发展和经济健康增长的贡献越大。公众消费者若能将生态消费行为和生态投资有机结合在一起，那么社会才能够实现可持续发展。消费者在生态消费过程中，应该把自己生态消费理念和生态价值观投入到投资上，正确认识绿色生态投资所带来的经济收益和健康回报。随着生态经济的不断发展，生态投资的观念也会逐渐深入社会，生态投资将成为企业和个人更加文明的投资方向。

10.3.3.2 参与地产可持续发展活动

实施地产业的生态化可持续发展需要全社会来关心、参与和支持。公众，包括社会组织与居民团体，对地产的监督和影响作用是很大的。尤其在中国，随着经济的发展，公民素质在不断提高，公众参政议政的能力在不断加强，地产的管理过程中也将有越来越多的公众参与，从而辅助政府扮演好其主要管理者的角色。消费者更应从自身做起，节水节电、做好垃圾分类、积极主动地参与、组织社区居民的绿色生态消费活动，宣传绿色生态小区工作的好经验。国外地产业的发展成功经验表明，公众参与是房地产业走生态化发展的必经之路，实现可持续发展的重要因素。公众对地产管理的积极参与有助于政府干预取得真正成效，从而规范整个地产业，使地产开发企业在追求经济效益的过程中不以牺牲社会效益、环境效益为代价，而将经济效益、社会效益和环境效益三者统一起来，促进地产业的生态化可持续发展。

10.4 生态地产的运营管理

普通建筑的运营管理主要是指工程竣工后建筑使用期的物业管理服务，往往与规划设计阶段脱节，在工程竣工后，才开始考虑运营管理工作，常规内容包括给水排水、燃气、电力、电信、保安、绿化、保洁、停车、消防与电梯管理以及共用设施设备的日常维护等。

生态建筑运营管理是在传统物业服务的基础上进行提升，要求坚持"以人为本"和可持续发展的理念，从关注建筑全寿命周期的角度出发，通过应用生态环保技术、高新技术，实现节地、节能、节水、节材与生态环保的目标。绿色生态建筑运营管理的策略与目标应在规划设计阶段就有所考虑并确定下来，在运营阶段实施并不断地进行维护与改进，采用建筑全寿命周期的理论及分析方法，制定绿色生态建筑运营管理策略与目标，最大限度地节约资源（节能、节地、节水、节材）、保护环境和减少污染，为人们提供健康、适用和高效的生活与工作环境，应用生态环保技术、高新技术，实施高效运营管理。

10.4.1　建筑全寿命周期

全寿命周期的概念在经济、环境、技术、社会等领域广泛应用。1966年美国哈佛大学教授弗农（Raymond vernon）最先提出了"产品生命周期"的概念，认为产品都是有生命周期的，这个周期可细分为产品开发期、市场引入期、成长期、成熟期和衰退期。全寿命周期的涵义可以通俗地理解为"从摇篮到坟墓"的整个过程，是动物的"全寿命周期"，形象地解释为包含了孕育、诞生、成长、衰弱和消亡的全过程。建筑全寿命周期是指建筑从建材生产、建筑规划、设计、施工、运营管理，直至拆除回用的整个历程。运用建筑全寿命周期理论进行评估，对建筑整个过程合起来分析与统计，消耗的资源与能源应最少，对环境影响应最低，且拆除后废料应尽量收回使用。

20世纪60年代，人们开始了全寿命周期的研究工作，研究内容主要集中在包装废弃物问题上。如美国中西部研究所对可口可乐公司的饮料包装瓶进行评价研究，对饮料包装瓶的原材料采掘到最终处置的全过程进行跟踪与定量研究。20世纪80年代，在美国某州发生的"尿布事件"引起了人们的关注。当时由于人们大量使用一次性尿布，产生了大量的垃圾，这些垃圾需填埋处理，耗地较多。于是政府颁布法律禁止使用一次性尿布，但多次性尿布的洗涤，增加了水资源和洗涤剂消耗量，加大了水资源污染。最后该州运用生命周期评价的方法，进行了重新评估，评估结果表明，使用一次性尿布更加合理，于是一次性尿布又被重新使用。

在我们生活中也在使用全寿命周期的概念。如购买一个节能灯泡，若节能灯泡质量很好，可以用很长时间，虽然价格高，但省了电费。因此，从全寿命周期核算成本来看还是值的。但如果节能灯泡质量很差，就没有人会用这类节能灯泡了。这仅仅只是考虑了成本。而从影响环境的角度更为科学地分析这个问题，就应该结合这类灯泡所采用的材料，评价从采矿一直到加工完成的全过程，对其所消耗的能源、排放的二氧化碳以及报废后可再利用价值等进行全面评估。

全球环境问题的日益严重，已威胁着人类的可持续发展。目前，人们的环境意识普遍提高，人们越来越重视对建筑的全寿命周期的评价。建材的获取、生产、施工和废弃过程中都会对生态环境，如大气、水资源、土地资源等造成污染。以工程项目为对象，利用数据库技术，对工程项目全寿命周期各环节的环境负荷分布进行研究，可计算出该项目全寿命周期中耗能和造成的大气污染等参数，为工程项目节能、生态设计等提供基础性数据。

10.4.2　"以人为本"的运营管理

2004 年，印度洋发生的地震海啸复合型灾难震动了世界，再一次让人类领教了大自然的威力，也震动了各国的科学界。我们在处理人和自然的关系时，奉行的应该是以人为本，还是以自然为本，以生态环境为本，这是个深刻的哲学问题。人类认识和改造自然的最终目标，是为人类自身创造良好的生活条件和可持续发展的环境。在过去相当长的时期内，人类以科学技术为手段，大量地向大自然索取不可再生的资源，无穷尽地满足不断增长的物质财富需要，造成了环境的严重破坏。这种发展模式，在很大程度上破坏了人类赖以生存的基础，使人类改造自然的力量转化为毁害人类自身的力量。生态建筑的运营使用，就是要改变这样一种状况，摒弃有害环境、浪费电、浪费水、浪费材料的行为。"以人为本"的生态绿色运营管理，就是要营造出既与自然融合，又有益于人类自身生活与工作的空间。

10.4.3　高新技术与运营管理

生态绿色建筑运营管理应用的高新技术主要是信息技术。信息技术是能够用来扩展人的信息功能的技术都是信息技术，主要是指利用计算机和通信手段实现信息的收集、识别、提取、变换、存储、传递、处理、检索、检测、分析和利用等技术。计算机技术、通信技术、传感技术和控制技术是信息技术的四大基本技术，其中计算机技术和通信技术是信息技术的两大支柱。从这种意义上讲，数字化技术、软件技术、数据库技术、地理信息系统、遥感技术、智能技术等均属于信息技术。

运营管理是保障生态建筑性能，实现节能、节水、节材与保护环境的重要环节。运营管理阶段应该处理好业主、建筑和自然三者之间的关系，它既要为业主创造一个安全、舒适的空间环境，同时又要减少建筑行为对自然环境的负面影响，做好节能、节水、节材及绿化、生态环保等工作，实现绿色建筑各项设计指标。生态建筑运营管理的整体方案应在项目的规划设计阶段确定，在工程项目竣工后正式使用之前，建立生态建筑运营管理保障体系。应做到各种系统功能明确、已建成系统运行正常，且文档资料齐全，保证物业服务企业能顺利接手。对从事运营管理的物业服务公司的资质及能力要求也非常明确，只有达到这种水平才能做到即使更换物业服务公司，也不会影响运营管理的工作。运营管理主要是通过物业服务工作来体现的，必须克服建设方、设计方、施工方和物业服务方在工作上存在着的脱节现象。建设方在建设阶段应较多地考虑今后运营管理的总体要求，甚至一些细节；物业服务企业应在工程前期介入，保证项目工程竣工后运营管理资料的完整。目前有些物业企业的服务观念还没树立起来，很多物业服务人员没有受过专业培训，对掌握生态建筑的运营管理，特别是智能技术有困难。另外，还存在一些认识误区，认为只要设备设施无故障、能动起来就行了。导致许多大楼空调过冷过热、电梯时开时停，管道滴漏现象普遍。

10.4.4　环境管理

生态建筑运营管理要求物业服务企业通过 ISO 14001 环境管理体系认证，这是提高环境管理水平的需要。加强环境管理，建立 ISO 14000 环境管理体系，有助于规范环境管理，可以达到节约能源，降低资源消耗，减少环保支出，降低成本的目的，达到保护环境、节约资源，改善环境质量的目的。环境管理按其涉及的范围可以有不同的层次，如地区范围内的环境管理，小区范围内的环境管理等。绿色建筑的环境管理体系应围绕绿色建筑对环境的要求，展开环境管理。管理的内容包括制定该绿色建筑环境目标、实施并实现环境目标所要求的相关内容、对环境目标的实施情况与实现程度进行评审并予以保持等。

10.4.4.1　环境管理体系

环境管理体系分为5部分，这5个部分完成各自相应的功能。（1）环境目标是组织环境管理的宗旨与核心，可以参考规划设计方案，并以文件的方式表述出环境管理的意图与原则。（2）提出明确的环境管理方案。（3）实施与运行。（4）检查和纠正措施。对由重大环境影响的活动与运行的关键特性进行监测，及时发现问题并及时采取纠正与预防措施解决问题。（5）管理评审，确保环境管理体系的持续适用性、有效性和充分性，达到持续满足 ISO 14001 标准的要求。

环境管理体系应包括人文环境建设与管理、节能管理、节水管理、节材管理、环境绿化美化、绿化植物栽培、环境绿化管理、环境污染与防治、环境卫生管理等。制定并实施资源管理激励机制，管理业绩与节约资源、提高经济效益挂钩，是环境友好行为的有效激励手段。过去的物业管理往往管理业绩不与节能、节约资源情况挂钩。绿色建筑的运行管理要求物业在保证建筑的使用性能要求以及投诉率低于规定值的前提下，实现物业的经济效益与生态建筑相关指标挂钩，如建筑用能系统的耗能状况、用水量和办公用品消耗等情况。

在美国、加拿大和欧洲流行"能源合同管理"。服务公司与客户签订节能服务合同，进行节能改造，提供能源效率审计、节能项目改造、运行维护、节能监测等综合性服务，并通过与客户分享项目实施后产生的节能效益来盈利和发展。环境管理按其涉及的范围可以有不同的层次，如地区范围内的环境管理，小区范围内的环境管理等。应围绕绿色建筑对环境的要求，展开环境管理。管理的内容包括制定该绿色建筑环境目标、实施并实现环境目标所要求的相关内容、对环境目标的实施情况与实现程度进行评审等。绿色建筑环境管理主要包括绿化管理、环境卫生管理、节能管理、节水管理、节材管理等。

10.4.4.2　绿化管理

在《绿色建筑技术导则》中，对绿色建筑运营管理的有关绿化管理提出了以下技术要求：制定绿化管理制度；对绿化用水进行计量，建立并完善节水型灌溉系统；采用无公害病虫害技术，规范杀虫剂、除草剂、化肥、农药等化学药品的使用，有效避免对土壤和地下水环境的损害。绿化管理贯穿于绿化规划设计、施工及养护等整个过程，科学规划设计是提高绿化管理水平的前提。园林绿化设计除考虑美观、实用、经济等原则，还须了解植物的生长习性、种植地气候、土壤、水源水质状况等。根据实际情况进行植物配置，以减少管理成本，提高苗木成活率。在具体施工过程中，要以乡土树种为主，乔、灌、花、草合理搭配。对绿化用水进行计量，建立并完善节水型灌溉系统。制定绿化管理制度并认真执行，使居住与工作环境的所有树木、花坛、绿地、草坪及相关各种设施保持完好，让人们生活在一个优美、舒适的环境中。

采用无公害病虫害防治技术，规范杀虫剂、除草剂、化肥、农药等化学药品的使用，有效避免对土壤和地下水环境的损害。病虫害的发生和蔓延，将直接导致树木生长质量下降，破坏生态环境和生物多样性，应加强预测预报，严格控制病虫害的传播和蔓延。增强病虫害防治工作的科学性，要坚持生物防治和化学防治相结合的方法，科学使用化学农药，大力推行生物制剂、仿生制剂等无公害防治技术，提高生物防治和无公害防治比例，保证人畜安全，保护有益生物，防止环境污染，促进生态可持续发展。对行道树、花灌木、绿篱定期修剪，草坪及时修剪。及时做好树木病虫害预测、防治工作，做到树木无爆发性病虫害，保持草坪、地被的完整，保证树木有较高的成活率，发现危树、枯死树木及时处理。

10.4.4.3 垃圾管理

垃圾是放错地方的资源。城市垃圾的减量化、资源化和无害化是发展循环经济的一个重要内容。循环经济的核心是资源综合利用，而不是废旧物资回收，通过废旧物资回收利用来缓解供应短缺，强调的是生产资料，如废钢铁、废玻璃、废橡胶等的回收利用，实现减量化、资源化和无害化的废弃物，重点是城市垃圾。在建筑运行过程中会产生大量的垃圾，包括建筑装修、维护过程中出现的土、渣土、散落的砂浆和混凝土、砖石和混凝土碎块，还包括金属、竹木材、装饰装修产生的废料、各种包装材料、废旧纸张等。每万平方米的住宅建筑产生的建筑垃圾约 400t/年。这些众多种类的垃圾，如果弃之不用或不合理处理将会对城市环境产生极大的影响。为此，在建筑运行过程中需要根据建筑垃圾的来源、可否回用、处理难易度等进行分类，将其中可再利用或可再生的材料进行有效回收处理，重新用于生产。必须合理规划垃圾收集、运输与处理整体系统，物业服务公司应建立垃圾管理制度，并认真执行。

垃圾管理制度包括垃圾管理运行操作手册、管理设施、管理经费、人员配备及机构分工、监督机制、定期的岗位业务培训和突发事件的应急反应处理系统等。对建筑垃圾实行容器化收集，避免或减少建筑垃圾遗撒。在源头将生活垃圾分类投放，并分类地清运和回收，通过分类处理，其中相当部分可重新变成资源。生活垃圾分类收集有利于资源回收利用，同时便于处理有毒有害的物质，减少垃圾的处理量，减少运输和处理过程中的成本。

生活垃圾分类与处理是当今世界垃圾管理的潮流。美国、英国、法国、加拿大、德国、澳大利亚、日本等许多国家制订了相应的生活垃圾分类法规、计划和实施办法。有的提出了"零垃圾"计划。在许多发达国家，垃圾资源回收产业在产业结构中占有重要的位置，甚至利用法律来约束人们必须分类放置垃圾。

生活垃圾一般可分为四大类：可回收垃圾、厨余垃圾、有害垃圾和其他垃圾。目前常用的垃圾处理方法主要有综合利用、卫生填埋、焚烧和生物处理。目前，我国主要的垃圾处理手段以填埋为主。据统计，2006 年北京市日产垃圾 12 万 t 左右，年产垃圾约 430 万 t，相当于每年堆起两座景山，且每年以 3‰～5‰的速度在增加。垃圾填埋不仅费用高，而且占用大量土地，且破坏环境。焚烧是西方国家广泛应用的垃圾处理方法。焚烧处理占用土地少，但成本太高，并且增加了二次污染。生活垃圾的分类收集与处理是一种比较理想的方法。生活垃圾分类后不是送到填埋场，而是工厂，这样就可以变废为宝，既省地，又避免了填埋或焚烧所产生的二次污染。

在许多发达国家，垃圾回收利用已作为一种产业得到了迅速发展。以美国巴尔的摩、华盛顿和里奇蒙三个城市为例，过去处理 1t 回收垃圾，需花费 40 美元，采用垃圾分类收集与处理方法后，在 1995 年就增加了 5100 多个就业机会，而且创造了 5 亿美元的财富。只有在混在一起的时候才是垃圾，一旦分类回收就都是宝贝。据统计：(1) 1t 废塑料再生利用约可制造出 0.7t 塑料原料。如果这些丢弃的塑料埋在地下的话，100 年也化解不掉。(2) 每 1t 废纸，可造纸 0.80~0.85t，节约木材 3~4m³，相当于少砍伐树木 20 棵（树龄为 30 年）。(3) 每利用 1t 废钢铁，可提炼钢 0.9t，相当于节约矿石 3t。(4) 1t 废玻璃回收后可生产一块相当于篮球场面积的平板玻璃或 500g 瓶子 2 万只。特别值得一提的是废电池的处理问题。乱扔废电池有严重的危害，回收利用有较好的价值。许多国家严禁废电池与垃圾混放，日本的社区就设立专用桶，可将纽扣电池等分别投放。生活中用的电池，一般都含有汞或镉等有毒的重金属。据北京市环保基金会统计，北京市年产垃圾中有废电池近 25 亿个，乱扔废电池会污染水资源与土壤资源，危害人体的健康。利用废电池可回收镉、镍、锰、锌等宝贵的重金属。在新建小区中配置有机垃圾生化处理设备，采用生化技术（利用微生物菌，通过高速发酵、干燥、脱臭处理等工序，消化分解有机垃圾的一种生物技术）快速地处理小区的有机垃圾部分，达到垃圾处理的减量化、资源化和无害化。专家预测，21 世纪垃圾发电将成为与太阳能发电、风力发电并驾齐驱的无公害新能源。2t 垃圾燃烧所产生的热量，相当于 1t 煤燃烧的能量。我国已有不少城市建立了垃圾场焚烧发电厂，我国第一个商业化运行的城市垃圾焚烧发电厂是龙岗区中心城环卫综合处理厂。

10.4.5　节能、节水、节材管理

建筑在使用过程中，需要耗费能源用于建筑的供暖、空调、电梯、照明等，需要耗水用于饮用、洗涤、绿化等，需要耗费各种材料用于建筑的维修等，管理好这些资源消耗，是绿色建筑运营管理的重点之一。

10.4.5.1　管理措施

节能与每个人的行为都是相关联的，节能应从每个人做起。物业服务企业应与业主共同制定节能管理模式，建立物业内部的节能管理机制。正确使用节能智能技术，加强对设备的运行管理，进行节能管理指标及考核，使节能指标达到设计要求。目前节能已较为广泛地采用智能技术，主要的节能技术如下：

（1）采用楼宇能源自动管理系统，特别是公共建筑。主要的技术为：通过对建筑物的运行参数和监测参数的设定，建立相应的建筑物节能模型，用它指导建筑楼宇智能化系统优化运行，有效地实现建筑节能管理。其中能源信息系统，是信息平台，集成建筑设计、设备运行、系统优化、节能物业服务和节能教育等信息；节能仿真分析系统，利用 ESA 给出设计节能和运行节能评估报告，对建筑节能的精确模型描述，提供定量评估结果和优化控制方案。能源管理系统 EMS，可由计算机系统集中管理楼宇设备的运行能耗。

（2）供暖空调通风系统（HVAC）节能技术为：从需要出发设置 HVAC，利用控制系统进行操作；确定峰值负载的产生原因和开发相应的管理策略；限制在能耗高峰时间对电的需求；根据设计图、运行日程安排和室外气温、季节等情况建立温度和湿度的设置点；设置的传感器具有根据室内人数变化调整通风率的能力。提供合适的可编程的调节器，具有根据记录的需求图自动调节温度的能力；防止过热或过冷，节约能源 10%~20%；根据居住空间，提供空气温度重新设置控制系统。

（3）建筑通风、空调、照明等设备自动监控系统技术。公共建筑的空调、通风和照明系统是建筑运行中的主要能耗设备。为此，绿色建筑内的空调通风系统冷热源、风机、水泵等设备应进行有效监测，对关键数据进行实时采集并记录；对上述设备系统按照设计要求进行可靠的

自动化控制。对照明系统，除了在保证照明质量的前提下尽量减小照明功率密度设计外，可采用感应式或延时的自动控制方式实现建筑的照明节能运行。在物业服务中，设备运行管理是管理过程中的重要一环，是支撑物业服务活动的基础。物业服务环境是一个相对封闭的环境，往往小区和大厦建造标准越高，与外部环境隔离的程度就越大，对系统设备运行的依赖性就越强。设备运行成本，特别在公共建筑物业服务中占有相当大的比重。

（4）根据水的用途，按照高质高用、低质低用的用水原则，制定节水方案和节水管理措施，树立节水从每个人做起的意识。物业服务企业应与业主共同制定节水管理模式，建立物业内部的节水管理机制。对不同用途的用水分别进行计量，如绿化用水，建立完善的节水型灌溉系统。正确使用节水计量的智能技术，加强对设备的运行管理指标的考核，使节水指标达到设计要求。建立建筑、设备、系统的日常维护保养制度；通过良好的维护保养，延长使用寿命，减少因维修带来的材料消耗。建立物业耗材管理制度，选用绿色材料（耐久、高效、节能、节水、可降解、可再生、可回用和本地材料）。

10.4.5.2 分户计量

分户计量是指每户的电、水、燃气以及供暖等的用量能分别独立计量。目前，住宅建设中早已普遍推行的"三表到户"（即以户为单位安装水表、电表和燃气表），实行分户计量，居民的节约用电、水、燃气意识大大加强。但公共建筑，如写字楼、商场类建筑，按面积收取电、天然气、供暖制冷等费用的现象还较普遍。按面积收费，往往容易导致用户不注意节约，是浪费能源、资源的主要缺口之一。生态建筑要求耗电、冷热量等必须实行分户分类计量收费。因此，绿色建筑要求在硬件方面，应该能够做到耗电和冷热量的分项、分级记录与计量，方便了解分析公共建筑各项耗费的多少、及时发现问题所在和提出资源节约的途径。

每户可通过电表、水表和燃气表的读数得出某个时间段内电、水和燃气的耗用量，进行计量收费，这是大家都十分熟悉的。然而，对集中供暖，做到谁用热量谁付费，用多少热量交多少钱，进行分户计量收费就不那么简单了。世界上不少国家已经有了成功的经验。住户可以自主决定每天的供暖时间及室内温度，如果外出时间较长，可以调低温度，或将暖气关闭，从而节省能源的消耗。目前我国正在逐步推广供暖分户计量。

10.4.5.3 远传计量系统

虽然水、电、燃气甚至供热实现了一户一表，但由于入户人工抄表工作量大、麻烦、干扰居民日常生活，而且易发生抄错、抄漏、滞后的情况。从现代数字化管理的要求出发，希望我们能得到一个区域，甚至整个城市耗水、耗电、耗燃气的动态实时数据，便于调度、控制，且易发现问题，真正做到科学管理，必须采用一种新的计量抄表方法：多表远传计量系统。在保证计量精度的基础上，将其计量值转换为电信号，经传输网络，把计量数值实现远传到物业或有关管理部门。

10.5 数字化与智能化管理

10.5.1 运营管理的数字化技术

传统的物业服务主要是承担公共设施维修、环卫清扫、绿化养护、治安保卫等服务性工作。由于技术含量不高，从业人员的门槛低，特别是居住小区似乎对物业管理人员的素质可以不作要求，因此，传统的物业服务是一个劳动密集型的行业。生态地产运营管理超出了清洁、绿化和安全巡逻的传统观念，摆脱了只靠人工管理的传统，更多地融进了高新技术，建立新型的数字化与智能化的运行管理方式，全面应用数字化技术，以数字化、网络化、智能化系统为技术支撑平台，实现了传统物业服务模式向数字化物业服务模式的功能提升与转型。

现代化、专业化的物业服务需要引进现代化的科技设施与设备，以提高管理水平和服务质量。建立新型的运行管理方式，实现传统物业服务模式向数字化物业服务模式的功能提升。全面应用数字化技术，以数字化、网络化、智能化系统为绿色建筑物业服务技术支撑平台，包括数字化应用技术构成、数字化物业业务管理、数字化设施管理、数字化综合安防管理、其他数字化应用服务。

生态建筑运营管理依赖于网络化管理。生态建筑运营管理提出了以下技术要求建立数字化运营管理网络平台，监控各系统及重点参数，使其达到设计预定的目标，建立突发事件的应急处理系统。

10.5.2　数字化网络平台

10.5.2.1　数字化网络

生态地产的运营管理依赖于网络化、数字化、生态化的地产开发与经营管理。生态地产的开发与运营管理需要建立数字化运营管理网络平台、监控各系统及重点参数，使其达到设计预定的目标，建立突发事件的应急处理系统。网络是指将分散在各处的计算机、打印机、电子设备、安防装置等通过通信技术连成一个整体，可以交互信息、传达命令。网络化是指提供网络环境，将原先分散的各种事件，通过网络，实现资源共享、相互沟通、实时交互信息，使业务处理或工作变得更为科学与高效。生态地产、生态居住小区智能化是以网络平台作为信息传输通道，联结各个智能化子系统，通过物业服务中心向住户提供多种功能的服务。网络化建设已经带动了许多产业的发展，在建筑业、城市建设、规划、管理与服务等领域的推广应用，并给这些行业注入新的活力。

10.5.2.2　数字化生活

数字化产品早就在悄悄地渗透到我们的日常生活中。各种家用电器已采用数字芯片，智能手机、个人电脑、数码相机、数字摄像机等已在我们生活中广泛使用。随着计算机与互联网的普及，数字化技术正在改变我们的生活和工作环境。这种由数字化技术和产品带来的新的更加丰富多彩的生活方式可称为数字化生活，人们可以在网上处理如购物、银行取款、支付账单、更新驾照、查阅文献、订阅新闻、学习、授课、娱乐休闲、交友谈情、外出旅游等一些日常生活中的事情。运用数字技术可以建立一个具有个性的智能化家庭平台，家庭内的所有电器或设备联网，而且还与互联网融为一体，构成一个智能化的家庭生活环境。

10.5.2.3　欧美的"聪明屋"

美国、欧洲等经济发达国家提出了"聪明屋"的概念，与我们的"智能化居住"概念差不多，其实质也是将住宅中设备、家电和家庭安防装置等通过家庭总线技术连接到家庭智能终端上，对这类装置或设备实现集中式的控制和管理，也可以异地监视与控制。家庭正在或已经成为城市信息网络中的一个基本节点，使人们可以享受到通信、安全防范、多媒体和娱乐等方面的种种便利。数字化和生态文明正在改变着建筑物，特别是家居的设计、建造和运作方式。数字化可实现高效、高质量的生活，真正促进生态地产的发展。

10.5.3 智能化系统

智能化系统是为我们服务的，如果没有人会用，就失去了智能化的价值。智能化产品在建筑中的应用比较方便，并不神秘，我们只要考虑智能化系统的功能，关注它能帮我们解决什么问题。

10.5.3.1 住宅智能化系统

生态地产的智能化系统是指，通过智能化系统的参与，实现高效的管理与优质的服务，为业主提供一个安全、舒适、便利的生产、生活环境，同时最大限度地亲近自然、保护环境、节约资源和减少污染。生态地产的智能化系统由安全防范子系统、管理与监控子系统、信息网络子系统和智能型居住小区智能化系统组成。总体框架如图 10-1 所示。

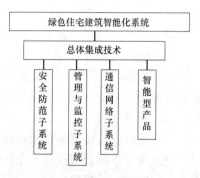

图 10-1 住宅智能化系统总体框架
（来源：文献 [10]）

居住小区智能化系统是通过电话线、有线电视网、现场总线、综合布线系统、宽带光纤接入网等组成的信息传输通道，安装智能产品，组成各种应用系统，为住户、物业服务公司提供各类服务平台。图 10-2 为住宅小区智能化系统总体框架。

生态地产智能化系统的硬件较多，主要包括信息网络、计算机系统、智能型产品、公共设备、门禁、IC 卡、计量仪表和电子器材等。系统硬件首先应具备实用性和可靠性，应优先选择适用、成熟、标准化程度高的产品。从住户使用来看，要求能按菜单方式提供功能，这要求硬件系统具有可扩充性。从智能化系统

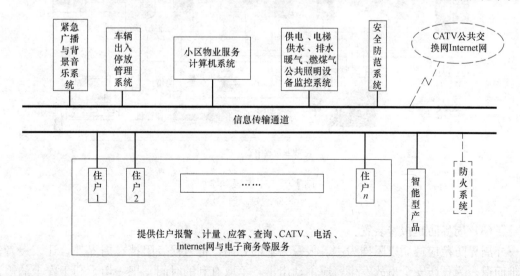

图 10-2 住宅小区智能化系统总体框架

（来源：文献 [10]）

总体来看，由于住户使用系统的数量及程度的不确定性，要求系统可升级，具有开发性，提供标准接口，可根据用户实际要求对系统进行拓展或升级。所选产品具有兼容性也很重要，系统设备优先选择按国际标准或国内标准生产的产品，便于今后更新和日常维护。

生态地产系统软件是智能化系统中的核心。它的功能好坏直接关系到整个系统的运行。居住小区智能化系统软件主要是指应用软件、实时监控软件、网络与单机版操作系统等，其中最为关注的是居住小区物业服务软件。软件应具有高可靠性和安全性；软件人机界面图形化，采用多媒体技术，使系统具有处理声音及图像的功能，软件应符合标准，便于升级和更多的支持硬件产品；软件应具有可扩充性。

10.5.3.2　安全防范系统

安全防范子系统是通过在小区周界、重点部位与住户室内安装安全防范的装置，并由小区物业服务中心统一管理，来提高小区安全防范水平。它主要有住宅报警装置、访客对讲装置、周界防越报警装置、视频监控装置、电子巡更装置等。

（1）可视对讲装置

来客只要在小区出入口处或楼道入口处，按一下访客可视对讲室外主机按钮，主人通过访客可视对讲室内机，在家里就可看到或听到来客的相貌或声音，判断是否要开门。

（2）报警装置

住户室内安装家庭紧急求助报警装置。家里有人得了急病、发现了漏水或其他意外情况，可按紧急求助报警按钮，小区物业服务中心立即收到此信号，并立即处理，物业服务中心还应实时记录报警事件。紧急求助，依据实际需要还可安装户门防盗报警装置、阳台外窗安装防范报警装置、报警按钮，厨房内安装燃气泄漏自动报警装置等。有的还可做到一旦家里进了小偷，报警装置会立刻打手机通知业主。图10-3为报警装置原理。

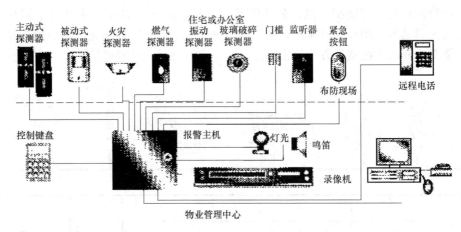

图10-3　报警装置原理
（来源：文献［10］）

（3）周界防越报警装置

周界防范应遵循以阻挡为主、报警为辅的思路，把入侵者阻挡在周界外，让入侵者知难而退。为预防安全事故发生，应主动出击，争取有利的时间，把一切不利于安全的因素控制在萌芽状态，确保防护场所的安全和减少不必要的经济损失。小区周界设置越界探测装置，一旦有人入侵，小区物业服务中心立即发现非法越界者，并进行处理，还能实时显示报警地点和报警时间，自动记录与保存报警信息。物业服务中心还可采用电子地图指示报警区域，并配置声、光提示。

(4) 视频监控装置

根据小区安全防范管理的需要，对小区的主要出入口及重要公共部位安装摄像机（电子眼），直接观看被监视场所的一切情况。可以把被监视场所的图像、声音同时传送到物业服务中心，使被监控场所的情况一目了然。物业服务中心通过遥控摄像机及其辅助设备，对摄像机云台及镜头进行控制；可自动/手动切换系统图像；并实现对多个被监视画面长时间的连续记录，从而为日后对曾出现过的一些情况进行分析，为破案提供极大的方便。同时，视频监控装置还可以与防盗报警等其他安全技术防范装置联动运行，使防范能力更加强大。特别是近年来，数字化技术及计算机图像处理技术的发展，使视频监控装置在实现自动跟踪、实时处理等方面有了更长足的发展，从而使视频监控装置在整个安全技术防范体系中具有举足轻重的地位。

(5) 电子巡更系统

小区范围较大，保安人员多，如何保证24小时不间断巡逻，这就得靠安装电子巡更系统。该系统只需要在巡更路线上安装一系列巡更点器，保安人员巡更到各点时用巡更棒碰一下，将巡更到该地点的时间记录到巡更棒里或远传到物业服务中心的计算机中。实现了对巡更情况（巡更的时间、地点、人物、事件）的考核。以前的巡逻主要靠员工的自觉性，巡逻人员在巡逻的地点上定时签到，但是这种方法又不能避免一次多签，从而形同虚设。电子巡更系统有效地防止了人员对巡更工作的不负责的情况，有利于进行有效、公平合理的监督管理。电子巡更系统分在线式、离线式和无线式三大类。在线式和无线式电子巡更系统是在监控室就可以看到巡更人员所在巡逻路线及到达的巡更点的时间，其中无线式可简化布线，适用于范围较大的场所。离线式电子巡更系统巡逻人员手持巡更棒，到每一个巡更点器，采集信息后，回物业服务中心将信息传输给计算机，就可以显示整个巡逻过程。相比于在线式电子巡更系统，离线式电子巡更系统的缺点是不能实时管理，它的优点是无需布线，安装简单。

10.5.3.3 管理与监控子系统

管理与监控子系统主要有自动抄表装置、车辆出入与停车管理装置、紧急广播与背景音乐、物业服务计算机系统、设备监控装置等。

(1) 自动抄表装置

自动抄表装置的应用须与公用事业管理部门协调。在住宅内安装水、电、气、热等具有信号输出的表具之后，表具的计量数据将可以远传至供水、电、气、热相应的职能部门或物业服务中心，实现自动抄表。应以计量部门确认的表具显示数据作为计量依据，定期对远传采集数据进行校正，达到精确计量。住户可通过小区内部宽带网、互联网等查看表具数据。

(2) 车辆出入与停车管理装置

小区内车辆出入口通过IC卡或其他形式进行管理或计费，实现车辆出入、存放时间记录、查询和区内车辆存放管理等。车辆出入口管理装置与小区物业服务中心计算机联网使用，小区车辆出入口地方安装车辆出入管理装置。持卡者将车驶至读卡机前取出IC卡在读卡机感应区域晃动，值班室电脑自动核对、记录，感应过程完毕，发出"嘀"的一声，过程结束之后；道闸自动升起，司机开车入场，进场后道闸自动关闭。

（3）紧急广播与背景音乐装置

在小区公众场所内安装紧急广播与背景音乐装置，平时播放背景音乐，在特定分区内可播业务广播、会议广播或通知等。在发生紧急事件时可作为紧急广播强制切入使用，指挥引导疏散。

（4）物业服务计算机系统

物业公司采用计算机管理，也就是用计算机取代人力，完成一部分繁琐的办公、大量的数据检索、繁重的财务计算等管理工作。物业服务计算机系统基本功能包括物业公司管理、托管物业服务、业主管理和系统管理四个子系统，其中物业公司管理子系统包括办公管理、人事管理、设备管理、财务管理、项目管理和 ISO 9000、ISO 14000 管理等；托管物业服务子系统包括托管房产管理、维修保养管理、设备运行管理、安防卫生管理、环境绿化管理、业主委员会管理、租赁管理、会所管理和收费管理等；业主管理包括业主资料管理、业主入住管理、业主报修管理、业主服务管理和业主投诉管理等；系统管理包括系统参数管理、系统用户管理、操作权限管理、数据备份管理和系统日常管理等；系统基本功能中还应具备多功能查询统计和报表功能。系统扩充功能包括工作流管理、地理信息管理、决策分析管理、远程监控管理、业主访问管理等功能。物业服务计算机系统可分为单机系统、物业局域网系统和小区互联（内联）网系统三种体系结构，如图 10-4 所示。单机系统和物业局域网系统只面向物业服务公司，适用于中小型物业服务公司；小区互联（内联）网系统面向物业服务公司和小区业主服务，适用于大中型物业服务公司。

（5）设备监控装置

在小区物业服务中心或分控制中心内应具备下列功能：变配电设备状态显示、故障警报；电梯运行状态显示、查询、故障警报；场景的设定及照明的调整；饮用蓄水池过滤、杀菌设备监测；园林绿化浇灌控制；对所有监控设备的等待运行维护进行集中管理；对小区集中供冷和供热设备的运行与故障状态进行监测；公共设施监控信息与相关部门或专业维修部门联网。

10.5.3.4　智能型产品与技术

智能型产品是以智能技术为支撑、提升生态地产性能的系统与技术。节能控制系统与产品有集中空调节能控制技术、热能耗分户计量技术、智能采光照明产品、公共照明节能控制、地下车库自动照明控制、隐蔽式外窗遮阳百叶、空调新风量与热

单机系统：

物业服务工作站

物业局域网系统

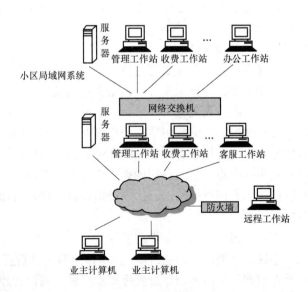

图 10-4　物业服务计算机系统

（来源：文献 [10]）

量交换控制技术等；节水控制系统与产品有水循环再生系统、给水排水集成控制系统、水资源消耗自动统计与管理、中水雨水利用综合控制等；利用可再生能源的智能系统与产品有地热能协同控制、太阳能发电产品等；室内环境综合控制系统与产品有室内环境监控技术、通风智能技术、高效的防噪声系统、垃圾收集与处理的智能技术。

10.5.4 未来的"智能住宅"

10.5.4.1 智能化居住小区

（1）家庭智能化系统

家庭智能化所提供的功能有3个方面：1）打电话方便，电视节目多，上网速率高。2）提供的家庭安全防范措施多，且可选择，如可视对讲系统，门磁、门窗状态监视报警，红外监控破碎感应及侵入报警，火灾、燃气泄漏报警等。这些报警信号除了接到物业服务中心外，还能发送到指定电话、手机上。3）可以方便地控制灯光、空调设备和家用电器等。满足舒适度要求，同时又节能。家庭智能化系统使人们足不出户就可以进行电子购物、网上医疗诊断、参观虚拟博物馆和图书馆、点播 VOD 家庭影院，甚至在数千里之外利用遥控对家里的温度和照明亮度进行调节。当家庭中发生安全报警，在外的家庭成员可以接到报警信息，确认家庭中的安全状况。

我国城镇大多建设密集型的居住小区，这是符合我国国情的。家庭智能化系统有别于小区智能化系统。业主应该可以自行选择设计家庭智能化系统，业主可以根据需要选择相应产品和功能、可以自行升级。房地产开发商需要为业主自行安装家庭智能化系统提供环境与技术上的支持，如管线、设备或装置的安装空间等。家庭智能化系统可以成为智能小区的一部分，也可以每个家庭独立安装家庭智能化系统，由于后一种工作模式将很大部分增值服务由物业服务部门转向社会，克服了信息服务由物业服务部门一家包打天下的不实际的做法。从发展来看家庭自行安装家庭智能化系统将是一个发展方向，这一类产品将会有很大的市场。

（2）提高产品互换性

我们知道，家里的电话机坏了，到市场上任意买一个拿回家就可以自己来更换。电视机要更新了，买一台就行了，而且用户可以在众多品牌中选取一款.但目前居住小区智能化系统中不少产品是不可替换的，如小区可视对讲系统，如果客户终端机坏了只能换同一型号的产品，这种产品对用户来说是不够友好的，因为谁也不能保证这些产品的生产厂家不会出现变迁。解决产品的互换性问题，需要制定一系列的行业标准规范，通过市场竞争，使其逐步形成占据垄断地位的厂家联盟及品牌。这里的关键技术是制定一系列的行业标准，这需要时间，也需要社会各个方面大力支持和共同努力。

（3）改进自动抄表装置的原理

从已经建成的自动抄表装置运行的情况来看，效果普遍不佳，除了水、电、燃气的管理部门配合还不到位外，自动抄表装置的工作原理存在着严重缺陷，自动抄表装置一般都是采用将原表具中机械转动变换为电脉冲，以累计电脉冲数得到计量值。虽然目前采用抗干扰 UPS、信号传输过程自动纠错等方法，但仍免不了出错。因此研究开发"可直读表具计量值"的自动抄表装置已是当务之急，目前已经有了这类产品，但还未普遍采用。

（4）简化与规范布线

目前，一套住宅内智能化系统布几十根线的现象普遍存在，布线太多给施工造成困难，且今后维护也十分麻烦。因此，如何使布线规范，而且简化，这是非常重要的问题，应通过统一的结构化布线系统，支持许多不同的应用。美国 TIA/EIA 组织于 1998 年颁布了智能住宅的布线标准 ANSI/EIA/TIA-570A，该标准兼顾电信、视频、家庭智能化等多方面的应用，可为用户选择新一代的智能住宅布线产品及系统提供依据。

10.5.4.2　智慧型住宅

未来住宅是具有智能功能的，能感应人类的存在，并可为人类提供多种服务。现在的空调系统只是根据室温来调节温度的，未来的空调系统也许会根据你的感觉来调节温度，不仅使你感觉更舒适，且十分节能。未来住宅可以感知你的存在和你正在做什么，并依据你事先设定的需求，提供相应的服务。如你要进门，门就会自动打开，进门后自动关闭；如果你不在家，电话铃不会响；如果你正在洗澡，数字化管理中心就会自动回答，让对方晚一点再打过来；你需要打扫卫生时，只要轻轻一按，机器人就会忙碌起来。人们对家用机器人的热情会再度点燃，我们可以期待未来的家用机器人能爬楼梯、打扫卫生、端饮料，科幻电影中机器人会变成现实，这些都不是新观念，技术也几乎已经成熟了。

目前正在发展的数字化医院是把最先进的 IT 技术、医学影像技术充分应用于医疗保健行业，把医院、专家、远程服务、保险等连接在一起，整合为一个系统。因此，有人病了可以通过智能住宅与数字化医院系统联网，就可以由医生通过远程诊断，开出处方。目前我们生活当中的各种事情，如去上班、去银行、逛商店、上医院、看朋友是互不相连。如果让这些事情在电脑里按工作流程统一处理，那么你的生活会变得更舒适与便利。应用信息技术、网络技术让住宅变得聪明了，更人性化了。

10.5.4.3　生态环保住宅

在崇尚自然生态的同时，把智能产品与自然生态环境结合起来，常常会带给我们更舒适的生活。充分利用太阳能，降低能耗，智能化系统可以自动调节太阳能面板的角度，自动清洗太阳能面板上的灰尘，自动加水、加温等。节水技术普遍应用，住宅内可根据水的不同用途循环利用，安装家用中央水处理系统满足人们对水的要求。给房子装上智能通风换气系统，让房子会呼吸，室内空气质量高，新风充足，已非遥不可及，智能通风换气系统将室内污浊的空气排出，同时再把室外新鲜的空气送进屋内，可以保证每个房间的换气量都按一定比例分配，让室内始终处于与大自然互动的状态。智能化系统可以监控环境的空气、水土的温湿度，适时自动给花园及室内花草浇水与养护，美化环境的同时节约了用水。监控废水、废气、废渣的处理，食物垃圾处理器在短时间内将有机食物垃圾研磨成细小浆状颗粒，随着水流从下水管道排出，并且不会堵塞管道，实现方便、快捷、清洁的厨房环境。利用智能化系统监控暖通、采光、照明等设备的运行。应用智能技术产品将让建筑变得更节能、节水，并与自然生态环境友好相处。

10.5.4.4　适合在家上班的住宅

未来的"智能住宅"会变得更舒适、环保、安全、高效和方便。由于数字化技术不断发展，有些行业员工的工作可以安排在家里完成。依靠网络作为人机联系的工具，数字化技术的应用不仅使人们能够在家中建立家庭影院，而且可利用全世界的信息资源，开展各类研究工作。在家里利用计算机虚拟空间举行公司的各种会议。因此，不少公司对摩天大厦已不再感兴趣了，使摩天大厦失去高度优势，而更热衷于生态环保住宅。这对减少城市交通压力，改善环境起到积极作用。

思考题

1. 生态化决策包括哪些内容？
2. 生态化全程策划包括哪些过程？
3. 如何实现生态地产的可持续发展？
4. 生态地产的运营管理包括哪些具体内容？
5. 生态地产的数字化管理有哪些？生态地产的智能化管理有哪些？

参 考 文 献

[1]　来增祥、陆震纬. 室内设计原理（上册）. 北京：中国建筑工业出版社，1996

[2]　张绮曼、郑曙旸. 室内设计资料集. 北京：中国建筑工业出版社，1991

[3]　张浩、张吉光、祝波、苏有亮. 室内空气质量的评价. 能源技术. 2003（12）

[4]　魏惠荣. 绿色住宅内声环境控制. 环境科学与管理. 2008（1）

[5]　赵祥、梁爽. 生态住宅的声环境设计对策. 华侨大学学报（自然科学版）. 2008（10）

[6]　徐小林、李百战、罗明智. 室内热湿环境对人体舒适度的影响分析. 制冷与空调. 2004（4）

[7]　张绍纲、张建平、张耀根. 住宅光环境的调查研究. 照明工程学报. 2001（1）

[8]　林宪德. 绿色建筑. 北京：中国建筑工业出版社，2011

[9]　宗敏. 绿色建筑设计原理. 北京：中国建筑工业出版社，2010

[10]　曾捷. 绿色建筑. 北京：中国建筑工业出版社，2010（12）

[11]　开彦、王涌彬. 绿色住区模式. 北京：中国建筑工业出版社，2011

[12]　王静. 城市住区绿色评估依稀的应用与优化. 北京：中国建筑工业出版社，2010

[13]　王瑞. 建筑节能设计. 武汉：华中科技大学出版社，2012

[14]　冉茂宇、刘煜. 生态建筑. 武汉：华中科技大学出版社，2010

[15]　孔祥娟. 绿色建筑和低能耗建筑设计实例精选. 北京：中国建筑工业出版社，2008

[16]　住房和城乡建设部科技发展促进中心. 绿色建筑评价技术指南. 北京：中国建筑工业出版社，2010

[17]　中国城市科学研究会. 绿色建筑（2012）. 北京：中国建筑工业出版社，2012

[18]　中国城市科学研究会. 绿色建筑（2011）. 北京：中国建筑工业出版社，2011

[19]　亚洲企业领袖协会. 建筑节能. 北京：中国大百科全书出版社，2008

[20]　王祥荣. 生态建筑轮. 南京：东南大学出版社，2004

[21]　Rodney R. White（沈清基、吴雯琼译）. 生态城市的规划与建设. 上海：同济大学出版社，2009

[22]　中城联盟. 绿色建筑的探索与实践. 长沙：湖南人民出版社，2013

[23]　施塈. 生态地产的技术发展和管理模式. 上海：上海财经大学出版社，2013

[24]　http：//wenku. baidu. com/link? url. 百度文库. 日本德国节能主要技术案例

[25]　http：//www. wtoutiao. com/. 六本木之丘、难波公园、东京中城……日本城市综合体7大典型案例借鉴

[26]　http：//www. cait. cn/news/rdzt/. 国外节水之道：雨水污水循环利用　环球时报

[27]　http：//paper. people. com. cn/ 人民日报海外版 2014 年 09 月 24 日 星期三

[28]　孙艳. 被"设计"出的生态美——解读日本 base valley 建筑. 美与时代. 2011，（6）

[29]　http：//www. greentimes. com/. 全球十大绿色生态建筑. 2008-07-24 来源：新民晚报

[30]　来增祥. 陆震纬. 室内设计原理（上册）. 北京：中国建筑工业出版社，1996

[31]　张绮曼. 郑曙旸. 室内设计资料集. 北京：中国建筑工业出版社，1991

[32]　张浩. 张吉光. 祝波. 苏有亮. 室内空气质量的评价. 能源技术. 2003（12）

[33]　魏惠荣. 绿色住宅内声环境控制. 环境科学与管理. 2008（1）

[34]　赵祥. 梁爽. 生态住宅的声环境设计对策. 华侨大学学报（自然科学版）. 2008（10）

[35]　徐小林. 李百战. 罗明智. 室内热湿环境对人体舒适度的影响分析. 制冷与空调. 2004（4）

[36]　张绍纲. 张建平. 张耀根. 住宅光环境的调查研究. 照明工程学报. 2001（1）

[37]　http：//www. city. kyoto. lg. jp/tokei。京都府桂板景观街道协议会《2013 年桂板景观街道规划》